刘亚猛 著

西方修辞学史

西学史丛书

外语教学与研究出版社
FOREIGN LANGUAGE TEACHING AND RESEARCH PRESS
北京 BEIJING

图书在版编目（CIP）数据

西方修辞学史 / 刘亚猛著. —— 北京 ：外语教学与研究出版社，2018.9
（西学史丛书）
ISBN 978-7-5213-0395-7

Ⅰ．①西… Ⅱ．①刘… Ⅲ．①修辞学－语言史－西方国家 Ⅳ．①H05-091

中国版本图书馆 CIP 数据核字（2018）第 208505 号

出 版 人　徐建忠
项目策划　姚 虹
责任编辑　都楠楠
责任校对　徐 宁
装帧设计　奇文云海
出版发行　外语教学与研究出版社
社　　址　北京市西三环北路 19 号（100089）
网　　址　http://www.fltrp.com
印　　刷　紫恒印装有限公司
开　　本　650×980　1/16
印　　张　27.5
版　　次　2018 年 9 月第 1 版 2018 年 9 月第 1 次印刷
书　　号　ISBN 978-7-5213-0395-7
定　　价　59.00 元

购书咨询：（010）88819926　电子邮箱：club@fltrp.com
外研书店：https://waiyants.tmall.com
凡印刷、装订质量问题，请联系我社印制部
联系电话：（010）61207896　电子邮箱：zhijian@fltrp.com
凡侵权、盗版书籍线索，请联系我社法律事务部
举报电话：（010）88817519　电子邮箱：banquan@fltrp.com
法律顾问：立方律师事务所　刘旭东律师
　　　　　中咨律师事务所　殷　斌律师
物料号：303950001

目　录
Contents

绪　论

　　作为一门古老的人文学科，西方修辞（rhetoric，以下亦简称"修辞"）传统上一直被等同于"言说的艺术"（the art of speaking）或者"说服的艺术"（the art of persuasion）。言说是使人之所以成为人的一个基本能力，而用说服取代强制与暴力作为协调群体行为的主要手段，则是人类文明、人类社会和人类社群形成和发展的一个基本条件。因此，从远古时代开始，人们自然而然地就对语言和其他象征手段的技巧性运用所能发挥的不可胜数的功能——尤其是所能产生的无比巨大的效力——有了一种直观的、充满敬畏的认识。修辞被比拟为大权在握、使人不能不从的王公，被描绘成口吐天宪、神通广大的女神，被讴歌为"使饥渴难当的人感到精神饱满，哑然无声的人变得振振有词，双目失明者重见光明"的一种魔力。正是由于言说艺术在社会文化生活中所起的无可替代的作用，以及它一向拥有的那种不可抗拒的魅惑力，人们开始对人类的言说进行反思、探索、总结和抽象。于是乎，我们所理解的修辞学在西方文化的框架内以及西方话语实践的过程中逐步发展起来，成为一个重要的教育和研究领域，一门主要的基础学科。

要用中文讲述一个有关这一学科来龙去脉的故事，或者说构筑一个有关西方修辞学发展过程的完整叙事，在技术上也许并不存在太大的障碍。然而，在观念层面上，从事这一工作却必须直面并且克服三个不容忽视的困难。首先，修辞学内涵的确定并不如我们想象的那么简单。当代西方学者对一些跟理解修辞、了解其发展过程息息相关的关键问题——如应该怎么给修辞下定义，修辞学与修辞理论是否同义，修辞理论的外延如何界定，修辞理论是否应该有别于一般意义上的修辞思想等问题——至今还是见仁见智，尚未形成一个明确的共识。而对这些问题了如指掌却又是讲述修辞学科在过去两千多年来如何发展演变的一个先决条件。其次，究竟什么是"历史"也远非一个早有定论、完全不成问题的问题。当代西方史学理论家就"历史"和"史实"的性质，历史叙事与其他形式的叙事之间是否存在本质区别，历史研究尤其是历史写作应该采用什么方法等问题一直进行着激烈的争辩，并且未能通过这场论战消除甚至仅仅是缩小他们之间的分歧。面对围绕着"历史"这一概念发生的尖锐对立，任何相信自己讲述的故事完全可以称得上修辞学"史"的人都必须是"明白人"，也就是必须清楚自己都是在哪些史学原则、观点、方法、标准的指引下撰写出这部作品，这部作品满足了历史叙事的哪些条件，在什么意义上可以自认为是"历史"。最后，一部用中文撰写和出版的西方修辞学史跟用西方文字撰写和出版的"对等"作品之间究竟存在着什么关系——究竟应该存在一种什么样的关系，也绝对不是一目了然的。前者是否应该是西方现有权威修辞学史的翻译、编译或者综述？是否有可能是西方视角"原原本本"的转达？如果目标受众的母语是中文，而不是西方语言，书写这样一部历史是否应该有所区别——也就是说，跨越不同语言、文化的"语境转换"对于历史创作是否应该有任何影响？如果有的话，这些影响又都应该体现在哪些方面，表现于哪些不同之处？

这三个问题中的任何一个都不是三言两语就可以打发得了的，对其中任何一个问题作出有深度的思考和分析都必然占用大量篇幅。考虑到这是一部历史叙事，而不是就如何在西方语言、文化语境之外构思和构筑西方修辞的发展过程展开论证，对后者过于详尽的讨论无疑会招致鸠占鹊巢、喧宾夺主的后果，挤占理应属于前者的空间，因而是不可行的。然而，笔者认为，了解上述问题的存在，尤其是了解本书对这些问题所代表的争议采取的见解和立场，对于读者解读和使用本书关系甚大。如果以篇幅有限以及与主题不直接相关为由，对上述问题避而不谈，则是对本书读者极大的不负责任。有鉴于此，笔者拟在绪论接下去的部分冒着可能损害本书可读性的危险，先就上面提到的几个问题在理论上稍稍务一番"虚"，以便为读者提供一个必要的观念和解读框架，使读者在阅读本书时不仅接触到有关修辞学科发展过程的一个连贯叙事，还进一步了解到这一叙事的基本结构是在哪些因素的作用下形成的，涉及和体现了哪些当代智力和文化议题。我将按照上文提及的三个问题的顺序，就本书对"西方修辞学"内涵与外延的设定，对历史叙事本质特征和写作方法所持的观点，以及对跨语言、跨文化表述一个西方学术领域所涉及的"翻译"问题所持的认识，作必要的说明和交代。

"西方修辞学"都研究些什么

　　人类广义的言说能力（即通过言语和其他象征手段的应用进行交流的能力）首先是一种与生俱来的禀赋。正如对修辞卓有研究的德国诠释哲学家汉斯－格奥尔格·伽达默尔（Hans-Georg Gadamer，1900—2002）指出的，它是"人类自然而然掌握的"一种能力，是"使人类得以在这个世界上存在的最基本行为形式"（human *Dasein's* basic forms of behavior）之一。这一本质特征决定了言说不同于人们必须"通过学或做"才领会的"那类才艺"；它意味着人们完全能够"不通过有意识地应用规则，只依赖天生才能的培养和应用"，充分开拓和发展这一能力。一般地说，在现实生活中，人们口才的好坏并不主要取决于他们接受过多少专门的雄辩培训，具备多高的交流理论修养，而是取决于他们在多大程度上通过交流实践培育和发展了自己天生的表达能力。言说的这一本质特征同时也解释了为什么在其实践过程中"有意识地应用规则在很大程度上是从属性的"（Gadamer 1997: 49；57）。真正能言善辩的言说者在交流过程中往往并没有想到那些可以被抽象出来的规则，并且有意识地以这些规则为准绳来规范和指导自己采取的每一个具体交流步骤，决定自己所说的每一句话。相反，引导并造就着他们的言说行为的，在通常情况下是法国社会学家皮埃尔·布迪厄（Pierre Bourdieu，1930—2002）提出并从理论上加以阐述的所谓"习性"（habitus），也就是使行为者以某种方式采取行动或作出反应的一种性格倾向组合。在这一组合的作用下，行为者能够不通过意识层次的协调，不受任何明确规则制约而做到言行有度、顺理成章（Bourdieu 1991）。

　　从这个角度考虑言说，我们不难理解为什么言说的艺术，也就是修辞，在伽达默尔看来"可以无需通过对自己的方法进行理论反思，仅依靠人类与生俱来的实际掌握语言的才能发展起来"。我们也不难理解为什么他认为从日常话语实践的"自然和社会条件"中将言说所体现的"纯艺术"分离出来"只在一个有限程度上办得到"，而且从实践中提炼出来的任何这类"纯艺术"充其量也只是使言说者获得一种"和［语言的］功能性应用没有多少关联的理论觉悟"。（Gadamer 1997: 57）由于言说在一个根本意义上与人类自身及其生存密切关联，也由于它跟人类的基本社会实践以及（与"理论理性"相对立的）人类"实践理性"（practical reason）之间存在着难解难分的关系，我们无法将它彻底客体化（objectification），或者说无法完全将它当作一个外在的事物进行客观观察，因而也就无法对它进行充分的理论抽象。然而，伽达默尔的这些阐述为我们提供的只是理解修辞的一个视角。仅从这一视角来探讨言说的艺术势必导致我们过分强调天赋和内在才能对修辞的限定和制约，忽略了社会条件、文化价值、话语形态等对修辞发展可能更为关键的外在因素。我们甚至有可能在生物因素决定论的引导下走火入魔，像美国著名的老一辈修辞史学家乔治·A. 肯尼迪（George A. Kennedy）那样，最终否定修辞是仅属于人类语言和人类本身的一种社会实践，将它定位为人和所有"社会性动物"共同享有的一项动物"本能"，一种生物"能量形式"。

肯尼迪断言在"非人类动物的行为特征"和"人类传统修辞观念"之间存在着某些类比关系（analogies）。以这些他认定的类比为出发点，这位权威学者将修辞界定为包括人类在内的一切社会性动物具有的一种基于"自我保存"等"自然本能"、"在生物意义上先于言语而存在"的"能量形式"（a form of energy）。这一"能量"使得动物不仅能被动地进行自我保护和自我保存，而且能通过积极主动的进取改进自己的生存状况："当修辞技巧被动物应用于进攻性行为时，其功能包括占领地盘、获得食物、赢得伴侣"（Kennedy 1998: 26）等等。肯尼迪给修辞下的这个定义将人类话语和动物间用以进行交流的信号等量齐观，也将无比精妙复杂的人类社会和动物群落等量齐观。在通过这种武断的简单化处理（reductionism）抹杀两个根本区别的同时，他将"修辞"这一概念完全纳入生物范畴，重新定位为一种动物性本能或者活力。这一定义使得甚至像"非人类动物的修辞技巧"这样一些令人瞠目结舌的观念也成为值得认真探讨的严肃话题了。

肯尼迪的视角虽然匪夷所思，却是其来有自。当前西方学术界正在出现一个试图用生物、化学的概念和范畴（如所谓"犯罪基因"、"自私基因"等）"科学地"解释各种社会现象的热潮。我们完全有理由把肯尼迪对修辞的重新定位看作该动向在话语研究领域的一个突出表现。他关于修辞的这一"新思维"尽管得到一个风头正劲的智力思潮的抬举和烘托，却不具备真正的说服力和解释力，谈不上推翻将修辞看作人类独有的一种能力和实践的传统见解。事实上，言说艺术不只是在伽达默尔所强调的意义上为人类所专有。也就是说，它不仅作为使人类得以生存繁衍的"最基本行为形式"之一而专属于人类，更是人类社会和文化的独特产物。言说固然首先是个体的天赋，然而这一天赋只是作为一种潜在能力而存在。只有当相关个体通过话语和其他社会成员产生交流互动时，这一潜能才得到激发，发展为实际意义上的能力。不仅如此，言说天赋在后天阶段的发育成长以及它所发挥的任何功能都是以一定的社会文化条件为前提的。社会环境和文化价值决定了人类与生俱来的言说潜力究竟朝哪个具体方向，以什么方式和速度发育、发展和演化。社会和文化因素为修辞行为提供了具体的发生条件，这些条件发挥的刺激、调控和制约作用使言说能力的发展与实现遵循一定的规范并产生出为特定社群和时代所认可的效果。人类群体独特的社会和文化形态——而不是人类个体的先天禀赋——在更大程度上解释了为什么修辞呈现出我们观察得到的那些形式、结构和功能特征。

由于言说作为人类"最基本行为形式"参与了对人类自身存在的界定，是"自我"的核心构成成分，人们确实无法将它当作一个纯然外在的研究对象——当作一个完全游离于自我的客体——加以观察和剖析。言说艺术因而不像物理学或者数学那样，可以从其研究目标中精确而严谨地抽象出界定和支配人类话语实践，超越一切具体语境，放之四海而皆准的方法、公式、定理、法则和规律。这应该就是伽达默尔为什么要特别强调从话语实践中分离出"纯粹修辞艺术"只在一个"有限程度"上可以做得到。然而，我们一旦意识到社会文化因素在修辞发展过程中所起的关键作用，则很清楚，从不同角度对言说艺术进行反思、表述、归纳，乃至一定程度的抽象不仅可行，而且完全必要。例如，人们完全可以通过观察不同表达方式在相似语境内产生的不同效果，通过观察同一种言说风格和方法在不同受众中引起的不同反应等，间接归纳出它生效的一些大致规律（rules of thumb）。又如，观察和思考言说对人类生活各个方面的影响和冲击将使我们能够对它与社会、文化、政治、教育、宗教、伦理道德等的关系作出分析和概括，从而使我们获得对修辞的社会及文化功能、修辞与人类文明的关系的理性认识。再如从历时的（diachronic）角度对言说规范的演变进行透视和表述将使我们能够对修辞形态演变和社会形态演变的相关性进行富有理论深度的探索。

凡此种种，无不是修辞研究可以而且必须加以关注的。对修辞在什么条件下由内在的潜能外化为在具体语境和情势中发挥出来的实际能力，修辞艺术生效的大致规律，修辞实践与相关社会、文化的关系，修辞规范的界定和再界定等问题的反思、理解和表述——或者简单地说，对言说作为一种社会实践涉及的方方面面的思考、解读和评论——构成了本书所理解的修辞学的基本内容。这些内容表明，如果我们将"理论"狭隘地理解为关于某一领域的"系统"知识，或者是关于一门科学或艺术的抽象原则，则修辞学与修辞理论并不是一回事。即便是修辞理论，也无非是关于特定历史文化条件下发生的言说实践的一系列相互关联的视角。言说的本质决定了人们对它的观察无论多么细致深入都存在着无法避免的盲区，这些观察的结论充其量只能是基于不充分证据的一种推断（speculation），是对修辞艺术如何产生效果的一种大致的描述和言之成理的解释。不管修辞学家们如何尽力开拓自己的视野，他们对言说的理论抽象只在一个"有限程度"上办得到，与一般所理解的"科学系统性"相去甚远。

从"历史修辞"到修辞的历史

随着 20 世纪 60 年代以来后结构主义和后现代主义思潮在西方智力领域的兴起，修辞作为一个观念日益受到重视，对西方修辞传统的整理和再表述也相应地吸引了越来越多的注意力。以荷兰学者塞缪尔·耶瑟林（Samuel Ijsseling 1975/1976）、意大利学者雷纳托·巴利里（Renato Barilli 1983/1989）和美国学者托马斯·M. 康利（Thomas M. Conley 1990）为代表的修辞史学家对修辞在欧美长达两千多年的发展进行了全程回顾，他们的成果标志着对这一学科历史的研究达到了空前的高度。然而，最能代表当代修辞史研究现状的与其说是完整连贯的历史叙事开始出现，倒不如说是学者们就具体历史时期、作品和人物应该如何表述与评价发生的严重分歧以及这些分歧引发的激烈争辩。20 世纪 80 年代以来，修辞史学家围绕着西方修辞作为一门学科在什么时候以及什么情况下诞生，古典修辞史应该以亚里士多德（Aristotle，公元前 384—前 322）还是以西塞罗（Cicero，公元前 106—前 43）的理论思想为中心，对古希腊的哲辩师（the Sophists）是否应该以及如何重新评价，女性在西方修辞发展过程中所起的作用等重大问题进行了公开辩论。这些辩论表明他们的分歧并不仅仅局限于对具体人、时、事等表层细节的不同看法，而是深植于对历史叙事的本质、方法、功能等深层问题的不同认识。在"历史是什么"、"如何写历史"、"历史起什么作用"等史学理论的根本问题上，修辞史学家远没有达成一致。

　　修辞学史这一专门领域既是修辞研究的一个重要分支，也是历史研究的一个组成部分。发生于这一领域的矛盾冲突在很大程度上是始于 20 世纪 60 年代并波及整个当代西方史学界的理论动荡的延伸。从启蒙时期起，现代主义史学观，即那个认定历史是以"客观真实"地重构过往为目标的一门"科学"的基本观点，就迅速不断地扩展其影响。德国史学家利奥波德·冯·兰克（Leopold von Ranke，1795—1886）在他于 1824 年出版的《讲罗曼语和德意志语诸民族史》（*History of the Latin and Teutonic Nations from 1494 to 1514*）一书的前言中声明自己的这部历史并非"对过去作出判断，以便使当今世界获得教训并更好地步向未来"，而只不过是"如实地讲述事件发生的情况"而已。兰克的这一表白成了对现代主义史学观的最为精当的概括。一直到 20 世纪中叶，强调不带感情色彩和说教目的的客观主义史学观一直处于统治地位。在那以后，情况发生了很大变化。由于后现代主义等新思潮的冲击，"历史作为一个学科究竟在多大程度上能够通过叙事的形式准确地恢复和表述旧事"不仅突然成为一个值得认真讨论的问题，而且成了使整个史学理论界无暇他顾的中心问题。"现代主义史学观一些根深蒂固的原则，如历史叙事的真实性、历史方法的客观性以及历史学家的超然立场，都受到了挑战。"（Munslow 1997: 1）"叙事"和"表述"等概念取代了传统的"规律／法则"和"解释"，成为史学话语的新关键词，而"历史与小说的相似和差别"也取代了"历史与科学的相似和差别"，成了新的"导向性问题"。（Fay, et al. 1998: 2）

　　以海登·怀特（Hayden White，1928—2018）为代表的后现代

理论家从分析历史写作采用的叙事形式入手，强调应该还历史作品以其本来面目，即某种"以语言为材料的虚构"（verbal fictions）。历史作品的内容"与其说是发现的不如说是发明的"，其形式"与相对应文学体裁的共同点比和相对应科学体裁要来得多"。怀特引用了英国史学理论家罗宾·乔治·科林伍德（Robin George Collingwood，1889—1943）提出的一个权威观点：历史家首先是一位故事讲述者。他不仅具有"历史感"——也就是能从一大堆"事实"中理出一个"听起来可信的故事"的能力，还要具备"构筑想象"，能根据已有的证据以及这些证据的形式特征，敏锐地发现埋藏在这些证据中的"真正"故事，确定在过去某时某地发生的"应该是这么一回事"。在科林伍德看来，历史家成功地发现隐藏于历史证据中的"真实"故事之日，就是他为这些证据提出一个"听起来可信的解释"之时。（White 1998: 16-18）怀特一方面继承了科林伍德对历史采用的叙事形式，对历史家应具备的"构筑想象"抱有极大兴趣，另一方面又对后者的核心观点，即这种"想象"将致使埋没于史料中的"真实故事"重见天日，提出强烈质疑。他指出：

> 任何一组不经意地记录下来的历史事件都不构成一个故事。[这样一组记录]提供给历史家的顶多是一些故事要素。要将这些事件转化为故事，必须应用一系列技巧。例如，将其中某些事件略去不提；在保留下来的事件中区分主次，凸显一些，淡化其余；赋予事件某种性质；通过重复凸显某一主旨；变动基调，转移视角；采用不同描述手法，等等。所有这些都是我们通常认为只有

在构筑小说或戏剧的情节时才派得上用场的技巧……作为某个故事的潜在成分，历史事件本身并没有特定的价值取向。这些事件最终是落户于一个悲剧性、喜剧性、浪漫性还是反讽性故事取决于历史家按照自己所选定的情节结构提出的要求，以及就如何将事件组合成一定形态作出的决定。同样一组事件根据不同情况既可以被用于构建一个悲剧性故事，也可以成为某个喜剧性故事的部件。所有这一切都取决于历史家觉得要从这些事件中理出头绪，使之成为一个不难理解的故事，究竟该选用哪一种情节结构最好。（White 1998: 18）

根据上述理解，历史叙事与文学叙事，历史著作的作者与所谓"创造性文学"的作者，不存在本质上的区别。历史故事和小说中的故事一样，都是带有很多随机性的"创作"，而不是充满必然性的"发现"。怀特把由记录下来的历史事件转化为完整连贯的历史叙事的过程称为"情节构建"（emplotment），认为这一概念是我们理解和把握历史话语本质的关键。从这一认识出发，怀特认为当代历史学状况并不妙，而这一学科走下坡路的原因不是别的，恰恰是它为了使自己能"显得科学和客观"而刻意"忘本"，或者说忘掉"文学想象是它的根源"。（White 1998: 32）

怀特强调了历史作品的文学性——说到底也就是其虚构性和创造性，这一观点和将兰克原则（即"如实地讲述事件发生的情况"）奉为金科玉律的传统历史观针锋相对。在关于以怀特为代表的后现代主义史学观如何挑战现代主义史学观的各种表述中，美国史学理论家布赖恩·费伊（Brian Fay）的说法因为跟本书主题紧密关联，尤其值得一提。费伊认为兰克原则的当代信仰者和怀特的追随者之间的论战归根结底体现了对待"语言及其跟现实的关系"的两种对立态度。第一种态度认定语言是一种中介，透过它我们观察到真实的、本来就存在着的并且等待着被发现的事物和状态。在这个意义上，语言是我们接触到一切言外（extralinguistic）事物和状态的手段，语言所关注的总是"所指事物"（referent）。第二种态度则认为语言的指向是文本而不是所指事物。语言创造或者说"构造"（constitute）了所有被称为"真实"的事物和状态。因此，对语言本身我们必须予以直视和正视，而不仅仅把它当作一种我们赖以观察和描述言外事物的手段。费伊将这两种态度分别称为"科学态度"和"修辞态度"。这一区分是基于美国当代修辞学家理查德·A. 拉纳姆（Richard A. Lanham）在对各种文体风格进行分析和比较的基础上提出的一个著名观点：在西方人文学科的历史上，始终存在着对语言分别采取"透视"和"直视"（looking "through" and looking "at"）的两种对立态度和研究方法。"透视"法以语言所能揭示的"现实"为着眼点，致力于追求可以清楚显露出这一"现实"的某种"透明"（transparent）表达风格。"直视"法则将注意力聚焦于语言包含的各种修辞手段，对"晦翳"（opaque）的文风更感兴趣。因为不那么"透明"的表达风格使研究者的视线留驻于语言本身，促使我们思考各种文本效果是如何通过修辞手段的应用而产生的，因而有助于提高我们的语言和修辞的"自我意识"（self-consciousness）。

费伊从拉纳姆提出的"透视"/"直视"这一对矛盾概念获得灵

感，觉得以科学理性主义和客观主义为底蕴的现代主义史学观孜孜于揭示和再现一度存在的"现实"，不把语言和各种文学手段在历史创作过程中所起的作用当一回事，是一种将自然科学的研究模式移植到史学领域的"科学主义"态度。与这一态度相对立的后现代主义史学观则以或然性（probability/contingency）和构筑主义（constructionism）为自己的思想基础，将注意力从"发现史实"转移到"构筑和表述史实"的过程本身，尤其侧重语言和文学手段在这一过程中的应用及其产生的效果，因而是西方修辞传统在史学领域的传承与发扬。按照费伊的叙述，"修辞态度"在当代历史学科的崛起以提出"叙事如何解释事件"，"通过叙事作出的解释和基于因果关系的解释之间存在什么关系"，"叙事者在叙事建构过程中所起的是什么作用"等问题为开端，通过这些问题将注意力引向作为历史作品主要特征的叙事形式以及叙事表述中常用的修辞手段，强调了历史的构筑性。接下来它又将讨论的焦点移向作为叙事者的史家，指出他们始终受到各种内化了的（internalized）社会、文化、政治、意识形态预设和兴趣的束缚，对所描述的历史事件不可能是"中立的观察者"。一旦历史故事被看成通过文体修辞手段的应用而形成的"构筑"，一旦史家不再被看成"超然的探索者"，历史叙事的认识论地位就从根本上被动摇了。例如，考虑到史家总是带着特定的当代兴趣去研究和构筑过去，他们所表述的究竟是跟"现在"有本质区别的"过去"，还是借着"过去"的名义曲笔表达的"现在"？又如，这些历史叙事是否还具有客观性，它们所描述的究竟还可不可以称为"历史现实"，或者说还是不是具备真值？（Fay 1998: 3-5）

　　针对在史学理论界蔚为风气的"修辞态度"咄咄逼人的质疑和拷问，持"科学态度"的传统历史观虽然被迫采取守势，却也步步为营，进行了顽强的抵抗。传统观念捍卫者提出的抗辩不乏具有说服力者。例如，已故的耶鲁大学历史学家 J. H. 赫克斯特（J. H. Hexter，1910—1996）就曾在一篇题为《历史修辞》（"The Rhetoric of History"）的著名文章中接过"历史是修辞而不是科学"这一后现代主义史学观的话茬儿，却从中推导出一个与之大异其趣然而同样具有很强说服力的结论。赫克斯特通过对持不同史学观——包括持后现代主义史学观——的作者出版的历史作品进行了一番文体和修辞分析，发现几乎所有作者都一丝不苟地遵循了传统的历史写作规范。他认为这一现象表明，"不管这些人在业余时间演奏的是哪一种花哨的理论调子"，一旦开始撰写历史，他们决意做到的仍然是"讲述那个获得相关外在证据支持、最好并且最可能是真实的故事"。也就是说，在他们的写作实践中，史家主观上仍然不改自己对兰克原则作出的承诺。赫克斯特将这一承诺称为历史创作的"现实规则"（the Reality Rule）。他认为不管史学界如何就方法论问题争得天昏地暗，历史家作为一个集体，实际上选择的立场总是通过"怎么做"而不是"说什么"表现出来的。后现代史学理论家对历史的"真实"宣认作出的批判，对历史叙事的文学性进行的强调虽然风靡整个史学界，却未能改变人们在写历史时对"现实规则"的尽力遵循，未能使史家转而以文学创作的方式进行写作。这一现象表明"真实"地再现过去仍然是史家用以指导自己实践的理想和目标。

　　然而赫克斯特同时也通过对历史作品的修辞分析揭示了史家实际

上遵循的另外一条重要规则：他们不仅应该努力将自己所理解和把握的关于既往事件的真情实况传达给读者，还应该使自己讲述的故事最大限度地对读者产生影响。这一"最大限度冲击规则"（the Maximum Impact Rule）要求史家在必要时甚至应该为了交流效果而牺牲事件表述的完整性和精确性。这第二条规则使我们清楚地看出历史绝不是科学，因为很难想象任何一位科学家在撰写研究报告时会将对读者的影响和冲击当作一个重要考虑因素，尤其是会为了任何原因而损害表述的"完整"和"精确"。对读者产生"最大限度冲击"的要求也进一步使我们认识到历史本身就是一种特殊的修辞。正如赫克斯特指出的：

> 历史写作（即历史修辞）和历史本身的关系跟传统上对这一关系的认识大不相同。我们一般总将修辞看成加到历史这块蛋糕上的糖霜。然而最近的研究表明，修辞其实和[制作这块蛋糕的]糕粉完全掺杂在一起。它不仅影响到历史外形的美观和吸引力，而且决定了它的内在品质和基本功能，也就是它原原本本地传达关于过去的知识的那种能力。（Hexter 1998：60-67）

赫克斯特以及上文介绍的费伊、怀特等史学理论家有关"历史修辞"的见解当然也适用于任何关于修辞的历史，包括笔者将要撰写的有关西方修辞学科来龙去脉的叙事。这一叙事首先是在一定的语境内，出于一定的兴趣和目的，按照叙事体裁的要求并动用各种文体手段而讲述的一个故事。然而这又不是一般意义上的"故事"，而是合于一定法度的历史修辞。也就是说，在撰写西方修辞传统的这一段历史时，笔者必须严格遵守赫克斯特界定的两条规则。一方面，将自己在认真研究现存史料的基础上认定应该是"最好的并且最可能是真实的故事"奉献给读者，以满足读者对以"历史"自居的任何文本理所当然地抱有的期望，即真实地再现过去发生的情况。另一方面，又必须在保持真实性的同时充分考虑到目标受众的特殊性，尽可能兼顾交流效果，使讲述的故事最大限度地对读者产生影响。

跨越语言与文化的分界：用中文撰写西方修辞学史的含义

要满足这两条规则提出的要求并不容易。例如，虽然笔者在讲述西方修辞作为一个学科的发展过程时尽量依赖对经典作品的第一手解读，却免不了频繁引用第二手资料。而正如菲利普・锡德尼爵士（Sir Philip Sidney，1554—1586）为了捍卫诗歌而揶揄历史时指出的，史家"在大多数情况下总是以其他历史作品作为自己的依据，而最具权威的那些历史作品则又显然是以传闻作为它们的［叙事］基础"。在这种情况下，撰写历史充其量只能是"将大量精力用于调和［其记载］相互冲突的不同作者，试图从偏颇中拣到真实"（Sidney 1998: 140）。甚至直接引用修辞经典所得出的结论也不过是对这些作品的某种解读和阐释，谈不上就一定更正确些。又如，虽然笔者时时提醒自己在叙事过程中要力争超越和克服个人的兴趣、偏好和狭隘视角，尽可能"客观"、"全面"地表述西方修辞研究传统，但事实上所有叙事者都难免从自己置身其中的某一兴趣、思想和情感的结合点对叙事对象作出观察和描述。《伯罗奔尼撒战争史》（*History of the Peloponnesian War*）的作者修昔底德（Thucydides，约公元前460—约前395）一向被誉为对历史资料采取严谨态度的、叙事真实可靠的古典历史家。然而他在这部历史杰作的一开头便意味深长地宣布："修昔底德，一个雅典人，撰写了这部有关伯罗奔尼撒和雅典之间的战争的历史。"（Strassler 1996: 3）修昔底德之所以强调他的雅典身份，显然是由于意识到无论自己如何努力，他终究还是只能从雅典的角度，带着雅典人对待这场战乱的态度和感情来讲述这场雅典作为交战一方的战争，想保持叙事立场和视角的"中立"是不可能的。笔者撰写这部西方学科史与修昔底德为伯罗奔尼撒战争修史的情况当然不可同日而语。我所置身于其中的并非一个充满强烈利益和情感冲突的语境。即便如此，以一个中国学者的身份用中文为中国教育、学术界的读者撰写一部西方修辞学史决定了我所面临的起码也是一个高度复杂的"修辞形势"。这一形势涉及许多跨文化交流——尤其是跨文化修辞——的难题，使我在究竟应该采取什么样的叙事立场和方法撰写本书的问题上很费踌躇。

有关西方修辞传统的由来和发展已经有好几个系统叙事在欧美流通，而叙述范围仅涉及某一个发展阶段的修辞断代史更多。任意选定其中的一个版本作为叙事的主要依据，同时适当兼顾其他各家之言，将使本书的写作不必花费太多心思就可以顺利完成。然而在笔者看来，这么做与其说是修史，不如说是编译，而且是一种为图省事不负责任的编译。采用这一手法之所以不可取，是因为它意味着作者回避了一个基本事实，即一部以中文出版、面向当代中国读者的西方修辞学史不管是就写作动机、解读框架，还是目标受众而言，都必然与西方的类似出版物大不相同。西方对自身修辞传统的任何描述归根结底都是以西方学术界和西方公众为目标受众，致力于满足当代西方教育、学术、政治、意识形态兴趣，包括完成在新历史条件下重构西方文化、智力身份这一核心任务。由欧美修辞史学家创作的修辞学史是西方修辞学科建设的一个重要方面，也是西方学术、教育领域和西方文化作为一个整体自我认识、自我表述的一个重要组成部分。如果是出于了解西方修辞传统的自我认识这一特定需要，我们可能有必要从欧美出版的西方修辞学史中择其优者翻译成中文。然而，在笔者看来，如果是用中文为中国的学术读者撰写、出版一部西方修辞学史，则对国外流通的相关历史叙事采取简单的"拿来主义"并不是一个好办法。道理很简单：如上所述，历史叙事从来就不可能是简单堆砌史实的、"让事实说话"的客观观察，而是遵照一定规则构筑起来的一种特殊修辞。用中文撰写的西方修辞学史不管是所涉及的语境、读者、目的，还是想产生的效果或"冲击"，都必然与欧美出版的修辞学史大不一样。

在中国写作、出版的西方修辞学史首先就完全没有必要为西方类似出版物中"剪不断、理还乱"的欧洲中心主义所累。西方关于其修辞传统的自我表述免不了服务于某些特定的文化意识形态。在当代世界文化和话语关系严重不对称的情况下，这些特定文化意识形态的利益取向并不是一个可以忽略不计的因素。我们即便不想过分关注跨文化学术研究中涉及的地缘政治，为了讲述关于西方修辞的那个"最好并且最可能是真实的故事"，还是应该和西方的自我表述保持合理距离，并拒绝认可铭刻于其中的任何不平等文化关系，拒绝接受掺杂于其中的各种盲点与偏见。另一方面，用中文撰写的西方修辞学史的目标受众是中国读者。这一受众跟欧美类似著作的读者相比较，不管是阅读的兴趣和动机，还是理解的起点、预设、框架等等，差别都很大。这些差别决定了笔者至少在材料的取舍、解释的详略、叙事的铺垫等方面都必须根据读者的实际情况，尤其是实际需要，按照对这一读者群产生"最大限度冲击"的写作要求，在充分参照西方修辞研究提供的史料的基础上，作出别具一格的安排。

其实西方修辞历史研究的现状本身就排除了人们可以不通过审慎判断和精心构思，只管将它所提供的现成史料、观点和结论"拿来用就是"的可能性。在一个多元化的历史研究领域，学者所持的不同政治意识形态立场和不同智力价值取向必然相应外化为针对同一写作对象的不同叙事和阐述。然而西方，尤其是美国修辞史学界的现状又不仅仅是"多元"二字可以概括得了的，而是不同观点尖锐对立，互不相让，处于事实上的分裂状态。不同学派连对西方修辞传统的基本发展脉络都无法达成共识，他们针对这一传统的不少关键环节（例如西方修辞学的起源和早期理论家）提出的见解更是大相径庭。这一状况决定了用中文撰写一部西方修辞学史不能简单地采取一种广义的"翻译"或者"编译"作为文本生产的基本方式。要想完成这一任务，我们必须在认真考虑所有这些互不相容的流行叙事的基础上，按照自己的兴趣和目的对西方修辞传统进行梳理，以实现对这一传统的某种跨文化语境重构或视角转换。

就笔者而言，这些具有指导意义的"兴趣和目的"可以归纳为三点。首先，这样一本著作应该通过勾勒出西方修辞思想的基本形态及其发展演变过程，为我国读者深入了解和理解西方修辞实践——尤其是修辞理论实践——提供一个必不可少的历史和解读框架。没有这个框架及其提供的历时视角，任何对西方当代修辞实践和修辞理论的理解都将因为缺乏深度而流于浮浅片面。其次，修辞作为一门源于古希腊的学科，是西方传统人文教育的核心课程。修辞观念是西方人文思想的主要构成成分之一。因此，本书还应该通过对这一学科两千多年来兴衰演变的审视，提高我国学术界和一般读者对西方智力传统，尤其是人文传统的认识。最后，深化对异己的了解归根结底是为了在一个更加开阔的语境内深化对自我的认识。不管我们是否愿意或喜欢，当代历史条件决定了西方还将长期充当我们的文化和智力"他者"。本书讨论的虽然是"他者"，其最终着眼点却是"自我"。也就是说，这部西方修辞思想发展史的最终意图是为我国在新的历史条件下反思、重构、更新和发展自己源远流长、博大精深的修辞传统提供必要的参照。在构思这一历史叙事的过程中，笔者一直努力以这三大要求作为自己的指导思想，力图使文中的每一项表述、每一条阐释和每一个观点都有助于读者深化对西方修辞思想的理解，提高对西方人文传统的认识，增强重新审视和整理中国修辞传统进而改进自身修辞实践水平的兴趣。本书是否基本上达到这些目的，在多大程度上获得了预期的效果，只有读者才能够提供权威的答案。

第一章

西方修辞学的滥觞

有关西方修辞学起源的"标准"说法

修辞作为一种人类实践，作为对语言的技巧性应用和对语言应用效果的追求，是和语言同步发展起来的。有关修辞起源的这一个结论虽然跟有关人类语言起源的各种理论一样，都只能是一种无从考证的推测，却早已成为修辞学界的共识。然而，有关修辞作为一种研究，也就是一般所说的"修辞学"的起源，修辞历史学家仍然存在很大分歧。人类究竟从什么时候开始对自己自然而然地一直从事着的修辞实践加以审视，从中抽象出种种概念、范畴和原理，并以这些概念等为核心开始在意识层次上对这一实践进行思考、探索、总结和表述的呢？这显然是一个极其棘手的问题，然而，以乔治·A.肯尼迪为代表的一些西方修辞史学家却提出了一个十分明确的答案。

时间、地点和发明人 根据肯尼迪等人的考证，修辞作为一种

"艺术"于公元前 5 世纪中叶诞生于地中海的西西里岛。位于该岛东南部的锡拉丘兹城（Syracuse）于公元前 467 年发生了一场革命，推翻了寡头统治并以雅典为样板确立起"民主"制度。政制的巨变产生了两个后果。首先，它造成了财产所有权的大规模更动并引发了一场官司风暴。居民们为了争取和捍卫自身的权益，被迫卷入各种诉讼。由于当时的锡拉丘兹社会尚未出现向公众提供法律服务的专职律师和诉讼代理人，打官司的群众只能在法庭上为自己申辩。其次，由于民主政制的确立，政治权力开始由公民议事会议行使，涉及公众利益的各种问题通过公民代表的讨论作出决定。这就使得有政治抱负的普通公民能通过说服邻里投自己一票，获得代表公众参政议政的资格。这两个新出现的情况使得改进口才、增强演说论辩能力成为一时之需。以考拉克斯（Corax）和提希厄斯（Tisias）为代表的一些精明强干（而又头脑灵活）的锡拉丘兹才俊迅即对这一新出现的迫切社会需求作出反应，编撰出最早的"修辞手册"，就人们应该怎样在法庭上和议事会议中雄辩地发言概括出一些原则和点子。例如，他们在手册中勾勒了庭辩演说的基本结构，即成功而富有效力的这类演说一般必须包括哪几个部分，这些部分应按照什么顺序排列等。手册同时还指导发言者如何按照"大抵如是"或"理当如此"（probability）的或然逻辑构筑论点，使自己的发言听起来头头是道。于是乎，修辞，起码是西方文化传统中孕育出来的修辞研究，就这样被"发明"出来了。

游方哲辩师和雅典的"口才热"　这一最早出现的修辞手册及从它派生出来的相似出版物的主要特点是从修辞实践中抽象出一些带规律性的有效说服手段和技巧，并在此基础上形成一些通用条规。这类手册的编撰者显然认定，一旦人们熟记并有意识地在交流中应用这些归纳出来的一般规则，其言辞的说服力就将得到极大提高。在西西里岛之外，稍后出现了与此大异其趣的另外一个修辞艺术研究群体。这一群体的成员都是雅典外围的其他希腊城邦中特别能言善辩的士人，而且也都像考拉克斯和提希厄斯那样，积极响应公元前 5 世纪中叶之后随着社会历史条件的变化而在各地陆续兴起的"口才热"，对言说实践的得失成败加以反思和总结。他们带着自己的心得体会和研究成果，纷纷到当时希腊最发达、对言说艺术需求也最为旺盛的雅典收徒开班，举办口才培训，并收取学费。雅典的公众显然为这些外来教师的雄辩和睿智所折服，将他们尊称为哲辩师。一般所说的老一代哲辩师包括普罗塔哥拉（Protagoras）、高尔吉亚（Gorgias）、希庇亚斯（Hippias）、普洛狄柯（Prodicus）、特拉西马库（Thrasymachus）、克利提亚士（Critias）、安梯丰（Antiphon）等 7 人。他们有两个共同特点。首先，这个群体的成员都认为改进口才的最有效办法莫过于对范例、范文的模仿和练习，却不甚看重对修辞实践的理论抽象和对言说技巧的条规化。其次，他们都主张言辞以说服受众为终极目的，只要在面对的受众中造成自己的言说是箴言说论的印象和看法，就算成功。至于言论是否基于真知，则不必也无从细究。在相对于目标受众的可信性和超越一切具体受众的真实性相冲突的情况下，应选择前者。

柏拉图对"哲辩术"的批判和三种修辞的形成　哲辩师们对待真知、真理的这一态度和他们在雅典青年中日渐发展的影响力使不少人觉得他们传播的观念对当地的"公共价值"（Martin 1996: 142-143）

造成了威胁，引起了以哲学家柏拉图（Plato，约公元前428—约前347）为代表的雅典思想界的强烈反对。柏拉图通过其《对话录》（*The Dialogues*）从道德、认识论等角度对哲辩师所讲授的言说艺术进行了尖锐的批判。他认为后者事实上主张言说者应通过操纵语言文字蛊惑受众，产生虚假的说服力，他们所提倡的因而是一种极不道德的诡辩术。这一诡辩术否认是非、真假的绝对标准，放弃了所有言说者应该遵守的基本道德底线，即不得使用似是而非的观点或者自己并不确切了解的情况糊弄和误导受众。如果听任这种"艺术"泛滥，势必对公共生活和社会运行造成极大危害。通过从哲学的角度对当时流行的言说艺术进行审视和批判，柏拉图提出了"求真务实"这一原则，要求言说者在交流中摒弃一切虚、假、浮、诡，以追求、表达和传播真知为己任。柏拉图修辞观的形成及其与各种流行"言说艺术"的激烈冲突与碰撞促使萌发于公元前467年的修辞研究最终完成了从感性知识向理性知识的过渡，形成了被乔治·A. 肯尼迪称为"技术修辞"（technical rhetoric）、"哲辩修辞"（sophistic rhetoric）和"哲理修辞"（philosophical rhetoric）的三个不同范式。这些范式源于西西里，哲辩师和柏拉图对语言艺术的探索，分别以"技巧"、"受众"和"信息"作为其关注核心。它们如同三股支流，虽然汇聚为西方修辞发展的长河，却由于各自源头的不兼容性而保持了自己的特性，形成了至今绵延不绝的三个修辞研究传统。

　　肯尼迪等学者关于西方修辞传统起源的这一叙事不仅条理清楚、简单明了，而且其中的每一点都能在现存的古典文献中找到文本依据。例如，柏拉图在其《对话录》的《费德鲁斯篇》（*Phaedrus*）中就点了高尔吉亚和提希厄斯的名，说他们"通过言辞的力量使渺小的事物显得伟大，伟大的事物变得渺小，使新事物看上去陈旧，旧事物显得新颖"；还说他们"认定'理当如此的推测'与事实真相相比，前者更值得［言说者］看重"。（Plato 1961: 267a）又如，亚里士多德在其《修辞学》（*Rhetoric*）中有两处提及考拉克斯和提希厄斯。他在批判滥用基于"理当如此"逻辑的或然性论辩时谈到考拉克斯的《［言说］技巧》一书使用的一个著名事例："如果一个身体弱小的人被控攻击［一位壮大的汉子］，则他的罪名难以成立。因为按理说［一个弱小者是不会对强壮者发起攻击的］。"反过来，假如受指控的是强壮者，则人们也可以说他不可能是挑起事端打人者，因为他清楚知道这样一来，他作为最可能的疑犯将难逃干系。（Aristotle 1402a: 17–28）此外，古罗马的修辞大家，如西塞罗和昆提利安，也都在著作中提到这两个人的名字，并将他们称为修辞"艺术的创始者和发明者"。由于有这么多权威古典文本的交相印证，经肯尼迪等学者整理出来的上述叙事便一直被当作大体上靠得住的历史事实，长期以来一直广为修辞学界所接受，成为讲述修辞诞生的"标准故事"。

是史实，还是"起源神话"？

"标准故事"的破绽和疑点　关于西方修辞起源的"标准故事"虽然看似得到众多权威文献资料的撑持，却存在不少明显不合情理或不能自圆其说的漏洞。例如，如果确实是锡拉丘兹城的政治转型及其雅典式民主制的确立促成了修辞的观念化和理论化，催生了修辞学科，那么雅典本身在此前约半个世纪就经历了从寡头统治到民主政体的转型，具备了促成修辞从一种前理论的（pre-theoretical）实践发展为一种理性、系统的探索的一切社会和政治条件，为什么修辞学的诞生地不是雅典，却是相对偏僻、落后的一个外岛城邦呢？又如，考拉克斯（Corax/Korax）这一名字在希腊语中意为"乌鸦"。考虑到"乌鸦"在古希腊文化中具有的许多负面含义，很难想象会有人用它为自己命名。究竟历史上是否存在着"考拉克斯"这么一个人，难免令人疑窦丛生。事实上，"标准故事"赖以作为依据的不少文本耐人寻味地只提到提希厄斯及其"著作"，却没有同时提起考拉克斯。此外，这些文本中提供的不少有关考拉克斯和提希厄斯的"史实"不仅互相矛盾，还经常因为过于玲珑精巧而读起来更像是编造的故事。

一则广为流传的轶事称提希厄斯是考拉克斯的学生。他向后者学习法庭论辩，在学业结束时却以不清楚老师到底有没有把庭辩的真本事教给他而拒绝支付学费。考拉克斯劝他还是识相点，否则自己将只好把学生告上法庭。如果走到这个地步，则不管法官判决如何，提希厄斯都只好乖乖付清学费。这是因为如果案子以考拉克斯胜诉告终，提希厄斯当然必须按照法庭的判决办；万一考拉克斯败诉，那就正好证明他毫无保留地把庭辩的本事教给了自己的学生，提希厄斯就更没有理由赖账了。提希厄斯的看法正好相反。他劝老师还是毋庸费心把事情捅到法庭上去为好，否则不管法官如何判决，他都不必支付学费。因为假如他在法庭上辩不过老师而败诉了，这就证明考拉克斯并没有把法律论辩的真本事教给他，他拒付学费因而道理非常充足；万一他打赢这场官司，则按照法官的判决，他理所当然不用补交学费。

这一被当作史实记录下来的事件具有极其深刻的修辞和逻辑含义，人工编造的斧凿痕迹也很明显，人们很难相信历史上确实如此这般地发生过这么一回事。

胥亚帕对"标准故事"提出的严肃挑战　近年来，上述关于修辞学起源的"标准故事"开始受到以爱德华·胥亚帕（Edward Schiappa）为代表的新一代修辞史学家强有力的挑战。胥亚帕从对这一叙事所依据的文献资料的详细考证、比较和阐释入手，确定这些资料记载的事件和观点在多数情况下要么是出于特定目的而编造出来的虚构故事，要么是人云亦云、以讹传讹的说法，要么是让前代人说后代话的历史误植，并不具备真正的史料价值。例如，柏拉图在《费德鲁斯篇》中严厉谴责了据说是由提希厄斯率先提出的一个错误观点，即"理当如此"的信念比事实真相更有用。然而表达这一观点的人更可能是柏拉图在雅典思想界、教育界的竞争者伊索克拉底（Isocrates，约公元前436—前338）。这位雅典学者与柏拉图生活在同一时代，其思想方法倾向于哲辩学派；他对言语蕴藏的力量有着极为深刻的认识，曾指出通过言语的技巧性应用人们完全能"将伟大描绘成低贱，使渺小显得高大，将古老事物讲述得新意盎然，使新近的事件听起来好像发生在远古"。他关于如何使用语言进行说服也有不俗的观察和归纳："任何人如果想牢牢吸引听众的注意力都必须避免说教，而应该说些自己面对的人群乐意听的事。"他对柏拉图等自命的"哲学家"很不以为然，曾经不无所指地公开宣称"关于有用事物可能是正确的猜想要远比关于无用事物的确切知识更加可取"。伊索克拉底的这些言论，尤其是在他和柏拉图之间存在着的竞争关系，使人们有理由相信柏拉图对提希厄斯的批判不过是项庄舞剑，意在沛公。其真正攻击目标应为伊索克拉底和他的其他竞争者，真正目的是通过对伊索克拉底言论的先歪曲后谴责，败坏其声名，遏制其影响力的发展。至于他归咎给提希厄斯的另外一个"谬论"，即如果被普遍认为是"理当如此的事情"和"事实"互相对立，言说者应取前者而不是后者，更是柏拉图自己的"发明"。因为在柏拉图之前的所有文献中，人们找不到有任何作者将这二者对立起来的任何记载，更不用说会有任何作者主张在论辩中舍"真情实况"而取"想必如此"了。（Schiappa 1999: 36-37）

按照胥亚帕的引证和考证，提希厄斯和考拉克斯在亚里士多德著作中被提及和评论一事也说明不了什么问题。"考拉克斯"这个名字在柏拉图《对话录》中从未被提及，却在亚里士多德作品中出现，本身就是咄咄怪事。当代研究亚里士多德的不少学者又早已发现他有一个乐此不疲的癖好，即在介绍自己的思想观点或理论体系之前先为其建立起某种"谱系"。通过先逐一介绍过去有关同一问题的其他理论，然后再亮出自己的货色，亚里士多德给读者留下他的观点或体系明显"优于［之前所有相关理论］或者至少更加完整"的深刻印象。为了建立这一谱系，他有时候不惜"扭曲关于这些先前理论的已知情况"，甚至达到去"发明"某些这类缺陷理论的程度。由于现存古希腊文献缺少考拉克斯和提希厄斯的作品，亚里士多德在著作中就其修辞观点发表的评论究竟是否站得住脚，将永远是一件无头公案。然而他在转述和引用哲辩学派的普罗塔哥拉时做了手脚，这却是白纸黑字，有目共睹的。根据亚里士多德的表述，普罗塔哥拉公开宣称有办法通过

"理当如此"逻辑的应用，将原来不堪一击的弱势论点转化为能使其对立面相形见绌的强势论点。然而如果我们对照一下现存普罗塔哥拉著作的原文，则很清楚，他只不过从古希腊哲学家赫拉克利特的辩证思想获得灵感，认为针对任何事物都可以有相互对立的两种体验和说辞，我们必须努力促使那些对我们来说更可取却暂时处于下风的言说取代眼下处于上风却并不可取的说辞。至于考拉克斯和提希厄斯的名字在古罗马修辞大家西塞罗和马库斯·法比尤斯·昆提利安（Marcus Fabius Quintilian，约公元 35—约 100）的作品中出现，胥亚帕认为更谈不上有什么史料价值，因为罗马修辞学家在叙述希腊修辞思想发展史的时候一般都是顺着柏拉图和亚里士多德的口径，并没有进行独立的研究和考证。（Schiappa 1999: 39–44）

胥亚帕自己的考证以完整收录现存所有古希腊文本的电子语料库为依据，给人以翔实可靠的深刻印象。他对相关文字材料的分析、比较和解读旁征博引，也显得十分细致严谨。通过这些考证和分析，这位学者得出一个彻底颠覆那个"标准"起源故事的结论：一向流行的关于修辞起源的说法虽然广为修辞学界所接受，并早已成为西方修辞传统自我表述的一块基石，基本上却是通过将不甚可靠的传闻和托古喻今的评论之类的材料当作正儿八经的"史实"而构筑出来的，谈不上是严格意义上的"历史叙事"。例如，"标准"故事讲述了"技术修辞"、"哲辩修辞"和"哲理修辞"如何在公元前 5 世纪中期之后的短时间内先后兴起，促成了我们如今所理解的修辞学科的诞生。然而，这"三大源流"在历史上是否真正存在过本身就还是一个巨大的疑问。

"三大源流"说站不住脚　乔治·A.肯尼迪在讲述修辞的起源时认定他称之为"技术修辞"的一个主要理论流派诞生于公元前5世纪中叶，他的依据完全是古文献上有关锡拉丘兹修辞学家考拉克斯和提希厄斯的间接记载。肯尼迪根据这些记载推导出两个结论：第一，考拉克斯和提希厄斯撰写了有史以来第一部对修辞实践进行抽象和归纳的"手册"；第二，这部手册所讨论的完全是修辞实践涉及的技术性问题，所总结出来的规则也都事关修辞技巧，包括手段、策略等。然而，正如上文指出的，有关考拉克斯和提希厄斯的记载更可能只是一些传说。现存古希腊文献中没有标明他们是作者的任何文本。又据胥亚帕对现存相关文献的精细阅读和详尽分析，通过编撰"修辞手册"对修辞实践进行比较系统的理论归纳应该是公元前4世纪的事。公元前5世纪出现的最多只是收入一些范文、范例的几个集子。此外，以考拉克斯和提希厄斯为始作俑者的一些具体修辞理论观点其实也大都是到了公元前4世纪才得到明确表达的。（Schiappa 1999: 35–39）

　　所谓"哲辩修辞"也同样经不起仔细推敲。首先，"哲辩师"这一名称指的究竟都是哪些人？"标准故事"提到7个名字。然而这一名单是19世纪之后一些现代学者确定的，并非历史上早已存在。这些现代学者在拟订这一名单时主要以柏拉图的著作为依据，可是柏拉图在《对话录》中提及的"哲辩师"有些却不见于此榜，而榜上列出的好几位柏拉图则只字未提。柏拉图之前的希腊文本中唯一提到哲辩师的是古希腊戏剧家阿里斯托芬（Aristophanes，约公元前450—约前385）的喜剧《云》（*The Clouds*）。然而阿里斯托芬在该剧中讽刺的"哲辩师"不是别人，恰恰是在柏拉图《对话录》中作为哲辩师对立面的苏格拉底。根据考证，苏格拉底在阿里斯托芬之后很长一段时间都一直被称为"哲辩师"，而这样称呼他并没有丝毫值得惊讶之处，因为在古代希腊，从诗人、乐师、数学家、星象师到从政者等一系列有突出才能和思想认识的人员，包括后来被叫做"哲学家"的那些智者和思想家，都被统称为"哲辩师"，而"哲学家"的称号则一直到进入公元前 4 世纪后很长一段时间才出现。这一情况使得"标准故事"认定的"哲辩师"的共同职业和共同思想特征（如都是向学生收取学费的修辞教师，都是相对主义和主观主义的倡导者等），尤其是他们就修辞持有的共同看法和态度（如修辞者只在乎自己的言说是否成功，对于所说的话是否真实则完全不当一回事），顿时成为无本之木，难以成立。而一旦我们发觉所谓公元前 5 世纪的"哲辩修辞"其实是完全靠不住的虚构，作为其对立面的"哲理修辞"便也站不住脚了。(Schiappa 1999: 48–56)

　　Rhētorikē 一词的出现和修辞学科的发端　在对流行的"标准起源故事"进行了釜底抽薪式解构的基础上，胥亚帕提醒学术界注意一个事实，即古希腊语中表达"修辞"一义的单词 rhētorikē 一直到公元前 4 世纪 80 年代才首次在柏拉图声讨哲辩学派的檄文之一《高尔吉亚篇》中出现。这一新词由两个词素——表达"言说"一义的 rhē 和表达"（……的）艺术"一义的 ikē——构成。胥亚帕认为不管柏拉图在文中是使用一个新近在雅典出现并已经开始流行的名词，还是出于清算整个哲辩思潮的需要特地杜撰一个新术语，我们都应该将 rhētorikē 在文字记载中首次亮相看成言说最终被确认为一种专门艺术或者修辞的学科身份通过正式命名而得到确立的标志。柏拉图对

rhētorikē 一词的使用因而是修辞学发展史上一个石破天惊、具有特殊意义的事件。我们有很好的理由将 *rhētorikē* 在文献中最初出现的那个时期，即公元前 4 世纪 80 年代，定为修辞学科的开端，而将此前人们对后来被称为"修辞"的那个领域进行的各种思考和探究看成修辞学发展的"前学科"时期。

　　肴亚帕的这一提议虽然不无道理，却失之任意。它不仅轻率地排除了更早使用 *rhētorikē* 一词的其他古希腊文本未能存留下来的可能性，而且忽略了两个显而易见的关键事实。其一，柏拉图在《对话录》中只是对当时显然已经获得广泛社会承认和流通的修辞思想和修辞教育实践作出批判性反应。由于任何反应都是以反应对象业已存在作为基本预设，将《高尔吉亚篇》成书之日定为修辞学的开端未免有悖逻辑。通过口诛笔伐当时声望如日中天的希腊修辞实践，柏拉图完全可以被认为开了修辞批评之先河。然而修辞批评只不过是修辞学科内涵的一个扩展成分，其发端同样为修辞学科核心成分业已存在提供了佐证。其二，将修辞学的发源定在公元前 4 世纪 80 年代等于抹杀了上一世纪中叶以来古希腊修辞研究和学科建设已经取得的巨大成就。事实上，古希腊修辞早在公元前 5 世纪结束之前就通过深化理论探索以及建立一整套培训教育制度而基本具备了一个学科必不可少的两大要素，即一套比较发达完善的思想理论体系以及使这一思想理论体系得以绵延繁育的机构和机制。因此，起码在这一点上，肴亚帕的结论并不能令人信服。如果我们将肴亚帕、乔治·A. 肯尼迪以及包括托马斯·M. 康利、理查德·依诺斯（Richard Enos）等当代修辞历史学家有关西方修辞学起源的说法互相参照，取长补短，尤其留心他们在叙事过程中引以为据的文献资料，则不难得到有关这一起源的一个更加靠得住的故事。

从言说实践到言说艺术：西方修辞研究的滥觞

高度发达的言说实践和姗姗来迟的言说理论 欧美素有对自己的修辞实践进行思考和研究，并在此基础上对这一实践加以理论归纳的传统。根据现有记载，这一传统的源头应该是公元前 5 世纪下半叶的古希腊。古希腊人的言说实践（oratory）早在希腊历史上的所谓"晦冥时期"（The Dark Age，约公元前 1000—前 750 年）就已经高度发达。远古希腊部族以及后来形成的各个城邦在处理公共事务时往往采取先由具有自由身份的全体公民就所涉问题进行讨论的做法，"首领拥有的权威有限，不足以逼迫那些桀骜不驯的成员就范"（Martin 1996: 48）。这样一来，社会成员中的精英分子，也就是那些在公共讨论中颖脱而出并能引领群众的人，往往极富于口才，尤其是辩才。荷马史诗（约公元前 8 世纪中期之后形成的文字）对希腊先民各部族首领如何就特洛伊战争涉及的各种事务进行协商和争辩有着极为生动的描述。这些描述不仅表现了远古希腊人高超的语言技巧，而且从一个侧面反映出言说和讨论在当时希腊社会的组织、运行和动员上发挥的关键作用以及言说能力在社会意识中享有的崇高地位。在史诗第一部《伊利亚特》中，阿喀琉斯被赞美为"最优秀的希腊人"。他之所以受到如此高的赞誉，并非因为别的什么个人品质，而是因为他"不仅敢作敢为，而且能言善辩"（a doer of deeds and speaker of words）

（*Iliad*: Book IX, 443）。

　　然而一直到公元前 5 世纪，修辞理论和修辞学科并没有因为修辞实践的高度发达和广受推崇而跟着出现。导致这一情况的原因固然不少，古希腊在神话的基础上建立起来的宗教观念对社会意识形态的支配却应该是首要因素。在整个古希腊时期，"几乎所有社群活动都是在宗教语境中进行的"（Martin 1996: 47；59），人们不管做什么事总要先征询神谕，以求按照神意办事，获得神的批准。于是乎，传统意识通过祭师等人对"神意"的传达和解读成为理所当然的天经地义，说话不能"亵渎神圣"、不得"出格"等戒律对话语的创新和发展施加了难以逾越的限制。另一方面，言说者以令人信服的方式交谈的能力和人类的其他各种能力一样，被认定为"天生的才能，甚至是神赐予的礼物"（Herrick 2001: 33）。在这些观念的束缚下，很少有人会想到可以通过对言说的研究，破解体现于其中的各种原理和规律，并通过有意识的学习和训练提高自己的交流能力。不过，随着古希腊文化形态的发展和演变，随着日益复杂的公共事务对一般人的交流能力提出越来越高的要求，尤其是由于公元前 5 世纪绵延了几十年的波斯战争和伯罗奔尼撒战争这两场重大历史事件对希腊传统社会结构和社会意识的巨大冲击，话语实践的"自然"状态再也无法满足社会需求。破除"口才是神赐给的"这一根深蒂固的观念，将言谈作为研究目标，探索其成败得失的秘密，遂成为一时之需。以普罗塔哥拉（约公元前 485—约前 410）和高尔吉亚（约公元前 480—约前 380）为代表的一代天才应运而生，从打下观念基础开始，一步一个脚印地开拓出修辞研究的新天地。

普罗塔哥拉与修辞研究的观念基础　根据 3 世纪希腊学者、《哲学名家的传略与观点》（*Lives and Opinions of Eminent Philosophers*）的作者第欧根尼·拉尔修（Diogenes Laertius）的记述，普罗塔哥拉是修辞研究当之无愧的开创者之一。在古希腊先哲中，他第一个对动词的时态加以区分；第一个将言说按照其功能分为"请求、问询、回应和命令"四大类（另一说分为"叙述、问询、回应、命令、报告、请求和邀请"七类）；第一个讲授论辩的技巧，介绍攻击任何命题的方法，首创通过质问对方说法进行论辩的话语模式。他的著作包括一本《辩论艺术》（*The Art of Debating*）和两部《驳论》（*Contradictory Arguments*）。这些著述的内容虽然已经失传，但仅从书名我们就不难想象他在修辞理论领域所从事的开拓性工作。然而他对修辞学科的最大贡献还不在于上述理论建树，而是从观念形态上为修辞研究开天辟地，提供了其萌发成长必不可少的思想空间。他提出一系列在所处的希腊社会匪夷所思、大逆不道的观点，如"人是一切事物的尺度"和"我无法知道神是否存在，因为这是一个难以说清楚的话题，而人生又太短暂"等。这些观点不仅使得雅典将他驱逐出城并焚毁他的著作，还使他背上"相对论和不可知论的始作俑者"（Sprague 1972: 4）的黑锅，受到后世哲学家的谴责。然而将他定为"相对论"和"不可知论"鼻祖的人忽略了一个重要问题，即在当时的具体历史条件下，普罗塔哥拉提出这些观点究竟目的何在。其实，在强调"人是一切事物的尺度"时，他所挑战的不可能是我们如今所理解的"客观真理"或者"客观标准"，而恰恰是"神是一切事物的尺度"这一当时容不得任何怀疑的正统观念。他之所以不认为神的存

在是一件可以说得清楚的事，也不可能是为了宣扬某种抽象意义上的
"不可知论"，而更可能是为了破除他那个时代对神的迷信以及从这个
迷信派生出来的一个固有认识，即传统见解和看法都是神的意旨，不
能加以质疑和讨论。只有打破这一迷信，动摇这一根深蒂固的认识，
使人们不再将应用语言的能力和效力看成由神确定的某种天赋或者由
神赋予的某种灵感，才有可能对言说实践进行真正意义上的探索和理
论归纳。出于为修辞研究搭构起一个观念框架的同一个目的，普罗塔
哥拉还率先提出"针对一切事物都存在着两种相反［又都讲得通］的
说法"这一修辞基本原则。该原则推翻了"针对所有事物都只能有一
种正确的观点，即体现于传统见解或流行说法的那一个观点"这一基
本设定，解放了言说者的思想，使人们有可能从确实不一样的角度来
思考问题和搜索话点，进行真正意义上的修辞构思，开展论辩或其他
形式的观点交锋。

　　高尔吉亚对修辞本质的界定　紧随普罗塔哥拉之后的另一位修辞
学创立者是来自西西里岛的高尔吉亚。高尔吉亚是一位才华横溢的言
说者，以风格的丰富多彩和生动感人著称。作为一位天才的演说家，
他能随时随地根据眼前情景提出的要求和施加的限制脱口成章，因而
被称为"即兴发言的发明者"。他在表达风格上力求创新，率先应用
了对偶（antithesis）、偏喻（catachresis）、旁诉（apostrophe）、换
置（hypallage）、倒置（hyperbaton）、重复（repetition）等令人耳
目一新的修辞手法。他所发表的演讲表现出对语境和受众的具体性和
特殊性的高度敏感。这种敏感促使他根据伯罗奔尼撒战争时期希腊深
陷于内斗，整个民族四分五裂的严重形势，在演说中不断提出充满强

烈泛希腊民族主义甚至沙文主义的诉求，因而对受众具有很大的动员和说服能力。他在著名的"奥林匹克演说"中将注意力引向"蛮邦"，劝诫从各城邦来参加运动会的希腊人停止攻击彼此的城市，把"蛮夷"的领土当作自己最好的战利品。在同样为人所传颂的"葬礼演说"中，高尔吉亚面对的是一心想征服整个希腊建立起自己帝国的雅典人，因而避免正面号召希腊人之间应该团结，只是拐弯抹角地提出应该用欢唱庆祝战胜"蛮夷"，而庆祝战胜其他希腊人却只能用挽歌。（Sprague 1972: 30–32）

　　高尔吉亚率先给后来定名为"修辞"的言说艺术下了一个被普遍接受的定义，将它界定为"产生说服的能工巧匠"（artificer of persuasion），认为说服既是这一艺术的本质，也是它的全部功用。他强调修辞是一门独特的艺术，它与其他艺术在两个方面大不相同。第一，其他艺术提供关于制作器具以及从事其他看得见、摸得着的各种人类活动的知识，而修辞则通过看不见、摸不着的言辞进行其所有活动并产生一切效果。第二，修辞拥有某种征服一切的影响力，能够使所有被这一影响力触及的事物"心甘情愿而不是迫于无奈地臣服"，其他艺术则谈不上具备这种力量。后面这一带原创性的归纳将修辞看成一种力量（power），后来成为西方修辞思想的另外一块基石。（Sprague 1972: 39–40）高尔吉亚在他最为经典的演说"海伦赞"（Encomium of Helen）中对这个观点作了淋漓尽致的发挥。根据古希腊史诗讲述的故事，海伦是一位绝世美人，她因为受到特洛伊王子帕里斯的诱拐，和他一起私奔，一直被后世的文人墨客认为是引发了特洛伊战争的祸水。高尔吉亚在这篇演说中别出心裁，另辟蹊径，以自己的滔滔雄辩为海伦推翻了这个众口铄金铸就的历史铁案。他指出海伦之所以私奔，只有四种可能的原因：要么这是神的旨意，也就是说是命定的；要么是受到暴力胁迫无力反抗；要么是像罹染疾病一样不由自主地陷入情网；要么被对方的如簧巧舌说动了心。在前三种情况下，海伦本身显然都不应该负个人责任。第四种情况其实也一样。

按照高尔吉亚的申辩，即便海伦是被帕里斯的言辞说服而动了和他私奔之心，她也不该被指责。这是因为首先，"言说是一位大权在握的王公，它能够通过最为细微精致的手段产生最为神妙的效果，例如驱除恐惧、消除悲伤、引起欢乐、产生同情等"。没有人抵御得了这样一位"王公"所拥有的控制人类情感和态度的巨大权力。其次，人的心志不可避免地存在着这样那样的缺陷，这些内在的缺陷使那些并不见得可靠的意见可以乘虚而入，行其欺骗之道。如果人们清楚任何事物的来龙去脉，不仅了解其过去，知道其现状，还能预测其未来的发展，言说就产生不了什么效力。只不过在事实上，我们不仅记不清事物的过往，对其现状不甚了了，对其随后的发展趋势尤其没有什么把握。这就是为什么针对绝大多数事情，"心志都必须求教于意见"。由于意见本身"溜滑不稳，不够可靠"，依赖意见给人带来的运气也是飘忽不定的。说服是通过意见进行的，虽然跟意见一样谈不上可靠，却能够给人以势必如此、不得不从的感觉。在这个意义上，说服者是在以势压人，被说服者则显然是受到言说的逼迫，身不由己。更进一步看，说服通过与言说结合而控制心志的现象在现实生活中不胜枚举。天文学家通过变换意见的手法，不断抛弃旧学说并以新解释取而代之，用自己令人眼花缭乱的言辞使那些缺乏可信性和明确性的结论在"意见的心目中"显得真实可靠。在公共辩论中，强有力的论点往往是通过其技巧性，而不是真实性取悦大众，获得说服效果。甚至在哲学家的争论中，对意见的信奉也可以随着思维的新灵机而迅速改变。言说对心灵状态可以产生的效果就跟药物对身体状况可以产生的作用一样。不同药物可以将不同体液排出身体，有些药物可以治愈疾病，有些药物却可以致人于死命。不同言说也可以分别造成痛苦，带来愉悦，引起恐惧或鼓起勇气，有一些言说甚至还能通过某种邪恶的说服蛊惑心灵。（Gorgias 1991: 284-288）

高尔吉亚的上述评论与其说是为海伦辩解，不如说是勾勒出修辞的本质特征。这些论述跟他此前提出的其他论点一起，为修辞研究提供了一个颇为完备的理论框架。在这一框架内，修辞被界定为一门旨在进行劝说的艺术，同时也是一种能够通过言说操控人类情感、态度和行为的力量。修辞的基本运作方式和所瞄准的目标被确定为说服。说服顾名思义以其对象"心甘情愿"的接受为前提，是一种非强制性的影响。然而说服又是修辞所体现的言说力的应用和实现，对说服对象而言终归是一种在外力强制作用下的顺从。修辞产生效力的心理机制是心志的内在缺陷造成对意见的依赖。这种依赖给言说以可乘之机，可以通过向心志提供"细微精致"却谈不上可靠的意见，对受众施加影响。修辞通过说服与言说的"结合"发生作用，因而与言说同延（coextensive），覆盖了一切话语领域。可以说甚至包括天文学、哲学等学科产生的话语都应该被看成特种修辞。修辞的社会功用复杂多面。它就像药物一样，既可以使人受益，也可以使人受害。

西方修辞研究基本形态的出现　如果我们把上面提到的这些概

念、范畴、定义、基础认定（foundational assumptions）和基本观点等与普罗塔哥拉有关言说的分类、论辩的功能及技巧，尤其是"针对一切事物都存在着两种相反［又都讲得通］的说法"这一核心原则的各个论断结合起来，则很清楚，西方古典修辞思想以及修辞研究传统早在公元前 5 世纪结束之前就已经被赋予其基本形态。普罗塔哥拉和高尔吉亚作为西方修辞的创始者，不仅在理论上为修辞实践的观念化（conceptualization）打下了一个宽阔厚实的基础，还通过自己的论辩或演说，为如何在这些原理、原则的指引下从事修辞活动树立了榜样。和普罗塔哥拉一样，高尔吉亚通过挑战当时人们深信不疑的常识、常理，展示了雄辩的非凡力量。除了上面提到的为海伦翻案之外，他还在《论存在之虚无或论自然》一文中对"事物的存在"这样一个明摆着的事实加以质疑，提出了著名的三点论：事物并不存在；即便它们存在，我们也不得而知；即便有谁知道它们的存在，他也无法向其他人表达或解释这一点。他采用"归谬法"等手段对这三个相互关联的层递观点进行细心的"论证"。例如，他是这样"证明""事物并不存在"这一有悖常识的命题的。任何事物都要么处于存在状态，要么处于不存在状态。处于不存在状态的事物不可能存在，否则它就会同时处于存在和不存在状态，这是荒谬的。另一方面，处于存在状态的事物也不可能存在，原因如下：处于存在状态的事物可以被分为两类——那些永恒存在着的事物和那些被生成的事物。永恒存在着的事物没有起点和终点。这意味着它无界无限，因而不处于任何地方（因为如果它处于任何地方，则它将被这个地方包围着，必然有一定的界限）。不处于任何地方的东西是不存在的，也就是说，永恒存在着的东西不可能存在。被生成的事物也不可能存在。这是因为这一事物要么是由处于存在状态的东西生成的，要么是由处于不存在状态的东西生成的。由于它本身已经处于存在状态，因此它不可能是由另一个处于存在状态的东西生成的。而它更不可能是由处于不存在状态的东西生成的。这样一来，处于存在状态的事物也不可能存在。于是乎，所有事物都不存在。（Sprague 1972: 42-46）

雄辩还是"诡辩"？ 如此这般的"推理"固然反映出古希腊人在公元前 5 世纪就已经表现出极为高超的思辨能力，使我们对西方思辨传统的源头有了一个直观而深刻的认识，同时它也为高尔吉亚本人赢得"诡辩"的恶名。不过那些为他贴上"诡辩家"标签的后世学者就跟那些为普罗塔哥拉贴上"相对论"标签的学者一样，完全忽略了他是在什么样的历史和文化环境内，出于什么具体兴趣，为了达到哪个具体目的而说了这些话的。其实，如果我们将《论存在之虚无或论自然》一文置于他所处的具体语境，跟他一生所为之事、所立之言联系起来看，则很清楚，他之所以"悍然"提出"世间一切事物都不存在"这一听起来荒诞不经的命题，并且一本正经地加以论证，并非因为他自己真的相信这一点，而更可能是因为他陶醉于——并且希望以一种特别戏剧性的方式展示出——修辞艺术产生的雄辩力量。掌握了修辞艺术的人如果连这种公然违反常识和直觉的命题都有得一辩，而且都可以辩得头头是道，其他命题当然就更不在话下了。具体地说，他之所以这么做，是因为他相信普罗塔哥拉提出的原则以及在这一原则的基础上发展起来的被称为"对言"（*dialexeis*）的新观念。"对言"观念认为针对任何事物都可以找得到或者发明出一对相互对立的认识或说法。这一观念在公元前 5 世纪末叶风靡一时，其流行程度通过流传至今的《双向言说，也称对言》（*Dissoi Logoi or Dialexeis*）一书可见一斑。

《双向言说》与"对言"观念的形成　这本早期修辞手册作者不详，很可能成书于伯罗奔尼撒战争结束前后（约公元前 404）。现存的全书残本共分 9 章，前 7 章分别就"善恶"、"美丑"、"正邪"、"真假"等话题介绍两个对立观点（如"善与恶是两码事还是一回事"）及每一个观点的理据。这两个观点往往并不对称，而呈现为一个显然正确的看法和一个显然不正确的看法相对抗的局面。该书作者通常采取一种"扶弱抗强"的论辩立场，在为弱势方提供证据的同时，质疑强势方所持的理由。例如，该书第 7 章讨论的话题是政治制度。佚名作者开宗明义，先介绍由"某些深得人望的演说家"代表的强势方采取的立场，即城邦所有公职都应该由全体公民通过抓阄来决定由谁担任哪个职务。对于这一立场，作者建议读者采用普罗塔哥拉的质问法，请其支持者回答为什么他们自己在治理家政时不通过抓阄来决定哪一位奴隶干哪一种活儿，比如说让碰巧抽到"厨师"签的驭手改行主理炊事等。在此基础上，还可以进一步要求这些人解答为什么不要求社区的工匠们也通过抓阄决定每个人具体从事哪一行，不在开音乐会的时候要求乐师们通过同一途径决定每个人演奏什么乐器，尤其是不在战争期间照此办法，让抽到"马"签的弓弩手或步兵骑上战马冲锋陷阵，等等。强势方立场一向以抓阄不仅易于操作，而且是一种颇为民主的程序为理由，为自己辩解。对此读者还可以针锋相对地提出，这一做法其实是最不民主的，因为城市中对民众抱有敌意的人不在少数，一旦这些人抽中了签，民众将遭受压迫，遑论当家作主。

这本书的最后两章不再具体讨论针对具体话题的对立观点，而将注意力投向了跟修辞学科和修辞教育相关的一般性问题。在第八章开始作者列出了一系列能力——包括简明扼要地陈述，理解事物的真谛，懂得如何在法庭上作出正确判断，向公众发表演说，向学生讲授所有事物的本质、状态和起源等能力——并认为所有这些能力其实都见于同一门艺术和同一个人。这门艺术就是言说的艺术——修辞，而这个人就是掌握了言说艺术的修辞者。"精通言说艺术的人将知道如何正确谈论所有的事物。这是因为一旦他精于此道，他也就掌握了所有（各种）形式的言说，而这些不同形式的言说所讨论的议题覆盖了世间一切存在着的东西。"由于工于修辞者"通晓所有事物的本质，他又怎么可能不做到无论面临什么情况都不仅自己能正确行事，并且还能教导整个城邦也跟着这么办呢？"（Sprague 1972: 279-293）这个无所不知，能言善辩，兼哲人、公共言说者（辩护士）和教师于一身的理想化人物，就是兴起于公元前 5 世纪中叶之后，以普罗塔哥拉、高尔吉亚以及这本书的佚名作者为代表的"哲辩师"的自我写照。哲辩师使我们联想到我国先秦"诸子"或"士君子"，他们是促使古希腊修辞由单纯的实践向基于实践的理论过渡的第一代修辞家。哲辩师们个个博学强记，见多识广。他们可以说是白手起家，从无到有地开发和发展了言说的艺术、技巧和能力。一旦用这一当时的"高科技"武装了自己，他们就当仁不让地扮演了公共知识分子的角色，通过自己的口才和雄辩积极干预公共事务。

哲辩师的功绩　就修辞学科的建设而言，哲辩师们不仅提出了一整套理论观点，出版了相关著作，以自身的实践为从事这一艺术提供可资模仿的样板，还开风气之先，公开向拜于其门下的学生收取学费。这是另一个史无前例的创举，它标志着西方修辞教育，乃至整个西方教育开始了其职业化的进程。普罗塔哥拉据说是有史以来第一个实行有偿教学的教师；高尔吉亚也因为向每一个学生收取高达 100 迈纳（minas）的束脩而受到史家的关注。（Sprague 1972: 4；32）他们的这一做法一方面反映了这些早期哲辩师开创的言说艺术在古希腊受到高度重视，另一方面也表明修辞学科的重要组成部分之一，即修辞教育，在公元前 5 世纪已经蓬勃开展起来。事实上，这本书最后一章所讨论的不是别的话题，而恰恰是教学法。佚名作者在讨论中建议采取三个步骤以增强记忆，改进学习：第一，［对与学科相关的一切事物］保持关注；第二，听到好的言论、表达之后不断加以重复和模仿；第三，将听到的新颖说法和看法与自己已经熟知的话点联系起来。这些讨论使我们意识到《双向言说，也称对言》一书很可能是当时的哲辩师编著、采用的教科书，或者是供言说实践者使用的修辞手册。仅从这样一本教科书的广泛流通我们就不难看出古希腊修辞教育当时已经达到的发展水平。而修辞教育的兴盛反过来又为修辞已经蔚然形成一个完备的学科提供了又一项关键佐证。

　　西方修辞，"东方"起源？　古希腊人未必是在深入观察、思考和探索的基础上最早对人类修辞实践进行理论抽象的族群，然而他们在对这一实践领域加以观念化时所发明的概念、范畴和术语，他们对修辞原理和修辞技巧的独特认识和表述，却毫无疑义地为西方的修辞研究在过去两千多年中的发展和演变奠定了基础，确定了基本方向和基本形态。在确认这一点的同时，人们不能不对西方修辞学为什么发端于希腊——而不是欧洲的其他地方——感到好奇。修辞历史学家一般会强调古希腊自身的社会文化特征，也就是它的各个部族（以及后来在部族基础上形成的城邦）规模都不大，并且都保留了公共事务由享有平等政治权力的成员集体讨论决定的传统。这一传统使得口头交流技巧成为扩大个人影响、获得较高社会地位的关键因素，成为古希腊文化的主要价值取向之一，因此无疑促进而不是阻碍了一个以"说服"为核心关注的修辞研究的兴起。然而诉诸这一传统却难以解释修辞学兴起过程中一个很耐人寻味的情况：学科的创始人和主要思想家、理论家都不是出身于希腊当时公共话语最为发达的中心城邦，而是来自相对落后的边缘地区。普罗塔哥拉是希腊北部的亚伯得拉（Abdera）人；无独有偶，古希腊修辞理论的集大成者亚里士多德也来自希腊北部，靠近当时尚未被希腊化的马其顿王国；高尔吉亚则出生于西西里岛的利昂蒂尼（Leontini）。而修辞起源的传说把当时只零星分布着一些希腊殖民地的西西里岛确定为修辞学科的发源地应该也不是没有根据的胡乱指派。

西方史学家不当一回事的一则有关普罗塔哥拉的记载引起我们的注意。根据 3 世纪雅典学者菲洛斯特拉托斯（Philostratus）的《哲辩师传》（*Lives of the Sophists*），普罗塔哥拉的父亲是一位富商，曾经在家中招待过率大军入侵希腊的波斯国王薛西斯一世。通过向薛西斯献礼，他父亲赢得这位波斯国王的特许，使儿子得以在波斯博士的门下学习。普罗塔哥拉的许多在希腊显得很不正统的观点，当时都被认为源于波斯。（Sprague 1972: 6）如果这一记载的基本内容并非虚构，也就是说，如果被公认为西方修辞思想开拓者的普罗塔哥拉的确曾经受到波斯贤哲的教导或影响，则古希腊修辞思想在公元前 5 世纪勃然萌发的原因就值得重新思考了。事实上，从公元前 5 世纪一直到公元 3 世纪，在希腊文人学者圈子内认为古希腊整个"哲思"其实源于"蛮夷"的看法相当普遍。阿里斯托芬就曾在其喜剧《飞鸟》（*The Birds*）中称"靠三寸不烂之舌为生"的哲辩师们"按照出身应该算是野蛮人"。（Sprague 1972: 33）第欧根尼有关普罗塔哥拉的记述虽然没有提到后者的波斯渊源，然而他在载有这一记述的《哲学名家的传略与观点》一书的开头却花费了不少篇幅，一本正经地反驳认为希腊"哲学研究起源于"包括"波斯贤哲"在内的"野蛮人"这一当时显然很有影响的说法。他指责相信和传播这一说法的人"把希腊人的功绩加到蛮夷的头上"，完全是出于"无知"，因为"希腊人不仅是整个哲学而且是整个人类的起源"。（Diogenes Laertius 1853）

赫然见诸最后这个断言的那种极端民族沙文主义态度和对某些先入为主的成见的执着使人们不能不怀疑，普罗塔哥拉和波斯的关系之所以没有在大多数历史记载中被提及，是因为这一情况与希腊中心主义的大前提不相容，因而遭到漠视和删除。事实上，古希腊由于其地理位置和历史渊源，一向通过战争和贸易往来与周边地区维持着十分密切的关系，并且从四邻更加发达的国家和文明中汲取了大量先进成果。例如，古希腊人于公元前 10 世纪到公元前 8 世纪这段时间内从近东的腓尼基人那儿引进了字母拼写系统。希腊文字就是在这一系统的基础上发展起来的。（Martin 1996: 43）而在修辞学萌发、诞生的那一个特定历史时期，古希腊和外界的接触则达到了空前密切的程度。

传说中的修辞学科发祥地西西里岛是希腊人定居地区中唯一有腓尼基人定居点混杂其间的一片土地。（Martin 1996: 54）而发生于公元前 5 世纪上半叶的波斯战争使得希腊中心地区各城邦和一个远比他们更为发达的外界文明发生了最为直接的长时间接触。这一时空因素的组合很难被当作没有特别意义的巧合而不加理会。将古希腊周边各非西方文化看作西方思想和学术的一个主要源头，将希腊在公元前 5 世纪和这些邻近民族的高度接触和互动确定为导致西方修辞学从无到有、横空出世的一个关键因素，倒可能是更加令人信服的历史主义观点。

第二章

博大精深的古希腊修辞理论

古希腊修辞的新发展阶段　从上一章的讨论中，我们知道西方修辞不迟于公元前 5 世纪下半叶便已经在希腊初步形成自己的意识观念基础，搭建起自己的理论架构，开始作为一门艺术和学科受到广泛关注和研究，并成为当时教育的重心。在接下去的近百年内，早期修辞思想和古希腊的修辞实践、修辞教育互相促进，相得益彰，其发展更加一发不可收拾。至少在希腊的中心城邦雅典，修辞业已成为在政治、法律、文化等各领域起关键作用的社会实践，享有至高无上的威望，受到普遍推崇。它被看成起着"维系人类作为一个群体，造就其社会和政治观念，确定其方向和命运"等核心作用的一股巨大力量。它成了社会地位变更（social mobility）的主要途径：那些善于"以饶有兴致和娓娓动听的方式使用语言"，在"政治、法律或公共生活的其他领域通过演说对公众的世界观产生了突出影响"的公民总是得以

从芸芸众生中脱颖而出，赢得名望和地位。[1] 修辞师（rhetor）[2]
成了那个时代的文化英雄，其受到崇拜的程度丝毫不亚于科学家在我
们所处的时代所受到的仰慕。在这一社会文化价值氛围内，公元前
5 世纪围绕着"言说"（*logos*）这一中心概念勃然兴起的希腊话语
研究迅速进入一个以"辞艺"（*logōn technē*）以及随后的"修辞"
（*rhētorikē*）为中心概念的全新发展阶段。

新阶段的主要特征　这一新阶段有四个主要特征：修辞教育的
制度化；修辞思想的系统化；修辞理论的多元化；修辞批评的诞生
和开展。以伊索克拉底、柏拉图、亚里士多德和阿那克西米尼
（Anaximenes，约公元前 380—前 320）为代表的公元前 4 世纪希腊
修辞学家围绕着因修辞实践的兴盛而产生的各种理论问题进行探索和
研究，产生了丰硕的成果。他们的代表作品包括雅典土生哲辩家伊索
克拉底的修辞论著、柏拉图《对话录》中讨论修辞的篇章、亚里士多
德的《修辞学》，以及长期被误当作亚里士多德作品，其实应该是出
自阿那克西米尼之手的《献给亚历山大大帝的修辞学》（*Rhetorica ad
Alexandrum*）。伊索克拉底及其代表的雅典新一代修辞教育家确立了
以注重基础教育，强调对学生的全面培养为理念的新教学模式。这一
模式开创了西方人文教育传统，使修辞教育在很长时间内成为这一传
统的主要构成成分。西方修辞在这一个时期取得的另外两个里程碑式

---

1 —— 见 Poulakos & Poulakos (1999), p. ix.
2 —— "修辞师"指的是达到较高专业程度的修辞实践者（practitioners），即那些通过口头或书
　　面的修辞手段达到某一预定修辞目的的各种"说客"和"讼师"。修辞师与修辞思想家、
　　理论家、教育家，也就是那些在修辞领域著书立说并传道、授业、解惑的那些人不一
　　样。后者在西方修辞传统中往往被称为"修辞家"（rhetorician）。

的伟大成就，即修辞思想的系统化和修辞理论的多元化，在据信由亚里士多德和阿那克西米尼在公元前 4 世纪撰写并流传至今的两本修辞手册中得到了集中体现。亚里士多德和阿那克西米尼年龄相仿。他们不约而同并且大致在同一段时间分别创作的两部《修辞学》都在当时流行的各种手册和其他表述的基础上，对修辞提出了空前全面、系统而详尽的论述。不过，这两部作品不管是在观念基础的确定、体系的构建、视角的选择，还是对具体问题的处理上都存在重大差别。它们之间有关修辞的种种深刻歧见显然表明当时不仅存在着不同修辞学说，而且存在着不同学说可以并行发展的广阔空间。这一发展空间广阔到甚至对当时的修辞实践提出严厉批判，将这一实践说得一无是处的反修辞观点也予以包容，使之在一个修辞占支配地位的话语秩序中获得充分表达。例如，柏拉图就以"哲学家"的身份和"真理"的名义对基于或然性（probability）的修辞思想痛加解构和批判，将修辞定位为一种采取鱼目混珠的手段、极具误导性的"巧言"，呼吁人们用基于真知灼见的某种哲理性话语取而代之。

承上启下的伊索克拉底

新教育模式　修辞作为一门艺术与学科于公元前 5 世纪中叶诞生后，获得迅速发展，很快就进入其成熟期。最能体现和代表修辞学所经历的这一历史转折的雅典修辞家当推哲辩大师高尔吉亚的弟子和传人伊索克拉底。根据记载，伊索克拉底的口才并不好，然而其书面表达能力却十分卓越。他将自己所领会的修辞原理应用于实践，代人撰写诉讼发言稿，是雅典著名的讼师。他继承了老一辈哲辩师的教育衣钵，广招学生进行修辞培训。然而在教育理念上，伊索克拉底却不循旧制，大胆革新。他一反师辈的技术中心主义，不再将单纯传授论辩，尤其是庭辩技巧看成培养修辞人才的最佳途径，认定真正的雄辩只有通过全面掌握各领域的知识和各门类的艺术才可能产生。根据这一新理念，他放弃原先的"私塾"或"师徒"式修辞教育模式，于公元前 4 世纪 90 年代在雅典创立了一所当时最为系统正规的学校。这所学校放弃了仅注重传授实用说服技巧的老传统，强调智育和德育对培养言说能力的重要性，从基础教育入手，为学生开设了范围广泛的课程。这一创举为西方教育的后续发展提供了一个延续至今的基本范式，使伊索克拉底成为现代文科教育的先驱，并且奠定了修辞在西方教育传统中长期享有的中心地位。

言说与人类文明　伊索克拉底的革新精神不仅体现在他所创立的新教育模式，也同样体现于他的修辞思想和理论。在后面这一领域，他提出了后来被广为接受的不少关于修辞的基本议题和观点。他的见解既上承于公元前 5 世纪对修辞的认识，又超越和发展了这些认识，为修辞思想在古罗马时代的全面繁荣打下了坚实的基础。跟老一辈哲辩师一样，伊索克拉底认为言说能力对人类的重要性是怎么强调也不过分的。在他看来，"言说是我们一切行为和思想的指南"。然而针对修辞的本质及其与修辞者的关系，他又和传统观点拉开距离，主张应该将言说看成心灵的外在表现，将公众认可的金玉良言看成良好的内在品质的外化："就我们所拥有的其他能力而言，人并不比其他生灵高明。但是由于人天生具有相互说服、相互表达自己的意愿的能力，我们不仅摆脱了茹毛饮血的野兽生活，还联合起来，创建城市，制定法律，发明各种艺术……良好的表达能力是具有正常头脑的最准确标志，而真诚、合法、公正的话语是善良、诚信的灵魂的外在形象"（Isocrates 1990b: 50）。作为修辞教育家，伊索克拉底坚信言说具有教化功能，对雄辩和说服能力的追求将使我们成为"更好、更有价值"的人。这是因为一方面我们无法想象那些希望自己的言说获得赞誉的人会支持任何非正义或猥琐低下的事业；另一方面，那些希望自己能说服他人的言说家都特别在乎自己在公众中的名声，因为声名卓著的人所说的话总是更具有说服力。（Isocrates 1990b: 52）

修辞与创新　伊索克拉底将有关言说能力究竟更多地取决于天赋还是取决于后天努力的争议作为一个重要议题纳入修辞理论研究的视野。他认为不应该将人们的言说造诣看成"命运的礼物"，而应该看成"在学习上下工夫"的结果，因为"那些命定或天生就有好口才的人说话时往往很随意，不受言说标准的支配。而那些通过动脑筋研究原理获得言说能力的人则总是斟酌自己说的每一句话，因而更少做错事"。（Isocrates 1990b: 54）伊索克拉底还是第一个探讨修辞与创造力的关系的修辞学家。他指出创意和想象力是修辞最基本的性质和要求，嘲笑那些自称掌握了并可以传授言说诀窍的人是在将一个"创造性的过程"错当成"一门具有固定法则的艺术"看待。在谈到这个问题时，他将修辞和"文字"（letters）应用艺术——也就是早期的语言学——加以明确区分：

人们都知道文字的艺术总是保持固定不变，我们因此才永不间断而且不加变动地使用着同一些文字以达到同样的目的，然而话语的艺术却恰恰与此相反。一位言说者所说的话如果从接下去的那位言说者口中吐出，就不再那么有用。言说者如果能以一种跟[所讨论的]主题相称的方式讲话，并且能从[这一主题]中发现别人没有说过的话题，他就是在这门艺术上卓有造诣的人。好的言说必须具备三种品质，即所说的话与所处的场合相适配，文体风格恰如其分，表达独具匠心。文字的应用则没有以上这些要求。这一点最为突出地彰显出言说艺术和文字艺术的区别。（Isocrates 1990a：48）

伊索克拉底上述这些观点得到了后世，尤其是古罗马修辞学家的全面继承，具有深远的历史意义。虽然在近代以来关于西方修辞传统的大多数历史叙事中，伊索克拉底的名气远远没有亚里士多德响亮，他对西方修辞思想在随后许多世纪中的发展施加的影响却是亚里士多德所望尘莫及的。

柏拉图与修辞批评的奠基

修辞的负面形象　柏拉图在自己的青少年时代亲眼目睹雅典如何在巧舌如簧的政客的唆弄下深陷于战争泥沼不可自拔，一座好端端的城市因此而不断衰朽没落下去。部分出于这一原因，这位古希腊大思想家对修辞采取了非常严厉的批判态度。在其《对话录》的某些篇章中，柏拉图虚构了他的老师苏格拉底和以高尔吉亚为代表的哲辩师及其门徒之间的几场论辩交锋，借苏格拉底之口对这一当时举世热衷的学科极尽冷嘲热讽之能事。例如，在著名的《高尔吉亚篇》中，柏拉图首先通过"苏格拉底"强调"信念"与"知识"是截然不同的两个概念，前者可以有真伪之分，后者则只能是真实的。他然后以此为前提，得出了关于修辞的一系列负面结论。由于修辞者的目标是使受众在未必真正了解某事——也就是未必掌握关于此事的"知识"——的情况下相信关于这件事的某一个说法，修辞应该被认为是"具有说服力却并不引导人们对正误加以区分的'信念创造者'"（Plato 454d-455a）。不管涉及的是哪一个行业的问题，修辞者都可以通过修辞技巧的巧妙应用侃侃而谈，使人听起来头头是道。然而相对于各行各业的专家，修辞者并不是货真价实的内行。他们在讨论涉及这些行业的问题时只能是外行人讲内行话，其言论对于知情者不具任何真正的说服力，只能诓骗那些同样外行的"大众"。因而修辞说到底不过是"无知者"通过说服技巧的应用在其他一些"无知者"心中产生某一信念的一种"日常活动"。（Plato 459b-460a）修辞师既然对于自己言论涉及的主题不具备专门知识，就只能通过言辞讨好、取悦受众以赢得他们的信服。修辞相对于受众因而不过是一种"逢迎"，类似于满足人们口腹之欲的"烹调术"，而不是真正治病救人的"医药学"；或者类似于使人看起来容颜姣好的"化妆术"，而不是真正促进体魄健壮的"体育学"。（Plato 464b-465b）在《费德鲁斯篇》，他通过文中人物之口指出按照当时的修辞规范，"言说者并不需要知道什么是真正的正义，而只需要知道那些行将［对案件］作出裁决的人可能持有什么正义观；他并不需要知道什么是真正的良善和高贵，而只需要知道对于这些人们一般是怎么理解的。这是因为说服所依仗的不是前者，而是后者"（Plato 260a）。如果言说者自己对善与恶的真正区别并不清楚，他就完全有可能在试图说服跟他一样糊涂的整个社群时"将恶当作真正的善加以大肆宣扬"（Plato 260c-260d），产生灾难性的后果。

对修辞理论和实践的清算？ 在这些观察的基础上，他对修辞发起了一场大批判，指责这一艺术重"形式"而轻"实质"；以一般人的看法或"意见"而不是"真知"作为劝说的基础，通过"取悦"受众、投受众之所好以操纵和控制受众，而不是从道义和真理的原则立场出发对受众进行开导、启蒙、"教育"，等等。这一攻击显然与体现在柏拉图其他著作中的意识形态动机和政治意图相一致。柏拉图心目中理想的国度由"哲学王"（the philosopher-king）统治，并以真知和道义原则——而不是一般见识和民意——作为决策的基础。对柏拉图来说，雅典民主制的一个致命弱点就是凡事由不知就里且理解与推理能力十分有限的芸芸众生表决，使得工于心计、伶牙俐齿的野心家完全能够置原则于不顾，通过取悦与"迎合"（pandering）群众短浅的见解和卑下的欲求而获得权力，将整个城邦引入歧途。出于对柏拉图这一政治理想的了解，后世的学者大多不假思索地接受他的修辞批判的字面意义，将这些评论理解为柏拉图从"哲学"立场出发对修辞实践和理论加以清算。柏拉图的修辞观因此长期被修辞学家认定为某种外在于古希腊修辞理论话语的敌对意识形态。然而，如果将这些观念置放于当时的语境内，观察其产生的前因后果，则上述主流学术见解是否正确不无商榷的余地。

　　柏拉图修辞批判的吊诡³特征　首先，面对着当时整个希腊社会对修辞几乎是一边倒的崇拜与狂热，柏拉图以反潮流的精神引进某些与常规见解完全对立的负面视角，这样做本身就应该被看成在践行"双向言说"或"对言"，坚持体现于其中的修辞基本原则。如果按照普罗塔哥拉的见解，"针对一切事物都存在着两种相反［又都讲得通］的说法"，那么针对修辞理所当然地也存在着两种针锋相对却又都不无道理的说法。其次，柏拉图的修辞批判是通过修辞手段的娴熟应用而得到实现的。例如，柏拉图刻意回避了"意见"既可能错误也完全可能是正确的这个不可否认的事实，将"意见"和"真知"（truth/knowledge）对立起来，使之与"谬误"或"虚假"同义，造成人们根本无法通过基于"意见"的修辞推理得出正确结论的深刻印象。又如，他通过巧妙地树立起各种二元对立，偷梁换柱，将"什么是知识"、"什么是真理"当作已有明确答案而完全不成问题的问题。这样一来，人们往往忽略了另外一个重要事实，即"知识"、"真理"、"正义"等其实是一些动态概念，有关它们在任何特定历史文化条件下所具有的内涵和外延从来都是有争议的，而这些争议恰恰只有通过相关"意见"的不断交锋——也就是说，通过修辞的不断应用——才可望得到某种暂时的解决。难怪在古罗马最杰出的修辞学家西塞罗看来，柏拉图对修辞的攻击本身就是古希腊修辞应用的一个特例和范例：他"在取笑言说家时听起来自己活脱就是一个炉火纯青的言说

---

3 ——"吊诡"系 paradox/paradoxical 的汉译。该词更常用的汉语译名是"悖论"。本书之所以采用"吊诡"而不是"悖论"，是因为前者更加传神，后者与原词的语义和语用相比显得过于局促。

家"⁴。或者我们可以说柏拉图的"反修辞"归根结底还是修辞的一种曲折隐晦的表现形式。

修辞批评的起源　柏拉图的修辞批判还在一个更加重要的意义上是一种货真价实的修辞实践。他对修辞方式和技巧的无情"揭发"将人们的注意力引向修辞本身往往讳莫如深的工作机制，引向"修辞效果究竟是怎么产生的"这个关键问题。它提醒人们不管修辞的结论听起来多么雄辩有力、不容置疑，这些结论终究只不过是未经确证的"意见"，总是存在着质疑的空间。它要求人们认真考虑修辞者的资格和动机，并用"真实"、"道义"等标准来要求、衡量和约束一切修辞活动。所有这一切为在修辞框架内逐步发展起来的"修辞批评"这一次领域，即"以理解修辞过程为目的而对一切象征行为和产物进行的系统调查和解释"（Foss 1996: 6-7），提供了最初的观念基础和范式。时至今日，西方修辞批评家仍然"无可避免地"遵循柏拉图树立的样板，经常"就修辞的好坏作出伦理、道德判断"（Brock，et al. 1990: 19），或者从政治、意识形态角度揭示、分析和抨击修辞产物所服务的利益。柏拉图对修辞的严厉批评可以说为这门年轻艺术的平衡发展提供了必要的空间。在任何复杂的社会形态下，正常、健康的修辞实践总是由修辞行为和对这一行为的反制和抵抗构成的一体两面：一方面，修辞者在各种目的和利益的驱使下总是尽力运用并且不断发明各种说服手段对受众施加影响；另一方面，受众成员总是通过洞察修辞

4 ____ 原文为 "... what impressed me most deeply about Plato in that book [i.e., *Gorgias*] was, that it was when making fun of orators that he himself seemed to me to be the consummate orator." 见 Cicero, *De Oratore* (Cambridge: Harvard University Press, 1942), I. xi. 46-47。

生效的机制，审视修辞行为背后潜藏的利益动机，使自己在面对各种
说辞时能够有所警惕，有所鉴别，不至于轻易为用心险恶的巧言佞词
所误导和蛊惑。正是由于这两个方面的相生相克，相互制衡，修辞才
能够在社会的运行和发展中发挥其不可或缺的建设性作用。作为对这
一实践的理论归纳，修辞学当然也不能只以总结和传授说服艺术为己
任，还应该向公众提供相应的观念和技术资源，使他们能够在必要时
对修辞的说服力和影响力作出有效的抵制。

修辞思想的新思辨水平　此外，柏拉图对修辞的攻击并没有对当时
正蓬勃发展的修辞实践和理论产生负面冲击。相反，他在修辞批判中提
出的"知识与意见"（knowledge vs. opinion）、"真实与表象"（reality vs.
appearance）、"教导与劝说"（instruction vs. persuasion）等一系列二元
对立将人们对修辞实践的认识提高到一个前所未有的思辨水平。公元前
4世纪出现的两部具有里程碑意义的系统修辞论著，即亚里士多德和阿
那克西米尼的《修辞学》，都是在柏拉图对修辞提出批判之后成书的，
亚里士多德本人还刚好就是柏拉图的学生。这些情况显然不是单单用历
史巧合就可以解释得了的。以上各点表明柏拉图对修辞的谴责绝非某种
外在于古希腊修辞思想的异己视角，而是这一思想不可或缺的组成部分。
他的批判标志着修辞批评的诞生和修辞学科的进一步成熟。

高屋建瓴的亚里士多德修辞理论

亚里士多德诞生于希腊和马其顿交界处的斯塔依拉城。相对于雅
典和希腊其他主要城邦，这个小镇不管在地理上还是在文化上都处于

边缘地带。亚里士多德的家庭和具有独特文化的马其顿王国渊源极深。他父亲是马其顿国王的密友和私人医生，他本人青少年时代也曾在马其顿呆过相当一段时间，晚年又曾返回，担任王子亚历山大的教师。亚里士多德小时候显然受到过良好而全面的教育，养成多方面的兴趣。17 岁那年他离开家庭远到雅典，进入柏拉图的学园，开始了自己在希腊中心城市的漫长学术生涯。亚里士多德虽然身在雅典，却不是这一城邦的公民。他的客籍身份使他不能像伊索克拉底等本地修辞学家那样，积极投身于雅典的社会政治斗争，在实践中构筑和发展理论。但是作为局外人，他又得以从旁对雅典如火如荼的话语互动进行冷静而深邃的观察，形成自己与众不同的视角。亚里士多德师从柏拉图，却不认同老师的理念观、范型观等基本观点。他从讨论话语研究的基本工具入手，通过独立思考和著述，构筑起一个包括修辞学在内的庞大知识理论体系。

亚里士多德修辞思想体系的观念基础和总体结构 亚里士多德不赞同柏拉图的知识观，反对将知识看成对事物本质，也就是所谓"理念"的把握。他认为知识是多元的，包括了"理论知识"、"实用知识"和"生产知识"等类型；既有通过思考和理解获得的"总体（或一般）知识"，也有通过经验获得的"特殊知识"，还有介于这两者之间的"或然知识"。在这一认识的基础上，他形成了自己对技艺（*technē*）的看法，认为要想掌握一门"技艺"或"艺术"，人们并不需要掌握相关实践的总体知识，而只需知道从事这一实践的过程中通常会发生什么事或出现什么情况就够了。他将言说艺术分为一般和特殊两大类，特殊言说艺术体现于各专门学科或领域的内部交流与讨论，一般言说艺术则可以再细分为辨证（dialectic）[5]和修辞两小类。作为一般性言说艺术，这两个类别都可以就任何问题发表评论或提出论证，不像专门领域的艺术那样，只讨论跟本领域相关的特殊话题。辨证和修辞所遵循的结构和组织原则也和专门领域话语不同。它们所援引的理由或依据一般具有或然性，或者说不具有完全的确定性。它们都可以被用于论证相互矛盾甚至对立的结论，而不是像真正的确证（demonstration）那样，设定并且证明某个唯一正确的结论。二者的区别在于：辨证可用于讨论任何一般性话题，修辞只限于讨论跟公共事务相关的一般性话题；辨证在方法上侧重提问式互动，修辞没有这一限制；通过辨证过程取得的往往是超越具体语境的一般性结论，而通过修辞过程得出的则通常都是关于具体事物的结论。（Green 1990: 11）鉴于辨证和修辞之间存在的这些共性和差别，亚里士多德将后者称为前者的"对应"艺术（*antistrophos*）。

亚氏《修辞学》文本的形成及存在的问题　从这些预设出发，亚里士多德在当时各种言说理论的基础上构筑起一个相当完备并且极富特色的修辞体系。关于亚氏《修辞学》的创作时间（公元前360—约前334）、过程和动机，人们只能根据其文本内容以及现存古典史料中的零散记载加以推测。例如，他在全书开头对当时希腊风行的各种修辞手册提出严厉批评，指责它们只将注意力集中在法庭论辩，孜孜

---

5 —— dialectic 跟修辞一样，是一门古老的话语艺术。它起源于所谓"苏格拉底方法"，即在一对一的互动中就对方观点提出一系列问题，通过诘问暴露这些观点不能自圆其说之处，达到明辨是非或驳倒对方的目的。鉴于这一起源，同时也为了避免跟当前流行的"辩证法"一词混为一谈，本书将 dialectic 译为"辨证学"或"辨证艺术"，简称"辨证"。有关 dialectic 一词在西方古典修辞语境中的内涵及其与 rhetoric 的具体区别，见本书有关章节的讨论。

于应该采取什么手段才能煽起审判员的偏见和情感等"外在于修辞"的话题，对辞艺理应重点关注的"证明"及其主要手段，即"修辞论证"（*enthymēmē*[6]），反而大多语焉不详。就这一点看，亚里士多德之所以撰写这部《修辞学》，很可能是为了在修辞研究和修辞教育领域拨乱反正，为被误导的修辞实践者和学生指点迷津。书中明显存在的问题不少。如卷一第一章提出的不少观点和全书接下去的论述相互矛盾。卷二有关"诉诸情感"（*pathos*）和"诉诸人格"（*ēthos*）这两种证据的讨论与上下文在行文上不尽吻合，似乎是随便加进去的。卷三的内容则整个与头两卷有明显脱节。书中对某些关键概念，如"修辞论证"、"话题"（*topos*）等的界定和使用也出现前后不一致的情况。这些问题似乎表明该书的文本很可能是后人将作者在不同时期和场合、出于不同目的提出的观点收集在一起而形成的。当然还存在另一种可能性，那就是卷一第一章和全书其余各章其实是两个相对独立的文本。后者是亚里士多德在当时流行的各家修辞手册基础上编辑、整理出来的一部集大成式的"标准"修辞学。它除了比流行学说更为系统——也许更为深刻——之外，与这些学说没有本质上的区别。开篇第一章则不然。它记录了亚里士多德本人作为一名学者和思想家（而不是修辞实践者）对当时主流修辞学说进行的反思和批判，以及在这一批判的基础上形成的许多带原创性的修辞观念和认识。不管这部书的现存文本是如何形成的，不管它在多大程度上真正出自亚

---

6 —— 关于亚里士多德赋予 *enthymēmē* 的意义，历来存有争议。长期流行的诠释以及权威的中、英文翻译对这一概念的把握并不准确。本书采用 M. F. Burnyeat（1994）的新解读，并据此提出 *enthymēmē* 及与之密切相关的其他概念的新译名。

里士多德之手或反映了他的个人思想观点，也不管在其文本的组织结构或连贯性方面存在多少问题，它透过一个相对超然的视角，对古希腊修辞实践和修辞思想进行了独到、系统而深刻的审视和再表述，是西方修辞思想发展史上一座具有重大意义的里程碑。

修辞的本质属性 亚里士多德修辞观的独特性和深刻性突出地表现在他对修辞的本质属性和对其内涵和外延所提出的一系列独到表述。他将修辞界定为使我们"不管碰到什么事情都能发现可资利用的说服手段的那种能力"。这一定义既继承了早期哲辩师的一个基本观点，即言说应该首先被看成一种"力量"（power），同时又是对这一观点的颠覆。通过这一定义，他将一向被认为是蕴含于言说本身并带有浓重神秘色彩的"说服力量"理性化和人性化，使之成为修辞者可以经由学习和训练获得或增强的一种个人能力。亚里士多德还继承了早期哲辩师的"对言"观念，指出修辞的另外一个基本特征是"修辞者应能够证明针对任何争议的两个对立观点"，或者说针对每个议题修辞者都必须同时掌握相互对立的两个立论和两套证明。他强调这一基本要求并不意味着在现实生活中人们必须随时准备为"卑劣"的那一方作出有效辩护，而只是为了使修辞者具备从不同角度考虑问题和把握话语互动全局的能力。有了这一能力，言说者就可以预见对方将会采取什么论证手段，从而能够采取更有效的反制措施。（Aristotle 1355a）

谈到修辞的外延，亚里士多德提出其活动领域有三个特征。第一，它所覆盖的事务和事物都带有不确定性，容许人们提出不同见解，提供不同答案或得出不同结论。那些具有充分确定性，只允许一种正确见解或结论的事物（如科学范畴内的事物）不在修辞讨论的范围之内。第二，对于它所关注的问题，人们无法通过应用某些固定不变的程序、规则、定律、公式等，推算或推导出无可争辩的答案。那些我们可以借助数学公式、逻辑法则、明确的法律条例等手段正确无误地推衍出结果的情况因而不在修辞的讨论范围之内。第三，在就这些事务和问题进行讨论时，接受方是仅具一般的理解和推理能力，或者说是见识和思维能力都比较受局限的芸芸众生，而不是受过专门训练的能对付各种复杂推理的人士。用他自己的话说：

> 修辞的功能在于处理我们必须加以审议但是［对如何着手进行审议］却没有系统规律可循的所有事务，而且［在审议时］所面对的听众都是既无法将许多相关事物联系在一起考虑，也理解不了较长推理过程的那类人。我们所审议的事务看上去都可以有两种可能的结论。那些其历史、现状和发展都已经完全固定下来的事务，或者说那些我们认定情况就是如此的事务，是没有人会多费口舌的。因为针对这样的事务已经没有更多的话好说了……人类的行事从来不带有必然性，因此全都属于这类事务。（Aristotle 1357a）

由于人类的所有行为和行动，人类社会的一切事务，都带有上面提到的特征，有关它们的讨论、审议和决定显然都应该归入修辞的"辖区"。

然而亚里士多德对修辞覆盖范围的界定还受到另外一个考虑的制约。虽然他给修辞下的定义似乎意味着这一实践覆盖了所有各种话语情境，可以处理"不管什么事情"，他同时却又主张修辞说服具有特定的对象和工作方式，并不适用于一切话语活动。例如，修辞的权限不及在其他各门艺术内部进行的专业性话语活动，也不像其他艺术那样有自己的专门题材。修辞仅面向公众，关注跟公众相关的一般性话题，因而只能以公众的一般见识作为劝说的出发点："当所面对的是某一类受众，即便我们掌握并应用最精确的知识对他们做工作，这些人可能还是难以被说动……所以，当对大众致辞时，我们所用的证明和道理都应该立足于一般人普遍接受的各种原则。"（Aristotle 1355a）根据亚里士多德的主张，"公共性"必须被确立为修辞的一个本质特征，只有那些发生于公共领域内的讨论、审议和决定才归修辞"管辖"。

此外，亚里士多德还在讨论中触及这一艺术的另外一个本质特征，即只有当所采用的手段不被觉察到的时候，修辞才具有充分的说服力。他告诫修辞者应该一方面"精心构筑［修辞文本］"，另一方面却"不让人注意到［体现在文本里的匠心］"；一方面侃侃而谈，另一方面"听起来却毫不造作"。他认为"唯其如此才有说服力，而不这么做则谈不上能说得动受众。因为如果辞章的造作（artifice）明显可见，受众就将像见到某个对他们使心计的人一样，产生反感"（Aristotle 1404b）。在亚里士多德看来，演说及其他修辞体裁是否能显得"天然无雕饰"，不像是精心策划的产物，或者说不像是"修辞"，将决定修辞说服活动的成败，因而这绝非仅仅是一个无碍大局的次要问题。这一看法将"自我韬晦"定位为修辞进行运作并发挥效力的一个根本条件，并指出之所以如此，是因为修辞能否不暴露自己的作用方式事关修辞的根本关系，即修辞者和受众之间的关系。受众只有在不觉得修辞者是在耍弄手法诱使他们作出一个可疑决定的时候才可能真正被说服。而避免受众产生这种感觉的途径只能是言说者尽力将自己的修辞构思和修辞手段掩盖起来。由于修辞之所以成其为修辞，恰恰是因为它是修辞构思的产物和修辞技巧应用的结果，因此修辞是否能产生真正效力取决于它是否能成功地掩饰自己。受众往往是在对言说者采用的修辞手段和技巧并无觉察的情况下"接受"了其观点并改变了自己的看法和态度。

修辞的分类　亚里士多德根据公共话语领域典型受众的种类将修辞分为三类：审议性言说（deliberative speech，即政治修辞），庭辩性言说（forensic speech，即法律修辞）和表现性言说（epideictic speech，即仪典修辞）。任何言说情景都包括言说者、话题和受众这三个基本要素，其中受众是修辞的目的所在，尤为关键。受众包括观众和裁判。观众虽然也和裁判一样，必须就所见所闻作出自己的判断，不过他们的判断对象是言说者的能力。裁判则不然。部分裁判必须就过去是否发生过某件事进行裁决，另一部分则必须就将来可能会发生什么事作出判断。于是乎，修辞一分为三，分别以观众和这两类裁判为说服对象。审议修辞诉诸负责裁决未来事态发展的裁判；庭辩修辞诉诸负责裁决过往事件的裁判；表现修辞则诉诸负责评判言说者能力的观众。审议修辞旨在规劝或劝止（dissuasion），它面向将来，以趋利避害为目的；庭辩修辞或指控，或辩护，它面向过去，以弘扬正义、惩处不义为目的；表现修辞则或褒扬，或谴责，它面向现在，以区分荣辱为目的。按照亚里士多德的主张，修辞所涵盖的应该是分别在议事会议、法庭和公共仪典上以三种不同公众为对象，以各种带有不确定性的事务为话题的那些话语活动。

　　修辞手段的分类和修辞发明　在确定了修辞的应用范围之后，亚里士多德将注意力投向"修辞手段"。他将说服手段分为"非人工"和"人工"两种。所谓"非人工"手段指的是那些先已存在，修辞者无从用其心计的证据，如法定的证人、合法的证言以及白纸黑字的合同等。"人工"说服手段则并非事先存在，而是通过一定方法的应用由修辞者产生的。用亚里士多德自己的话说，"前面的那一类现成就可以用，后面这一类却是发明出来的"（Aristotle 1355a）。修辞学感兴趣并加以系统研究的只包括后面这一类，即"人工"说服手段。

　　"人工"说服手段可以再细分为三小类：诉诸修辞者人格，诉诸受众情感，以及诉诸言说中蕴含的"说服性"（即道理 [logos]，以下简称"诉诸道理"）的证据。在这三类中，亚里士多德着重强调了关于诉诸人格的说服手段：

　　当言说 [在听众中] 产生对言说者的信任感时，说服通过人格得到实现。一般地说，不管讨论的话题是什么，公道的人 [跟其他言说者比起来] 总是更迅速地赢得我们更大的信任。如果关于所讨论的话题尚无确切知识因而尚有存疑的空间，[以人格见长的言说者] 更将赢得我们完全的信任。[对言说者的信任] 必须源于言说，而不是源于言说之前业已存在的有关言说者人格的看法。有些修辞手册的作者在讨论修辞艺术时认为言说者为人的公允平实对于言说的说服力没有什么影响。事实正相反。人格对于说服几乎可以说是起支配作用的因素。（Aristotle 1356a）

　　亚里士多德之所以将修辞人格定位为"起支配作用的因素"，当然是因为如果修辞者得不到受众的信任，则他的话不管听起来多么雄辩，都不会被当一回事，因而也就不可能产生预期的效果。然而他为什么认定这种信任必须"源于言说"而不是修辞者的真正为人，则不是那么清楚，这一说法因而历来颇受质疑。在亚里士多德生活的时代，由于古希腊城邦的有限规模，可以想象本地居民一般都相互认识。起码我们可以说公共演说者由于经常抛头露面，其日常为人大家应该都有目共睹。这一印象正如伊索克拉底说的那样，肯定会被带入修辞场合，并且对说服效果的产生造成相当大的影响。

　　亚里士多德当然明白这一点。他之所以仍然断言修辞互动过程中受众对修辞者信任感的唯一源泉应该是言说本身，可能出于两个考虑。第一，修辞互动之前人们已经就修辞者为人处世形成的看法属于"非人工"说服因素，因而不在修辞的兴趣范围之内；第二，言说者既然无法改变自己平常为人在社区造成的印象，就应该也完全可以通过修辞技巧的应用，在言说过程中克服、改变甚至巧妙地颠倒任何现存的负面印象。出于这些考虑，亚里士多德十分明确地将"修辞人格"等同于修辞者透过言说进行的自我形象构筑。他反复强调必须通过修辞手段的运用使"言说者显得是某一种人，［并使］听众认为他对他们抱有某种态度"，因为这"将对说服产生重大影响"。虽然说构筑具有说服力的修辞人格应该因时、因地、因人制宜，不可一概而论，然而人们一般倾向于信任三种品质：理智、美德和善意。因此，在构筑修辞人格的时候，修辞者应该致力于投射出通达事理、道德高尚、与人为善的形象。（Aristotle 1377b–1378a）

在言说中通过修辞手段的应用使受众进入某一情感状态是产生说服效果的另一个重要途径。精神或情感状态对人类行为的影响是众所周知的。"当人们处于不同情绪，比如说感到悲哀或欢欣，友善或敌意，他们对同一件事作出的判断并不一样。"（Aristotle 1356a）因此，在修辞互动过程中想办法调节受众的情感，使之处于最易于接受说服的状态，是达到修辞目的的最有效手段之一。亚里士多德着眼于修辞目的的实现，将情感界定为"伴有痛苦或愉悦，其变化将促使人们作出不同判断"的所有那些心理状态，"如愤怒、怜悯、恐惧等等及其反面"。出于同样的考虑，他提出修辞者有必要从三方面对每一种情感进行分析研究："产生［这一情感］的心态；发泄［这一情感］的对象；触发［这一情感］的原因"。只有对这三方面都了如指掌，修辞者"才有可能［在受众心中］造成"这一情感。（Aristotle 1378a）在《修辞学》卷二，他出于理解受众接受说服的心理机制的目的，从这三个方面着手，对愤怒／平和，善意／敌意，恐惧／镇静，羞耻／无耻，仁爱／刻薄，怜悯／愤慨等他认为对说服影响甚巨的情感详加讨论。

由于受众的情感总是先跟信念、欲求、价值等因素交织在一起而后才形成动机的，亚里士多德进一步从特定群体的情感特征入手，对老年人、中年人、青年人以及出身高贵者、富有者和权势在握者等六类人的特定性格作出表述。例如，青年人"容易受欲望的支配，因而倾向于随心所欲"。他们的"欲求变化不定，然而又很容易满足"。他们还"很容易冲动，急性子，一触即发"，等等。又如，富有者"傲慢无礼"、"张扬炫耀"、"庸俗不堪又自以为是"。和富有者相比，权势在握者"更加野心勃勃，更有大丈夫气概"，待人处事也"更为认真严肃"，同时还"因为［所享有的］尊严而［比前者］更加矜持"。亚里士多德对这些典型性格的描绘按现在的标准衡量可以说是极度刻板化和简单化的，然而它们却和他对主要情感类型的分析合在一起，构成了西方智力史上最早出现的对人类心理的系统描述。这些描述表明心理学从一开始就是修辞学的一个组成部分。甚至那些未能像亚里士多德那样直接讨论这一学科的修辞手册或论著，也都无不预设了某种受众心理作为其讨论的基础。

在受众心中产生对修辞者的信任、喜好，甚至崇拜，将受众的情感调节到最易于受影响的状态，归根结底都还是为了使他们听得进修辞者就所涉话题所说的话或所讲的道理。亚里士多德因而同时还强调，说服只有通过摆事实讲道理，通过"证明"，才能得到实现。用他自己的话说，任何时候，只要我们"通过每件事本身包含的说服因素"（whatever is persuasive in each case）确立起关于这件事的"真实或者显然真实的情况"，我们就是在应用言说本身包含的道理来达到说服目的。（Aristotle 1356a）修辞证明是很独特的一类证明。由于不确定性和或然性是修辞的本质属性，通过修辞证明所确立的或许是真情实况，或许只是"看上去如此"，在实际应用中我们无从将二者加以精确区分。修辞证明因而谈不上是一种"确证"，它力图做到的仅仅是使受众感到信服。就其方法而言，修辞证明可以细分为"修辞论证"和"修辞例证"两大类。"论证"（*sullogismos*）和"例证"（*epagōgē*）是修辞和辨证共同的证明方法，前者通过意见、认识、观点、话点、论点、说法等的组合与应用实现证明，后者则诉诸具体事例以达到同一目标[7]。因而亚里士多德所称的每件事"本身包含的说服因素"指的是所有跟修辞者讨论的事件或事态相关，能派得上论证或例证用场的意见、说法、话点、事例等。

　　话题与修辞发明　这些"说服因素"五花八门，不一而足。只有当修辞者能按照不同事件或事态的内在特征以及涉及的不同修辞目的和修辞对象迅速确认、选取、组织和应用相应的"说服因素"，修辞说服才能奏效。公元前 4 世纪的希腊修辞学家对这一要求作出回应，发明了"话题"（*topos*）这一影响深远的新概念。*Topos*（复数*topoi*）是一个语义复杂的概念，在当时出版的不同修辞著作里被赋予不同意义。亚里士多德本人在其《修辞学》中不仅没有给"话题"下一个明确的定义，而且在不同上下文里用这个概念指称显然大不相同的东西。他将话题区分为具体话题（*idioi topoi*）和一般话题（*koinoi topoi*）两类。他认为最主要的"一般话题"有四个，即"什么是有可能或不可能发生的"；"过去是否曾发生过这种事"；"将来是否可能发生"；"多大程度上如此"。每个"一般话题"都包含与之密切关联的一组富有说服力的说法或者道理。例如，"可能与不可能"话题包括类似下面列出的一些话点：

7 —— 当论证和例证分别被应用于修辞和辨证时，上文已经讨论到的这两种"一般言说艺术"的差别也必然造成这两种证明方法之间的差别。例如，辨证试图证明的往往是非特定的一般结论（如"早结婚比迟结婚好"）。它在采用"例证"时总是沿着从个别到一般的方向运行，并且具有比较严谨的论辩结构。修辞试图证明的则一般都是特定而具体的结论（如"苏格拉底应该结婚"）。这一特征决定了"修辞论证"相对于"辨证论证"而言结构往往比较松散，在语境允许的情况下常常将部分前提略去不表；而由于"修辞例证"（paradigm）总是用受众熟悉的某个具体事例引导他们对与该事例同属一类但他们不那么熟悉的另一件事形成某种态度，它所采取的往往是从个别到个别的证明方向。

- 如果某事物的反面存在着或曾经出现过，这一事物也可能存在着或曾经出现过；
- 如果两件相似事物中的一件有可能发生，另外一件也一样；
- 如果更难以发生的事有可能发生，更容易的必然也是如此；
- 如果某事物可能达到美好的境界，这一事物完全可能达到一般境界；
- 如果开头是可能的，就可能有结尾；如果有结尾，当然有开头；
- 如果某事物的后续发展状态有可能存在，其前期发展状态也一样……（Aristotle 1392a）

如果这些例子似乎表明"一般话题"是从一组相互关联的或然道理中抽象出来的一个共有的总议题，在修辞证明过程中这一总议题完全可以倒过来起一种提示作用，将修辞者的思路引向它涵盖的那一组或然道理。然而在亚里士多德另外整理出来的 28 个用于产生修辞论证的"一般话题"中，"话题"又显然指可以应用于各种修辞场合的话语或论辩策略：

- 返还论证：将所受到的指责反加于指责者；
- 定义论证：通过下定义来支持自己的论点；
- 歧义论证：通过选用多义词的某一歧义以支持自己的论点；
- 因果论证：如果存在原因，必有后果；原因一旦消失，后果也不复存在；
- 分而论之：列举"所有"各种可能，然后一一加以排除……（Aristotle 1397a–1400a）

当亚里士多德谈及"具体",也就是仅适用于某一类修辞的话题时,他对这一概念的理解就显得更加复杂了。例如,提到审议性修辞,他认为言说者首先应该想到这一修辞体裁通常讨论的五大话题:财政、战争与和平、国防、进出口、立法。每一大话题之内都包含一组专属于它的小话题。例如,任何想就财政问题发言的人都必须对所在城邦的税源、各项支出和财务状况及其与其他城邦的比较等心中有数。任何希望就战争与和平问题发言的人都必须清楚了解本城邦的实力和潜力,过去都打过哪些战争及都是怎么打的,和其他哪个城邦可能会开启战端及这一城邦相对于言说者所在城邦的实力如何等。(Aristotle 1359b)其次,修辞者还应该了解审议性受众何以会决定做还是不做某一件事,驱使他们作出这一决定的终极"目标"究竟是什么。亚里士多德将此类受众追求的典型终极目标确定为"幸福"、"美好"和"优越",并认为对于这几个目标,修辞者不仅应该能够进行总体阐述,还应该对各个目标的构成部分了如指掌,可以就每个细点侃侃而谈。例如,"幸福"这一终极目标可以被界定为"成功和美德的叠加","一生自给自足、无所求于他人","最为惬意而又不失安全的生活","家财万贯、人丁兴旺"等。除了就这些方面对"幸福"进行概述之外,言说者还应该了解"幸福"观念的构成成分,包括"出身高贵"、"益友成群"、"钱多财旺"、"子多且孝"、"矍铄长寿"、"体魄健美"、"名声良好"、"荣誉有加"以及"幸运"、"美德"等,并能就上列每一点都加以引申发挥,说出一堆话。

由以上简要介绍可以看出亚里士多德将"话题"广泛地理解为有

助于修辞者就所面临的修辞情境作出富有说服力证明的一切资源，从论理方法、证据类型、策略原则、话语形式一直到常见议题、常规说法、流行观点等等。反过来说，在亚里士多德看来，修辞者要想"不管碰到什么事情都能发现可资利用的说服手段"，尤其是要想成功地实现"修辞证明"，就必须尽可能多地记住各领域处于不同层次的各个"话题"，并能根据面对的情境和说服对象从中选定具有关联性的那一部分，灵活地加以组合、发挥和应用。这就是当时广为流行、亚里士多德加以系统化的"修辞发明"理论。所谓"修辞发明"，指的是修辞者根据所承担的说服任务搜寻并选定可讲、该讲、值得讲的话点的那个过程。"修辞证明"（即"发明"）和"篇章结构"（即"谋篇"或"铺排"）、"文采风格"，以及"记忆"、"发表"一起，稍后在罗马修辞学家建立的体系中被确定为修辞的五大任务。亚里士多德的《修辞学》虽然尚未明确提出这五大任务，却已经对其中前三项主要任务进行了深入探讨和比较全面的表述。除了围绕"话题"这一中心概念构筑起一个相当完整的发明理论之外，他对言说的风格和结构也提出了不少独到见解。

修辞风格 亚里士多德以修辞功能作为着眼点，就语言风格总结出一些具有奠基意义的原则。最好的修辞文体必须是既明晰又有格调的。这意味着修辞者应该做到对语言的使用"恰到好处"，既不"淡俗"，也不"虚矫"。要产生这一效果，词语的应用很有讲究。如果使用词语的通常意义，表达就趋向清晰。如果使用词语的偏义，表达就显得奇异。为了达到二者的平衡，他建议除了应用正确、规范的希腊语，尤其是希腊语单词的常义、本义，还应该考虑多采用隐喻。

这是因为隐喻首先是最常见的语言现象之一，"人们在交谈时无不使用隐喻"。其次"隐喻尤其能造成清晰、愉悦和奇异的效果"：当隐喻和表达常义、本义的词语适当搭配应用时，"[修辞文本]获得了一种既奇异又不招人注意因而不影响表达清晰程度的品质"。此外，良好的风格还应该是丰富和简练的对立统一。修辞者之所以应该遵循以上这些文体原则，并非出于美学上的考虑，而是因为这样做对于说服受众关系甚大。亚里士多德在解释表达为什么应该力求明晰的时候，所举的理由是"[如果不做到这一点]言说……就谈不上能完成其功能"。他之所以强调"[修辞作品]看上去应该自然而然，不特别引人注目，不显得造作"，也是因为这一印象有助于产生说服效果。甚至在谈到修辞语言既应该避免明显的节奏感又不能完全没有节奏时，亚里士多德给出的理由也是功能性的：明显的节奏感不但"不增加说服效果，还分散了[受众的]注意力"。难怪他在有关文体风格讨论的结尾部分将"恰到好处"（*to prepon*/appropriateness）这一概念重新界定为"表达了情感和性格，并且跟主题相称"。（Aristotle 1404b-1408b）也就是说，在亚里士多德看来，判断文体风格是否得当的唯一标准是看言辞的应用是否最大限度地服务于说服受众这一中心任务。

言说结构 至于言说的结构，亚里士多德奉行一种极简主义，认为不管是什么修辞体裁，我们都只可以区分出两个基本结构成分，即对主题作出陈述的"说明"（*prothesis*/statement）和对主题加以发挥论证的"证明"（*pistis*/proof）。最多可以再加上"引言"（*prooimiom*/introduction）和"结语"（epilogue）。然而"引言"的功能是"介绍主题并使［言说］各个部分合为一体"，或者说是用于"澄清话语想达到的目的"。"结语"则用来完成四项任务："增进听众对言说者的好感以及对其对手的反感"；"扩展或收缩［正文讨论的某些话题］"；"触动受众，使之作出［理想的］情感反应"；促使受众对刚说过的要点进行回顾。这两个部分严格地说都与论证本身无涉，因此不能被认为是言说必不可少的基本结构成分。

亚里士多德对言说结构的这一认识，和他对修辞其他许多方面的认识一样，都与当时的主流观点不尽一致。造成种种分歧的原因并不难理解。亚里士多德本人具有迥异于雅典的边缘文化背景。他曾经受到柏拉图修辞批评精神的长期熏陶。他带到修辞研究的是一种典型的学者／思想家的视角，而不是典型的修辞实践者的兴趣。所有这一切决定了他的《修辞学》在所处的那个时代只能是一种居高临下的表述，一种"阳春白雪"式的见解。从好的方面说，这一见解别出心裁、独具一格，达到了前所未有的深度；从坏的方面说，他的修辞观由于过于超然而脱离了当时的修辞实践，带有将自己的心得强加于修辞思想领域的一种规定性倾向。正因为如此，他的学说在当时以及随后的漫长岁月里一直未能引起修辞学家的广泛兴趣。《修辞学》一书一直到 13 世纪才有最早的拉丁译本，15 世纪才开始引起意大利人文学者的注意并首次有了印刷版。正如当代西方修辞史学家托马斯・M. 康利指出的，"亚里士多德的《修辞学》尽管充满了智慧和天才，它在其作者身后的许多世纪内却谈不上有什么影响……事实上，可以说一直到了 19 世纪它才被看成对修辞学发展真正做出重大贡献的经典。在此之前虽然它也曾被许多作者提及，却大多只是一语带过而已"

（Conley 1990: 17）。如果以对整个古典修辞发展施加的影响力作为衡量的标准，则公元前4世纪最重要的修辞思想家不是亚里士多德，而是伊索克拉底。真正忠实地总结、传达了当时流行的各家修辞理论的也不是亚里士多德的这部著作，而是阿那克西米尼撰写的《献给亚历山大大帝的修辞学》。

《献给亚历山大大帝的修辞学》：典型的前4世纪修辞手册

《献给亚历山大大帝的修辞学》一般认为是亚里士多德的同龄人，公元前4世纪希腊修辞学家阿那克西米尼的著作。这部作品与亚里士多德的《修辞学》一样，都是对那一个时代希腊修辞实践的系统理论总结，而且都是在参照了从公元前5世纪开始出现和流传的各种修辞手册，吸收其中已成为体例的讨论框架和基本说法的基础上写成的。全书大致分为五部分，分别讨论跟修辞类别、修辞发明、文体风格、篇章结构以及其他应注意事项相关的各种问题。

修辞的类别和应用范围　跟亚里士多德一样，阿那克西米尼将言说分为审议、表现和庭辩三大类。然而在这三类之下他又进一步按照具体话语目的细分出七种言说：劝说／劝止、赞颂／责骂、指控／辩护和"探究"（inquiry）。所有这七类言说在各种场合——包括"私下交谈"——都用得上。例如，阿那克西米尼特别指出劝说和劝止"最常被用于私下交谈和公共演说"（Anaximenes 1421b）。他对修辞学科管辖范围的界定因此与柏拉图和亚里士多德大相径庭，并不局限于公共话语。这一大修辞观上承公元前5世纪有关修辞是一切言说的艺术，适用于所有话语场合的基本认定；同时它也与受到柏拉图和亚里士多德批判的主流看法相一致。它在阿那克西米尼的《修辞学》中得到如此明确的表达使我们意识到亚里士多德论及修辞时所强调的"公共性"当时只不过是他个人的一种主张，那种将古希腊修辞仅与"公共演说术"相提并论的"常规"见解其实不尽符合历史事实，是后人强加给西方修辞传统的。

修辞发明的基本方法与程序 在确定了修辞的外延之后，阿那克西米尼同样将注意力集中到修辞发明这一中心问题。他指出劝说和劝止、赞颂和责骂，或者指控和辩护是同一话语行为的正反两面。面对着同一件事，言说者之所以能根据话语的要求和目的决定是劝说（赞颂、辩护）还是劝止（责骂、指控），是因为事物无不带有两面性。这一两面性使言说者能够做到"左右逢源，不至于无话可说"。如果言说者将说服受众接受某一事物确定为自己的修辞目的，他就应该——也完全可以——证明该事物具有"正当、合法、有利、光彩、赏心悦目并且容易办得到"等性质。即便该事物在事实上并非那么轻而易举，他也可以想办法证明它至少是"行得通并且非办不可的"。相反，如果他想劝停大家正商议着要办的某件事，就"必须泼些冷水（exert a hindering influence），证明所议之事既不正当也不合法，并且无利可图……是完全行不通的"。如果不便这么讲，起码也应该证明做这件事"不仅不必要，而且也很麻烦"。（Anaximenes 1421b）

这部手册接下去就如何讨论和证明前面提到的每一种性质，也就是如何就这些性质进行"修辞发明"，加以详细说明。阿那克西米尼通常先给讨论到的性质下一个定义，然后用体现这一性质的常见事例加以铺陈。例如，"正当行为"意味着遵循"所有人或大多数人所接受的不成文习俗"。"正当"体现在诸如"孝顺父母、友爱朋友、知恩图报"等行为上。这些都是成文法没有明文要求我们履行的义务，而只是大家根据心照不宣的习俗和普遍实行的做法觉得应尽的义务。手册要求读者举一反三，应用诸如类推关系或矛盾关系，或者通过揣测神祇、法官、对手等不同角色对此应该会说些什么，扩充所提到的每一点，想出其他没有被提到但在言说中可以用得上的说法。这一要求使我们进一步领会到古希腊修辞发明的基本方法和程序：首先熟练记住一系列核心话点，包括定义和基本事例等。接着触类旁通，应用类推、联想、想象、反思等不同手段发现其他相关话点，对核心话点加以引申和扩展。还可以以说者作为变量，想象一下不同身份的人（或神）将如何在不同语境内、出于不同目的而谈论同一种性质，对于这些不同说法我们应该怎么回应等等。"通过遵循这一方法，我们针对'正当'、'合法'、'有利'等性质将有一大堆话可说。还应该将同样的方法应用于讨论'体面'、'轻易'、'称心'、'可行'以及'必要'等性质。这样一来，我们也将拥有许多可以用来讨论这些话题的谈资。"（Anaximenes 1423a）

　　话题在修辞发明中的应用　　阿那克西米尼接着按照内容对每一类言说通常讨论的话题加以分类说明。正如上文讨论已经指出的，"话题"是公元前 4 世纪古希腊"修辞发明"理论的中心概念，对话题的认定和阐述被认为是该理论的中心任务。从这一主流观念出发，阿那克西米尼强调熟悉每一类言说通常触及的话题对言说者来说是非常重要的，因为"任何人如果对这些话题了如指掌，则不管面对的是什么具体情况，他都能说一些应景而得体的话（something appropriate to say on each occasion）。如果言说者早就熟知每一类话题的特征，他在实践中就总是能够做到不假思索，得心应手"。在谈到审议，即政治修辞时，阿那克西米尼认定它是由宗教仪典、立法、政治协商、订立盟约、宣战、媾和、资源分配等七大话题构成的。他然后逐一就如何找出相应话点展开这些话题详加说明。例如，关于宗教仪典的言说只允许有三个基本论辩口径：要么提议遵循祖制，要么主张提高规格，要么要求降低规格。如果选定的口径是遵循祖制，我们接下去就可以应用上面提到的各个话点，着手论证维持现状为什么最"正当"、"有利"、"光彩"、"悦目"、"愉悦"、"可行"等等（例如，"没有人会将违反祖先流传下来的习俗当作一件正当的事"），尽可能从所有这些角度说服受众接受我们的提议。（Anaximenes 1423a–1423b）

在逐一讨论了从"审议"到"探究"等七类言说各自包含的专门话题之后，阿那克西米尼提醒读者，不同类别的言说既可以单独应用，也可以根据需要，通过将它们的特定品质混合起来而将不同言说融为一体。这是一个非常有见地并且富有实用价值的理论观点，因为在现实生活中，同一篇演说往往可以同时服务于赞颂、辩护和说服目的，同时具有政治与法律、政治与仪典或法律与仪典等不同修辞类别的基本特征。虽然"在［这些类别］之间存在着重大差异，然而在实际应用中，它们之间就跟不同类别的人看上去总是既不同又相似一样，其实存在很多相似之处"。这一情况解释了为什么诸如"公正"、"合法"、"有利"等话题虽然主要用于审议修辞，事实上却在所有各类言说中都派得上用场。主要用于其他演说种类的话题也大都如此。大

多数说服手段都是通用的，其使用不受演说类别的限制。（Anaximenes 1427b–1428a）

不同类别的证明　说服手段的应用通称为证明，阿那克西米尼将证明分为两大类。"直接证明"包括取之于广为流行，具有确定意义和价值的言论、人物、事例，包括"大抵如此"的或然性道理、（正反面或相互矛盾的）证据、修辞论证、箴言警句、迹象、驳论等。这个范畴与亚里士多德所称的"人工说服手段"大致重合。"辅助证明"则包括言说者的个人意见，相关人员就具体事件提出的证言，法庭上通过施加刑罚采集的证据，以及以神的名义发出的誓言等，和亚里士多德所称的"非人工说服手段"部分重合。阿那克西米尼对列出的各类证明作了说明。例如，针对往往难以讲清楚的"或然道理"（probabilities），他提出一个十分独特的定义："如果受众听到某一个话点心中就［自然而然地］联想起一些［支持该话点的］事例，则这一话点就是一个或然道理。"从这一定义出发，阿那克西米尼指出，话点是否被接受为或然道理或者是否能具有或然性效果，与说服对象的心态大有关系。修辞者只有在赢得受众好感的情况下才能有效地应用或然道理。以此为前提，他进一步从或然道理中区分出三个不同类别：表现出源于本性的"情感倾向"、源于习惯的"行为倾向"以及源于利益兴趣的"本能倾向"的或然道理。以庭辩为例，被告在自我辩护时应该主要考虑采用具有行为倾向的或然道理，强调自己（以及自己的朋友或具有相同背景的人）从来没有犯过被指控的罪行。他还可以采用源于逐利本能的或然道理，指出犯这种罪对自己根本就谈不上有任何好处。（Anaximenes 1428a–1428b）

修辞是一种极其复杂的行为，单单应用一类说服手段往往不能奏效。同样以庭辩中的自我辩护为例，阿那克西米尼一方面强调应着重采用或然道理，以便在受众心中产生原告提出的指控"按道理不可能发生"的强烈印象，另一方面又指出或然道理如果要产生预期效果还应该配合以其他修辞策略：

> 因此，要想否认你犯过被指控的罪，你必须诉诸各种或然道理，因为这样做将使对方的指控听起来不像是有可能发生的。然而，如果你不得不承认确实做过这回事，那么就应该转而指出你之所以这么做完全是出于人之常情。也就是说，你必须尽力强调大多数人——甚至所有人——处在相似的境况也都会做一模一样的事。如果这一点也行不通，则不妨采用"刚好碰上倒霉事"或"完全是一念之差"等口径，用无人可以避免得了的感情冲动，如由于情爱、愤怒、醉酒、野心等而失去理智，作为新借口以求获得谅解。这个方法使我们可以在论辩中最为巧妙地诉诸"或然如此"。（Anaximenes 1429a）

这里建议采用的程序完全可以看成两个世纪之后由赫尔玛格拉斯（Hermagoras）加以系统化的"争议点理论"的前身[8]。阿那克西米尼提议言说者应围绕着"事实"、"情形"和"动机"三个关键话点进行争辩，这个三分法虽然与赫尔玛格拉斯的理论模式不尽一致，但二者都建议采用步步为营的论辩程序和策略，它们之间的相似因而远大于

8 —— 关于赫尔玛格拉斯的"争议点理论"，见本书下一章的讨论。

差别。

在对通用的基本说服技巧逐项阐述发挥之后，阿那克西米尼还讨论了其他一些同样适用于各类言说的论辩、互动和文体手段，如"预先设想"、"对受众有所期待和要求"、"重申先前的话点"等。他指出，言说者预计到自己的言谈举止有哪些地方可能引起受众的不满，或者事先猜测到对手将会抛出什么论点并且先发制人地主动加以回应，是预防和反制修辞过程中可能出现的场上不利气氛的有效方法。（Anaximenes 1432b）言说者期待受众认真听取自己的发言，根据法庭规则与自己配合，依照律例作出裁决，对当事者遭受的不幸给予特殊考虑等等，这些期待都是正当的，因而完全可以考虑在言说中以适当方式表达出来。在言说每一部分的结尾以及全文的末尾重复前面说过的要点，总结已经提出的论证，也是一个很有效的常用修辞手法。（Anaximenes 1433b）

文体风格　阿那克西米尼有关文体风格的讨论侧重功能，讲求实际，围绕着实现说服目的这一核心关注，没有提出超越具体语境而适用于所有修辞场合的绝对标准。他要求言说应力求"优雅"，却将"优雅"界定为"言说对受众特质的顺应"（Anaximenes 1434b）——也就是说，凡是"顺应"修辞者所面对的特定受众的言说就"雅"，反之则不然。他还要求应该根据产生预定说服效果的需要确定言说的长度，该长就长，该短则短，并介绍了拉长和缩短言说的各种具体手段。谈到如何才能使表达清晰明了，阿那克西米尼提出一些基本策略，如"应用被提及事物的正常名称，以免造成模棱两可"，"注意避免使元音直接相邻"，"小心不要把冠词放在错误的地方"，等等。

（Anaximenes 1435a）他还从文体风格的角度对"对偶"、"排比"等辞格的应用作了说明。

篇章结构　阿那克西米尼将篇章结构分为"前言"、"叙事"、"证明"和"重述"四个基本成分。这一观点虽然为亚里士多德所诟病，却更为接近那个时代的主流认识。"前言"的基本功能是"使受众做好准备［接受说服］"。它可以根据功能分为"引起受众的注意"部分和"引起受众的好感"部分。前一部分包括"简要宣布［言说的］主题，以便使不了解情况的人知道言说谈论的是什么事，因而能跟得上［修辞者的］论证"；后一部分则应做到"尽可能影响［受众的］态度，使之倾向于我们"等。（Anaximenes 1436a）紧跟着"前言"的应该是"叙事"。它包括"讲述并提醒受众发生于过去的事件，解释正在发生的事件或者预想将来很可能会发生的事件"（Anaximenes 1438a）。讲述应该"简短、清楚、令人信服。只有做到清楚才能使听众领会我们正在讲述的事件。只有简短才能使他们记住我们的叙述。只有使人完全信服才能避免人们在我们还没来得及用证据和道理支持某些说法时就抵制这些说法"（Anaximenes 1438a）。"叙事"阶段所阐述的事实必须在接下去的"证明"阶段得到确认。这一确认可以通过"提出证据或者考虑它是否合于正义、是否有助于达到目的"等手段进行。就公共言说而言，最适合的证据往往是从"事态通常的发展过程、事例、辅助性修辞论证以及言说者本人的意见"中提取出来的。（Anaximenes 1438b）如果听众已经不假思索地接受了叙事过程中阐明的事实，言说者便可以将证据略去不提，仅通过"诉诸正义、合法、权宜等观念以及跟名誉、愉悦、容易、可能、必要等品质的联系"，对这一事实加以确认。"证明"部分不仅确认宣认的事实，还应该预见并且批驳对方有可能提出的反面论点。在完成后面这一项任务时，言说者应该"最大限度地贬低对手的论点，最大限度地使自己的论点更显高大"。到了最后的"重述"阶段，言说者可以考虑采用论辩、叙事、建议、提问、正话反说等不同形式，将前面提到过的主要话点重新表述一次。(Anaximenes 1439b)

阿那克西米尼强调理论对实践的指导意义，提出"不管是言谈还是写作，我们都应该争取使我们的话语和 [文中所提出的各项修辞原则] 相一致……不管是公开诉讼、私下交涉还是与其他人交谈，都有许多技术手段可供采用，[应用这些技巧将] 使我们在发表言论的时候可以遵循 [修辞的] 艺术法则"。他还提醒言说者应注意自己的个人行为，使之符合道德规范，因为"一个人的生活方式关系到他具有的说服和影响力，关系到他是否能建立起 [个人] 良好的声誉"。例如，如果言说者"一向信守承诺，始终保持与同一些朋友的友谊，不改变自己的行事方式，维持自己的其他生活习惯"，则受众自然而然地就会"认真倾听 [他] 的话"，他也就比较容易按照既定修辞目的调节受众的心态。这一见解凸显了阿那克西米尼与亚里士多德在修辞理论上的分歧。阿那克西米尼还就证据的应用提出一个原则："如果我们掌握确切的知识，那么在制定 [修辞] 行动计划时就应该以它为指导。只是在缺乏这种知识的情况下，我们才采用'大抵如此'的证据。"(Anaximenes 1445b-1446a)这一原则也使我们更加清楚地看出柏拉图痛加批判的"修辞"与当时以及后来真正被实践的主流修辞并不是一回事。

第三章

修辞观念在希腊化时代和早期罗马的演变与发展

从马其顿帝国到罗马帝国 古希腊城邦在从伯罗奔尼撒战争（公元前 431—前 404）开始的近百年间一直陷于内战，然而战争及其造成的政治动荡并没有减缓修辞学发展的步伐。恰恰相反，这一学科在战乱中不断进步，到公元前 4 世纪中叶左右出现了以伊索克拉底、柏拉图、亚里士多德和阿那克西米尼等人的修辞思想或著作为标志的鼎盛时期。然而好景不长，古希腊修辞赖以安身立命、蓬勃成长的那些独特历史和文化条件很快就不复存在。公元前 4 世纪 30 年代，一向被希腊人视为"蛮族"的马其顿人在其国王菲利普二世的率领下入侵并征服了希腊各城邦。菲利普国王的儿子亚历山大随后率领大军南征北战，建立起一个横跨欧、亚、非三个大陆的庞大帝国。亚历山大大帝及其继承人在所攻占和管辖的地方建立了以希腊语为行政、商务和法律语言的政权，将希腊的文化、艺术、教育和学术传播到其管辖下的小亚细亚、西亚、北非等地，开创了在历史上被称为"希腊化时期"（the Hellenistic period）的一个长达两百年的新时代。

　　希腊化时期政治、社会条件的急剧变化给希腊修辞实践的传统模式造成不少问题。例如，在古希腊城邦中，审议修辞的主要实践形式一向是面向公众的演说。由于古典民主制在新的帝国体制下消亡，这一实践形式也不能不随着萎缩，被宫廷和其他行政决策机构内部小范围的政议所取代。另一方面，由于庞大的马其顿帝国多元而复杂的民族、社会、文化结构不可避免地带来众多的矛盾和纠纷，必须通过法律途径加以调解，庭辩修辞的实践空间得到极大拓展，又为修辞学科进一步发展提供了新契机。此外，帝国的行政事务管理迥异于城邦公共事务管理，对书面交际的要求比后者高得多，也促成修辞实践由纯口语形态向口语与书面混合形态转向。然而，就在古希腊修辞为了适应一个新的实践环境还在不断自我改造的时候，马其顿帝国又由于罗马共和国的兴起而成为历史，使西方修辞的发展经历了新一轮震荡和转折，或者说又得到了一个新机遇并迈向一个新的里程碑。

　　发祥于意大利半岛西北部的古罗马部族于公元前 6 世纪末推翻了埃特鲁里亚国王的长期统治，获得独立，建立起自己的共和制国家。此后，它不断拓展疆域，逐步将自己的领土扩张到半岛其他部分。公元前 3 世纪末叶，罗马在第二次布匿战争中取得对迦太基的决定性胜利，一举获得了整个地中海西部的统治权。势力大增的罗马人随即将开疆辟土的目光投向地中海东部，通过公元前 2 世纪初叶的一系列战争征服了马其顿及其各领地和行省，希腊诸城邦也在这一过程中沦为罗马的属地。虽然在政治上希腊完全受制于罗马，没有任何独立性可言，在文化上和智力上却恰恰相反。在后面这两个领域，被征服者长期保持着其相对于征服者的优越地位。希腊文化对罗马的渗透始于罗马还只是一个意大利内陆国家的那个时期，然而罗马人一直到希腊城邦成为自己新兴帝国的一部分之后，才开始认真地对其先进文化进行大规模的吸收。"最初的罗马文学是翻译过来的希腊戏剧，最早的罗马喜剧也只是对希腊样板的模仿。"（Roberts 1999: 26）修辞也不例外。西塞罗认为一直到 M. 安东尼（M. Antonius）和 L. L. 克拉苏（L. L. Crassus）开始他们的修辞活动，罗马才有了自己"最好的演说家"。这两位真正意义上的罗马大修辞家分别诞生于公元前 143 年和公元前 140 年，也就是说，他们都是在罗马吞并希腊之后成长起来的。西塞罗之所以称他们为优秀演说家，是因为"就雄辩而言，他们已经可以和希腊人一较高低"（Murphy，et al. 1995: 161）。罗马的修辞理论完全是在和希腊修辞发生直接而密切的接触后才出现的。西塞罗的下述评论将这一历史渊源说得很清楚：

> 我们刚一建立起这个涵盖整个世界的帝国，随之出现的长期和平刚使人得以享受闲暇，几乎所有雄心勃勃的年轻人就都将竭力提高自己的口才当作一种义务。一开始，他们对整个［修辞］研究一无所知，错认为口才这种东西无法经由训练获得，也没有什么艺术规则可言，因而满足于通过个人禀赋和［对话语实践的］思考所能获得的那些技巧。我们自己人一直到亲耳听到过希腊人演说，熟悉了他们的文献，聘用了希腊教师之后，才在心中真正激扬起对雄辩的一种令人难以置信的热情。（Cicero, *De Oratore*, I. iv. 14）

希腊化时期修辞理论的演变与发展

希腊化时期修辞理论的"承前派"　希腊化时期修辞理论的演变和发展可以分为两个不同层次。第一层次可以被看成公元前 4 世纪初、中叶出现的修辞研究黄金时代的余晖。相对于那个黄金时代，隶属于这一层次的学者是不折不扣的"承前"派，因为他们在自己承继下来的研究框架内不倦耕耘，对经典理论提出的具体观点和话题加以修正、补充和提高，为罗马修辞学家对古希腊遗产的接收和发扬奠定了基础。这一层次的早期代表人物是亚里士多德的弟子泰奥弗拉斯托斯（Theophrastus，约公元前 372—约前 287）。他以自己的导师为榜样，一生著述不辍，据记载留下了二十余部修辞作品。在这些后来大都失传的作品中，泰奥弗拉斯托斯对亚里士多德《修辞学》的某些重要范畴、概念和主题进行深入的单项研究，提出一些超越前人认识的具有原创性的观点。例如，在他最为人称道的《论风格》（*On Style*）一文中，泰奥弗拉斯托斯强调了语言的规范和纯正的重要性，对亚里士多德归纳出来的风格原则作出重要补充。又如，谈到修辞发明时，他指出：

不要把一切都讲得十分详尽，应该留下一些事让听者自己去领会和推导。这是因为一旦听者觉察出有些东西被缺省了，他就不仅仅是你的听者，而且还是你的"证人"，而且是一个十分友好的证人。如果你只向他提供理解［所议话题］的出发点，他会觉得自己很聪明。相反，如果你把事情讲得面面俱到、清楚透彻，好像他是个低能儿，他就会觉得你看不起他。（Kennedy 1994: 84-85）

　　这一建议是对修辞观念中"留有余地"原则的最早和最言简意赅的表述。它表明泰奥弗拉斯托斯对修辞作为一种话语互动，尤其是对受众的反应及其心理机制，有非常深刻的认识。

　　"承前"派后期代表人物是生平不详、学术活跃期在公元前 1 世纪初叶的德米特里（Demetrius）。他跟泰奥弗拉斯托斯一样，也对"风格"这个古希腊理论中相对边缘的部门产生浓厚兴趣，撰写了自己的《风格论》（On Style）。德米特里别出心裁，将风格分为"平和"、"雄伟"、"优雅"和"强劲"四类，并从措词、篇章、主题等角度对这些类别一一加以说明，还用从希腊古典文学作品中选出的例子为每一种风格提供了示范。在这本书中，他还对辞格进行了比较深入的讨论，率先对所谓"思想辞格"（figures of thought）和"语言辞格"（figures of speech）加以区分并命名了不少辞格。正如下文的讨论将要显示的，这一区分以及他使用的辞格名称后来都获得罗马修辞学界的认可和接受。然而书中有关辞格的讨论显得比较凌乱并且缺乏系统，可以看出是讨论风格时顺便提及的。德米特里对风格和辞格的讨论虽然局部有所创新，总的来说仍然偏重对经典理论的继承。值得一提的是，他在《风格论》一书中还对信件的撰写进行了探讨，提出书信应融合"平和"和"优雅"两种文风，并且应该像是在与收信人对话。（Kennedy 1994: 88-89）由于在他之前还没有已知的作者触及书信写作这一话题，德米特里在这个问题上显然已经摆脱了古希腊以口语修辞为基本参照的学科框架，融入希腊化时期修辞思想的第二层次，即"革新"层次。

赫尔玛格拉斯和希腊化时期修辞理论的"启后派" 属于后面这一层次的学者致力于构筑起一个适应当时历史、文化条件的新修辞范式，其代表人物是公元前 2 世纪中叶希腊修辞学家赫尔玛格拉斯（Hermagoras）。正如上一章介绍过的，古希腊经典理论无一例外地将发明确立为修辞的中心任务，它们有关发明的讨论基本上也遵循同一途径，即首先根据言说的情境和目的对修辞实践形态加以分门别类（如"审议修辞"、"表现修辞"等），然后确认每一个体裁理应或允许讨论的那些"话题"（如"审议修辞"所讨论或所应该讨论的无非是"财政"、"战争与和平"、"国防"、"进出口"、"立法"这五大话题，而五个话题中的任何一个又都有自己的"子话题集"），以及适用于所有修辞体裁的一般性话题。这一方法的推广表明在古希腊理论家看来，除了普遍适用的话语策略之外，针对每一种修辞情境都有一套可以或应该加以发挥的常规主题，或者说都有一些可用、该用的常规话点。这些主题或话点构成了亚里士多德所说的具体"说服手段"，其认定和应用是由修辞的基本目标——即说服特定场合中的特定受众——决定的。在从事修辞发明时，修辞者的首要任务就是明确在什么情况下应该调用或可以选用哪些常规话题，用以搭建起自己言说的骨架。赫尔玛格拉斯对这一基本认识不以为然。他认为讨论修辞发明的出发点严格地说不应该是说服，而必须是说服的起因，或者说是那个使人们有必要从事某一说服活动的初始原因。这一起因不能笼统地被理解为一个特定情境（如公民议事会议必须就某一议题作出决定），因为追本溯源，任何修辞情境都是由存在着的或者至少是潜在着的不同意见造成的。公众如果对某一件事已有明确而且比较牢固的共识，就完全没有必要就这件事进行讨论和说服，也就是说，就不可能出现使这一说服活动成为必要的那个"修辞情境"。赫尔玛格拉斯将使人们有必要诉诸说服的那个意见冲突称为"争议点"，认为"争议点"才是修辞发明的真正动力。

"争议点"理论概述 按照这一新理解，修辞者在修辞发明过程中的首要任务不是搜寻和发现与体裁、情境相适配的常规话题，而是确定什么是内在于相关修辞形势的核心争议点。只有当具体的核心争议点获得确定之后，才谈得上探索和构筑自己的论点、论据。赫尔玛格拉斯及同一学派的其他修辞学家以法律修辞为范例（paradigmatic case），将"事实"、"定义"、"品质"和"程序"确定为修辞发明的四大争议点。"事实争议点"（issue of fact or conjecture）指的是围绕着事实认定发生的意见冲突，或者说是关于事实的"宣认"（claim）和"反宣认"（counterclaim）之间的对抗。"定义争议点"（issue of definition）是在针对事物的存在或事件的发生不存争议的情况下，围绕着这一事物或事件的本质属性，围绕着如何界定这一事物或事件，而发生的意见分歧和冲突。如果某一事物（或事件）的事实和性质都一清二楚、不容争辩，然而针对将影响人们对它的看法和态度的各种相关因素仍有不同意见，就出现了被称为"品质争议点"（issue of quality）的第三种分歧。而当争议的焦点是分歧应该如何处理，例如裁决分歧时所依照的规则、标准是否适用、有效，负责裁决的机构是否有足够的权威和能力等等，则涉及的是"程序争议点"（issue of procedure)。

　　赫尔玛格拉斯这一"争议点"理论使修辞者在从事修辞发明时有一个明确的方向感。该理论将修辞者的注意力引向修辞发明的原动力，即意见冲突，指引修辞者沿着四个已被明确界定的基本方向搜寻中心争议点，使他们不至于茫无头绪，不知要从何说起。中心争议点一旦得到确认，修辞者就不难有针对性地发现或发明出适用的说服手段。例如，说服的起因要是确定为"事实争议点"，率先进入修辞者视野的就将是所有那些有助于巩固、确立或削弱、推翻相关"事实宣认"的说服手段。四大"争议点"的命名和界定还使修辞者在进行修辞发明时有一个明确的顺序感，因为赫尔玛格拉斯的理论不仅确定了发明的起点和方向，还为修辞者提供了一个基本言说程序。按照这一理论，修辞发明应该从事实层面入手，然后将注意力的重心依次转向定义、品质和程序层面。以庭辩修辞为例，在某一杀人案中承担辩护责任的修辞者首先应该将注意力聚焦于案件涉及的事实，根据修辞任务的要求考虑提出诸如"当事人是否在犯罪现场"，"当事人是否持有凶器"，"当事人是否出手伤害了死者"等与事实相关的问题，探讨将对事实的认定确立为核心争议点的可能性。只是在所涉事实虽然对辩方不利，却十分明确，不可能有异议的情况下，修辞者才将注意力转向"定义"层次，探讨是否有可能将当事人致死人命一案界定为"过失杀人"或"正当防卫"，而不是"谋杀"——也就是说，是否有可能围绕着定义争议点"做文章"或进行修辞发明。如果连事件的基本属性都没有质疑和争议的余地，修辞者应进一步考虑能否在对事件品质的表述上下工夫，使之成为核心争议点。例如，他可以指出死者生前如何无法无天，祸害公众；如何长期凌辱当事人，使他忍无可忍；当事人如何一向与人为善，童叟无欺等等。在提醒法庭注意这些相关因素的基础上，修辞者最后强调"即便这是一起谋杀，它也是好人不得已而诉诸非法律手段对付坏人的一种抗暴行为，并且这一行为的结果其实是为民除害"。万一连案子的品质都没有争议的空间，修辞者最后还可以考虑在审判的程序层面上发难，就法庭构成的合法性、法律适用性等提出质疑，围绕着"程序争议点"开展修辞发明。

　　虽然"争议点"理论脱胎于庭辩修辞，其适用范围却是整个修辞领域。不管涉及的是哪一类型的言说，修辞者总是首先发掘出关于"事实认定"的不同意见，或对已经在流通的"事实宣认"提出异议，形成自己进行修辞发明的起因，并在事实层面发掘出有助于达到自己修辞目的的各种话题和论点。只是当这一层面的发明潜力已被挖掘净尽的情况下，修辞者才将注意力转移到跟"事实界定"相关的争议点，力图对该事实下一个尽可能有利于自己修辞目的的定义。如果在"定义争议点"上要么无话可说，要么可说的话已经说完了，而且通过修辞手段进一步调整所涉定义的可能性不大，则修辞者应集中考虑能否从该事实的伴随情况中找到有助于实现自己修辞目的的说法。通过这一转向，修辞者将发明重心移到了"品质争议点"，探讨在无法否认或无法重新定义某些事实的情况下，促使受众对它们加以"酌情考虑"的可能性。如果关于"品质争议点"可说的话也不多，则作为最后一招，修辞者应该考虑就讨论该案的时间和场合是否恰当，机构和程序是否合法等问题发难；也就是说，将修辞发明聚焦于所谓"程序争议点"。例如，可以考虑对裁决机构是否具有公正探讨、判断、处理有关争议所要求的正当性、有效性和权威性提出质疑和挑战。争议点理论影响至为深远。从长远看，它为论辩发展成为修辞的一种基本样式铺平了道路；从近期发展看，它成为罗马修辞思想的一个富有特色的主要构成成分。

《献给赫伦尼厄斯的修辞学》：古罗马早期实用修辞的系统总结 [1]

希腊修辞理论对罗马修辞思想的影响　当罗马人在公元前 2 世纪开始挥师东进，蚕食和侵吞马其顿帝国的领土时，他们直接接触到的是希腊化时期的修辞观念和理论。这些闻所未闻的观念和理论刚开始应该使罗马人有耳目一新、如获至宝之感。然而，他们最终在自己的修辞论著中加以继承和发扬的并非典型的希腊化时期修辞思想，而是仍在不断延续发展中的整个古希腊修辞传统。也就是说，他们自己的理论体系是在消化吸收从公元前 4 世纪希腊经典理论到以赫尔玛格拉斯为代表的希腊化时期理论的基础上建立起来的。希腊化时期的修辞思想是经典理论对马其顿帝国这一新的政治文化大环境的顺应。罗马人建立的"世界帝国"虽然与马其顿帝国有不少相似之处，二者之间却存在着一个根本性的区别：前者的统治核心是一个共和制国家，而不是像后者那样，是一个君主制王国。对罗马的统治精英而言，实行

---

1 ＿＿ 本章有关《献给赫伦尼厄斯的修辞学》的述评所参照的文本是哈佛大学出版社 Loeb 经典著作文库 1954 年版 *Rhetorica ad Herennium*（1999 年重印）。括号中用罗马数字和阿拉伯数字标明的卷、章、节都见于这一版本。

古典民主制的希腊城邦提供的修辞样板与自己的需要更合拍。这就难怪罗马修辞并不是顺着希腊化时期的发展趋势继续向前演变，而是在就近吸收希腊化时期修辞思想的同时，回过头来将目光投向马其顿入侵之前的雅典和其他独立城邦，从他们的修辞范式中尽可能多地汲取营养和灵感。

罗马的共和制建立甚早，到了它西征东讨，开始占有广阔海外领地的时候，已经绵延了四百多年。虽然具体地说，罗马的政制与古希腊城邦的古典民主制有不少差别，但是由于罗马公民对公共事务的参与程度仍然比较高，尤其是公共决策权在整个贵族决策层中的分布相对均匀，不少重要公职由公民投票选举，公共讨论以及其他类型的审议性修辞在罗马应该也享有跟在希腊城邦类似的生存条件和发展空间。然而，为什么像在古希腊发展起来的那种修辞教育和理论体系并没有在早期罗马出现呢？这是一个饶有理论兴趣的史实，因为它清楚地表明了修辞的发展并非完全由某一社群的政治、文化形态决定。这一发展还受到其他复杂因素的制约，并带有很大的偶然性。就古罗马人而言，他们未能独立发展起自己修辞体系的一个主要原因很可能就像西塞罗在回顾罗马修辞发展史时指出的那样，是他们对自己的言说实践采取了一种自然主义的态度，"错认为口才这种东西无法通过训练获得，也没有什么艺术规则可言"。如果人们的思想受到这个基本认定的束缚，我们就很难期待他们在对修辞实践进行理论抽象方面下工夫，更谈不上在这方面有所建树了。

这一情况解释了为什么罗马人要一直等到他们用自己的帝国取代了马其顿帝国，"亲耳听到过希腊人演说，熟悉了他们的文献，聘用了希腊教师之后"，才开始迸发出研习修辞学的莫大热情。很显然，希腊实践活生生的榜样和具有极大解释力的希腊修辞理论彻底破除了他们迷信天赋、无所作为的思想观念。而一旦他们从自己构筑的思想牢笼中解放出来，罗马人马上就在全面继承希腊修辞遗产的同时表现出极大的主体性和独立精神，罗马修辞学的发展也在短时间内出现了青出于蓝、后来居上的势头。跟希腊修辞比起来，罗马修辞更为注重理论的系统性，更加强调应用修辞学和理论修辞学的分野，同时也更致力于修辞理论与修辞教育的融合。罗马修辞学家在将自己的研究从实用层次提升到哲理层次的同时，将关注的中心从技巧和形式转移到修辞的社会规范，对修辞实践者的培养进行了独特而深入的探讨。如果我们将罗马修辞的发展过程粗略分为三个阶段，即从公元前 2 世纪到公元前 1 世纪初叶的早期，从公元前 1 世纪中叶到公元 1 世纪末的中期，以及从 2 世纪初叶一直到罗马帝国崩溃的后期，则上述特点分别在早期和中期罗马修辞中得到了突出的体现。早期修辞理论在古希腊和希腊化时期修辞手册的基础上，对言说实践涉及的技术性问题进行了深入探讨。这一个时期的论述以系统性和实用性见长，其代表作当推《献给赫伦尼厄斯的修辞学》。

* * *

这部出于佚名作者之手的四卷本著作大约成书于公元前 89—前 86 年间，是保留下来的最早和最完整的罗马修辞手册。它的编撰、内容、体例都很有特色。在古典修辞的撰写者中，本书作者表现了突出的理论自觉；其对于一部修辞理论应该着重探讨什么话题，达到什么目的，包含哪些内容等等，都加以深入思考并且有明确的认识。他提出修辞学家的任务首先是确定修辞的特殊"魅力"体现在哪些地方，这些魅力的本质是什么，又是如何产生的。在此基础上，他必须精选出最妥帖的范例，阐明自己就以上各点得出的结论，进一步归纳出可以用于修辞教育的具体原理或原则，并将它们包括到手册中。作者还强调对修辞的理论总结应该打破对古人权威的迷信，突破对古希腊规范的亦步亦趋，推陈出新。（IV. ii. 3-4）在现存古典理论著作中，明确地将修辞的研究领域划分为发明、谋篇、文采、记忆和发表五大部门的，这是第一部。在讨论修辞发明的头两卷中，它将赫尔玛格拉斯的"争议点"理论罗马化，并在法律修辞的框架内详尽讨论了这一理论的应用。它遵循修辞手册的传统，重点讨论修辞发明涉及的各方面。然而它同时也对文采，尤其是记忆和发表等"次要"部门下了很大工夫，对文采的讨论就篇幅而言甚至超过了发明。这一处理手法使得它与此前的手册有明显区别。谈及修辞者发表言说的方法时，作者不仅具体地规定在不同修辞形势中言说者应注意使用什么声调，配合以什么动作，在什么地方停顿，还提出了一系列一般性原则，如不得模仿舞台上的演员，注意避免尖声惊叹或不间断地用全部音量发言等等。书中有关记忆的讨论事实上向读者提供了一个以视觉形象和"背景"为基础构筑起来的系统记忆术。在卷四对文采的讨论中，作者将文体风格分为三大类，并详尽地搜集、整理和讨论了各种修辞格。

修辞概论 《献给赫伦尼厄斯的修辞学》（以下简称《罗马修辞手册》）对修辞的概述大体上没有超出以亚里士多德和阿那克西米尼为代表的希腊观点，然而它采用的术语与后者不尽一致，给修辞的基本范畴下的定义也很有特色。例如，它认为修辞有三大动因（causes），即"表现、审议和法务（judicial）。表现类［修辞］用于褒贬某个人。审议类［修辞］以劝说和劝止为手段讨论政策。法务类［修辞］建筑在法律纠纷的基础上，包括刑事检察、民事案件和辩护"（I. ii. 2）。修辞者应该掌握五大能力："发明，即构想出真实或大抵如此的说法，以便使所提出的论点令人信服；谋篇（arrangement），即分派言说材料的次序，使每一点排列在什么地方一清二楚；文采，即选用恰当的词句，使之顺应所构想出的说法；记忆，即将说法、言辞以及它们的排列顺序牢牢记在心中；发表，即优雅地对声音、表情和动作加以调节。"（I. ii. 3）不仅如此，它还将修辞者的任务界定为"称职地讨论通过法律和习俗确定的所有那些对公众有用的事物，并最大限度地赢得听众的赞同"；并且指出获得上述五大能力的途径有三："理论、模仿和实践。理论指的是一整套规则，它［为修辞者］提供一个明确的言说方法和体系；模仿促进我们……达到某些言说样板所具有的效果；而实践则包括勤奋的言说练习和体验。"（I. ii. 2-3）这些观点所体现的某些认识，如社会、文化对于修辞实践具有决定意义，提高修辞能力的途径是理论、模仿、实践三者的结合等等，都超越了希腊修辞理论达到的深度和高度。

《罗马修辞手册》在论述"发明"这一修辞首要任务时也具有自己的特色，并非照搬希腊理论。作者将"发明"和"结构"，甚至"风格"等希腊理论家分别讨论的范畴结合起来，从一开始就讨论如何根据"引言"、"事实陈述"、"分点讨论"、"证明"、"驳斥"和"结语"这六大话语构成成分的功能和结构特征进行发明构想，详尽到甚至连哪一部分应该遵循什么文体规范都予以明确界定（"事实陈述应具有三大品质：简洁，清晰和听起来真实"）。以六大构成成分的第一项"引言"为例，作者指出受众往往从"引言"中听出"名誉"、"不名誉"、"可疑"和"猥琐"四种动机。修辞者如果在引言中"捍卫那些看上去值得所有人捍卫或者攻击那些似乎人人都有责任加以攻击的事物"，其动机将显得很有名誉。反之，如果在引言中攻击似乎享有很高声望的事物或者捍卫听起来名声不够好的事物，言说者的动机就显得不够名誉。如果引言给人以部分名誉部分不名誉的印象，修辞者的动机将显得可疑。如果引言谈到的都是些无关紧要的事情，他的动机将显得猥琐。修辞者只有将这一认识和"关于引言的理论"结合起来考虑，才能确定正确的开篇策略。

两类开场白　根据相关理论，引言可以被细分为"直截了当的开场白"（direct opening/*prooimion*）和"迂回诡秘的开场白"（subtle approach/*ephodos*）两类，前者直接对听众的情绪和态度加以调节，使之"注意听、听得进、有好感"（attentive，receptive，and well-disposed），后者则诉诸迂回诡谲、"不为人觉察"的"掩饰"手法以达到同样效果。要是言说一开始就给人以"动机可疑"的印象，言说者在采用"直截了当"开场白的情况下应该侧重于赢得受众的"好感"。要是给人以"动机猥琐"的印象，则应尽力争取受众"注意听"。如果动机显得很名誉，则简单地宣布一下修辞者接下去在正文中要讨论的话题就可以了。然而，在 3 种情况下我们不能应用"直截了当的开场白"，而应该考虑使用"迂回诡秘的开场白"：1. 当言说者所要讨论的事情本身就使受众产生反感，从而一开始就造成言说动机不名誉的印象；2. 当受众显然已经被前面那位发言者所表达的对立观点争取过去；3. 当受众听了前面的发言之后已经感到疲惫不堪。如果碰到这些情况，修辞者应该在"迂回诡秘"这一大原则之下选择具体的口径。

例如，当面对的是这 3 种情况中的第 1 种时，言说者在引言中可以先采用诸如"对于据称已经发生的事我们也非常不满；这些事不仅不足取，而且简直可恶得很"等口径，先认同受众的态度和立场，赢得受众的好感，或者起码避免一下子就冒犯受众。然后，当有机会进一步扩展这些话题的时候，再转而否定那件事确曾发生过。言说者还可以先从另外一件似乎不相干的事以及对这件事的既有评价入手，再慢慢转入他所要讨论的事件，并且不管二者在事实上究竟有多少可比性，一步步地在它们之间建立起某种类比关系，促成受众改变对他所要讨论的那个事件的态度和评价。另外一个可考虑采用的"迂回开场白"策略是修辞者一面否认自己有意议论对手的为人或者与主题不相干的某一件事，一方面却不动声色地通过在言语中加入某些有所指的言辞而在事实上这么做。又如，如果在自己之前的发言已经使受众感到疲乏，则修辞者首先应该通过使用颠倒词义、双关、滑稽故事等手段引他们发笑；或者先承诺自己要更换一个话题，一个跟此前的发言人一直在讨论的大不一样的新话题，然后再相机慢慢转入正题。除了诸如此类的具体话语策略之外，作者还提出设计引言的一些基本原则。例如，"文风要温婉适度，选用的词语应该是眼下流行的，以便所说的话听起来不像是刻意准备的"；避免使用同时可以派上各种用场的"老套引言"（banal introduction）或者对手也照样可以用得上的"通用引言"（common introduction）；尤其不能采用会让对手有

机可乘，可以倒过来用以攻击自己的那种引言。（I. vi. 9–11）

《罗马修辞手册》的佚名作者对于自己就"迂回诡秘的开场白"提出的理论阐述感到十分自豪。他认定这些观点是他的"创新"，声称到他为止的所有修辞理论家中只有他一个人"区分了三种必须应用'迂回'开场白的场合，以便向大家提供一种完全有把握取胜的方法以及一个关于引言的清晰理论"（I. ix.16）。尽管不少西方学者对这一声称不以为然，然而现存的更早文本中并没有出现相似的提法。不管作者的"创新说"是否言过其实，他的这些话表明理论创新在罗马修辞研究中受到高度重视，使我们注意到作者在讨论其他话题时表现出来的一种有别于希腊和希腊化时期修辞范式的独立精神。

融"争议点"和"话题"模式于一体的发明理论   手册作者和希腊修辞学家一样，认为"证明和批驳"是成功进行说服的关键步骤和途径，因而是修辞发明的核心。然而他关于"证明"的讨论融亚里士多德修辞理论采用的"话题"发明模式和赫尔玛格拉斯采用的"争议点"模式于一体，对两种模式都有所取舍、有所改造。在讨论发明审议性言说的相关问题时，手册作者将这一主要修辞体裁分为两类：或者用于解决从两个行事方案中选定一个引起的问题，或者用于处理在好几个行事方案中选定一个产生的争议。这一分类法明显地是以"争议点"为导向的。然而他接下去又将"利益"确认为审议性修辞的根本目的，并将政治性审议修辞所追求的利益进一步分解为"安全"和"荣誉"两部分，然后将对每一部分的讨论再进一步细分为具体的话题。例如，讨论安全离不开"实力"和"策略"两个话题。讨论"实力"时应该谈到军队、舰队、武器、作战机械和征兵等。讨论"策略"时应该谈到金钱、承诺、伪装与欺骗等。有关"荣誉"的讨论也一样，必须围绕着一些基本话题进行。（III. i. 2–III. ii. 3）手册作者在这里又根据实际情况选用了"话题"发明模式。

　　即便在相机采用这个或那个模式时，手册作者也并非完全依样画葫芦。他在讨论法律修辞时以"争议点"理论为主框架，却不同意赫尔玛格拉斯的"四大争议点"说，只承认"格物"（conjectural）、"释法"（legal）和"司法"（juridical）三大争议点。"格物"争议点随着"对事实的质疑"而出现。"释法"争议点因"对文本的字面或者实质意义的不同理解"而产生，包括"就'字面与精神'（letter and spirit）、'相互冲突的法律'、'模棱两可'、'定义'、'转换'和'类推'进行的争议"。在有关某一既成行为的事实认定已经清楚的情况下，人们就其是非曲直发生的意见冲突则产生了"司法"争议点。"司法争议"有"绝对"和"假定"两个类别。"绝对型"司法争议体现在仅凭对既成行为本身的考虑就足以判定它是否正确的那些案例，"假定型"则体现在需要诉诸某些外在考虑才能决定其是否正确的那些事件。假定型还可以再细分为四种亚型，即"承认指控，然后争辩说自己是无心做了坏事；拒绝承担责任；转移罪过；通过与其他可能发生的情况相比较以减轻罪过"（I. x. 18–I. xvi. 25）。

　　修辞者在根据实际情况和修辞目的确定了争议点之后，紧接着要决定的是修辞发明总体结构的其他要素，包括自己这一方可以提出的"证当动机"（justifying motive），估计对方会提出的"核心指控"（central point of the accusation），以及由于这两个针锋相对的说法相互碰撞而产生的一个"裁决点"（point of adjudication）。"一旦明确了裁决点，就应该围绕着它将整个说辞组织成一个完整的［互动］系统。"（I. xvi. 26）《罗马修辞手册》在对修辞发明进行一般性论述时之所以使用了这些概念和范畴，明显地是因为其作者将法务修辞看成最具代表性的修辞样式，认为如果将这一样式的发明过程讲清楚，其他两大类修辞也完全可以照此类推。这一认识贯穿于他接着在卷二讨论的核心问题，即"我们应该采取什么方法才能使修辞发明的手段与争议点的每一类型或亚类型相适配，应该［根据争议点类型］力求或避免应用哪些论辩技巧"。谈到如何就"格物"争议点进行发明，佚名作者要求"起诉者"应该在事实陈述过程中"不时抛出材料，引起对被告的怀疑，使得他的一言一行、一举一动，也就是他所做的每一件事，都显得别有用心"，这里谈的显然也是法务修辞。

作者提出应该从六个角度对围绕着"格物"争议展开的言说进行构思：或然性，比较，征兆，佐证，后续行为，确证。例如，从"或然"或"理当如此"的角度构思，起诉者可以将注意力集中于"动机"和"生活方式"这两点，试图证明被告能够从所指控的罪行中获利，或者他从来就不忌惮干类似的坏事。就动机而言，指控者可以通过考虑"被告是否试图通过这一罪行在名望、金钱或权力等方面得到利益"，"他是否［试图通过做这一件事］满足自己的情爱和其他不可抑制的欲求"，或者"这件事是否使他避免陷于敌意、坏名声、痛苦或受惩罚等不利局面"等问题发现话点。辩护者则应该尽可能否认被告存有作案动机，并在实在否认不了的情况下努力贬低其重要性。他还可以争辩说将所有可能从一件坏事中受益的人都当作嫌疑人是不公道的，等等。又如，从"比较"的角度出发，起诉者可以试图证明

"受到指控的罪行只使被告一个人受益","除了被告一人之外再也没有其他人会犯下这个罪行","舍此手段被告无法犯下或者轻易犯下这一罪行",还可以根据需要考虑采用"由于受到激情蒙蔽,被告未能想到其他更简单的手段"等说法。针对这些说辞,辩护人应该指出从中受益的其实还大有人在,或者强调其他不少人也完全有可能犯下被加给被告的那桩罪过。再如,从"佐证"的角度进行构思,起诉者应搜集能使自己的叙述更加可信,使被告更显得可疑的各种迹象来证明对方有罪。这些迹象可以通过讨论被告在案发之前、案发时间和案发之后的所作所为而显现。以案发前这个时间段为例,起诉者可以讨论的问题包括"被告都在些什么地方","人们看到他在哪些地方出没","跟什么人在一起","是否做了什么准备","与什么人会见,都说了些什么",等等。通过考虑诸如此类的问题,那些有助于使被告更显可疑的迹象就被挖掘出来了。(II. ii. 3–II. v. 8)

罗马修辞发明理论的特点 《罗马修辞手册》对修辞发明进行的阐述有一个特点,那就是它总是遵循从古希腊延续下来的"对言"传统,分别从起诉者和辩护者互相对立的角度讨论修辞者应该从哪些方面入手发明各自的说辞,应该如何通过言辞和论辩应付对方采用的话语策略。在讨论某一种修辞手段或资源时,作者也往往强调它可以服务于不同修辞目的,或者被用于产生截然不同的口径。以谣言在修辞中的应用为例,作者指出不管修辞目的决定了言说者必须肯定或否定"谣传",他都可以找到相应的说辞。如果需要肯定被认为是"谣传"的某一消息,我们可以说任何传闻都不可能是空穴来风,多少总有一些根据,因为人们没有理由要凭空编造出一个传言。反过来,如果我们需要否定同一个传闻，则可以通过列举先例，指出类似的传言最后大都被证明是虚假的，或者指出这些谣言完全有可能是对手或某些歹毒成性的人编造出来的。当然在需要否定谣传时，还可以自己先随口编造出一个不利于对方的谣言，并一本正经地声称这一说法早已在众人口中传遍，然后高姿态地指出"其实任何人都可以任意编造和传播不利于其他人的流言蜚语"（II. viii. 12），并以此为理由，宣布自己并不相信这一谣言。

作者在"释法争议点"（the legal issue）之下就文本的"字面和实质意义"进行的讨论也与此如出一辙。当作者的本意和文本的字面意义不一致的时候，如果我们有必要坚持字面意义，可以考虑：1. 指出该文本是"法规、遗嘱、合同"或其他严肃文件的一部分，其措词必定是非常严谨准确的；2. 质问法官究竟是要相信一份精心制定的文件，还是要接受一个巧妙编造出来的解读；3. 请众人想一想如果作者在创作该文本时虽然完全可以在字面上将自己的本意表达得非常清楚，却选择不这么做，将冒多大被误解或误读的风险；4. 提出自己对作者原意的理解，指出文本其实十分清楚、简练、恰当、完整、准确地表达了作者原意；5. 用那些基于文本字面意义的先前判例进一步支持自己的解读方法，显示解读过程中偏离文本字面将带来多大危险。反过来，要是修辞目的要求我们选择以作者意图作为基础解读涉及的某一文本，则应该考虑采用全然不同的另一套话语策略。首先，赞扬文本作者精炼的写作风格，指出他没有浪费一点笔墨于那些无需借助文字就可以被理解的意义；接着指出只有那些小家子气的解读者才死板地拘泥于字面，不考虑作者的意图；下一步应辩称不折不扣地按照文本字面办要么行不通，要么免不了违反作者肯定是想要严格遵守的各种律令，所以对手的"解读"要么连解读都谈不上，要么完全不合理、不公正、不切合实际，要么与此前或此后的各种解读无法调和，要么违反常理和判决的先例；最后还可以回顾一些重意图而轻字面的先前判例，再当庭宣读和解释一些文字极为简约的法律条文和合同文本，指出其作者的意图并不难透过文字看清楚。（II. ix.13–II. x.14）

上述讨论还突出了《罗马修辞手册》提出的修辞发明理论的另外两个重要特征：对话语策略的强调和对文本解读的重视。与以亚里士多德《修辞学》为代表的希腊古典发明理论相比较，古罗马发明理论致力于探讨的不是应该围绕什么话题构筑和组织发言，以便获得总体上的最佳说服效果，而是应该运用什么特殊口径和步骤，以求达到既定的具体修辞目的。如果说文本阐释谈不上是希腊修辞理论的主要关注点，罗马理论则通过将"释法"确定为三大中心争议点之一，将它提升到一个核心地位。虽然从表面上看，对"释法"作为一个发明手段的讨论讲的只是生成不同口径的策略手段，却显示出罗马修辞学家对阐释这一人类最基本话语实践的本质、作用和手段有极为深刻的理解。在"释法"的题头下列出的"字面与实质意义"、"相互冲突的法律或法则"、"模棱两可"、"定义"、"类推"等话点，至今仍然是文本阐释学探讨的中心议题和基本策略，罗马手册对它们的阐述至今仍使读者觉得十分独到而精深。罗马理论另外一个引人注目的特点是它不仅提出应该如何进行修辞发明，还提供了一个评价体系，使修辞者可以通过评价言说的结构和功能，提高自己的修辞能力。

例如，针对论辩，手册作者一方面提出"最完整和完美的论辩"

应由"论点"（proposition）、"理由"（reason）、"理据"（proof of the reason）、"修饰"（embellishment）和"概述"（résumé）五个部分构成；另一方面又从相反方向界定了各种"有缺陷"和"没有效力"的论辩类型，以便修辞者能对论辩的种种缺陷了然于心，不仅自己避免犯这些错误，还能够更有效地发现和攻击对方论辩存在的问题。作者按照上述五个结构成分逐一讨论论辩的缺陷。体现于"问题论点"的主要缺陷包括：言过其实，将在局部范围内成立的命题说成在整体范围内成立；以偏概全，将部分当作全部；过度延伸，在作为论点的命题中追溯重重叠叠的因果关系，等等。"问题理由"的主要缺陷则包括：力度不够，未能充分证明论点的正确性；基础不实，本身源于一个站不住脚的设定；关联度过低，与论点之间不存在明显的因果关系，或者存在的因果关系与所论辩的话题风马牛不相及；循环论证，"理由"本身只不过是所要证明论点的另外一种表达方式。所谓"理据"指的是对"理由"的支撑，即用以增强"理由"说服力的其他道理。"理据"的缺陷包括：将一个多指向的征象（sign）应用于一个单指向的证明；举出的理据可能被对方用于攻击修辞者本身；将仍存有争议的意见当作已被普遍接受的理据用；在已得出结论的情况下为时过晚地抛出新理据；所用理据的意义要么可以作不同解读，要么基于错误或过于空泛的定义；理据与修辞者的整个言说或者与他在前面说过的话自相矛盾；所用理据冒犯了法官或受众的信念或感情等等。在谈到对论辩进行"修饰"的时候，作者先认定"比喻"、"范例"、"铺排"、"先例"等是实现此目的的主要手段，然后一一就应用这些手段时存在的缺陷详加论述。对比喻的应用存在着三个主要问题：不够确切；缺乏对比的正当基础；明显偏向于修辞者。范例的缺陷包括虚假、低俗以及与修辞情境提出的要求不相称。（II. xviii. 28-II. xxix. 46）

文体风格　《罗马修辞手册》从类型和性质入手讨论修辞话语的风格。作者首先区分宏大（grand）、中和（middle）、简朴（simple）三种风格类型。 宏大风格指的是将给人以深刻印象的词语以流利而富有华彩的方式结合为篇章而产生的文体效果。这一效果可以通过三个手段获得：选用可以找得到的最华丽的辞藻来讨论所表达的每一点；提出令人难以忽视或忘怀的思想观点；应用高贵庄重的辞格。中和风格和简朴风格则分别是修辞者采用层次略低但并非最通俗和最口语化的词语，以及当他采用眼下最为通俗流行的标准词汇时产生的文体。虽然对风格类型的这一界定并没有多少特别之处，但是作者接下去匠心独运，提出两点很有见地的意见。第一，修辞者应该在言说中轮流应用这几种风格，以造成跌宕起伏的效果，避免单调乏味。第二，这三种风格各有其形似而神不似的冒牌货，言说者一定要注意加以避免。宏大风格的赝品是"浮华"（swollen）风格，即那种由于应用了浮夸、虚矫、大而不当的语言而给人以华丽假相的文体。中和风格的赝品则是手册作者称为"松垮"（slack/drifting）的风格，也就是缺乏风骨，稀松散漫，难以吸引听众注意力的那种文体。简朴风格的赝品则是"干瘪"风格，其特点是枯燥苍白，鄙陋卑微，完全失去简朴的真正意旨。（IV. viii. 11-IV. xi. 16）

　　衡量风格相对于言说目的是否恰当完美有三个标准，即"得体性"（taste）、"整体性"（artistic composition）和"卓越性"（distinction）。

风格如果具有"得体性"，则能做到对每一个话题的表达都显得纯正明晰。要达到这一标准，修辞者应该使用正确规范的拉丁语言，应用当下流行以及恰如其分的词汇。"整体性"则要求修辞者驾驭全局，做到话语各个成分和部分都统一于一个整体构思，做到协调一致。要达到这一目标，修辞者应该注意戒除一些"作文恶习"（vices of composition），如频频出现"相冲"的元音，同一字母密集出现，同一单词重复使用，不注意回避使听众耳朵不胜其烦也使言说者接不上气的冗长句型等。手册作者将"卓越性"等同于丰富多彩的表达，认为言辞的单调乏味可以通过在遣词造句和思想内容两个层面运用"辞格"加以避免。这里的所谓"辞格"包括了可以被意识到的各种既不寻常又增加了表现力的手法，甚至内容。如"思想内容辞格"（figure of thought）指的就是不同凡响的念头、主意、表达等在不借助词语转义和烘托的情况下本身具有的修辞形态，包括从"对偶"、"诘问"到"坦言"（frankness of speech）、"淡言"（understatement）、"叠合"（accumulation）、"驻留"（dwelling on the point），乃至"对话"、"比较"、"强调"、"描绘"（portrayal）等。（IV. xii.17–IV. xii.18）

"思想内容"辞格和"语言辞汇"辞格 手册作者对当时已知的辞格进行了一番大清点，通过定义和示例详细讨论了分为"思想内容"和"语言辞汇"（figures of diction）两大类共计四五十个的辞格。作者将基于同一话语策略而形成的不同辞格归为一组讨论。例如，他指出首语重复（epanaphora）、末语重复（antistrophe）、首尾重复（interlacement）、同词复用（transplacement）四种辞格的共同特点是对同一单词的重复应用，这种重复并非修辞者由于词汇贫乏不得已而为之，而是因为它赋予言说一种难以名状却不难听出来的优雅。（IV. xiii. 19-IV. xiv. 21）他还将包括拟声（onomatopoeia）、换称（antonomasia）、换喻（metonymy）、迂回（periphrasis）、倒装（hyperbaton）、夸张（hyperbole）、提喻（synecdoche）、偏喻（catachresis）、隐喻（metaphor）、讽喻（allegory）等 10 种"语言辞汇"辞格单独列为一组加以讨论，因为"它们都属于同一类别，而且都有一个共同点，即 [这些辞格都有所用到的] 词语偏离了其通常意义，得体地被用于表达另外一个意思"（IV. xxxi. 42）。

　　手册作者还注重从修辞功用的角度对辞格进行界定，或对其产生效果的条件加以说明。手册明显地从说服受众这一大前提出发，将辞格当作一种修辞策略处理。例如，"旁诉"辞格（apostrophe）如果不被滥用，而只是在发展重要主题时根据需要偶尔用用，将能够"在听众心中引起我们所希望产生的那种愤慨"。"诘问"辞格（interrogation）并非一定能加深受众印象和增加其好感。修辞者必须先总结自己针对对方观点提出的批驳，然后再应用诘问这一手法，才能达到上述效果，并发挥强化己方论点说服力的作用。"问答推理"（reasoning by question and answer），即通过自问自答阐述自己的观点，赋予言说一种对话风格，有利于"吸引住听者的注意力"，因而成为一种辞格。"格言"辞格（maxim）之所以有用，是因为受众将下意识地觉得这是源于实际生活经验、无可辩驳的原则，因而不假思索地予以赞同。但是格言又不能多用，以免造成修辞者是在进行道德说教而不是为某一立场辩护的印象。"反衬推理"辞格（reasoning by contraries）通过两种状况的对照即刻证明了其中一个情况（如"这个人对朋友都背信弃义，我们怎么能相信他对敌人会信守诺言呢？"）。作者提出这一辞格应该在一个连贯句子中实现，表达应尽量简明扼要，以便产生良好的听觉效果和干脆利落的行文风格，为言说者的观点提供一种显得势不可当的证明。之所以如此，是因为修辞者在应用这一辞格时巧妙地"从一个不容置疑的说法中推引出其实大有疑问然而又无法或极难反驳的另一个说法"（Ⅳ. xv. 22–Ⅳ. xviii. 26）。谈到"假省"（paralipsis），即修辞者宣称他不清楚或不想讨论自己其实正在提及的某一事情；作者指出这一辞格适用于几种情况：要么是旁敲侧击对实现自己的修辞目的更有利，要么是正面讨论将使受众不胜其烦，或者将有损尊严，或者不容易把事情说清楚，或者提出的说法很容易遭到驳斥。在碰到所有这些情况时，"通过假省法含沙射影的用处将比坚持从正面提出一个未必站得住脚的说法的好处大得多"（Ⅳ. xxvii. 37）。

铺排谋篇　《罗马修辞手册》认为修辞者在铺排和组织发明阶段产生的话题及材料，使之成为可实现既定目标的一篇话语时，要么可以遵循"修辞原则"，要么可以根据"具体情况"斟酌决定。如果遵循"修辞原则"，可以考虑采用"引言、事实陈述、观点区分（division）、证明、批驳、结语"这个"六部结构"，或者由"论点、理由、理据、修饰、概述"组成的"五部结构"。这两种组织模式既可以应用于全局，也就是说应用于整个篇章的组织，也可以应用于局部，即修辞文本中某一具体论点的发展。然而在大多数修辞场合我们往往不能机械地遵照这些一般性组织方式，而必须根据实际情况和具体修辞目的的要求灵活处置。例如，要是修辞的动因（cause）本身与受众的思想感情不合拍，因而很难指望受众能耐心地听完"引言"，修辞者就应该考虑先从"事实陈述"下手，稍后再相机转回本来准备在引言中说的一些话。如果"事实陈述"听起来很可能不具明显的真实性，不妨先推出一些强有力的道理，等受众听进去了再开始陈述事实。"修辞动因本身很可能会迫使我们对修辞艺术所规定的组织方式加以修正，因而经常有必要实行跟 [上列事例] 类似的变动和变位（transposition）。"例如，在"证明"和"批驳"这两部分，材料的铺排和组织就应该遵照 3 个特殊规则：1. 最强的论点必须在言说的首、尾推出；2. 只有中等程度说服力，或者是对于证明既非完全无用又谈不上必不可少的那些论点，应该在言说的中间部分合在一起推出；3. 由于最后提及的总是在听众心中留下最为深刻的印象，在言说结尾处无论如何应该安排很强的论点。（Ⅲ. ix.16-Ⅲ. ix.17）

发表　《罗马修辞手册》的另外一个独到之处是对"发表"方式的高度重视。作者认为在五大修辞部门中，"发表"占据着一个特别重要的地位，因为"要是少了发表这一环节，即便我们将巧妙的发明、优雅的风格、富有创意的组织、细致的记忆都合并在一起，其价值也一定不如在不借重其他四个环节的情况下进行的发表"。然而此前的修辞著作却都未能意识到这一点，所以对言说者应该如何控制声音、表情、姿势等话题从来没有认真探讨过。为了纠正这一偏差，这部手册的作者首先将"发表"分为"声音品质"和"身体运动"这两大部分，然后依次深入讨论。"声音品质"被细分为三个方面：音量、稳定性和灵活度。按照作者的理解，音量基本上是一种天赋，后天培育对它的作用不大。声音的稳定性主要是靠培育获得的，但是实际的言说练习对其影响有限。声音的灵活度，也就是修辞者随意改变自己音调的能力，则主要是通过言说练习而获得的。为此，我们应该将注意力集中在后两个方面。在谈到如何维持声音的稳定性时，作者提出修辞者在言说的一开始应该尽量保持声音的平顺，然后根据需要加以调节。任何时候如果放声发言了一段时间，也必须将音调放缓。这样做使声音抑扬顿挫、富于变化，增加了听的乐趣。发言过程中完全可以有一些比较长的停顿。这些停顿一方面让嗓子得到休息，另一方面也将不同话点加以分隔，使思想的表达更加清晰，同时也给受众足够的时间来思考所听到的话。临近结尾处则应减少停顿，做到意义的表达连贯紧凑、一气呵成，以便更好地鼓动起受众的情绪。（III. xi.19-III. xii. 22）

手册中对灵活度的讨论围绕着"会话音调"、"辩论音调"和"夸张音调"（tone of amplification）这三个主要调式进行。"会话音调"的特点是十分放松，并且最为接近日常交谈。它可以再细分为"尊严"（通过含蓄克制的声音引人注意）、"说明"、"叙事"和"诙谐"四种调式。"辩论音调"的特征是劲头十足，它适用于证明和反驳。这一音调可以再细分为"持续"和"间断"两种调式，前者放开声音并且逐步加速，后者则穿插以短时间的间断和停顿，并伴有高声叫喊。"夸张音调"适合于打动听众的感情，引起听众的愤怒或怜悯。它包含"激励"和"伤感"两个调式，前者通过将某些缺陷放大，激起受众的愤慨；后者则通过将某些不幸放大，赢得受众的怜悯。在列出了这八个无法再进一步细分的基本调式之后，作者还就每一个调式应该采用的音质和调门作了详细说明。例如，叙事型会话音调应该根据叙事发展相应调整声音的高低，似乎修辞者是在现场跟踪事态发展。还可以通过提高和降低发表速度以产生和强化所讲述的事情是风风火火还是慢慢吞吞地进行的印象。（Ⅲ. xiii. 23-Ⅲ. xiv. 25）

作者将"身体运动"界定为"通过控制动作和表情，使正在发表的言说更具可信性"。关于这一方面也有一些规则。例如，"面部表情应该做到既适度又生动，动作则既不能过于引人注目地优雅也不能过于明显地鄙俗，以免使受众觉得修辞者更像是一名演员或者一个打零工的"。又如，表情和动作应该与所采用的音调协调一致，相辅相成。如果采用"会话音调"中的"尊严调式"，"言说者应保持在一个位置，右手做一些轻微的动作，面部呈现跟所讲述的话题相一致的表情，显得高兴、悲伤或介于二者之间的其他情感"。如果采用的是"夸张音调"中的"伤感"调式，则应该"拍击自己的腿部或头部，并视情况配合以其他平缓重复的动作以及悲哀、烦乱的表情"。（Ⅲ. xv. 26-27）

记忆　手册对记忆在修辞实践中所起的作用评价很高，将它称为"主意的宝库"、"修辞所有部门的监护者"。作者拒绝将记忆完全当作一种天赋看待，坚持认为"艺术和方法"对记忆能力的发展"极为重要"。从这一基本认识出发，他将记忆分为"天生"和"人工"两类，并将后者界定为"通过训练和系统培育而得到强化的记忆"。人工培育的记忆之所以重要，是因为一般人的记忆天赋总是差不了多少，只有那些受到系统训练的言说者才能获得非凡的记忆力，从而在修辞互动中比对手技高一筹。作者将"人工"记忆艺术归纳为一种"背景－形象法"。他用一个通俗的比喻解释这一方法是怎么一回事："正如懂得字母的人就能够听写并且读出所写下的文字，那些掌握了记忆术的人可以把所听到的内容［转化为某种形象］存放于一定的背景之内，以供将来通过记忆从这一背景中取出，用于言说的发表。背景就像是蜡制的写字板或纸莎草纸，形象就像是字母，［在背景中］以某种方式排列起来的形象可以看成［写字板上的］'手迹'，而发表就等于是阅读［这一手迹］。"为了应用基于形象思维的这种联系加联想的方法增强记忆，修辞者应该设计出各种可以轻易回想起的"场景"，诸如一座房子、一个有柱廊的广场等，作为记忆内容的关系背景。这些"背景"还应该按一定顺序"系列"化，以便于迅速搜寻相关的记忆。至于嵌入背景的"形象"，也就是记忆内容，作者指出应该将这些主题、话点、词语和表达方式等按照"相似"原则进行转化。为了确保这些内容能持久保存于修辞者心中，应该注意选取那些生动直观、不同寻常因而令人难以忘怀的形象作为记忆的载体。

对希腊修辞思想的超越　从以上对《献给赫伦尼厄斯的修辞学》评介可以看出，甚至早在公元前一、二世纪之交，罗马的修辞理论就已经达到了一个空前的水平。这部手册一再强调自己的讨论要力争不落窠臼，不囿于希腊修辞思想，这一表示显然并非仅是一种沙文主义的作态。手册在西方修辞学史上首次明确界定了修辞者的五大任务，首次对"发表"和"记忆"这两个任务作出系统表述，首次提出应该通过"理论、模仿、实践"这三大途径掌握这些修辞任务所要求的能力。手册还就所讨论的具体问题提出许多令人耳目一新而又极其富于启发意义的规定、说法和见解。例如，它前所未有地将修辞者的任务界定为"称职地讨论法律和习俗确定的所有那些对公众有用的事物，并最大限度地赢得听众的赞同"。我们只需将这一规定和亚里士多德关于修辞的定义（"不管碰到什么事情都能发现可资利用的说服手段的那种能力"）相比较，就可以看出罗马修辞学家对于受众，对于规范着修辞运作的那些无形而具体的法律、社会、文化条件，要比他们的希腊前辈敏感得多。又如，它提出的衡量文体风格的三个标准，即"得体性"、"整体性"和"卓越性"，也显然超越了亚里士多德所要求的"明晰而有格调"和"恰如其分"，或阿那克西米尼所要求的通过"顺应"听众产生"优雅"的感受。然而最令人赞叹的是手册有关"最完整和完美的论辩"应由"论点"、"理由"、"理据"、"修饰"和"概述"五个部分构成这一说法。该说法不仅在希腊修辞中未曾见过，而且不由使人想起 20 世纪论辩理论中广受赞誉的"图尔敏"模式[2]。其中的"理据"（proof of reason）范畴所包含的"论辩中举出的道理本身往往还需要进一步证明或授权"这一重要思想显然为图尔敏的"根据"（warrant）和"理据"（backing）这两个关键范畴提供了灵感。尽管出于种种原因，当代西方修辞史学界主流对这部手册的评价并不高，然而就其系统全面、丰富细致、深入精到的程度而言，《献给赫伦尼厄斯的修辞学》——以及体现在这部著作中的早期罗马修辞思想——明显超越了古希腊修辞思想家达到过的水平。这一超越为接下去两个世纪罗马修辞研究出现的黄金时代铺平了道路，或者说平整了场地。

---

2 —— 由当代英国哲学 – 修辞学家斯蒂芬·图尔敏（Stephen Toulmin, 1922—2009）提出的一个论辩结构模式。这一模式认为典型的论辩可以分解为"认定"（claim）、"证据"（data/grounds）、"根据"（warrant）、"理据"（backing）、"语气"（modality）和"例外排除"（rebuttal）等 6 个构成成分。

第四章

从西塞罗到昆提利安：
古典修辞思想的全盛期

　　早期罗马修辞理论虽然以系统性和实用性见长，并且也一般地意识到言说实践受到相关社会文化条件的制约，却没有完全摆脱希腊修辞手册传统的窠臼，还是以如何在各种典型修辞情境中发明出具有说服力的话点作为自己关注的核心。这一状况到公元前 1 世纪中期之后发生了根本性变化。随着西塞罗修辞思想趋于成熟及其主要理论作品的完成，一系列新的基本问题，包括"修辞的社会功用"、"修辞的伦理规范"、"不同修辞传统之间以及修辞和相邻学科之间的关系"、"修辞家应有的素养以及理想的修辞家应具有的本质特征"、"修辞理论和实践的关系"、"口头实践和笔头实践之间的关系"、"修辞教育的结构和修辞实践者的培养方式"等等，取代了"怎样才能说服受众"这个古老而单一的问题，成为修辞研究的焦点。这些新问题将理论家的兴趣引导到跟修辞的技巧和策略没有直接关系，然而对修辞作为一种社会实践和一门学科的发展却是至关重要的一些研究方向。罗马修辞学家对这些新目标领域的探索持续了近两个世纪。他们的成就既标志着西方修辞作为一门学科开始形成全面的自我意识，也标志着西方修辞的理论实践成功地实现了范式转换。新范式的确立和运作产生了以西塞罗于公元前 55 年创作的《论言说者》（*De Oratore*）和昆提利安于公元 1 世纪末出版的《论言说者的教育》（*Institutio Oratoria*）为代表的伟大理论作品。由于这些杰作的出现，罗马修辞发展的中期不仅是罗马修辞理论最为辉煌的时期，而且也完全称得上西方修辞理论发展的黄金时代。与这一黄金时代相对应的历史时期是罗马由共和制向事实上的帝制转化的多事之秋。虽然其间穿插着奥古斯都治下几十年的平静和繁盛，然而西塞罗和昆提利安却都遭遇过政局动荡和战乱，也就是说，这一黄金时代的标志性成就跟希腊修辞理论的最高成就一样，都出现在内乱或内战的前前后后，而不是在一个稳定体制带来的安定发展过程中实现的。古典修辞的理论发展跟社会动荡之间是否存在相关性，是一个值得进一步探讨的问题。然而就罗马的情况看，或许可以认为长期稳定的社会政治结构将使修辞实践也相应享有一个稳定不变的社会和意识形态语境，从而不可避免地导致修辞理论家们将注意力集中到实践本身，或者更准确地说是集中到修辞实践的技术层面。只有当他们面对的是一个动乱多变的时局，当既有的文化体制和行为规范受到挑战，理论家的注意力才更有可能被吸引到那些非技术性的宏观问题上。

西塞罗的修辞思想

西塞罗作为修辞思想家的一生 西塞罗的修辞思想和理论既标志

着古罗马修辞发展的高峰，也为西方修辞在接下去近两千年间的发展提供了最重要的参照点和灵感源泉。西塞罗从小受到良好的教育，熟悉古希腊经典。他15岁那年开始了自己在罗马法律界和政界的生涯，以在法庭和议事会议中的滔滔雄辩著称。20岁就在好手如林的罗马修辞学界一鸣惊人，写出《论修辞发明》（*De Inventione*）一书。他的一生恰逢罗马由共和制蜕变为帝国体制的转折期，国家进入多事之秋，政局动荡不安。由于个人的政治立场"不合时宜"，他多次被迫淡出官场，隐退山林。从政治漩涡脱身而获得的这些孤寂时光倒使他得以静下心来，认真思考自己从年轻时就一直极感兴趣的修辞艺术，并结合自己一生投身法律、政治修辞实践积累下来的诸多心得体会，对这一领域进行了全面反思和系统总结。

对于青年西塞罗的早期作品《论修辞发明》，当代西方修辞学界评价并不高。的确，这部作品跟当时流行的修辞手册一样，仅从说服技巧的角度讨论修辞，是一本典型的技术手册，而且其中的讨论不管就深度还是广度而言都远谈不上能超越业已流行多年的《献给赫伦尼厄斯的修辞学》。书中当然不乏局部的亮点。例如，涉及的关键概念不管多难，西塞罗都能给出明确的定义。他将"发明"和"风格"分别界定为"发现真实或显然真实的论点，使有争议的说法显得真实"和"恰当的语言与所发明出的材料相适配"。他对论辩的讨论也不无特色。在批评修辞论著往往未能说清楚"论辩的（实用）规则要怎样才能和论辩理论结合起来"之后，他指出"论辩全都是通过类推或（修辞）论证进行的。作为论辩的一种形式，类推通过已经接受的和尚存有疑问的两个事物之间的相似性，促使人们将自己对无争议事物的首肯转化为对有疑问命题的赞许……作为论辩的另一种形式，（修辞）论证则是从被考虑到的事实中推断出可能是真实的结论"。（Murphy，et al. 1994: 137–139）西塞罗有关论辩，尤其是他称为"类推论辩"的这些讨论甚至对 20 世纪论辩学的发展都还在施加影响。然而整体上看，他的这一早期代表作比较幼稚浮浅，跟他中年之后对修辞的深入思考和成熟见解完全无法相提并论。

　　从公元前 55 年到公元前 44 年的大约十年是西塞罗修辞理论创作最为辉煌的时代。在这一段时间内，他写下了使他成为西方有史以来最伟大修辞学家之一的所有不朽作品，展示出他对修辞的非凡理解和洞察。他对修辞学科地位的巩固，对西方修辞传统的确立和发展做出了巨大而独特的贡献。例如，他于公元前 46 年写就的《布鲁特斯》（*Brutus*）一书通过对希腊，尤其是罗马修辞家的逐一评介达到了两个目的：一方面，他从历时角度对古典修辞加以梳理，勾勒出到他生活的那个时期为止西方修辞传统的发展轨迹，确定了构成这一传统的经典人物，从而为后世对修辞史的理解提供了一个极有影响的叙事框架；另一方面，他通过对经典修辞家的风格、技巧和历史地位的评论，开实用修辞批评之先河，进一步丰富了修辞学的内涵。必须指出，西塞罗对西方修辞传统的表述和他的修辞批评一样，都洋溢着一种沙文主义的罗马中心意识，也就是说，都服务于罗马的政治意识形态利益，谈不上是客观求实、不偏不倚的表述。例如，西塞罗在自己构筑的修辞传统中将罗马早期政治家老加图（M. P. Cato，公元前 234—前 149）和古希腊著名雄辩家吕西阿斯（Lysias，约公元前 445—约前 380）相提并论，相互比较，认定就演说而言，加图不管从哪个角度看都不亚于吕西阿斯，从而赋予前者显然名不副实的突出地位。又如他在评论罗马周边操拉丁语的非罗马修辞家与罗马土生修辞家的异同时，认为前者相对于后者只有一个不同，那就是他们的言说缺乏一种"温雅的语调"。至于这是一种什么样的语调，西塞罗承认他自己也"无法准确地界定……只能说它是本城市言说者的发音和语调中特有的一种品质"（Murphy，et al. 1994: 159–160；162）。也就是说，凡是语音语调跟罗马人不完全一致的人说起话来就是不够"温雅"。

修辞评价的标准和权威 《布鲁特斯》在探讨历代修辞家的得失时，还就修辞的评价标准发表了未必非常深刻却给人以不少启发的见解。例如，面对"言说是得到行家首肯就行，还是非得到大众的赞许不可"这一棘手的问题，西塞罗坚持认为得到公众认可的言说最终也必将为批评家所接受：

> 言说艺术的行家里手能够判断言说者在多大程度上达到了教诲、娱乐、动情 [这三大目标]。然而言说者的成败得失最终还是由公众说了算……一般民众在听真正演说家发言时会被打动，然而却不明白自己为什么会受影响。批评家了解对公众施加影响必然涉及的各种原理。很显然，公众所认可的，批评家必然也将赞同，言说要想获得成功非赢得受众不可。普通老百姓的确经常赞同平庸的演说家，但那是因为他们无从将这些人跟更为优秀的演说家相比较。受过专门训练的批评家和没有受过训练的芸芸众生有几个重要的区别：首先，训练有素的批评家了解雄辩之所以能影响

受众的那些原理；其次，在两个演说家被大众认为是旗鼓相当的情况下，他能够判断二者之高下；第三，他能够通过观察言说在受众中产生的效果判断出言说者的技巧有多高。（Murphy, et al. 1994: 162）

精英和大众、内行和外行之间在价值判断上的张力和差异，以及由此引发的"公共事务由谁说了算"的争议，是一个所谓"本质上具有争议性"的话题（an essentially contested issue），人们至今仍然为此争辩不休。西塞罗提出的"批评家与大众判断趋同论"当然有悖于事实，无法令人信服。然而这些评论表明他是西方最早注意到这一重要争议的学者之一，而且他提出的"受众对言说享有最终裁决权"原则，尤其是他对修辞批评家的能力和功用的明确界定，对于修辞批评作为修辞学一个重要领域的后续发展，产生了巨大的影响。

西塞罗论"话题"　"话题"自从希腊古典时期以来一直是修辞的核心范畴，是修辞学家在论述修辞理论时最为倚重的术语之一。然而，正如本书第二章有关亚里士多德修辞理论的评介指出的，对于这一核心概念，包括亚里士多德在内的希腊修辞学家的表述前后并不一致，不少说法含糊其词，使读者不得要领。西塞罗在他于公元前44年写成的《话题》（Topica）一书中力图对此拨乱反正，为修辞学界提供一个系统明确的表述。他首先提出两个初始命题：第一，"一切论辩性话语所关注的无非两件事：论点的发明和对所发明论点是否确当作出的判断"；第二，"论点应该被理解为使有疑问的事物变得可信的［那些因素］"。在这两个命题的基础上，他将"话题"界定为"论点蕴藏处"或"论藏"（a residing place of arguments）[1]，并根据话题是"内在于"还是"外在于"言说主题将它们分为两大类。"内在话题"是由主题的本质确定的，可以从主题的"整体、部分、意义，联系"中提取出来。诸如"定义"，"对［整体］各部分的罗列"，从"伴随状况"以及通过"相似、差异、相反、附属、先行、后随、矛盾、动因、效应"等获取的论点，都是"内在话题"。"外在话题"则通常只包括对权威的援引。后面这类话题由于不是修辞者自己通过修辞技巧的应用而发明出来的，所以被称为"外在的"。在区分了这两大类话题并确定了它们的基本构成之后，西塞罗接着对提及的每一种话题进一步详细阐述。例如，"定义"可以细分为两类：一类用可感知的现象来解释定义的对象，另一类所用的则是抽象的心智概念。"定义"既可以通过列举出定义对象的各个构成部分或成分而实现，也可以通过确定定义对象的类属或种别而实现。又如，"比较"这一话题的运用应该从"数量、质量、价值、关系"这四个范畴入手，以便获取类似下面这样一些"论点"或话点："好东西多比少好，多多益善"；"本身具有值得人们追求的内在价值的物品，跟那些本身不具内在价值，只不过是人们实现其他追求时所借助的手段的那东西相比，更值得器重"；"直接动因要比其他成因来得重要"；"处于领导地位的公民中多数人的愿望和利益要比［这类人中的］少数派的愿望和利益来得重要"。（Murphy，et al. 1994: 173-174）西塞罗最后提到的那个流行话点恐怕要比不少长篇大论更清楚地说明古罗马共

---

1 —— 此处的"论藏"是仿照"宝藏"造出的新词。

和制的"民主"实质。

　　类似《布鲁特斯》和《话题》这样的作品从不同侧面表达了西塞罗对修辞的卓越见解，然而真正全面、深刻、充分地体现其修辞观的是他于公元前 55 年左右完成的三卷本代表作《论言说者》。《论言说者》通过"追记"罗马共和国全盛期——也就是古罗马修辞实践的黄金时期[2]——发生于 L. L. 克拉苏、M. 安东尼等当时顶尖修辞家之间的一场虚构的研讨和争论，借他人之口阐述了西塞罗自己有关言说艺术的一系列重大观点。[3]

　　修辞领域的本质特征　西塞罗强调修辞是一门自成一类、极其独特的领域。"所有其他各门类艺术都是从偏远、隐蔽的来源获得其题材，而言说艺术却整个地开放敞亮、一目了然。言说艺术所关注的在相当程度上是普普通通的日常事务、习俗和人类言语。在其他艺术领域，所取得的成就越是突出，就越是曲高和寡。在修辞领域，偏离日常语言或违背社情民意所赞许的习俗倒是最大的过错。"（I. iii. 12）按照这一观点，修辞的研究对象应该是与人们生活息息相关的日常话语活动和现象，对修辞实践的理论抽象不应该高深莫测，行话连篇，使门外汉望而生畏。修辞研究应以社群成员为对象，必须在相关社会、文化条件构成的解读框架内进行，得出的结论既不超出受众的理解能力范围，又与体现在"社情民意"中的文化价值保持一致。然而，这并不意味着修辞只是对常识的浮浅归纳，对常理的轻率确认。恰恰相

2 —— 注意：这里说的是罗马的"修辞实践"而非"修辞理论"的"黄金时期"。
3 —— 本章有关《论言说者》的述评所参照文本是哈佛大学出版社 Loeb 经典著作文库 1942 年版 *De oratore*（1992 年重印）。括号中用罗马数字和阿拉伯数字标明的卷、章、节都见于这一版本。

反，这一认识凸显了修辞将深刻蕴藏在浅显之下，透过平淡展露神奇，带着常规加给它的枷锁却能活动自如的吊诡特征。在"习俗"和"社情民意"的大庭广众之前用透明通俗的"日常语言"进行理论探讨，跟遁形于由高深的术语和定义编织成的"辞幕"之后或躲进自成一统的学科象牙塔中从事研究相比较，要难得多。

修辞的社会和文化功能 这就是为什么西塞罗在强调修辞"通俗性"的同时坚持认为它是一门至高无上的领域和学科。他对修辞的正当性和重要性的阐述和论证不仅前无古人，甚至可以说是后无来者。首先，修辞比其他任何学科都更难以掌握，因而是最具有挑战性的。包括哲学、数学、文学在内的一般学科都只要领会其专门知识就能够登堂入室，而修辞则覆盖了整个人类活动领域，实际上与文化同延。这就是为什么历史上著名哲学家、数学家、文学家等层出不穷，而真正伟大的修辞家却寥若晨星。其次，其研究对象，即修辞实践，在从人类文明的发端一直到社会公共利益的维护等不朽伟业中所起的作用是任何其他学科的研究对象所无法比拟的。"通过言说获得一种能力，使我们能够支配聚集在一起的民众，赢得他们的善意，将他们的偏好按照言说者意愿随意加以引导——试问还有比这更了不起的事吗？……有什么成就跟一介匹夫通过自己的雄辩抑制群众的冲动，唤醒法官的良心，改变元老院的严峻态度相比较要来得更伟大和光荣？有什么功用比给祈求者带来帮助，将落地者扶持起来，使人们得到安全、免除危险，使他们继续享有民权要显得更尊贵、更无愧于自由的身份、更加慷慨？还有什么东西比这件随时可以被用来进行自我辩护，指控恶人，报复挑衅者的武器更加须臾不可或缺？"然而这些还不是修辞的最高成就。西塞罗指出除了雄辩之外，没有其他任何东西可以"将散居各地的生灵聚集在一处，使他们脱离在蛮荒中的野性生存，进入作为人类以及作为公民所享有的那种文明状态，使他们在建立社群之后，能制定法律、建立审判庭、获得民权……完美的言说者不仅维持了自己的个人尊严，而且维护了整个国家的安全"（I. viii. 30-34）。

　　雄辩是超越学科领域的美德　西塞罗在提出雄辩家必须是通晓各领域知识的通才的同时，强调指出不管哪一个具体领域，真正的权威从来都是既有专门学识而同时又雄辩滔滔。也就是说，这些权威从来都既是专家又是修辞家，两种身份合二而一，不可分离。而那些只有学识没有雄辩的"专家"甚至在他们自己的领域都不可能有什么影响。例如，哲学的各个流派都在"大喊大叫，说［哲学所研究的题材］是他们的专属领地，不干言说家的事。我不否认他们完全可以在自己的小天地和角落里争辩这些话题，消磨一些时间。但是，如果谈到拓展这些人以一种单薄苍白的方式讨论的这些主题，使之充满魅力和说服力，则这一任务只能委托和分派给言说家"（I. xiii. 56）。没有一个人可以雄辩地讨论他一无所知的某个话题，"但是如果他透彻理解这一话题，却不懂如何才能形成和雕琢自己的风格，则他也无法流利地表述他确切知道的事情"（I. xiv. 63），甚至连全面完整地界定一个词语的特殊意义这样的事都只有修辞者才能承担。在西塞罗看来，各个学科或"艺术"的专门知识的表达完全依赖言说艺术，清楚地表达出来并且使人信服的专门知识归根结底也是一种雄辩。为了支持这一说法，他将"雄辩"定位为"最高的美德"，甚至比同一层次其他美德具有更优美高贵的形态。雄辩使人们能在"对于各种事实了如指掌的基础上，用语言将思想和动机以听众不能不为之所动的强有力方式表达出来，促使听众朝着它看重的任何方向运动"。正因为如此，雄辩的能力越强，就越有必要使它和最高的智慧和理性结合起来，否则我们就是"将武器交到疯子的手中"（III. xiv. 55–56）。

舌与脑的重新统一　这些不管是当时还是现在听起来都不同凡响的看法使我们得以窥探到西塞罗修辞思想的内核。一方面，他认为理想的修辞应该是雄辩和智慧的统一。通过自己长期投身罗马政治、能御的力量，如果不用理智对它加以约束限制，听任其蜕变为煽动和蛊惑，则它对社群、公众和国家可能造成极其严重的危害和破坏。另一方面，他认为融雄辩和智慧于一体的修辞应该是至高无上的美德，是包括"哲学"在内的一切智力追求和一切学科艺术的最终归宿。为了说明后面这一点，西塞罗推出了可以称得上"第一部西方智力史"的一个历史叙事。根据这一叙事，古希腊学术在其发端之后的很长一段时间内信奉一种雄辩和智慧合二而一，行动和思维密不可分的言、知、行统一观，雄辩家也就是智者，行动家跟思想家见之于同一人。后来出现了某些学术高超、才华横溢的人，他们虽然具有很好的口才和很高的智慧，自己却不仅不愿意厕身政治和其他实际事务，还嘲笑和谴责修辞对其实践者投身实际事务一向采取的鼓励态度。这伙清高的学者的主要代表人物是苏格拉底，他们的出现使早期三合一的修辞传统陷入危机，开始分崩离析：

　　在此之前，"哲学家"是同时践行、研究和教授我们正探讨的这一门类各个学科的所有人都享有的共同称号，"哲学"也被用于指称整个人文学科领域的研究和实践。苏格拉底剥夺了［言说家享有的］这一称号，将它非法据为己有，并在自己的讨论中将对明智思维和对雄辩言说的研究硬是割裂为两门学科，全然不顾在现实生活中二者密不可分这一事实。苏格拉底自己虽然没有留下只纸片言，柏拉图的著作却使他的创举和学说永远流传。将舌和脑分裂开来这一无疑极为荒谬、不利、可恶的做法的始作俑者概出于此。这就是为什么如今我们有一群教授教大家如何思想，另一群教授教大家如何言说。（III. xvi. 59—61）

　　从西塞罗讲述的这一"故事"，我们可以清楚看出贯穿于他所有修辞著作的是一个宏大理想：将在后苏格拉底时代分道扬镳的雄辩和智慧、智力活动和公共事务，在修辞的框架内重新融为一体。这无疑是一个伟大的人文理想，但是在鼓吹这一理想的背后人们也不难发现某种受罗马中心观驱使的文化意识形态动机。《论言说者》一书中的人物都很喜欢做的一件事是贬斥希腊"苍白无力"的智力主义，将它作为罗马务实型学术的反衬。尽管如此，西塞罗号召大家追求的目标在他身后影响了一代又一代的修辞学家；时至今日，人们仍然继续从中汲取灵感。

　　修辞教育和修辞家的素养　从对修辞的基本认识出发，西塞罗强调积极投身于修辞实践，从实践中学习修辞必须是修辞教育的基本方向。在谈到自己的修辞教育经历的时候，他通过书中主要人物克拉苏，宣布"对公共生活的参与是我所受过的教育，在法律、国务机构和国家礼俗中得到的历练是我的教师"。对于那些不将实践经验放在第一位，仅以编撰修辞手册和传授收录于其中的抽象方法规则为能事的"修辞学家"，他很是不屑：

> 我的课业只有理想的言说者才能完全掌握，绝非我个人所能学成。甚至理想的言说者都必须克服那些"修辞科学解说者"的影响[才谈得上学会这门学业]。[这类"修辞学家"]极其愚蠢，因为他们仅仅热衷于对[修辞活动的]个案进行分类，制定基本准则，规定事实陈述的方法，却未能看到雄辩是一种具有无比效能的力量，它涵盖了一切事物的生发运作，一切自然法则——这些法则体现于品格和责任，支配着人类的道德、心智、生活，确定其习俗、法律、权利，控制其政府，使人们能就任何话题作出流畅而优雅的表达。(III. xx. 74-75)

西塞罗发展了伊索克拉底的教育思想，提出跟他的大修辞观相称的一种大修辞教育观，主张只有认识到修辞无所不在，并以这一认识作为教与学的基本出发点，努力从包括道德、心智、生活、习俗、法律、政治实践在内的人类社会活动所有方面汲取力量，才是修辞教育的正道。在他看来，致力于传授技巧和规则的修辞教育体系虽然也能训练出有一定表达能力的言说者，却培养不出真正的雄辩家。对规则的掌握不能弥补先天禀赋的不足，更无法造就能力与学识兼备的言说人才。真正的雄辩源于渊博的学识，尤其是对哲学和法学的深刻领会。如果没有广泛的文化修养，如果缺乏智慧，就完全谈不上雄辩。言说要求其实践者吸收各个学科的知识，掌握各种表达风格，了解人类情感，表现出令人倾倒的文雅和睿智，对历史事件如数家珍，透彻理解法律条例，等等。除此之外，言说者还必须把握各种表达方式并具有超人的记忆力。（I. v. 17–21）他之所以制定了这些似乎高不可攀的标准，是因为社会本身对言说者有极高的期待，要求他们的"思维必须像逻辑家一样精妙，思想如哲学家一般深刻，措词要媲美诗人，记忆要堪比律师，声音应该像悲剧演员，气度则不亚于炉火纯青的表演艺术家"（I. xxviii. 128）。这些要求意味着任何要想成为言说家的人首先必须有特殊的天赋，因为"要想在发明时做到出口成章，在解释和修饰时做到丰富多彩，具有过目不忘的记忆，非有生动敏捷的头脑和其他许多才华不可"（I. xxv. 113），而这些能力都是无法通过学习和训练获得的。任何具备这一先天条件的人如果进行适度的学习和大量实践就有可能将自己造就成社会上需要的那种言说人才。

在讨论修辞家的修养时，西塞罗一方面要求言说者应有渊博学识，另一方面却强调他不应该是以"哲学家"为代表的思想家或学者。他指出修辞者相对于受众不应该显得好像是"愚氓中的智者"，因为那样一来他要么将会被讥笑为"希腊书呆子"，要么使受众为他们自己的无知而感到不自在。言说者的任务是触动受众的心灵。为此，他必须把握"其他公民或其他任何说服对象的思想、感情、信念和希望"，掌握"每一个阶级和生活阶段"特有的"意向和情绪"，体验受众或潜在受众的"念头、想法和喜怒哀乐"。完成这一任务既

用不着哲学家的定义，也无需钻研他们的话语。(I. li. 220)

修辞是否称得上"科学"或"艺术" 在有关修辞的这些基本认识的基础上，他还高屋建瓴地对困扰着修辞学界的一些重大理论问题加以梳理并再表述，深刻影响了在随后许多世纪中人们对这些问题的认识。例如，就是否存在着一门"修辞科学"或"辞艺"这个似乎永无休止的争议，西塞罗认为其答案其实存在于这里用到的"科学"或"艺术"一词的定义：

> 如果我们将"艺术"界定为仅包含被透彻审验过并清楚理解了的事物，也就是不受意见左右，完全受制于确切知识的那些事物，则对我来说，被称为"言说艺术"的那个东西并不存在。因为我们在公共话语中使用的所有各种语言［的意义］都不是固定不变的，它们必须根据群众的一般理解能力不断作出调整。然而，如果我们说的是经验丰富、技巧娴熟的言说者将自己在言说实践中注意到的情况记录下来，并通过定义、分类等进一步加以阐发，则我们没有理由不把这一成果称为艺术。(I. xxiii. 106–109)

笔头与口头表达的关系 虽然从古希腊到古罗马的整个西方古典时期文字书写作为一种交流方式已经高度发达，古典修辞理论历来却基本上以口头表达作为研究对象。修辞教育尽管少不了对文本的依赖，也仍然以通过口头训练改进口才作为教学目的。西塞罗对这一传统进行了反思，认识到写作对修辞教育和修辞实践其实极端重要。他认为常规修辞培训中最关键却最受忽略的环节就是"尽可能多写"。

在他看来，笔杆子是"雄辩最优秀同时也是最出色的作者和教师"：一篇先通过斟字酌句写出文稿的演说毫无疑义将比一篇同样经过细心盘算和准备但却没有形诸文字的演说更具效果。把握跟言说相称的节奏和分寸将为言说家带来掌声，赢得钦佩，然而这一修辞素质只有通过"长时间和大量的写作训练"才能够培养起来。那些在写作训练上投入许多时间精力的人连脱口讲出来的话听起来都跟写出来的东西一样精致严谨。（I. xxxiii. 150-152）

　　情感和道理　对于在说服过程中主要应诉诸情感还是道理，古典修辞学家历来见仁见智。亚里士多德就曾经严厉谴责过一些"流行修辞手册"对"偏见和情感"的注重，认为"证明"（即论理）才应该是修辞艺术的中心关注。从跟他同时代的《献给亚历山大大帝的修辞学》以及后来一些修辞巨著的体例和论述看，亚里士多德的这一观点并非仅他个人持有，而是古希腊、希腊化时期和早期罗马高层次修辞理论家的共识。身兼实践者和理论家的西塞罗从自己的亲身体验出发，对于这一共识不予认同。他认为"在言说中，最重要的莫过于赢得听者的好感以及深深地打动听者，使他好像是受一种内心冲动和情感的驱使，而不是根据审思和判断行事"（II. xlii. 178）。

昆提利安的修辞思想

　　西塞罗通过《论言说者》和其他一系列著作建构起来的新研究范式很快就对罗马的修辞学术产生重大影响。他的学说享有的巨大权威使得在他身后的一百多年间，罗马修辞学家基本上都只能在这位巨人投下的长长身影下思考问题，无法越雷池一步。一直到了公元 90 年左右，一位退休的修辞学教授才终于步出西塞罗的理论阴影，撰写出一部可以和《论言说者》相媲美的标志性作品，使罗马修辞学摆脱了故步自封的停滞状态，跃上另一座发展高峰。这位可以和西塞罗相提并论的大思想家是昆提利安。昆提利安出生于罗马的西班牙行省。他在罗马接受教育后曾短期回家乡担任律师和教师，然后又重返罗马并在那儿长期讲授修辞学。他培养出包括历史学家塔西佗（Tacitus）、讽刺诗人尤维纳利斯（Juvenal）、传记作家苏埃托尼乌斯（Suetonius）等才彦在内的一代又一代学生，成为享誉整个罗马帝国的一代名师。他一生亦教学亦学术，所著如《论雄辩式微的原因》（*De causis corruptae eloquentiae*）等虽早已失传，但是他于退休后举毕生思想积累撰写成的《论言说者的教育》一书却不仅经受了时间的考验，流传至今，而且经受了历史的考验，成为西方修辞的一部主要经典。[4]

这部 12 卷本的作品是当之无愧的鸿篇巨制，其规模体例和论述的系统全面是先前和此后任何一部修辞著作所望尘莫及的。正是由于这部杰作，昆提利安在西方修辞传统中的影响力一直到 19 世纪都仅次于西塞罗。20 世纪以来有关西方修辞的历史叙事对他的评价发生了变化，逐渐将他仅仅看成一位"述而不作"的集大成者，认为他在《论言说者的教育》一书中阐述的修辞思想缺乏原创性和理论深度，

---

4 —— 本章有关《论言说者的教育》的述评所参照文本是哈佛大学出版社 Loeb 经典著作文库 1922 年版 *Institutio Oratoria*（1993 年重印）。括号中用罗马数字和阿拉伯数字标明的卷、章、节都见于这一版本。

他在西方修辞学发展史上的价值和地位不仅不如西塞罗，更远在亚里士多德之下。然而对他的贬抑就跟赋予亚里士多德《修辞学》崇高的历史地位一样，更多的是出于某种现代学术意识形态的需要而作出的再评价，既与已知事实不尽相符，也未必能得到现存文献资料的充分支持。《论言说者的教育》的确在很多方面是对以伊索克拉底、赫尔玛格拉斯、西塞罗为代表的古希腊、希腊化时期和早期罗马修辞精华的继承、详述和综合，然而在阅读这部重要著作时我们只要能不为成见所累，客观地将它与亚里士多德和西塞罗的作品相互比较，就不难看出它从教育的角度入手对修辞进行了全方位、多角度的表述；它不但在总体视角的确定上不循旧制、独辟蹊径，不但具有前所未有的宏大规模，而且对所讨论的具体话题也经常提出与前人见解大异其趣的新颖看法。事实上，原创性是昆提利安在撰写本书时刻意追求的目标。他在书中开宗明义，明确表示自己对流行的修辞论述极为不满，将通过本书努力开辟出一个新途径，构筑起一个新体系："那些枯燥无味的修辞手册孜孜于 [对修辞进行] 过分精细的区分，其结果通常是损害和削弱了所有那些更加宝贵的文体成分，使想象失去了活力，仅 [为修辞] 留下一副干巴巴的骨架……[因此，在撰写这部作品时]我将避开前人已经走过的老路，避免踏着他人的足迹行进……[我也将] 不遵照大多数作者树立起来的先例行事。"（I. Pr. 3; I. Pr. 24-25 ）纵观全书，他是这么说的，在相当程度上也是这么做的。

　　他的创新突出地表现在所采用的基本论述方法上。《论言说者的教育》虽然长达 12 卷，总体结构并不复杂。第一卷讨论学生在开始正规修辞训练之前必须接受的语言基础教育。第二卷介绍修辞学校本身开设的基础教育课。这些课程讨论跟修辞本质相关的各种问题。接下去的五卷围绕着修辞发明展开讨论。昆提利安将"篇章结构"纳入"修辞发明"范畴，而不是作为一个独立的部门分开讨论。从第八到第十一卷的主题是文采，即文体风格。"记忆"和"发表"这两个传统部门也被纳入这一部分，和文体效果的产生结合在一起讨论。最后一卷对一个接受过全面修辞教育的言说者应该是个什么样的人进行了归纳和总结；所论述的包括完美的修辞者应该具有的品格，他在从事修辞实践和修辞研习时应该遵循的规则，以及他的修辞风格等。对于书中各部分讨论到的话题，他往往先提供一个概览，将现有各种不同观点一一述评，然后才鲜明地亮出他本人或者他所赞同的看法。正如他自己表白的那样：

> 尽管在我之前已经有这么多人就修辞学著书立说，我对任何学派都不迷信和盲从，将毫不迟疑和畏缩地在某些方面表达自己的见解。另一方面，本书收集了许多观点迥异的作者的意见，我这样做的目的是想让读者从中各取所需。有些话题已经［被透彻讨论过因而］不存在独创的空间。碰到这种情况的时候，如果读者能夸奖我［在详尽整理他人意见时表现出］的勤奋，我将感到满足。（III. i. 22）

在包括亚里士多德和西塞罗在内的所有古典修辞学家中，只有昆提利安采取了这一博采众家、兼收并蓄、述评与表达相结合的方法，使读者了解到的不仅是昆提利安一家的观点，还有在他之前以及与他同时代的其他理论家对同一些问题采取的不同立场。通过这些不同立场观点的并列和比较，昆提利安独家揭示了古典修辞的一个基本特征，即其多元性和争论性。其实何止古典修辞，整个西方修辞传统就是一场有关"修辞"及相关概念的众声喧哗、永不终结的争论，并非一个连贯一致的思想体系由小到大、去粗存精的发育成长和自我完善过程。像昆提利安这样能向读者清晰展示这一事实的古典修辞学家实属凤毛麟角，因而十分难能可贵。

　　修辞内涵与外延　昆提利安对"修辞"这一概念的系统论述别出心裁，不是一下子就给修辞下定义或者就开始讨论修辞的意义，而是采取了与包括亚里士多德和西塞罗在内的其他作者大不相同的途径，首先将注意力引向修辞的原始希腊名称（即 rhetoric），以对 rhetoric 的语言分析以及对其拉丁"对等词"的翻译批评作为切入点。他对 rhetoric 的标准拉丁译名，即 *oratoria* 或 *oratrix*（源于 orare，意为"说、诉求、恳请"）不以为然，认为其与原义相去甚远，指出就词义的接近而言，*eloquentia*（雄辩）这个拉丁单词是一个更好的选择。然而，*eloquentia* 是一个名词，而 rhetoric 在希腊语中既是名词又是形容词，因而二者也谈不上完全适配。昆提利安主张，既然无法找到一个拉丁对等词，倒不如就将 rhetoric 这个希腊单词借用过来，并在分析比较人们给它下的各种定义的基础上，确立"修辞"的正确意义。（II. xiv.1-4）

　　在关于修辞的各种对立意见中，昆提利安从自己的修辞观出发，将"坏人是否有资格被称为修辞者"这一问题——也就是说，修辞究竟应该被看成一种与道德观念无涉的单纯技巧，还是必须被视为受到主流文化价值严格制约的一种社会行为——确定为有关 rhetoric 的最主要争议。根据他的考证，持前一种观点的理论家（包括高尔吉亚、伊索克拉底、西塞罗）倾向于将修辞界定为一种"力量"、一门"科学"、一类"实践"（"修辞指的是整个言说实践"）或一门"技艺"。他们通常认定修辞的任务是"说服"或者"令人信服地发表言说"，并在这个基础上将它界定为"说服的制造者"、"说服的精髓"、"以言说为手段达到说服目的的能力"、"运用言语的力量将人们引导到修辞者想要确立的结论"等等。昆提利安对这些定义不以为然，指出"说服"可以通过与言说无关的手段（金钱、美色、权势等）实现，通过言说实现说服的并非仅仅是修辞家，还包括"妓女、马屁精、诱惑者"等各色人等。另一方面，修辞家所承担的任务并不一定都是说服。亚里士多德的著名定义虽然淡化了以说服为修辞最终目标的观念，却将修辞看成不过是使我们能发现"说服手段"的一种"能力"。这一理解在昆提利安看来是犯了一个双重错误：它不仅仍然只局限于从技术层面考虑修辞，而且还只覆盖了修辞体系中的"发明"这一部分，将"文体风格"、"记忆"、"发表"等必不可少的其他成分排除在外。（II. xv. 1–13）

"修辞"这一概念的外延是昆提利安关注的另外一个争议。一些修辞学家认为修辞事关一切事务，另一些却认为它只关系到政治事务，或者只牵涉到公共事务。昆提利安反对后面这种"小修辞"观点，认为"修辞仅面向公众论"意味着它"无法说服有学识的人"，而这种认识"简直是对［这一领域］的侮辱"。"修辞仅处理政治问题论"则将修辞家实际上"承担的［其他］大量职责排除在外"，因而也完全不能接受。出于这些考虑，昆提利安既反对西塞罗将修辞界定为"政治学的一个部门"，也反对伊索克拉底将它界定为"哲学的一个分支"。他宣布他所赞成的定义应该将"修辞的所有优点和修辞者[应有]的品格"都归纳在内，例如，将修辞界定为"正确地进行言说的科学"或"修辞是以正确地思考和表达为目的"的学科等。在这些理解的基础上，他推出了他认为是"最名副其实"的定义，即修辞是"善言的科学"[5]。（II. xv. 14-38）这一充满道德理想主义的定义兼具有关于技艺、艺师和功效的三重意蕴："技艺"（art）指的是我们必须通过学习才能获得的那些本事，而"修辞技艺"具体地说就是善言术（the art of speaking well）；"艺师"是掌握了相关技艺的人，"修辞师"按照上述定义指的应该是以善言为己任的言说者，理所当然是好人；"功效"是艺师取得的成就，"修辞功效"指修辞师的"善言"产生的效果。（II. xiv. 5）

修辞的起源与功能　另外一个跟修辞的"本质"密切相关的问题，即修辞的起源，也引起了昆提利安的关注。他对当时流行的"诉讼起源说"和"都市文明起源说"极不赞同，表示"无法理解"。例如，针对西塞罗的理论，即城邦的形成和法典的制定对言辞的雄辩性提出了很高的要求，从而促成了修辞的诞生，昆提利安指出世上仍有不少既尚未定居于城镇也未曾进行过立法的游牧民族，然而这些民族之间照样互派使节交涉事务，其成员照样互相指控或自我辩护，在

---

5 ____ "The definition which best suits its real character is that which makes rhetoric the science of speaking well." 昆提利安所说的 "speaking well" (*bene dicendi*) 具有在技术上和道义上同时值得称道的双重意义。本书将它译为有点含糊其词的"善言"（"善于"之"善"和"善良"之"善"），是为了兼顾原文这两重意义。

成员中照样分辨出口才的好坏。在昆提利安看来，人类与生俱来的言语交流天赋是修辞的真正源头。由于口才在人类交往中显示出极大用处，人们从一开始就对它的机理加以观察和研究，寻求改进之道。他们发现以某种方式说话很管用，另外一些方式则相反。这一发现使他们开始有意识地模仿前者，规避后者。后来，他们逐步学会通过采用某些方法、设计某些练习来强化在口头表达上"扬长避短"的努力，终于使这一实践和学科得到完善。考虑到时至今日，还有欧美学者将"诉讼起源说"当一回事，昆提利安关于修辞萌发过程的叙事在我们这个时代仍然不失其相关性和启发性。

昆提利安对"修辞究竟是否有益于人类"进行了再思考。这是一个西塞罗早就回应过，似乎不应该继续成为问题的问题。然而一直到昆提利安生活的时代，学者们却仍然就此争议不休。不少人"厚颜无耻地借修辞之力指控修辞"，以偏概全，谴责雄辩通过促使"虚假压倒真实"，使罪犯逃脱法律的惩罚，使无辜者受到诬陷，煽起反叛和动乱，引发战争等。他们得出结论，认定修辞有百害而无一利。昆提利安对此的回应是：如果按照这一逻辑，那么不仅是修辞和修辞者，其他人士和职业，包括将军、行政官、医药和哲学，也都是祸害。败军之将和昏庸官员祸国殃民，使国家陷入灾难；无良医生投毒害人；一些自封的"哲学家"犯下重罪——这些事例都不在少数。（II. xvi. 2-5）然而，修辞在某些情况下被滥用跟它所发挥的巨大社会功用是不可同日而语的：

无法想象城市的创立者不依赖他们神奇的雄辩就能诱导游荡散漫

的乌合之众，使他们融合为社群。无法想象伟大的立法者可以不依仗自己一流的修辞天赋而使人类甘受法律的束缚。甚至那些具有至善至美内质的人生法则都只有通过雄辩的显扬才能更有效地塑造出美好的品德。所以，尽管修辞的武器既可以用来行善也可以用于作恶，将它看成是一种也可以用来做点好事的邪恶事物是不公正的。（ II. xvi. 9–10 ）

昆提利安指出这里提到的两重性还只是修辞作为"说服艺术"具有的属性，而如果按照他说的办，将修辞重新界定为"善言的科学"，则因为只有好人才能成为修辞家，修辞的功用就完全有益无害了。

修辞的艺术属性　　昆提利安还讨论了跟修辞的艺术属性相关的话题。当时流行的一种论调认为凡是艺术，其构成成分、功能和运作都必然协调一致，不可能自相矛盾、自我拆台。修辞却使人们能够就每一个议题发现相互对立的两个立论和两套证明。也就是说，它不仅教我们该说些什么，还教我们该如何用另一套话来破解这些说辞。修辞在功能上的这种自相对立决定了它不可能是一种艺术。昆提利安对此提出两点回应：首先，在实践上修辞并非一概不问是非曲直，不管什么情况都致力于证明互相对立的立场和观点。它的伦理规范不允许"善言"的修辞者用自己的言说为他所认定的坏事张目。其次，从更深一层意义上说，"事物的本质"决定了它们总是具有内在的争议性。甚至同是智者，都可能出于同样理性的考虑和同样良好的动机而对同一件事见仁见智，争得不亦乐乎。那种认为一致性是艺术本质特征的

观点因而是站不住脚的。(II. xvii. 30-32)

　　另外一种论调将修辞完全看成人的禀赋，因而仅仅是一种天生的"本事"(knack)，而不是通过学习和实践才得以掌握的艺术。昆提利安在反驳这一观点的过程中就"天资"与"教育"的关系、艺术的分类以及修辞艺术的特征等问题提出了一些颇有新意的见解。关于究竟是"天资"还是"教育"对修辞来得重要这一古老的问题，昆提利安认为如果将二者截然分开，当然"天资"更重要，因为天分好的人即便没有受过相关教育仍然可以有所作为，而教育对缺乏天分的人可以说毫无价值。然而如果认为二者其实从一开始就汇合交融，形成不可分割的一个整体，则"一般水平的言说者更多地依赖天赋，而完美的言说家则更加倚仗教育"(II. xix. 1-3)。

　　昆提利安指出艺术可以分为三大类："理论艺术"(如天文学)通过对事物的审视，掌握关于它们的知识，形成对它们的正确理解和评价；"实用艺术"(如舞蹈)完全体现在某种行为或行动的过程中，将完成这一行动看成自己目的的充分实现；"生产艺术"(如绘画)则不仅完成一个可以看得见的任务，而且还造成或产生某一确定的结果。在这个三足鼎立的分类体系中，修辞在昆提利安看来处于一个十分特殊的地位。虽然人们几乎毫无例外地以修辞通过言说行为履行自己的职责为理由，将它归入"实用艺术"门类，昆提利安却指出修辞同时也深深地涉足其他两个艺术门类。它是修辞家掌握的一门知识，因而是理论性的。它在完成言说任务之后经常并非就此了结，而是还留下产物，譬如说讲话稿以及有关言说事件的叙述等。就这点而言，它又是生产性的。有鉴于此，昆提利安将修辞称为"行事艺术"或"执行艺术"（an active or administrative art），以便与类似舞蹈那样的典型"实用艺术"区分开来。（II. xviii. 1–5）

修辞领域的构成　昆提利安关于修辞的总论还就这一领域的构成等问题提出了与众不同而又很有见地的意见。例如，针对几乎已成为定论的"修辞由发明、谋篇、文采、记忆和发表等五大部门构成"一说，他指出"一切表达某一目的的言说都还应该包括主题（subject）和言辞（words）这两个部分"，随后并且强调"重要的不仅是'说什么'和'怎么说'，而且是'在什么情况下说'"。（III. iii. 1–2）这两点既凸显了古典修辞理论的主要不足之处，又预示了"语言"和"语境"在 20 世纪受到的高度重视，表现出昆提利安具有的突出现代关联性。又如，关于修辞领域分为审议、庭辩和表现三大类的说法，他虽然总体上表示赞同，却一方面指出从古希腊一直到他所处的时代，都有权威修辞学家对此持强烈的异议或保留意见，另一方面自己通过扩大各类修辞的内涵，在事实上颠覆了这一始于亚里士多德的观点。针对"表现修辞［只］用于褒贬"这一传统定义，他指出要是这么看的话，"那么当人们抱怨、安慰、息事宁人、激发、恐吓、鼓励、教导、释疑解惑、叙事、祈求宽恕、感谢、祝贺、指责、责骂、描述、命令、收回前言、表达愿望或意见（以及做其他多得不可胜数的事情）时，他们又是在实践哪一类修辞？"（III. iv. 3）这一问题表明在昆提利安看来，所有我们如今称为"言语行为"的人类话语活动理所当然地都是修辞行为，都属于修辞的范畴。针对审议修辞"整个儿只关注如何向议事会议致辞，只限于讨论政治议题"这一为"大多数希腊［修辞］作者"和西塞罗所接受的见解，昆提利安也有自己的主张。"这类修辞在我看来为一个更加多样化的领域提供了雄辩资源，因为［它所负责的其实是跟'我们究竟是否应该做某一件事'这一问题相关的一切情境，而］我们不用费心多想就知道征求意见的事由和对咨询作出的回应必将是千差万别的。"（III. viii. 14–22）

此外，他的讨论还提出了跟论辩、证明、事实陈述等相关的一些重要命题。他认为"用确定无疑的事物来证明不确定的事物"是"一切论辩的本质"，因为"不确定的事物完全谈不上能够证明确定的事物"。（V. x. 8）昆提利安不赞成传统修辞观念将"事实陈述"（statement of facts）当作外在于"证明"的一个结构成分。在他看来，这种陈述只不过是"呈连续形态的证明"而已。（IV. ii. 79）他以庭辩修辞为例，指出事实陈述虽然不直接讨论案子的争议点，却更经常地通过对情况的某种描述使我们知道争议点究竟何在。指控者通过事实陈述描述的情况总是使人会对辩护理由生疑，被告为了消除这种怀疑，非对相关事实作出大不一样的陈述不可。（IV. ii. 81）这一观点使我们注意到叙事的修辞功能以及实现这一功能的一般途径。

修辞和其他学科的关系　昆提利安不仅从"修辞"概念的内涵和外延入手探索这一学科的本质属性，还通过其他一些重要话题拓宽、深化、丰富了人们对修辞的认识与了解。例如，在经典修辞学家中，昆提利安对修辞和其他学科的关系表现出最浓厚的兴趣，进行了尤其认真的探讨。他之所以将注意力聚焦于这一问题，显然是由于他意识到修辞学绝不是学术话语海洋中的一个孤岛，其学科特征只能通过与相邻学科、领域的关系而获得确定，其理论与实践的独特性也只有通过与其他学科的比较才能清楚地显现出来。有关修辞与诗歌的关系，昆提利安一方面继承了泰奥弗拉斯托斯（Theophrastus）提出的传统观点，认为诗歌为修辞提供了搜寻素材的灵感，赋予修辞语言以一种崇高的品质，使修辞者获得可以激发起各种情感的能力，等等，因而对于修辞来说功莫大焉。另一方面，他又独具慧眼地指出修辞对"得体性"的要求很高，"言说者不能在所有事情上对诗人亦步亦趋，尤其不能模仿他们在语言应用方面享有的那种随意和自由，以及他们在辞格应用上得到的特许"。关于修辞与历史的关系，他也在肯定后者为前者提供了不少"养分"的同时，强调修辞学家必须认识到这两门学科的重要区别。历史是一种叙事，其目的是使后代得到教益。有鉴于此，它并不追求直接、立竿见影的效果。修辞则是一种证明，所着眼的是对当前事务的影响和冲击，所追求的是立马产生的效力和效果。为了取得这种效果，修辞家必须避免历史叙事不温不火、四平八稳的语言风格，在遣词造句上力求新异，并且必须比历史学家更大胆地使用各种辞格。（X. i. 27-34）

昆提利安对修辞与哲学，尤其是伦理学的关系予以最多的关注。他坚持认为修辞受到伦理道德的制约，并将道德准则看成修辞的一个内在构成成分。从这一基本认识出发，他对伦理成为哲学的专属领地大不以为然，并从话语发展史的角度解释这一他认为极不正常的现象：

> [最初哲学和修辞融合在一个共同领域，]后来，这个单一学科的构成成分之间出现了裂痕。由于其教授的懈怠，[这些成分]逐渐被看成是几门独立的学科。后来，言说演化成一种谋生手段，而

雄辩的妙用也开始越来越普遍地被转用于做坏事。于是乎一方面，那些有雄辩名气的人士不再费心研究道德哲学，将伦理也抛在一边。另一方面，某些智力比较低下的学者趁机接手道德伦理研究。一些不想下苦功研习口才的人将注意力转向人格修养和生活规范这类课题……并且不知天高地厚地将"哲学家"这一称号据为己有……其实，那些被哲学当作专属于自己的问题是我们所有人都经常在探讨的。除了彻头彻尾的恶人之外，谁没有谈论过正义、平等和美德？包括一般村夫俗子在内，谁不曾对自然现象的原因进行过探究？至于词语的区别和特殊用法，那更应该是一切思考过语言意义的人的共同研究对象。当然，如果要确定什么人对所有这些门类的知识掌握得最好并且最善于将这些知识用语言表达出来，则非言说家莫属。(I. Pr. 13-17)

昆提利安在阐述他的大修辞观时流露出某种学科沙文主义。然而其立场的矛头所向与其说是哲学家，不如说是那些尚未意识到修辞必须受伦理规范约束，修辞研究的范围包括跟语言、意义、道德等相关的所有问题的那些修辞学家。他虽然主张哲学应该是修辞的一个从属学科，却知道哲学的独立学科地位在事实上是无法动摇的，而且哲学家值得修辞学家学习的地方也不少。如斯多葛学派敏锐犀利的论辩风格就很值得修辞学家效仿，而苏格拉底学派则为学习庭辩和盘问证人提供了最好的教科书。然而，在向哲学家学习的时候，修辞学家应牢记两点。第一，哲学家之所以在论辩推理方面取得突出成就，是因为修辞学家忽略了本属于他们自己的这一部分任务。对论辩和推理的研究应该是修辞研究不可分离的组成部分。第二，法庭上的论辩和书斋中的哲学讨论，具有实际后果和风险的言说对抗和单纯理论规则的交锋，是迥然不同的两码事，即便修辞学家和哲学家辩论的恰巧是同一话题也不能改变这种情况。(X. i. 35-36)

修辞与教条　作为一位既有丰富的实践经验又长期从事教育工作的修辞家，昆提利安对于抽象出来的一般性规则对修辞作为一门实践和一个领域究竟用处多大持怀疑的态度，对严守教条、循规蹈矩地"照章办事"更是坚决反对。他明确宣示"别指望从我这儿得到大多数修辞手册作者制定的那一套苛严规则，别期待我强制学生遵守一系列似乎跟命运一样恒定不变的法则"，例如要求他们非按照"开篇"、"事实陈述"、"破题"的顺序以及每个步骤的详细规则拟订演说稿不可。由于受到教条主义的修辞手册和僵化呆板的修辞教育的长期灌输，

> 不少言说者觉得他们别无选择，只能把这些规则当作命令来遵从，采取另一套做法就跟犯罪没有两样。要是修辞可以一整个地被概括成一套简洁的法规，那么 [其实践] 就只能是局促于极小范围内的一项轻而易举的任务。然而，[具体] 事件的性质、时间、地点以及其他无法避免的情势因素将迫使大多数规则作出调整。所以，对修辞者而言，最重要的才能莫过于一种明智的变通（wise adaptability），因为人们需要他应付的是最为变化多端的紧急状况。(II. xiii. 1-2)

标准跟规则一样，也不是固定不变的。昆提利安在谈到语言风格时指出衡量词语应用是否得当就没有一个固定标准。这首先是因为标准是一种价值判断，而修辞价值不仅多元，而且见仁见智，随机而定，难以一概而论。"千差万别的修辞价值不仅都各有其膜拜者，还经常受到同一个人的推崇。"例如，西塞罗曾经在某一著作中提出最优秀的风格应该使所有人觉得自己稍加模仿就可以掌握，在同一著作的另一处，他却宣布他个人心目中理想的风格绝非人人都可以效仿，而是会令所有人都感到望尘莫及的那一种。（XI. i. 91-92）谈到修辞教学时，昆提利安也对侧重向学生传授抽象出来的规则不以为然，指出在修辞教育涉及的所有方面，范例和模仿都提供了一个更为有效的教学方法："如果学生已经能在没有教师帮助的情况下领会范例，则范例甚至比学校所教的规则更有效。"（X. i. 15）他的这一经验之谈难免使人联想到当代应用语言学对"习得"（acquisition）的强调。修辞语言风格没有固定标准的另一个原因是词语没有独立于组合和应用之外的某种"内在品质"。谈到模仿前人措词，昆提利安指出选用词语的"唯一可靠标准是当下的流通。词语的好坏并不是由其内在品质决定的……而完全取决于它们是否恰如其分地被组合起来"（X. ii. 13）。

昆提利安充分认识到修辞情势的复杂性和修辞发明的灵活多变性。他反复强调在修辞发明过程中需要确定采用哪一种姿态、策略或风格的时候，修辞者应当充分考虑到自己面对的修辞情境的复杂性，并根据具体情况灵活因应。他引用并极大地发挥了西塞罗简略提到过的一条原则，即在言说中，没有哪一种文风适用于所有事例、所有受众、所有场合、所有言说者。（XI. i. 4）昆提利安认为言说者不仅应该清楚自己以及自己所代表的这一方是什么样的人，还应该认真考虑受众都是些什么样的人。受众握有什么权位［对于言说者该怎么说］影响甚大。必须根据说话对象是皇帝、行政官、元老院成员、公民或者仅仅是一名自由民来决定采用的表达方式；根据［言说场合是］公共审判还是私下仲裁来决定应该采用哪一种语调；根据是向元老院的庄严集会还是向［判断和意见］反复无常的民众致辞决定采用什么风格。甚至在同法官单独交谈时，也不能只用一种风格，因为法官性格各异，有比较稳重的，也有比较轻浮的。此外，地点和时间也必须特别予以关注。例如，修辞者可用的时间或充裕，或有限，必须根据这一情况作出相应的决定。（XI. i. 43-46）昆提利安认定"辩护并无定律或定则，必须视具体情况和案子的性质决定采用哪一种方法最有利"（IV. ii. 84）。如果辩护人的申诉对象是"皇帝或其他生杀大权在握的权势者"，即便这是一起涉法案件，"所采用的言说风格也必须是审议性而不是庭辩式的"。（V. xiii. 6）也就是说，甚至在庭辩修辞场合，言说者也往往必须按照"明智变通"的要求，灵活地转用审议修辞的规范。

修辞对"义"与"利"的追求　如果说西塞罗修辞观的核心是修辞与智慧的统一，昆提利安修辞观的核心则是修辞与道义的统一。这一点从他将修辞界定为"善言的科学"可以看得一清二楚。他对道义的强调贯穿于全书。例如，在谈到如何进行修辞发明时，昆提利安明确要求修辞者不仅应考虑怎么说才有利于说服，更应该想到怎么说才符合义理。他很清楚这两个考虑经常并不一致，因此坚持如果在某些场合成功的说服只能通过违反道德原则并且有损修辞者名誉的手段实现，则对"利"的考虑应该让位于对"义"的追求，"修辞者必须念念不忘的追求不是说辞，而是善言"。(XI. i. 8–11)

昆提利安对"道义修辞"的执着追求虽然值得称道，但是从理论上说却具有两面性。一方面，将"善言"确定为修辞的终极意义突出了伦理规范对修辞的极端重要性，提醒我们修辞实践在人类文明发展和人类社会运作过程中所起的关键作用决定了它与一般的技艺或技巧不可等量齐观，不能被看成与价值观念和意识形态取向无涉的工具或手段。另一方面，"善言"究竟应该如何界定，这本身就是一个有待通过修辞互动得到解决的问题，并没有明确答案。即便抽象的"伦理"原则和"道义"观念被某一社群或公众的全体成员所接受，这些原则和观念如何在具体情境中得到体现从来都是有争议的。将一切不符合某一社群主流伦理观念或者在某一特定历史条件下不受欢迎的言说当作"恶言"，排除出"修辞"的范畴，除了使这一领域的管辖范围大大缩小，使之失去内部的张力和活力之外，还能有什么效果呢？西方传统和实践意义上的修辞一向带有突出的两面性，其应用既带来文明与进步，也造成祸害与灾难。在许多情况下，对修辞应用所产生效果的评价以具体的时间、地点、人事为转移，具有内在的争议性，昆提利安关于"善言"的论述所预设的那种客观评价标准并不存在。事实上，即使是昆提利安本人，也很难严格按照自己说的办。例如，他在同一书中有关开篇引言的讨论中就罗列了一些"赢得好感的诀窍"，提出修辞者应该通过诉诸"希望、恐惧、警告、哀求甚至撒谎"，在受众心中造成有助于实现其修辞目的的那种心理状态。(IV. i. 33)

　　昆提利安的教育观　正如《论言说者的教育》的书名所提示的，昆提利安的这部巨著的最大特色是它从修辞教育这一独特角度审视并重新表述了整个古典修辞体系。昆提利安提供的教育家视角使我们注意到亚里士多德的观察家视角和西塞罗的实践者视角所忽略的许多方面。如果说亚里士多德在其《修辞学》中按照不同年龄段和社会类型对受众心理特征作出的归纳是现代心理学的源头，昆提利安在《论言说者的教育》开头两卷有关系统修辞教育的描述和评论也完全可以称得上教育学的滥觞。他坚持教育面前人人平等的理念，认为推理和学习能力是人类与生俱来的天赋，有力地批驳了当时流行的一个偏见，即具有学习潜能的孩子很少，教育对大多数人来说只是在浪费时间和精力。根据他的描述，我们知道罗马的男孩从六岁开始一直到十七八岁成人为止，一直不间断地接受语言应用的系统训练。这一训练的目的是使他们获得根据具体情境想出可说、该说的语言的本事。昆提利安认为对这一本事的有意识培养应该从婴幼儿时期就开始，因为人一生下来就通过耳濡目染开始了语言的吸收。父母亲应在小孩面前尽可能讲规范正确的拉丁语。应该使孩子周围的人都向他提供优良的语言榜样，甚至连带孩子去上学的随护（*paedagogus*）也应该选用受过教育的有一定文化的人。小孩进学后应该受到两个不同层次的教师的启蒙。先是语法教师（*grammaticus*），他通过让学生模仿范例，引导学生做最简单的口头和书面表达练习。然后由修辞教师（rhetor）接手，通过指导学生在更高层次上做与语法课类型相同的练习，继续培养学生的说写能力。在修辞教育的最终阶段，教师引导学生就虚拟的情境和虚构的话题进行修辞发明，写出发言稿并以同班同学为假设受众进行演说。不管在哪个层次，教学都应该根据学生的接受情况确定进度，否则将是欲速不达。昆提利安提出的这一教育纲领特别强调为学生营造良好的学习环境，注重通过模仿和演练培养修辞技能，提倡渐进式教育。这些教育理念至今仍然发挥着作用。

听、说、读、写与修辞能力的培养　在讨论修辞教育的基本内容时，昆提利安将注意力投向写、读、听、说与培养修辞能力的关系。他针对当时的一大争议，即究竟是写、读还是说对提高修辞能力帮助最大，提出三者其实"相互关联，密不可分"。如果忽略了其中任何一项，花在其他两项上的苦功都将白费。如果不经常练笔头，雄辩绝对达不到充分发展、充满活力这一目标。然而，只有通过阅读才能为写作练习提供范例。如果没有范例为我们指明努力的方向，写作就跟没有舵手的船舶一样，只能在海上漫无目的地漂流。另一方面，任何人如果通过阅读和写作提高了自己的修辞能力，对于碰到什么事该说什么话以及该如何说这些话已经胸有成竹，则他应该积极投身于言说实践，随时以雄辩作为武器，就各种情况侃侃而谈，否则就跟一个死守积攒起来的大量财富的守财奴没有什么两样。（X. i. 1-3）

读与听虽然都同属于接受性活动，二者在提高学生修辞能力方面所起的作用却不完全相同。言说者通过生动的表达激发听者的反应和想象，使听者觉得自己似乎跟正被描述的事物发生直接接触：

一切都是活生生的，都在运动变化着，于是乎，我们欣然接受了〔由言说者的〕想象产生出来的东西。我们为之所动的超越了正被审诘的那项争议，延伸到言说者所关注的一切。不仅如此，他的声音，他的优雅身姿，他在表达上表现出来的［对听者和场合］顺应（这一点在言说中具有至高无上的重要性），以及一言以蔽之，所有这些优点的融合，都能产生教育效果……［从另外一方面看，］听者常常出于对言说者的喜爱，或者由于受整个听众发出的热烈掌声的影响，而无法维持自己的独立判断。这是因为我们往往会因为自己的想法不合群而感到不好意思，一种下意识的谦卑感使我们不愿意觉得自己的意见高人一等。（X. i. 16-18）

读者通过阅读虽然无法获得这种强烈的感染，不过也可以避免自己的判断由于受各种非文本因素的冲击而遭到损害。用昆提利安的话说，"在阅读的时候，［内在的］批判能力成为我们更加靠得住的向导"（X. i. 17）。

昆提利安的阅读理论也十分精到，因此对后世产生了深远影响，甚至当代读者对其中的某些观点都难免有似曾相识之感。他主张阅读应该精细，对读物中有疑问的段落应反复过目以求理解。他认为文章不能读过一遍就算了，而应该读第二遍、第三遍，不断重新咀嚼。他强调通读全文作为理解各个部分的前提，提出单单阅读文章选段的做法并不可取。他要求读者不能只停留在读物的表层意义，而应该由表及里进行深度阅读。昆提利安以演说稿为例，指出作者往往出于修辞需要"示受众以假相，设置［解读］陷阱，或一直到言说的结尾才让开头讲的话发挥出其全部表达力量"。在这种情况下，假如读者不致力于进行深度阅读，就无法觉察到每一个表达的真实目的。演说者的话乍一听常使人不知道是何用意，然而这种感觉往往是由于我们尚未把握他的真正动机。所以，有必要在熟悉整个演说的基本结构之后对它进行重新阅读，以便了解每一句话的功用。昆提利安对语境与阅读的关系也有精辟的见解，要求演说稿的读者务必熟悉跟演说相关的事件和事实。如果针对该事件有针锋相对的不同说法，则读者还应该同时阅读和比较所有这些发言。即便这些发言水平不一，"我们还是应该一一仔细研究，以便理解人们就所商讨事件提出的问题"（X. i. 19-23）。

昆提利安提倡批判性阅读和负责任阅读的平衡。他敦促读者不要贸然认为最佳作者所说的话必然是完美无缺的。有时候这些作者也会在其所承担修辞任务的重压下失手或趔趄，也会或者耽于自己的喜好，或者松懈自己的努力，所以哪怕在阅读这些作者的作品时也要有批判精神。不过，在对这些名家作出判断的时候，一定要力戒不知天高地厚和鲁莽从事，以避免犯"谴责自己并不理解的事物"（X. i. 24-26）这一常见毛病。

口头与书面表达　口头和书面表达的异同也引起昆提利安的关注。罗马修辞学界流行的权威观点认为口头和书面是两种截然不同的交流方式。口头表达必须比书面表达更加强有力，而且必须采用一切能取悦未受过教育的芸芸众生的手段，以达到鼓动和引导他们的目的。书面表达必须侧重的则是通过严格遵循艺术建构规则与标准，使文章平顺精湛，经得起行家的推敲。昆提利安不同意这一观点。他认为口头与书面表达本身并不存在根本性的区别，使修辞者采取不同手法的根本因素不是交流方式，而是受众。如果面对的是由智者组成的裁判，则不管我们是通过口头还是书面方式与他们沟通，都无需将太多心思花费在煽动他们的情感或取悦他们的耳朵上，因为这样做并不能左右他们的判断。相反，如果受众由受教育程度不高的一般民众构成，则不管采用的是口头还是书面的交流手段，我们都必须采用各种煽情和讨好的手法。（XII. x. 49）与此相关，昆提利安还进一步发展了西塞罗有关写作对修辞极为重要的观点，提出"[对交流而言] 使用笔杆子既最费力同时也提供了最大的好处……[因此] 我们必须尽量多写并尽可能认真地写。雄辩的根基在于写作"（X. iii. 1-3）。

文学批评的修辞化

西塞罗和昆提利安的修辞思想是罗马也是西方古典修辞学的伟大丰碑。他们的成就标志着古典修辞作为一门学科业已突破了希腊模式，跃升到一个史无前例的高度。在这两位伟大修辞学家所处的时代，罗马修辞学——而不仅仅是修辞实践——享有无与伦比的影响力。这一点从相关的其他学科不得不调整自己和修辞的关系可以略见一斑。例如，文学和修辞在古希腊长期保持的域际关系到了罗马修辞的全盛期发生了质的变化。正如前文已经提到过的，公元前 5 世纪的希腊文学家对于当时的职业言说实践者和修辞教师很不以为然，在作品中经常将"靠三寸不烂之舌为生"的哲辩师及其技艺当作调侃和讽刺的对象。这一态度后来虽然随着修辞不断上升的社会地位而有所改变，然而甚至在"修辞热"席卷整个古希腊社会，修辞学已经成为显学的公元前 4 世纪中叶，一般公众对言说的崇尚还是未能在文学作品中得到充分反映。尽管修辞思想在主流话语中独据要津，它对文学研究却谈不上有明显影响。亚里士多德的《诗学》(*Poetics*)无疑是这一阶段文学研究的最杰出代表,其中提出的以"模仿"为中心范畴,以情绪"净化"或宣泄为文学基本功能的诗学理论,跟当时占话语主导地位的修辞学明显地属于两个不同思想体系。这意味着虽然文学理论在当时远非一门主导学科,但是相对于占据学术话语显要位置的修辞而言,它却仍然能够保持着自己在智力和观念上的独立。这一局面随着希腊古典时代的终结慢慢地就维持不下去了。在古罗马修辞进入其全盛期之后,修辞不仅在公共领域享有支配地位,而且显然也在学术思想领域开始施加自己强大的影响力,逐渐成了文学理论的思想基础。在这一新的总体观念框架内,罗马文学研究呈现出一派勃勃生机,产生出以贺拉斯的《诗艺》(*The Art of Poetry*)和朗吉弩斯的《论崇高》(*On the Sublime*)为代表的标志性作品。

贺拉斯的"受众中心"文学观 罗马诗人贺拉斯(Horace,公元前 65—前 8)的《诗艺》尽管长期被认为是亚里士多德《诗学》的引申与发展,二者的基本出发点却大不一致。《诗艺》所关注的不是文学作品应该如何正确"模仿"人性和人类社会的运作,而是现实生活中受众对文学作品的期待和反应如何对文学创作产生决定性影响。例如,贺拉斯虽然跟亚里士多德所见略同,也认为悲剧的台词应该采用抑扬格,他持这一见解的理由却不像亚里士多德所说的那样,是因为抑扬格与人类语言的自然韵律最为接近,而是因为:首先,这是悲剧道白传统上采用的,因而也是观众所期待的韵律;其次,使用这一韵律的道白比较清晰嘹亮,当观众注意力开小差,吵吵嚷嚷地讲起话来的时候,最有利于盖过现场的噪音。(Richter 1998: 65)又如,为了成功地塑造剧中人物，他要求剧作者应"仔细观察每一个年龄组的行为特征，根据他们年龄和性格的变化赋予他们不同的声调"。之所以提出这一要求，同样不是因为这样做才贴近生活的真实，而是因为这是"观众的期待"，是为了达到使观众"一直到谢幕都不离开他们的座位"的目标而必须做到的一件事。（Richter 1998: 71）谈到文学创作的目的，贺拉斯认为作者必须"要么使读者高兴，要么使他们受到教益"。不同读者对此有不同要求："长者会将单纯娱乐性［的剧作］逐出戏台，年轻气盛者则无法接受那些仅仅是有意义的［作品］"。因此，为了赢得所有受众的首肯，作者应该"寓教于乐"，"使读者在陶醉的同时受到警示"。对读者的教导应短小精悍，以"［他们的］头脑能清楚理解并牢牢记住"为限度。（Richter 1998: 75）这些观点无不以受众作为文学的核心关注，以最大限度地在受众身上产生尽可能好的效果为文学创作的基本目的，它们所体现的显然是一个典型的修辞视角。

　　朗吉弩斯论文学作品的感染力和说服力　用希腊语创作的《论崇高》是将修辞理论应用于文学批评的另一个范例。这部西方文论经典的作者朗吉弩斯（Longinus）身份和生卒年份都不详，关于它的创作时间因而有从公元 1 世纪到 3 世纪的各种大不相同的说法，其中比较言之成理的推测是 2 世纪初。也就是说，它跟昆提利安的《论言说者的教育》应该大体上属于同一时代。贯穿于《论崇高》全文的是古典修辞学家的一个基本共识：语言蕴含着通过触动情感而影响受众的巨大力量。朗吉弩斯认为语言的这种力量之所以在伟大的文学作品中有特别丰富的蕴藏，是因为文学巨著无不成功地将恢宏的思想和浓烈的情感结合起来，从而使受众油然产生一种"崇高"的感觉，并因此受到强烈的冲击。按照这一见解，所谓"崇高感"指的是伟大文学作品特有的一种沛然莫之能御的巨大感染力和说服力。这一特殊力量的源泉有五个。第一个同时也是最重要的是作者"强劲的构思"，即产生大气磅礴的主意和念头的能力。接下来是"强烈而富于灵性的情感"，这种情感对于产生"崇高"效果而言跟前者一样关键。在这两大基本来源的基础上，朗吉弩斯又列出"恰当的辞格"、"高雅（不俗）的词汇"以及"卓尔不凡的结构铺排"，作为"崇高感"的次要来源。很显然，这五大来源的前两个属于"发明"范畴，后三个则分别与"谋篇"、"文采"相关。《论崇高》是一篇以文学作品为研究对象的修辞论文。不光是文章的总体构思，连其中的具体论述都清楚体现了这一点。

例如，朗吉弩斯在讨论辞格的应用时特别强调要避免显露，认为只有那些不被觉察到的辞格才有可能极大地提高言说效果。之所以如此，是因为：

受众面对辞格的精妙应用会在心中产生一种特殊的疑虑，担心自己会不会被［作者］刻意误导甚至被诱入某种圈套。当致辞对象是一位大权在握的裁决者，尤其是当他是一位独裁者、君王或显赫的领袖人物时，这种情况更常发生。这种人［生性多疑，］很容易觉得［言说］专家正以花哨的辞格为手段，将他当作不懂事的儿童恣意耍弄，因而勃然大怒……有时候他怒不可遏，会作出野蛮的反应。即便他控制住自己的情感，也断断不会接受对方的说服。（Richter 1998: 93）

　　这一见解表明在朗吉弩斯看来，文学创作只有一个基本目标，那就是说服具体受众。为了达到这一目标，作者一方面应该调动一切手段，精心调节受众和作品的关系，另一方面又应该将所采用的调节手段，也就是自己的"匠心"仔细掩盖起来，造成一种质朴天然、直话直说的印象。只有当作品的修辞性含而不露的时候，类似"崇高感"的压倒性说服效果才有可能产生。朗吉弩斯的这一观点上承亚里士多德有关"作者的写作看上去应该自然而然，不特别引人注目，不显得造作"的经典论述，下达文艺复兴修辞所推崇的"艺术就是对艺术性的掩盖"（*sprezzatura*）的基本原则，可谓尽得经典修辞理论之精华。

第五章

古典修辞在罗马帝国后期的演变与分化

以西塞罗和昆提利安的思想和理论体系为标志，西方古典修辞达到了其最发达的时期。修辞理论在罗马修辞学家手上获得突破性发展与长足进步绝非偶然。作为一门学科，修辞的成长当然不无其内在逻辑，然而相关的外部历史文化条件对它的影响和制约同样至关重要。罗马帝国与之前的马其顿帝国不一样，是由一个有着根深蒂固共和传统的核心国家演化而成的；甚至在已经蜕变为帝国之后的很长时间内，它在名义上和形式上继续保留着共和体制。这一体制的许多重要机构，如元老院以及罗马高度发达的法律体系，仍然存在并运作着。此前的马其顿虽然也和罗马一样，控制了环地中海横跨欧、亚、非三大洲的大片领土，是一个多民族、多文化的庞大政治实体，然而它作为一个融合了所有这些民族、文化，从单一的政治中心对各属地实行直接有效统治的国家存在和运作的时间很短，跟罗马完全不具可比性。早期罗马帝国独特的政治、社会、法治结构，它无与伦比的综合国力，以及它所建立的那个长期稳定的秩序，使罗马修辞学家获得了史无前例的宽阔视野、宏大运作空间和自信心态，使他们有可能突破传统和常规修辞话语的束缚，在罗马修辞实践的基础上为自己的学科开辟出一个全新的境界。在接下去的几个世纪，随着罗马帝国盛极而衰，尤其是随着西方古典时期的终结和中世纪的开始，修辞在早期罗马帝国时代蓬勃发展的那些历史文化条件组合逐渐消失，被一系列截然不同的大气候、大环境所取代，修辞学科也不可避免地发生了深刻的演变和分化。

　　昆提利安去世之后的近百年间，罗马帝国在安东尼王朝几任皇帝的干练统治下，疆域曾达到其有史以来的最大规模，由中央到各个行省的庞大行政官僚机构趋于完善；随着道路等新公共设施的建设和商业往来的发展，在帝国境内出现了一派稳定繁荣的景象。然而好景不长，过度扩张带来的外交和内政后果很快就显现出来。一方面，疆域的不断扩展使罗马和帕提亚、日耳曼、萨尔马特等国家和部族发生面对面的直接接触，引起后者对罗马的频繁入侵。虽然在很长一段时间内，罗马军队还能御敌于国门之外，然而整个国家却由于这些无休无止的冲突和对抗而元气大伤。另一方面，领有许多远离政治中心的海外行省不但造成帝国内部山头林立，权力斗争此起彼伏并且日益激化，也使得罗马面对着疆域内日益复杂严峻的种族、文化关系。希腊文化在整个帝国，尤其是原属马其顿的各行省保持着其支配性影响，使罗马本土文化始终无法在帝国全境获得与其政治势力相称的强势地位。在这一时期兴起于小亚细亚的基督教不久就呈现星火燎原之势，迅速蔓延到帝国的中心地带，形成了一股强大的异类宗教和社会势力，进一步削弱了罗马在思想文化上的统一。在这些因素的交相作用下，罗马帝国随着 3 世纪的来临开始步入一个漫长而痛苦的衰败期。严重的内政、外交危机接连出现，不断削弱西部核心区域的实力以及罗马统治核心对政治文化边缘地带的控制能力。到公元 300 年，罗马帝国已经在事实上分为力量此消彼长的拉丁语西部和希腊语东部两大部分。东部人口众多，经济发达，而西部如果不依赖非洲行省的支援，连口粮都成问题。这些深刻变化导致了 4 世纪初叶君士坦丁大帝当朝时被迫实行的两项重大变革。屡禁不止、越禁势力越大的基督教终于在公元 313 年被罗马当局授予合法地位，并于此后不久被吸纳为官方意识形态的主要支柱。由于西部边境外族的军事压力不断增大，尤其是帝国的经济、文化重心的东移，公元 330 年罗马决定将首都迁往东部希腊文化带，在古老的希腊殖民地拜占庭建起被命名为君士坦丁堡的新统治中心，从政治上确认了一个业已存在的严峻事实。君士坦丁大帝采取的这两项重大举措并没能使罗马帝国重新焕发生机。他死后不过几十年的工夫，原来已经因为统治集团内部争权夺利而远远谈不上统一的帝国就彻底分裂为东、西两个政治实体。此后又过了不足百年，以罗马为首都的西罗马帝国就在北方部族的打击下于公元 476 年灭亡了。

修辞在古罗马帝国后期的发展轨迹与上述历史条件的演变过程表现出极为明显的相似性和相关性。从《论言说者的教育》成书到 2 世纪末叶，罗马帝国在较长的时间内出现了一个稳健扩展、国泰民安的局面。这一新形势一方面为当时的修辞实践提供了一系列基本上稳定不变的常规语境，另一方面出于在罗马疆域辽阔的版图内维持一个庞大、复杂的行政和司法体系正常运作的需要，对统治精英的修辞教育和言说艺术水平提出了很高的要求。这些情况促使罗马修辞学者将研究兴趣从跟学科的文化定位相关的各种宏观问题转移到跟在常规语境内实现说服功能相关的那些工具性、技术性和策略性议题。这一变化从 2 世纪最有成就的修辞学家赫摩根尼（Hermogenes，155—225）的著作可以略见一斑。他的主要作品《修辞技艺大全》（*Technē*）据信包括三册，其中一册讨论争议点理论，另外两册讨论文风。他据说还出版过一卷《初级修辞练习》（*Progymnasmata*）以及一部独立的文体研究《论获得说服力的方法》（*Deinotēs/On the Method of Forcefulness*）。不管这些作品是否真正出自他的手笔，仅从著作名称就不难看出它们都具有明显的技术性倾向。进入 3 世纪之后罗马帝国经历的政局动荡，文化中心、经济中心以及最终政治中心的东移，基督教的兴起等历史性变化也在同时期修辞学的某些新发展中得到反映。希腊修辞学家在罗马修辞话语的整体架构中曾长期处于被边缘化的境地。之所以如此，既有政治上的原因——罗马统治精英在获得政治支配地位后必然利用其权力寻求在智力、文化和学术上的支配地位，也因为罗马言说理论本身相对于希腊修辞思想传统取得了突破性和跨越性发展。然而随着罗马进入其衰朽没落期，希腊修辞学家作为一个群体在大罗马帝国的范围内日益显要，出现了西方智力史上被称为"第二波哲辩修辞"，在 4 世纪达到高潮的传统希腊修辞实践复

兴 [1]，为君士坦丁大帝迁都拜占庭的决定提供了一个很说明问题的文化注脚。与此同时，公元前 1 世纪末叶发端于罗马治下的小亚细亚的基督教，也在其神学框架内融合了犹太和希腊传统修辞，发展起以布道和《圣经》诠释为侧重点的基督教修辞。基督教修辞与基督教社会文化影响力的扩张相辅相成，相得益彰。它对基督教在被打成"邪教"，受尽迫害时的广泛传播发挥了巨大的作用。在基督教取得合法乃至官方地位之后，教会赢得的政治势力反过来又促进了基督教修辞的进一步扩展。

赫摩根尼和争议点理论的发展

希腊化时代范式的回归与改进 赫摩根尼被修辞史学家一致认为是罗马帝国历史上最杰出的希腊裔修辞学家。据史书记载，他是一位修辞神童，小小年纪就表现出连皇帝都感到不可思议的言说技巧。19岁左右开始就修辞著书立说，写出了包括《论争议点》（*On Staseis*）在内的重要作品。然而他的修辞学术生涯虽然灿烂，却如同流星般短暂，到 24 岁那年就智力衰竭，江郎才尽，再也没有新的著作和建树

---

1 ___ "第二波哲辩修辞"（the Second Sophistic）在西方修辞史上一般指的是从罗马共和国的终结到统一的罗马帝国走向衰亡的那段时期。在这一延续了数百年的时期内，不少在政治上受到边缘化的希腊修辞学家在罗马帝国的版图内游走四方，或教授修辞艺术，或在各种仪典上发表演说，或者受雇承担交涉或谈判等使命，跟活跃在公元前 5 世纪到公元前 4 世纪的古代希腊哲辩师不无相似。除了本章重点讨论的赫摩根尼之外，第二波哲辩师中还出现了（劳得西亚的）米南德（Menander of Laodicea，据信于 3 世纪编撰了《论表达修辞》[*Peri epideiktikōn*]）以及阿夫索尼厄斯（Aphthonius，据信于 4 世纪末编撰了《修辞基本练习》[*Progymnasmata*]）等有影响的修辞理论家。

了。也许是因为希腊语言文化及其代表在罗马帝国政治架构中受到的压制，赫摩根尼理论缺乏我们在优秀拉丁修辞著作中发现的那种前瞻态度、创新冲动和政治意识形态自觉，给读者的总体感觉是研究兴趣不够恢宏，仅局限于发明和风格等技术性问题，基本上是对希腊化时代范式的回归与改进。然而，在这一保守的总体框架内，赫摩根尼却深耕细作，通过新范畴、新概念的引进，丰富了旧范式的内涵，为希腊文化在拜占庭时代来临之前的重新崛起做出了值得一提的贡献。

　　"风格理念"　跟希腊化时期的修辞学家一样，赫摩根尼对修辞风格表现出极大的兴趣。他在这方面的讨论颇有新意。例如，他从柏拉图理论汲取灵感，提出了"风格理念"这一范畴。根据他的解释，作为言语文体本质成分的"风格理念"既超越了具体的修辞作者和作品，又都存在于所有修辞作者和作品，在其中得到不同程度的体现。具体作者的独特风格是由于突出了这些理念中的某一项而形成的。"风格理念"的不同组合同时也是我们感受到诗、颂词、审议词或庭辩词等不同体裁特有的不同风格的原因。赫摩根尼确定了七种"基本风格理念"，它们是：明晰、宏大、优美、迅捷、品格、诚挚、力量。他还从"思想"、"方法"、"措词"、"辞格"、"语段"、"词序"等"言语元素"的角度，分析了每一种"基本风格理念"的构成。例如，他指出"明晰"是"正确性"和"良好判断"的产物。为了达到"明晰"的文体效果，言说所表达的思想应该避免怪僻念头并富有条理；表达方法应注重将实质内容按正常顺序陈述，不采用异常或出格的篇章结构；选择常用字词；尽可能不用辞格；语段应该简短并间以必要的停顿等。又如，他将"［表达］力量"界定为"上面提及的所有言语形态及其反面的正确混杂"。这一定义意味着修辞效果总是通过不同"元素"和"理念"的相反相成，通过它们的互相映衬、对照、配合、冲突而产生的。这是一个很有见地的观点。赫摩根尼还从风格的角度提出面向公众的言说必须突出"明晰"，辅以"品格"、"诚挚"和"迅捷"，并根据具体场合、目的适当杂以其他理念。例如，审议性言说就应该注重提升"宏大"和"力量"这两种理念。（Kennedy 1994: 215-216）

"区分"和"证明"是修辞发明的基本途径　赫摩根尼最为人称道的成就不是他有关风格的讨论，而在于他就发明这一核心领域进行的开拓，尤其是他在代表作品《论争议点》中对赫尔玛格拉斯发明模式的继承和发展。赫摩根尼的这一名著首先将"区分"和"证明"确定为修辞艺术所有构成成分中分量最重的两种。这里所说的"区分"指的并非从整体中区分出部分，或者从门类中区分出别别，而是从"政治［修辞］问题"中区分出各种"题头"（heads）。他所说的"政治问题"虽然跟古希腊修辞传统中的"审议性言说"就指称的实践范围而言大体上一致，然而"政治问题"作为一个概念包含了"修辞发明必然由'问题'或'争议'主导"这一预设，而"审议性修辞"则不带这一预设，两者所表现出来的基本发明观差别很大。赫摩根尼将"政治［修辞］问题"界定为"就某一具体事物进行的一种理性争辩。这种争辩以任何一民族的既成法律或习俗为基础，所关注的是怎么做才会被认为是——而非才真正是——正义、体面、有利"。这一定义突出了审议性修辞互动的对抗特征，强调了其手段的理性规范，揭示了其判断标准的法律和文化基础。这些观点对传统希腊修辞有关发明的认识来说是一种修正和改进，与传统发明理论着眼于修辞者与受众的非对抗关系，忽略法律和文化对政治问题的制约等特征有明显差别。

"可用于争辩"和"不可用于争辩"的名称　以这一定义为出发点，赫摩根尼开始从"政治问题"中一步步地区分出不同层次的"题头"。政治修辞的目标只有两个：人与事。修辞者通过讨论跟人、事相关的概念和名称进行论辩。名称和概念按照能否在争辩中派得上用场分为"可用于争辩的名称"和"不可用于争辩的名称"两大类。以"人"为例，"可用于争辩的名称"有七种：特定专有名称（亚里士多德、狄摩西尼等）；关系名称（父亲、儿子、奴隶、主人等）；褒贬性名称（浪荡子、奸夫、马屁精等）；特征性名称（农夫、极善于忍受者等）；身份合成名称（如"青年财东"）；人、事合成名称（"浓妆艳抹的青年"——指男妓）；简单名称（将军、政客等）。凡是"可用于争辩的名称"，修辞者多少都能从中发掘出修辞发明的可能性，也就是说，可以就它们说事。例如［公元前 4 世纪希腊大演说家］"狄摩西尼"这一特定专有名称具有"父亲"、"政治家"、"使节"甚至"战士"等多重身份，其应用使修辞者在争辩政治问题时可以左右逢源，从多方面探找适当的说辞。相对于其他类别，"可用于争辩的名称"因而具有更大的论辩潜力。"不可用于争辩的名称"则有两种：非特定名称（如"某人"）和意义完全等同的名称。它们之所以不可用于争辩，是因为前者不具确定身份，后者则投鼠忌器，针对一个名称的辩词也适用于另外一个完全同义的名称，从而能为对手所用，搬起石头砸自己的脚。

"有效"和"无效"问题　从对名称的区分，赫摩根尼将注意力转移到下一个层次，即对"有效"和"无效"问题的区分。"有效问题"是带有争议点并且可以进一步区分的问题，包括"涉及有待判断的人与（或）事"，"双方都能提出有说服力的道理，这些道理分别具有证明各自所持不同观点的潜力"，"[裁决者]会就它们作出什么样的判决并非一目了然，[最终判决]也谈不上因为受[流行]偏见左右而预先被确定，然而又还是可以得到解决"等类别的问题。"无效问题"则不包含争议点并且不容许进一步区分，包括以下种类：一边倒问题（即一方的论辩完全压倒另一方）；等同问题（双方都能向对方提出相同的指控，并用同样的理由来证明所提出的指控）；可逆问题（双方都根据出现的新情况改变自己的说法，然而双方的新说法又都可以用他们自己的旧说法驳倒）；无解问题；难以置信的问题；不可能发生的问题；不名誉的问题；不合情理的问题。在这一层次作出的这些区分使赫摩根尼得以将"无效问题"排除于考虑之外，着力审视带争议点的"有效问题"。

基本争议点　从各类有效问题中，赫摩根尼确认了13个基本争议点。这些争议点中的头三个应用于所有案例：

1. 首先考虑相关事实是否清楚。如果不明确，应就这里存在着的"事实争议点"（issue of conjecture）进行论辩。

2. 如果事实明确，应当接着考虑关于这一事实是否存在完全明确的定义。如果没有，则存在着"定义争议点"（issue of definition），可以从这一点着手进行论辩。

3. 如果已经有完全明确的定义，应从所涉事情是否正当、合法、有利等角度，围绕着"品质争议点"（issue of quality）进行论辩。

根据讨论对象是"事件"还是"文书"（如法律条文、遗嘱、政令、通信等），我们可以将"品质争议点"进一步区分为"逻辑争议点"和"法律争议点"两个类别。跟事件相关的"逻辑争议点"还可以就涉及的是将来要做的还是已经发生过的事再细分为"可行性争议"和"司法争议"。如果讨论的是将来要做的事，修辞者应围绕"是否实际可行"进行论辩；针对已经发生的事件，则应在"司法争议"的总体框架内，按照以下步骤寻找适当的争议点：

4. 对于做过的事，应着重考虑这一行为是否被明令禁止，"是否正当和合法"。也就是说，应该围绕着"证当争议点"（issue of justification）开展论辩。

5. 如果当事人承认做了错事，但是强调其不法行为的实际后果却有益于公众，则双方将围绕着"抗辩争议点"（issue of counterplea）展开论辩。

6. 被告在既无法否认自己做了坏事也不可能声称所做坏事的后果有益于公众的情况下，可能自我辩解说受害者是恶人，理应受到这种惩罚，从而将论辩中心转移到"反控争议点"（issue of counteraccusation）。

7. 如果被告辩称罪责在于某个第三方，他是否在"转移罪责"

（transfer of blame）就将成为新的争议点。

8. 在以上各种争议都不具可能性的情况下，被告还可以提出"人性的弱点"、"一念之差"、"一时失足"等理由，将论辩转移到"请求宽恕"（plea for leniency）争议点。

以上 5 点都是跟"事件"相关的"逻辑争议点"，接下去的 4 点讨论跟"文书"相关的"法律争议点"：

9. 首先，可以就究竟应该遵照法律的"条文还是精神"（letter versus spirit of the law）开展论辩。

10. 其次，如果争议牵涉到不止一部法律，而且应用不同法律会得出不同判决结果，则"法律冲突"（conflict of laws）将成为新的争议点。

11. 在法律文本的字面意义不完全明确，可以有歧解的情况下，争辩将聚焦于"［如何解读］歧义法律条文争议点"（ambiguity of laws）。

12. 如果一方将成文法中明确规定的一件事和法律没有明确说明的另一件事互相比拟和等同（如认为既然法律明确规定妓女的儿子不得在公共议事会上发言，面首的儿子虽然成文法律没有提及，也应该照此办理），论辩将聚焦于"同化争议点"（issue of assimilation）。

最后还有跟程序问题相关的一个争议点：

13. 如果一方根本就不赞成立案，也就是说，认定某事根本就不值得或不应该成为争辩的事由，则所涉及的将是"反对［立案］争议点"（issue of objection）。（Heath 1995：28–35）

跟赫尔玛格拉斯的"四大争议点"理论比较起来，这一分类体系显然更加细致完备、具体清晰，作为指导修辞发明的一个提示和程序系统应用起来也更加直接方便。在确定争议点之前，赫摩根尼首先对"可用于争辩的名称"/"不可用于争辩的名称"和"有效问题"/"无效问题"加以区分。这些区分，尤其是其中每一类别的内涵成分（如各种有效和无效问题），不仅使争议点理论的质地更加细密，纹理更加丰富，而且为这一理论提供了更坚实的概念铺垫，提高了它的系统性。在确定争议点的过程中，他又将"事件"与"文书"加以区别，鉴别和阐述了跟"文书"相关的各个争议点。这些讨论成为随后发展起来的解读修辞学以及诠释学的一个重要理论源泉。正因为如此，赫摩根尼的讨论成为对争议点理论的最权威、最有影响力的阐述。不过，这一体系的弱点也很明显。作为一个修辞发明模式，赫摩根尼的阐述表现出一种狭隘的工具性、技术性和策略性倾向，对修辞发明的社会文化语境缺乏应有的关注，理论视野不够开阔。与此同时，它还缺乏一种内在的连贯性和一致性：赫摩根尼宣称自己要探讨的是如何才能从"政治问题"中发现各种言说"题头"，然而他鉴别出来的 13 个争议点中的大多数却明显地只和"法律问题"关联，跟审议性修辞，或者说围绕着政治议题开展的辩论并不相干。这意味着他的体系同时还显示出将政治修辞法律化的倾向。或许恰恰因为这些如今我们觉得有问题的倾向当时却对维护拜占庭（以及随后的中世纪）那种皇权独断的政治体制特别有用，因而被当作"长处"看待，赫摩根尼理论在从 4 世纪到 15 世纪的这段漫长时期一直被西方修辞教育界和思想界奉为正宗。

基督教修辞的起源与发展 [2]

基督教于公元 1 世纪在罗马帝国东部勃然兴起是一个改变了西方和世界历史进程的划时代事件。这一新生的宗教信仰星火燎原，其组织在短短 300 年内从一个被视为"邪教"、受尽迫害的小布道团体一跃成了罗马帝国的国教并且最终支配了整个欧洲，在事实上控制着整个西方的公共甚至私人生活的各个方面。这一戏剧性变化固然有其极为深刻复杂的文化、社会和政治原因，但是修辞在其中所发挥的作用是怎么估计也不会过分的。基督教的基本教义源于对语言特别重视的古犹太宗教，因而和修辞有一种天然的亲密关系。基督教在被罗马当局授予合法地位之前的几个世纪内，面对主流文化的污蔑、压迫和排斥，一直利用各种修辞手段进行"卫道"，在自我辩护的同时不仅宣传和扩大了其教义的影响，也发展了自己独特的修辞实践。早期基督教会内部在组织上和宗教思想认识上远远谈不上统一，各地的主教会议分别掌管本地教务，而神学思想也出现派系纷呈的局面。教会成员对基本教义的理解和阐释分歧很大，出现了北非的多纳图派（the Donatists），埃及的梅勒提派（the Meletians）以及亚历山大神学家

---

2 —— 本节讨论除导语之外的其他部分主要参照了 George A. Kennedy（1994）第 12 章，但是不完全采用他的观点。

阿里乌（Arius）创立的阿里乌派（the Arians）等互不相容的派别。不同教派的信奉者就教理进行了激烈的交锋和争论，互相指责对方是异端。虽然他们之间的争辩未能导致教会成员在神学问题上达成共识，不同派别所持见解在整个基督教形成期发生的激烈话语互动对基督教修辞传统的确立和后续发展影响很大。基督教神学思想在大原则上的趋同和一个中央集权的教会机构的最终建立一样，都是入教的罗马皇帝利用掌握的大权进行干预的结果。这些政治干预中最具有决定性意义的当推君士坦丁大帝于 325 年借助自己的权势在尼西亚召集的主教会议。由君士坦丁亲自主持的这次会议建立了作为整个教会最高领导机构的基督教公会（the Council of the Church），制定了强制要求所有教徒遵从的基本信条（如圣父、圣子、圣灵三位一体），从而不仅从组织上，而且在教义上结束了长期存在于教会内部的严重分裂状态。（Norwich 1997: 8–9）不同神学派别就非强制性信条进行的争论并没有从此罢休，然而由于教会实现了大体上的统一，并且被提升为罗马帝国官方政治意识形态体制的一个重要组成部分，基督教修辞实践进入了一个稳定和规范的发展阶段，对这一实践的理论反思和总结也随之出现了。圣奥古斯丁（St. Augustine，354—430）《论基督教教义》（*On Christian Doctrine*）的出版标志着基督教修辞学的诞生。

　　基督教和古典世俗宗教的区别　古希腊 - 罗马的世俗宗教是在对自然及其拥有的各种能力加以人格化和顶礼膜拜的基础上形成的一种多神教，其礼仪典型地表现为通过牺牲的奉献取悦神祇，求得他们的庇护，使他们所代表的各种自然力与人类"合作"，以保证人类的生存和正常劳作。在这一宗教传统之内，人与神可以直接进行交流。即便是主持公共宗教仪式的祭师，也只是以群体的名义诉诸冥冥，以众神作为诉求对象。世俗宗教的神灵体系具有多元性，也比较宽容和开放，有时甚至将其他文化区域所崇拜的偶像接纳为本地神祇。例如古埃及司生育和繁殖的女神伊希斯（Isis）以及古波斯神话中的光明之神密特拉（Mithra）等，就在罗马帝国时代被引进，成为希腊－罗马神系的新成员。

源于古犹太宗教的基督教实行唯一神主义，认定真神是唯一的，其他都是偶像。基督教还认为上帝通过神谕统管众生，因而体现在宗教经典中的"神言"（the divine word）是上帝对人类的启示，也是人们接触上帝、感受神性的唯一途径。如果说古希腊－罗马世俗宗教以物象作为其观念基础，基督教则以语言作为其核心观念。例如，集基督教经典之大成的《圣经》开宗明义，宣称"太始之初，先有言辞"。按照基督教的创世神话，世界的诞生是全知全能的上帝一系列宣言的结果（"上帝说：'应该有光明出现'。于是乎光明出现了"）。古希腊－罗马世俗宗教相信人与神可以直接交流。古希腊诗人声称自己从缪斯那儿获得灵感和优美的表达，就是这一信仰在文学创作领域的体现。基督教则认为一般人与神无法直接交流，必须通过先知的传达和文本的中介才能领会上帝的教诲。这就是为什么在《旧约圣经》中，上帝总是向希伯来人的长老和先知发话，然后由这些长老和先知通过人类语言将上帝的口信传达给世人。

古犹太宗教修辞的特征　由于基督教植根于古犹太宗教，古犹太人的宗教修辞对基督教宗教话语的影响是不言而喻的。古犹太宗教修辞的一个突出特点是其发明主要依赖言说者以"代圣明言"的名义宣认神的权威，并在这一基础上辅以逻辑性论辩。这一特点贯穿于整个《旧约圣经》，不仅体现在言说者自己的话，而且甚至也见于先知以直接引语的形式传达的"神言"。例如，在摩西传达的"十诫"中，"上帝"就并非完全诉诸自己至高无上的权威，对下界芸芸众生下达饬令，而是广泛应用了修辞例证（example）和修辞论证（enthymeme）等手法以取得说服效果。"上帝"提醒人们不要忘记他的恩典："我是主神，即尔等之上帝。是我将尔等从埃及的奴役中解救出来。"他同时也应用"诉诸后果的论辩"以促使人类听从他的规诫："尔等不得将主上帝的名义等闲视之，因为主不会宽恕如此行事者。"在亚历山大大帝之后的希腊文化圈内，犹太人对上帝的崇拜逐渐采取了牧师在教堂中先对会众宣读法规和先知遗言的片断，然后结合与会者在现实生活中的遭遇和面临的问题，对其中包含的教诲意义加以阐释这样一种形式。这个做法即后来基督教布道方式的原型。布道（homily）一词源于古希腊语的 homilia，意为"对话"或"会话"。该词后来转用于专指基于《圣经》解读的一种简单布道，然后再逐步扩展为指称除了表演之外的一切形式的布道。此外，古犹太修辞也十分注重文采。不管是赞美诗还是先知的宣道，都少不了从大自然和犹太部落从事的游牧农耕生活中汲取的多姿多彩的意象，如牧羊人和他的羊群、葡萄树及其枝蔓等。

基督教修辞的起源和特征　　如上所述，基督教思想的主要源头是古希伯来部族的话语实践。虽然这一实践为基督教修辞的萌发提供了最初的土壤，新生的基督教却主要是通过在罗马帝国的希腊文化圈内传播而发展起来的。基督教的早期宗教话语和布道交流主要是用希腊语进行的，甚至连《新约圣经》也是用希腊文写就的。早期基督徒由于使用古希腊语进行各种形式的宗教交流，因而不可避免地通过这一语言吸收了大量古希腊修辞规范，内化了希腊话语传统对于信息结构形式的常规期待以及对什么样的信息具有说服力的判断。由于这些原因，早期基督教修辞在相当程度上可以说是犹太和希腊传统的融合。由于这两个传统的巨大差异，这一"融合"当然谈不上完全自然融洽。例如，在如何对待古典文学所体现的修辞规范这个问题上，早期基督教话语领袖（即圣使徒们）的意见就很不一致。以保罗和路加为代表的某些《新约圣经》作者由于受过良好教育，熟悉希腊文学，在自己的作品中大量使用古典文学修辞手法。以《马可福音》为代表的"激进基督教修辞"则坚持上帝的权威源于信仰，而不是理性的分析权衡，因而在解读和传达上帝的信息时无需像古典修辞者那样，主要诉诸论辩和举证。在《新约圣经》的一些篇章中，希腊修辞学校讲授的以及用希腊文撰写的历史著作中应用的各种修辞技巧和手段被广泛采用，希腊的三大类演说也不时被引用。圣保罗的一些书信就很像典型的修辞演说。然而《新约圣经》在对修辞技巧采取"拿来主义"的同时也流露出对待修辞的一种矛盾态度。圣保罗致科林斯人书信第二章中有一段被广为引用的话，就似乎表现出对古典修辞的全盘否定："我到你们那儿并没有打算用崇高而智慧的言辞向你们宣讲上帝的谕约，因为我只想让你们知道耶稣基督以及他受难的事…… 然而你们中间那些思想成熟的人还是不免从我的话中获得智慧，只不过这并非是我们所处时代及其统治者认可的智慧，这种智慧注定要随着这个时代及其统治者的消逝而无复存在。我所传达的是上帝秘而不宣、深藏不露的智慧，是上帝为了使人类获得荣耀而在有史之前就制定了的智慧。"

　　这两种倾向的矛盾斗争及其后果在希腊概念 *pistis* 的语义演变中得到生动反映。在古希腊语中，*pistis* 的主要意义是"说服手段"。然而在用希腊文字撰写的《新约圣经》中，*pistis* 转化为一个基督教概念，意为"信念"。传统修辞以古希腊原义的 *pistis* 为中心概念。因此，对古希腊－罗马修辞而言，言说产生效果的关键是修辞者采用适当手段对受众进行说服和影响。一个以带基督教新义的 *pistis* 为核心概念的宗教修辞体系则不然。在后面这一体系中，修辞效果产生的根本原因是受众的"信念"，即受众对于"话语体现神意"这一教义的坚信不疑。在信念和热忱的驱动下，受众在与布道者或宗教宣传材料进行互动的过程中，往往会首先认定所接触到的文本或话语体现了上帝"秘而不宣、深藏不露的智慧"，并以这一认定作为自己作出反应的基本出发点。在相关话语和文本未能应用传统修辞手段以"理"服人的情况下，受众成员甚至越俎代庖，在布道过程中取说服者的角色而代之，成为洋溢着主动精神的主导因素，从而在事实上实行了一种自我说服。

　　基督教是在一个充满敌意的恶劣环境中成长起来的。当基督教义开始在饱受罗马统治阶级蹂躏，盼望"救世主"能降临人世的各族人民中间广为传播，形成对罗马思想统治的挑战之后，当局和主流意识形态一改过去不把它当回事的漠然态度，开始从政治上和舆论上对它进行围剿和迫害。早期基督徒为捍卫自己的教义进行了长期的斗争，从公元 2 世纪开始，用希腊文和拉丁文撰写面向主流社会的"护道文"就成了他们宗教实践的一个重要组成部分。这些捍卫教义的文本包括演说词、书信、对话录等。它们以受过传统修辞教育的受众为对象,旨在向他们解释基督教教义并反驳敌对者散布的谰言和污蔑(如有关基督徒群聚于破晓时分,杀害儿童,饮其血食其肉等耸人听闻的指控)。希腊文护道书中尤其引人注目的包括贾斯廷·马特尔(Justin Martyr)致罗马皇帝安东尼·庇护(Antoninus Pius)的《为基督教辩护》(Apology);阿特那哥拉斯(Athenagoras)以希腊语系的哲人和诗人为目标读者而撰写的类似作品;塔蒂安(Tatian)创作于公元167年左右的《向希腊人致辞》(Oration to the Greeks),等等。这些辩护词强调基督教崇拜和教导不仅无害,而且合情合理、合乎道德。用拉丁文写下的护道文以德尔图良(Tertullian,约160—约225)的《辩护书》(Apologeticus)为代表。德尔图良在皈依基督教之前曾经在罗马当过辩护士并教授修辞。他在这篇写给帝国各行省总督的长文中以罗马演说特有的慷慨激昂的语气批驳了对基督教的种种污蔑不实之词,试图从法律上捍卫自己的信仰。考虑到目标读者的非基督教文化教育背景,护道者经常采用的一条理径(line of argument)是先承认希腊哲学中不无真理,再转而强调这些真理都是古希腊先哲从摩西那儿直接获取的。例如,按照他们的说法,柏拉图本人就是从埃及的犹太人那儿学到他所掌握的所有真知。

到2世纪末叶,包括《旧约圣经》和《新约圣经》之内的各文本已经基本上被确认为基督教典籍。这些典籍作为一个整体为信徒提供了获得救赎所需要的所有知识,然而其中《旧约圣经》和《新约圣经》各文本之间在字面和意义上都不尽一致,只有通过必要的诠释才能消除相互矛盾之处。于是乎对《圣经》文本的注释成了一时之尚，并在这个基础上形成了以小亚细亚注释学家奥利金（Origen，约185—约254）为代表的早期基督教诠释理论。奥利金认为《圣经》纯然是上帝启示的结晶，其意义按照上帝的意图分为若干层次。文本的字面意义构成了"肉体"层次。在它的上面是为人类生活提供基本模式的"道义"层次。再往上一层，也就是意义的最高层次，是阐述基督复活的"精神"或"神学"层次。在所有《圣经》文本中都存在着这三个层次，不过第三层次总是藏而不露，有待于阐释。由于揭示这一最高层次的意义是传道士力图达到的最终目标，而实现这一目标的唯一途径是寓意解读（allegorical interpretation），基督教修辞因此带上了浓重的阐释和文学色彩。

　　在新兴的基督教会内部，不同派别围绕着神学问题誓不两立，相互斗争。由于神学斗争的结果必然是胜者上升为"正统"，败者沦落为"异端"，各派别在这种你死我活的斗争中使用了各种用得上的修辞武器。这从现存教会理事会纪事和发言记录可以看得很清楚。早期教会内部的辩论主要围绕着基督与圣父关系的本质进行。以阿里乌及其追随者为代表的一派认为圣子（即基督）与圣父（即上帝）是非同质的，圣子只不过是圣父的造物，代表上帝完成创造世界的任务。以阿塔纳修斯（Athanasius）、格列高利（Gregory）和巴希尔（Basil）为代表的另外一派则坚持圣子与圣父同质，是神性的不同表达形式。后面这一派在论辩中就前一派铺张恣肆的所谓"亚洲文风"大做文章，指控前一派运用修辞来散布谎言。其实他们自己在运用修辞技巧攻击对方时也完全可以称得上是无所不用其极。这场论辩以"同质论"胜出并被钦定为正统教义而告终。阿里乌思想被打成异端,其布道文几乎被烧光毁尽。尽管如此,围绕着教义问题运用修辞手段进行激烈争辩的做法却被后世继承下来,成为基督教修辞的另一个突出特点。

从 3 世纪开始,由于教会势力不断壮大,教会地位日益为当局所接受,一些基督教修辞家就开始将注意力从"护道文"这一庭辩修辞体裁转移到表达,即仪典修辞(epideictic speech)。他们采用希腊化时期出现的"第二波哲辩师"擅长的一些修辞样式,在世俗仪典修辞传统结构和话题的基础上旧瓶装新酒,派生出宗教赞颂词这个在基督教修辞领域变得越来越显要的新样式。随着公元 313 年罗马当局正式接纳基督教信仰,尤其是随后君士坦丁大帝及继任的君主皈依基督教,对这一新样式的实践在 4 世纪盛极一时。宗教赞颂修辞当之无愧的大家是恺撒里亚主教优西比乌斯(Eusebius,约 260—约 340)。他的代表作包括 316 年左右为庆祝重修的泰尔教堂落成而发表的赞颂演说。这一演说虽然继承了希腊仪典修辞的传统结构,运用了许多铺叙并使用了大量辞格,对教堂的描写完备而周到,然而其文体风格更接近《圣经》,而不是古典演说。优西比乌斯主教通过这一演说主要赞颂基督教在和敌人的斗争中取得的巨大胜利。他将泰尔这座摸得着看得见的教堂当作以基督精神作为其存在形式,因而摸不着看不见的教会的象征。公元 336 年为庆祝君士坦丁大帝登基 30 周年而发表的演说是他的另一篇代表作。虽然在这一演说的前言他将自己明确定位为基督教演说家,而不是世俗的美言者(encomiast),然而演说本身却比上面提到的那一篇带有更浓重的古希腊仪典修辞色彩。文中多处引用荷马史诗,在罗列和颂扬君士坦丁大帝的美德和功绩时所遵循的也是仪典修辞的传统规范。此外，优西比乌斯主教在君士坦丁大帝谢世后为这位基督徒君主撰写的传记中也大量运用哲辩流派悼词的常规结构和话题。他从君士坦丁大帝的双亲，他的生平和美德，一直说到他的死亡，将传主与居鲁士大帝和亚历山大大帝进行了哲辩师惯用的"比对"（synkrisis），即通过两相对比达到褒前者而贬后者的目的。传记中对君士坦丁大帝灵寝的描述也采用了希腊古典修辞采用的"完备形容"法（ekphrasis），即对描写对象或从头到脚，或由外及里，或从开头到结尾的完整描述。

拉丁基督教会创始者对待修辞的态度　在拉丁系基督教会的主要创始者中，多达五位在皈依基督之前曾经是职业修辞教师。他们是 2 世纪的德尔图良，3 世纪的西普里安（Cyprian）以及 4 世纪的阿诺比乌斯（Arnobius），拉克坦提乌斯（Lactantius）和圣奥古斯丁。由于他们的共同背景，这五位早期教会领袖都将修辞看成基督教可以借用的利器，都将自己教过的修辞技巧用于说服受众接受基督教道理并皈依这一新宗教，而且都积极通过辩论反驳异教徒和异端分子对教会的攻击。他们显然继承了在罗马和希腊文化之间长期存在的复杂关系和态度，一致认为希腊式哲学辨析可以导致异端思想的产生，因而不能予以信任。尽管西塞罗对他们而言是"异教徒"，他们对他的崇拜却没有因为宗教偏见而发生根本性变化。德尔图良主张基督徒应该学习修辞，他自己的修辞思想以狄摩西尼和西塞罗为参照。西普里安在言说中弃绝文学兴趣，从来不引用异教经典作者，然而从总体上说他的修辞显示出一种明显的西塞罗气派。阿诺比乌斯在宣传基督教道理时却采用以子之矛，攻子之盾的手法，通过大量引用异教文本来驳斥异教徒。他的学生拉克坦提乌斯极为崇拜西塞罗，其拉丁文风也像西塞罗那样纯正，因而被誉为"基督教的西塞罗"。在拉丁系基督教会早期领袖人物中，对修辞态度最为矛盾的莫过于《圣经》标准拉丁文版的译者杰罗姆（Jerome，约 347—420）。杰罗姆在书信中讲述自己早先曾经企图跟世俗话语一刀两断，并停止阅读一切非基督教作品。然而他一看到希伯来先知的典籍就对其文风感到头痛，最终还是禁不住要回过头来读西塞罗的书，跟罗马修辞保持着一种藕断丝连的关系。

圣奥古斯丁的修辞观

一位皈依基督教的修辞教师　一直到公元 4 世纪末叶，基督教修辞仍处于形成阶段，其代表人物致力于在实践过程中摸索跟宗教宣传和布道活动相适配的实践模式和规范，还谈不上在理论上有所建树。也就是说，基督教在其最初约 400 年间一直是只有处于完善过程中的修辞实践，而没有自己真正意义上的修辞学。基督教修辞理论的空白随着《论基督教教义》一书的出版而得到填补。该书作者圣奥古斯丁于 354 年出生于北非的沙迦斯特（Thagaste）。虽然他母亲是一位虔诚的基督徒，圣奥古斯丁本人在 30 岁之前却并不信仰基督教。在故乡沙迦斯特接受初等教育后，他开始学习修辞，先后到马达乌拉（Madaura）和迦太基（Carthage）等城市从师，以法庭论辩为专业。在学习过程中，他读了西塞罗劝导读者研习哲学的对话录《霍滕西厄斯》（*Hortensius*），深以为然，转而对哲学和宗教产生兴趣。由于圣奥古斯丁接受的古典教育，尤其是文学教育使他养成的阅读兴趣和习惯，一开始他对基督教典籍感到格格不入，认为这些文本缺乏西塞罗式的高雅，没有什么吸引力。然而，当时的哲学流派，如摩尼教的二元对立论，以及学院中流行的怀疑主义，也未能满足他的精神追求。学有所成后，他以教授修辞为业，先在故乡及迦太基授课，后来转到罗马。由于能力超群，他获得罗马演说家西马库斯（Symmachus）的提名，到当时西罗马帝国行政中心米兰担任修辞学教授。在担任这一职务期间，他对古典哲学思想体系的信念破灭了，与此同时对基督教神学思想的兴趣却不断提高；终于在两年之后的公元386年他以体弱多病为理由，悄悄辞去教职，和一伙朋友隐退到一所乡间别墅，进行沉思和交谈。翌年他回到米兰受洗，并周游罗马、迦太基及其故乡沙迦斯特等地，一路上进行传道。随后在北非的希波先后被册封为教士和主教。公元411年，圣奥古斯丁出席了基督教史上著名的迦太基会议。该会议的目的是解决在北非基督教领袖和带有清教倾向的多那图派之间爆发的一场激烈的教义斗争。会议的争议虽然围绕着双方的主张孰是孰非这一中心问题，具体论辩却聚焦于究竟应该如何为会议定位——即究竟应该把它看成一个政治性的还是庭辩性的会议，以及多那图派主教究竟有没有资格作为论辩的另一方参加会议等明显的修辞问题。圣奥古斯丁为会议的发言和组织情况撰写了总结。

　　《论基督教教义》：基督教修辞学的经典　圣奥古斯丁的修辞观在他于397—426年间写成的《论基督教教义》一书中得到最为集中的表达。这本书是古代欧洲独一无二的一部从基督教角度深入讨论修辞的理论著作，至今仍然发挥着很大影响。这本书也是圣奥古斯丁成为一名成熟理论家之后的作品，代表着他从自己一生的研修和布道中提炼出来的思想观点。圣奥古斯丁写作《论基督教教义》时罗马帝国已经起码在名义上基督教化了，只有一些固执于传统文化的知识分子和思想不开通的乡下群众还拒绝皈依这一新国教。因此，他在书中并没有讨论传道士（missionary）深入到异教徒中间和蛮荒之地布道所涉的各种问题。他的讨论也没有探讨如何通过仪典演说进行布道，没有谈及诸如悼词和其他特种场合发表的演说。他用心讨论的是常规的布道，也就是在洗礼、礼拜等场合向那些要么无知，要么缺乏宗教热情，要么因为思想活跃而可能受异端思想影响的会众宣讲《圣经》。他在书中构筑的基督教雄辩体系以阐释信仰，使其落实到信徒的所作所为，促使他们接受基督教生活方式为自己的功能和目的。这一体系所面向的是不分行业地位的大众，而不是特定的受众。圣奥古斯丁在书中并没有刻意将基督教修辞和其他修辞传统加以区分。对他来说，使前一类修辞带上独特基督教色彩的是它与众不同的内容和价值观，以及由此而拥有的与众不同的话题。圣奥古斯丁将这些独特话题归结为"爱上帝，爱邻居"这一总标题。仁爱是使基督教修辞获得统一性的主题。

在该书的前言，圣奥古斯丁宣布他拟在书中讨论的是解读和传播《圣经》必须遵循的一些基本规则，强调这些规则对神学学生特别有用。他事先估计到有三类人会对这些规则不以为然：那些读了他的书却还是不理解这些规则的；那些理解却不懂得如何应用这些规则的；尤其是那些认为对教义的领会应该完全依赖上帝的启示及其赋予信徒的灵感，人类自己总结出来的技巧和解读规则起不了什么作用的读者。针对前两类读者，圣奥古斯丁认为问题出在他们自己身上。他辩称作为作者，他所能做的只类似于用手指指向天体的位置。如果有人连他的手指都看不见，或看得出手指的指向却还是未能看到天体，则他们有视力问题，只能祈求上帝赐予他们正常的目光。圣奥古斯丁对待读者的这一态度反映了基督教修辞（乃至所有的宗教修辞）的一个特点：言说者往往有一种"代圣明言"或"替天布道"的意识，而这一意识经常表现为一种虔诚的自信，一种在处理和受众关系时流露出的权威感，一种居高临下对受众进行启蒙开导的姿态。

对于第三类读者的见解，圣奥古斯丁则花费大量笔墨严加驳斥。他对超越了具体种族或文化的"神言"和不同种族文化各自拥有的"人言"加以区别，指出不能因为上帝讲全人类都听得懂的语言而否定学习和教授"人类语言"的必要性。在领会教义时不依赖人类自己的努力，完全躺倒在圣灵身上，是一种傲慢，而且势必导致没有人阅读《圣经》的可悲后果。况且如果我们仅依赖上帝的启示不学自明地理解教义，就无法将自己领悟了的道理向其他人传布。圣奥古斯丁在这里讲的虽然是宗教，涉及的却是理论和实践、学习和领悟、规则和直觉的关系等根本问题。他本人对这些关系的认识表现出明显的理性主义倾向。

《论基督教教义》的正文开宗明义，提出基督徒对于《圣经》有两大需要，一方面要"发掘出"体现在《圣经》中的神的思想，另一方面要对所发掘出来的或者说所发现的神谕加以阐发和传播，使受众豁然开朗。从这一前提出发，圣奥古斯丁在头三卷阐述了与《圣经》解读和宣讲有关的各个问题，提出了一个独特、"另类"的修辞发明理论。圣奥古斯丁的理论之所以独特，是因为它跳出了以支撑公共话语体系为中心目的的，以演说为范例的，以文本生产为基本方向的古典修辞框架，转而以支撑宗教话语为根本目的，以解道 / 传道为范例，以文本的接受和生产为基本方向，构筑起一个新的修辞模式。在这一新发明观的基础上，他遵循古典修辞理论探讨的常规程序，在卷四讨论了风格问题。

信仰与发明　圣奥古斯丁认为基督教话语所关注的包括物（res）和象（signa）两大类。物和象都是事物，所不同的是归类为"象"的事物（如词语）被用于标指其他事物，而被归类为"物"的则不被用于这一目的。同一事物根据是自指还是他指可以归属不同类别。在卷一，他将物进一步区分为可资爱赏（如圣父、圣子、圣灵）、可资利用（如修辞和其他世俗学识）以及赏用兼宜三个类别，并提出对不同物类应该采取的不同态度。由于可资爱赏之物指的是所有那些"与上帝相称"或者说跟核心信仰相关之物，对这一类别应不加任何外在考虑，专心一志、无条件地爱。可资利用之物则仅应用于作为寻求可资爱赏之物的手段。以对上帝的大"爱"或无条件信仰作为一切言说的出发点将对人们的交流方式产生重大影响。例如，关于上帝的话语中有很多自相矛盾的说法。[3] 这些说法应该被"默然忽略"，而不是试图"通过语言解决其中相互矛盾之处"。（Augustine 1958: 11）又如，不应该对信条持怀疑态度，提出诸如"何以知道一个充满不变智慧

3 —— 圣奥古斯丁所用的例子是："上帝是不可言传的"是一个被普遍接受的说法；但是这一说法要是真实的话，就意味着上帝的本质是可以通过人类语言表达的。见 Augustine (1958): 10–11。

的生活要比充满可变智慧的生活更值得选择"[4] 这类问题。这类问题的矛头所向是"所有思考过［这些］事的人都看得一清二楚而且不可能改变其看法"的结论。那些看不出这一结论并对之加以质疑的人就跟"阳光下的盲人"质疑照耀着其眼眶的阳光一样，不仅"愚蠢"，而且"放肆"。（Augustine 1958: 12）圣奥古斯丁的这些评论强调在基督教修辞的发明过程中，修辞者应该自觉地在信仰限定的严格范围内，以是否体现对上帝的"爱"为根本标准，寻求话题和争议点，做到"有所言，有所不言"。他在这里所提出的原则可以被推而广之理解为：修辞者应该意识到自己的发明必须，也只能在由所属社群所内化的基础设定（foundational assumptions）和基本原则构成的那个观念框架内进行，不可试图逾越或打破这一框架所限定的可说可辩范围。在这一点上，圣奥古斯丁对修辞发明的思考达到了希腊－罗马修辞传统未曾达到的深度，预示了 20 世纪下半叶之后西方当代修辞思想在一系列后现代主义思潮的影响下出现的新发展。

征象及其解读　卷二讨论了"象"或征象在修辞发明中的作用。圣奥古斯丁将征象界定为"使我们除了它本身在我们的感官留下的印象之外，还想起其他东西的那种事物"，例如使我们想起野兽的"兽迹"，想起火的"烟尘"，了解到内心情感的"表情"，使士兵知道了号令的"军号声"，等等。征象依照其性质分为天然或约定，直意或寓意，已知、未知及模棱两可等类型。其中的"约定征象"（conventional signs）指"生灵为了将自己的内心活动、自己感受到

---

4 —— 这里提到的"不变智慧"指基督教所信仰的上帝的智慧。这一"智慧"按照教义必然是永恒不变的，然而在现实宗教生活中，它仅仅是教会主流话语确定的正统阐释。

和理解了的东西传达给对方而相互显示的所有那些东西"。"人类用以表达意义"（Augustine 1958: 34-35）的一切象征手段——包括语言符号——都属于这一类。在这些区分的基础上，圣奥古斯丁解释为什么基督教经典大都晦涩难懂。他指出《圣经》之所以不是一目了然，是因为其中提到的许多事物都笼罩在寓意语言的"层层迷雾"之中。而上帝这么安排的原因是寓意语言造成的解读障碍能有效地防止人类由于自身的傲慢而将那些可以被轻易理解的事物看得一文不值。

为了克服这种解读障碍，圣奥古斯丁认为读者应该双管齐下，从增进对相关语言和相关事物的了解下手。《圣经》中使用的各种符号的解读要求人们拥有语言、自然物体、数字、音乐、历史、科学、艺术、工艺等方面的知识。即便是异教或世俗文学和哲学之类与基督教教义显得格格不入的东西，圣奥古斯丁也以解读宗教经典的需要为理由，主张不完全予以排斥，而应该对它们加以研习。他认为"论辩之艺对于理解和解决圣典中出现的各种问题价值很大"（Augustine 1958: 67），只要教徒注意避免为争辩而争辩的倾向，力戒采取不诚信手段对待对手，不诉诸诡辩，就应该大胆研究和采用逻辑论辩的技巧。虽然世俗思辨方法跟体现在教义中的思维方式不可同日而语，然而上帝的意图依然是让人类应用以推断、定义和区分为基础的逻辑论辩。虽然雄辩术可以用于使虚假显得可信，然而同样的技巧也可以用于传播真理。通过世人喜闻乐见的表达方式敦睦受众，对事件作出清晰的叙述，通过文体的变动和多样保持受众的兴趣和精神——所有这些做法及其指导原则按照圣奥古斯丁的说法都是上帝制定的，并非人类依靠自己的力量创造出来的。正如上帝赋予以色列人在逃离埃及时带走当地金宝的权利，基督徒也完全可以正正当当地对修辞和其他世俗学识取而用之。

"意愿"、"信仰"和阐释规则　在《论基督教教义》第三卷，圣奥古斯丁讨论了模糊符号的解读问题。他的讨论与古典修辞"争议点理论"就律例的字面和意图之别提出的讨论形成对应，从而凸显了一个重要事实，即《圣经》对基督徒来说也是一部法典，而且还是最高法典。圣奥古斯丁认为当按照字面作出的解读造成意义上的模棱两可时，人们应该诉诸寓意解读。寓意解读并不会造成语义混乱和误解，因为"全能的上帝"早已预见《圣经》每一段文字可能产生的意义，并作了必要的安排，使人类能够通过考虑语境，尤其是通过信仰，也就是通过对上帝和邻人的爱这一原则，理解《圣经》的正义。

　　卷三开头的第一句话是"敬畏上帝的人无不努力通过《圣经》发现他的意愿"（Augustine 1958: 78）。这一主题句指出虔诚的基督徒之所以努力阅读和理解《圣经》，完全是为了明了上帝要自己怎么做人，怎样生活。它表明在圣奥古斯丁看来，解读的终极目标不是意义，而是意愿。也就是说，解读活动的着眼点不是文本语言结构本身所产生的效应，即通常所认为的"意义"，而应该是文本生产者或创造者的"意志"、"意图"和"愿望"，即他想通过创作这一文本产生的效果或实现的目标。文本只不过是其生产者借以和受众互动，在后者身上产生预期效果的手段。确定文本生产者的意图，也就是了解他力图通过文本对受众产生的影响，因此必须是任何解读活动的中心任务。这一视角表明圣奥古斯丁深刻认识到诠释就其本质而言应该被看成一种修辞活动。

他对诠释的修辞本质的强调还体现在书中另外一个著名论断，即信仰是正确解读的决定性因素。圣奥古斯丁在说明应该如何处理《圣经》中那些模棱两可的篇章成分时指出读者如果碰到语义含混不清的情况，首先要服从"信仰法则"（the rule of faith），然后才考虑"语境"等话语因素。（Augustine 1958: 79）这意味着读者的释义不能违背自己信仰的基本教义，而应该以弘扬这些教义为基本要求，或者说只能以所信仰的基本教义为大前提来考虑相关词句的可能意义。释义是否与教义保持一致，是否服务于弘扬教义的根本宗旨，是判断它是否正确的先决标准。所以信仰的正确性将决定解读和释义的正确性。"信仰法则"是通过《圣经》中那些一清二楚、不容置疑的段落所传达的教诲和"教会的权威"确立的。如果一个基督徒接受异端思想，以之作为解读《圣经》的指导原则，则在处理模棱两可成分时必然出偏差。例如，有人在异端思想的误导下，给《约翰福音》第一章开头那段意义复杂含混的话加上错误的句读，将"太始之初，先有言辞"提到的"言辞"解读为独立于上帝之外的事物，从而违背了教会认可的基本教义，即"言辞"指的是"神言"，因而是不可分割的神圣三位一体的一部分。反过来说，任何对这一基本教义持有坚定信念的《圣经》读者如果在解读这一意义含糊的段落时坚持"信仰法则"，则必然会将与教义不一致的释义排除在外，不予考虑。

在这些主导思想的基础上，圣奥古斯丁引用当时一位名叫泰科尼厄斯（Tyconius）的神学家在其撰写的《论规则》（Of Rules）中提出的七大规则，作为解读基督教典籍中晦涩不明处的向导。这些规则包括：1. "主与其躯体"（the Lord and his body）；2. "主的双重躯体"（the bipartite body of the Lord）；3."允诺与法令"（promises and the law）；4."类属与种别"（genus and species）；5."不同时间"（times）；6."总结性重述"（recapitulation）；7."魔鬼及其躯体"（the Devil and his body）。这些规则大都带有浓重的宗教色彩，然而在其表面之下，我们不难发现"中枢与边缘"、"实质与表象"、"纯粹与混合"、"部分与整体"等超越基督教话语的一般逻辑关系，以及在这些关系的指引下，通过字面和含义、直意表达和寓意表达之间的灵活转换，使费解之处豁然贯通的解读策略。例如，"允诺与法令"（promises and the law）就字面看仅指上帝的"恩典与戒律"相互关联，矛盾统一，实际上却重申了"条文与精神"（letter and spirit）这一法律话题蕴含的修辞原则。通过这一原则的应用，读者可以在字面意义与宗教旨意（教义）不一致而造成理解困难的情况下开拓思路，诉诸字面之下与旨意（教义）相一致的含义或者"精神实质"，解开阅读中碰到的死结。又如"时间"和"总结性重述"提示读者可以暂时将典籍阅读过程中碰到的晦涩之处撂在一边，继续往下读，直到遭遇对上文意义加以总结的语段，再回过头来考虑上文的难点。这一策略也完全可以应用到一般文本的解读。圣奥古斯丁对基督教典籍解读的这些讨论一方面继承和发展了昆提利安提供的关于阅读的修辞视角，另一方面又为 16 世纪随着德国宗教改革和解读《圣经》热潮的兴起而发展起来的现代阐释学提供了宝贵的前期理论准备。

　　修辞是一种中性技巧，应该被用于捍卫真理　在对典籍阅读和理解进行深入讨论的基础上，卷四集中探讨了跟宣达教义相关的各种

问题，是全书跟古典修辞议题最接近的部分。这一卷的讨论主要包括
四个话题：《圣经》之雄辩；西塞罗有关"演说者职责"的观点如何
应用于布道；西塞罗关于三种文体风格的观点如何应用于基督教修
辞；人格在说服中所起的作用。圣奥古斯丁还就基督教修辞教育提出
了自己的观点，主张从小就开始进行修辞培训；他认为模仿范例是比
掌握修辞原则更有效的教育手段，提议模仿应通过阅读经典文献，听
布道家演说以及在这一基础上进行写作和演讲练习等步骤进行。显然
出于敦促教会接纳和应用修辞这一异教实践的意图，圣奥古斯丁放弃
以昆提利安为代表的罗马主流观点，转而强调雄辩艺术超越具体的宗
教、道德观念，因而是可以被用于推广任何宗教道德立场的一种纯
技巧：

> 修辞艺术作为一种手段既可以被用于倡导真理，也可以被用
> 于鼓吹伪说。谁敢说真理在和伪说的斗争中不应该[用修辞]自
> 我武装，而必须听任谎言鼓吹者知道如何引起受众的好感、专注
> 和驯服，而真理捍卫者却对此道一无所知？难道我们应该允许伪
> 诈的言说者讲起话来简洁、明确、头头是道，而真理的捍卫者开
> 起口来听众就感到不胜其烦、不知所云、疑窦丛生？难道我们应
> 该允许前者用诡辩来对抗真理并为虚假张目，而后者却不具备捍
> 卫真理和反驳谎言的能力？难道我们愿意看到那些竭力促使其听
> 众接受谬误的人用热切的激励和动人的话语[操纵听众的感情，]
> 使他们要么惶恐，要么悲伤，要么兴奋，而真理的捍卫者却总是
> 显得那么呆滞和冷漠，使人听起来直想打瞌睡？谁会愚蠢到居然

认为造成上述效果的抉择才是明智的？雄辩能力对劝善和扬恶同样都有极大价值，然而它本身却是中性的。当邪恶之徒将修辞艺术据为己有，用它来为罪过与谬误开脱，使堕落无聊的目标得以实现，我们有什么理由不将它派上有益的用场，以捍卫真理呢？（Augustine 1958: 118-119）

对西塞罗风格理论的继承与改造　　在评论《圣经》的风格时，圣奥古斯丁提出这一风格的最主要特征是"生动明晰"。他接受了西塞罗对言说者职责的界定，认为基督教布道者也担负有三重责任，即教诲、愉悦、促动（或说服）受众。只有愉悦听众才能吸引他们的注意力。只有促动听众才能驱使他们按照上帝的意愿行事。他跟西塞罗一样也将修辞风格区分为平实、中和、宏伟三个层次。然而西塞罗仅将文风和主题的性质挂钩，以不同题材具有的不同内在尊严作为规范风格的出发点，将上述三种风格层次分别与对小、中、大事的讨论相对应；圣奥古斯丁却更多地考虑到言说者与受众的互动，进一步将不同文风和不同言说职责加以对应，认为平实的文风适合于教诲，中和文风适合于愉悦受众，而要激发和促动受众则非足以产生崇高感的宏伟文风不可。有效的布道由于在总体上同时肩负三重责任，所以应该根据各个段落承担的具体功能，对这三种文风兼而用之。在总结有关风格的论述时，圣奥古斯丁指出"不管［言说者］采用的是哪一种风格，雄辩的任务毫无例外地都是说服，因而都要求［言说者］以一种可以成功地赢得［受众］的方式演说……有好口才的言说者不管选用什么风格，都是在以一种有利于说服的方式进行交流。如果他未能赢得受众，就谈不上达到雄辩的最终目的"（Augustine 1958: 161-162）。

行与言合一的"修辞人格"观 古典修辞理论有关"修辞人格"的讨论以亚里士多德的观点为代表，强调其构筑性，认为修辞者可以通过修辞手段，在言说中投射出最有利于实现修辞目的的特定人格特征。"修辞人格"是修辞文本的功能性构成成分，虽然与修辞者在现实生活中的为人处世不无关系，然而二者并没有必然联系。圣奥古斯丁的基督教修辞理论则不然，强调修辞人格与现实人格的一致，要求言说者的日常为人处世本身就必须是"一篇雄辩的演说"。例如，在讨论借用他人表达的言说者在什么情况下犯了"盗窃"罪时，圣奥古斯丁谴责那些话说得很漂亮却在日常生活中坏事做尽的布道士（"用行为否认了自己用言辞表达过的意思"，"宣称自己理解上帝，却在所作所为中否定上帝"），将那些用上帝的话向公众动听地传道而自己却不按照上帝教导行事的人称为（修辞）"窃贼"和"伪善者"。（Augustine 1958: 167）他引用《圣经》中的一句名言"伪善者，你们是恶人，又怎么能言善事呢？"（Matt. 23. 3.）确定了基督教修辞有关"修辞人格"的基本原则之一：行与言统一，以行善作为劝善的先决条件。

智与辩的不对称统一 圣奥古斯丁一方面对基督教教义极为虔诚，另一方面又对世俗的古典修辞极为喜爱，无法割舍，这一心理状态促使他对西塞罗的修辞理想加以改造，提出应以实现"[宗教]智慧和雄辩在言说中的统一"作为基督教修辞的基本目标。实现这一目标的不二法门在他看来是在保证所说的话"真实而值得听取"的前提下，做到语言风格"充分而克制，壮丽而含蓄，激烈而宽宏"。在宗教智慧和雄辩二者不可得兼的情况下，言说者首先考虑的应该是弘扬教义所体现的智慧，而不是炫耀自己的滔滔辩才。也就是说，他应该"富有智慧地表达那些他无法说得娓娓动听的意思，而不是娓娓动听地讲述那些［用教义尺度衡量］愚不可及的话"。如果面对一个选择，言说者必须坚信"没有任何表达方式能胜过真诚的描叙"，从而坚持用言说的内容实质而不是动听的言辞来取悦受众。根据这一标准，"那些雄辩地表达虚假观点的人要比那些结结巴巴地这么做的人更加可悲"（those who speak false things eloquently are more to be pitied than if they had said the same things awkwardly）。一个人如果实在缺乏口才，就应该规规矩矩地做人，用自己的作为为他人树立起一个榜样，"用自己的生活方式书写出一篇充满说服力的文章"。（Augustine 1958: 165–166）很明显，圣奥古斯丁对教义（"智慧"）与修辞、思想与表达、内容与言辞等持一种强烈的不对称统一观，认定修辞和表达必须从属于"教义"，也就是教会认可的正统宗教意识形态。相对于这一意识形态，修辞只不过是一种手段和工具，必须服务于弘扬教义这一至高无上的要求。这一立场大大偏离了以西塞罗和昆提利安为代表的罗马修辞思想。西塞罗和昆提利安在承认修辞有别于"智慧"或"道德"的同时，追求将二者融合在"雄辩"这一终极概念的目标。另一方面，圣奥古斯丁与柏拉图在这个问题上的立场却很接近，对修辞都采取了一种工具主义的态度，并且都在一个二元结构中将它贬为从属成分。

　　意义和影响　圣奥古斯丁的《论基督教教义》标志着基督教修辞

学的滥觞。他在修辞的名义下将布道、圣经诠释、符号解读以及通过阅读和沉思进行精神修养等相互关联的宗教兴趣融为一体，从而在修辞领域引进了一个神学视角，或者说开创了一个神学传统。他的理论摆脱了古典修辞的体系框架，从基督教意识形态的总体要求出发，以"宗教为体，修辞为用"的基本态度，对希腊－罗马修辞传统进行了大刀阔斧的改造。圣奥古斯丁从古典修辞的成分中选出一部分，以这些成分为原材料构筑起一个包括"如何发现有待理解的意义"和"如何宣达已被理解的意义"这两大部分的新体系。探讨"发现（意义）的手段"的那一部分与传统修辞有关"发明"的讨论在很大程度上异曲同工。探讨"宣达（意义）的手段"的那一部分则覆盖了原来通过"谋篇"、"文采"、"表达"等传统修辞范畴讨论的内容。这两个部分都兼顾口头和书面的话语实践。作为一个整体，圣奥古斯丁的新体系以体现于宗教典籍的"神意"和教会认可的正统教义为纲，着眼于对《圣经》的正确诠释和宣讲，为传播"福音"提供了基本原则和技术指南。这一宗教修辞体系的大前提是《圣经》蕴含和启示了所有"真理"；对它来说，发明就是对《圣经》文本深入解读，从中发现适用于相关修辞情境的"道理"的那个过程。宗教信仰同样支配着圣奥古斯丁的表达理论。在《论基督教教义》第四卷，他之所以在继承西塞罗"三类风格"说的同时拒绝接受这一分类法的理据（即题材或高雅或鄙俗，不同题材具有的不同内在价值和重要性决定了其适用风格），就是因为对基督教修辞者而言，上帝所启示的"救世真理"是言说唯一的题材，这一题材贯穿于所有的语域，使得即便是最谦卑的风格也能产生最高妙的效果。圣奥古斯丁一身兼有虔诚基督教信徒和古典修辞行家的双重身份。这一身份使他能够挪用古典修辞理论中的精华，并按照传道这一根本要求对之进行改造和重构。他的修辞思想在接下去的一千多年中成为基督教话语观念的内核，其影响是怎么估计都不过分的。他有关文体风格的论述成为中世纪修辞著作在讨论这一话题时采用的标准口径。

第六章

中世纪西方修辞

以变应变的修辞传统　西方古典修辞是在一个动荡的历史环境中成长起来的。然而正所谓"艰难困苦，玉汝于成"，外部"大气候"的几次剧变并没有减缓它成长的步伐，更没有使它因为原来享有的社会文化条件不复存在而陷于"皮之不存，毛将焉附"的窘迫境地。事实上，修辞所经历的每一个新发展阶段几乎都是由具有历史意义的重大事变促成的。伯罗奔尼撒战争为古希腊修辞思想和修辞理论带来了一个黄金时代。马其顿帝国的兴起导致希腊化时期修辞思想的大扩张和以争议点理论为代表的新修辞观念的形成。罗马人建立的世界性秩序产生了体现于西塞罗和昆提利安著作的一个博大精深的完整修辞体系。由于基督教在 4 世纪赢得了对整个欧洲社会、文化乃至政治的支配地位，一个标志着中世纪降临的新宗教化政治秩序彻底取代了古典世俗社会，修辞的生存环境面临其问世以来最为严重的历史性变革。然而正如上一章有关"基督教修辞"形成过程的讨论所显示的，传统的修辞实践、思想和学科再次表现出一种百折不挠、以变应变的适应能力和回弹本领，表明其强劲生命力的根源并非像某些思想浅薄或别有意图的修辞史学家宣称的那样，是某一特定政治体制或文化形态，而是如伽达默尔指出的那样，可以被追溯到修辞是"使人类得以在这个世界上存在的最基本行为形式"的那个事实。

中世纪修辞的总体特征 为了在一个曾经充满敌意的恶劣环境中生存下来，已经延续了上千年的古典修辞观念被迫进行深刻的自我反省，并按照一个陌生宗教意识形态的需要对自身存在方式进行脱胎换骨式的改造。这些改造使得在古希腊、古罗马时期形成的修辞观念在欧洲史无前例的大转型期避免了一场灭顶之灾。修辞艺术先被当作一种可以从古典世俗文化的质体中剥离出来并且"为我所用"的工具学科而得到继承，而后悄然在欧洲教育文化领域恢复和发挥它先前享有的巨大影响力。从表面上看，进入中世纪之后修辞作为一个学科领域已经变得面目全非。例如，修辞教育的场所从伊索克拉底首创的世俗学校转入修道院，其功能也由培养社会精英在法庭和议事会议厅的议事和表达能力转为帮助教会骨干（主教和神职官员，而不是一般教士）获得解读《圣经》、传布宗教、辨析教义要求的知识和技能。然而，古典时期形成的修辞思想体系仍然得到保留。在希腊语系的罗马帝国东部，赫摩根尼修辞理论成为教育、文化、智力领域的主流观念。而在拉丁语系的西部，一个经过改头换面的西塞罗体系仍然保持着其在相同领域的支配地位。不管是在东部还是西部，古典修辞三大样式的分野依然在演变中得到大体上的保持。审议性修辞随着决策权的集中化而退出公共领域，萎缩为世俗和宗教权力机构内部的咨询性商议。庭辩修辞也因为政治宗教势力对法律空间的压迫和侵蚀而缺乏生气。然而，表达性修辞却由于基督教仪典的兴盛而一枝独秀，扩大了应用范围，在社会和意识形态运行中发挥着比古典时期关键得多的作用，成为在中世纪话语中占据最显要地位的修辞样式。随着中世纪西方两大政治实体的社会文化结构日益复杂化，新的修辞应用和研究领域得到开拓，并因此突破了传统格局，形成了布道、书信等具有独立形式的新主导体裁。随着诗文创作发展为受过教育的社会精英热衷的一种话语样式，修辞思想对文艺理论的影响也相应扩大。在整个中世纪，有关文艺创作的理论总结一般都是在修辞提供的观念框架内进行的。

波伊提乌和修辞的"哲学化"

波伊提乌其人其事　在讨论西方修辞从古典时期转入中世纪时期所经历的重大变迁时，波伊提乌（Boethius，约 480—524）和圣奥古斯丁一样，是不能不提到的关键人物。如果说圣奥古斯丁通过使古典修辞"基督教化"而促使这一学科为一个异己宗教文化环境所接受，波伊提乌则通过对古典话题理论的"哲学化"，将修辞从其一向赖以安身立命的那些具体实际的社会条件中抽象出来，最终改造为中世纪经院哲学的一个组成部分。通过为修辞的发展指明第二条可行路径，波伊提乌和圣奥古斯丁一样，为这一古老学科的生存和延续做出了突出贡献。

波伊提乌是西罗马帝国在北方蛮族打击下分崩离析的前夜活跃于罗马学术界的一位大学者。在东哥特族人于 5 世纪末入侵并征服了意大利后，他马上归顺刚刚建立的哥特王国，为新政权效力。他曾经担任目不识丁的狄奥多里克国王的秘书和家庭教师多年，尽管与王室关系密切，最终却还是因为被怀疑私通东罗马帝国图谋不轨而惨遭杀害。在遭遇不测之前，波伊提乌一直以在蛮族建立的新秩序中保存古典文化为己任，致力于将古希腊经典著作翻译成拉丁文。然而，他对古希腊和古罗马文化与学术的传承却明显地偏离了以伊索克拉底、西塞罗和昆提利安为代表的话语主流，放弃了他们以"修辞"的名义将"舌头"和"头脑"、"言说"和"思想"统一起来的基本宗旨和方向，转而推崇亚里士多德有关逻辑和推理的一系列论述；通过对"辨证"和"修辞"相互关系的重新定位，他将原来紧密联系社会、政治话语实践的修辞研究引向就一般性问题进行思维和论辩的新方向。

　　话题理论的概念基础　波伊提乌在这方面的代表作是他于 6 世纪初撰写的《话题辨析》(*De topicis differentiis*) 一书。正如书名所示，这是一部对古典"话题"理论加以辨析和梳理的著作。全书虽分 4 卷，根据内容却可以大略分为 3 部分：1. 有关"话题"的基础概念和基本设定；2. 主要"话题"理论体系的比较；3. 修辞学和辨证学的区分。波伊提乌首先将整个"话语科学"(*ratio disserendi*) 分为两部分，一部分探索如何"发现"思想观点，即"话题"学；另一部分探索如何对各种观点加以"判断"，即"分析学"。他将注意力集中于前一部分，首先界定和阐述跟话题相关的各个基础概念。例如，"问题"指的是"令人生疑或有不确定感的命题"；"理由"(argument)是"促使我们就一件原来有疑问的事情产生信念的道理"；而"结论"则指"在理由的基础上得到确认的命题"。(Boethius 1978: 30; 39)

　　理由的分类和应用　书中有关"理由"的讨论很详尽，并牵涉到许多问题。波伊提乌指出"理由"总是比"问题"更为人熟知，它可以细分为 4 类：1. 使人毫不犹豫就相信而且必然正确的；2. 使人毫不犹豫就相信然而并非必然正确的；3. 必然正确然而不能使人毫不犹豫就相信的；4. 既不能使人毫不犹豫就相信也并非必然正确的。所谓"使人毫不犹豫就相信"（readily believable）的理由指的是"使所有的人，大多数人或智者——包括智者中的全部，大多数，其中最有名望的，或者是 [话题所涉领域的] 专家——都觉得是真实的"那一种，也可以指"使作为说话对象或者裁决者的那个人"不假思索就觉得真实的理由。如果是后一种情况，"理由只要具有真实的外表就行，它事实上是否真实并不重要"。（Boethius 1978: 39）

某些理由之所以"既不能使人毫不犹豫就相信也并非必然正确"是因为它们"既非立足于 [普遍接受的] 意见也不是源于真理"。考虑到理由的根本作用是"促使我们就一件原来有疑问的事情产生信念"，这一类别的道理"其实不能被称为理由"。同理，那些"必然正确但是其正确性并不为某一受众所接受"的道理也不能用作说服这一受众的理由。但是波伊提乌马上就这一看法进行自我更正，指出这样想其实并不完全正确。这是因为"整个话语艺术是由 [辨证、修辞、哲学和哲辩（sophistry）等] 四个领域构成的，[在讨论理由的适用性时] 我们应该说明哪一个领域允许使用哪一类理由"。辨证和修辞以说服为目的，因而采用的是前两类理由，即那些未必必然正确但一定能使人毫不犹豫地相信的道理。哲学以探求真理为目的，所采用的因而是第 1 类和第 3 类，即那些未必能使人毫不犹豫地相信但必然正确的道理。也许由于柏拉图早已认定哲辩师意在炫耀自己的口才，甚至能用人们将信将疑的"歪理"把荒诞不经的事情讲得天花乱坠，波伊提乌不加解释地将最后一类"理由"分配给他们。（Boethius 1978: 40–41）

一般问题和特殊问题　　他还对两类"问题"进行了区分。第一类问题，即所谓"一般问题"（thesis），所质疑的是事物本身，不考虑其牵涉到的具体境况（circumstances）。例如"快乐是不是最大的价值？"或"人是否应该结婚？"等，都是不考虑针对的是哪一具体个人或哪一具体语境的"一般问题"。辨证家和哲学家所争辩的就是这一类问题。第二类问题，即所谓"特殊问题"（hypothesis），所质疑的是将人、时、事、行等相关境况考虑在内的具体事物，例如："在［罗马］共和国风雨飘摇的时刻，西塞罗未经人民授权就擅自处死公民。仅凭这一过失就将他放逐是否合理？"修辞家和一般言说者往往就后面这一类问题进行争辩。（Boethius 1978: 35）

话题的定义、功用和分类　　在上述讨论的基础上，他为"话题"下了一个简单明了的定义：所谓"话题"就是理由之所在，即人们可以从中提取论据，用于解决所面临问题的那个来源。"话题的目的是揭示出所有那些看上去真实的理由。"由于"看上去真实的理由"这一集合中包括那些必然真实并且看上去也是如此的理由，所以对话题的研究，即话题学，在"主要服务于辨证家和修辞家的同时，也附带地为哲学家服务……话题不管是对提高言说能力还是对探索真理都起着促进作用"。对话题的了解帮助辩证家和修辞家发掘出各种理由，从而为他们的言说提供大量素材。另一方面，这一了解有助于哲学家应用各种必然正确的道理，因而也为他们指明了一条发现真理的途

径。（Boethius 1978: 29-30；41-42）

从这些基本概念和观点出发，波伊提乌详细介绍了西塞罗和 4
世纪罗马帝国东部学者西米斯蒂厄斯（Themistius）在亚里士多德论
述的基础上就话题分类分别提出的两个体系。西米斯蒂厄斯长期在
君士坦丁堡教授哲学，"虽然他自己并不信仰基督教，却以许多基督
徒觉得可以接受的方式表达自己的思想"（Kennedy 1994: 251）。也
就是说，他跟一百多年后的波伊提乌一样，力图使古典学术通过对
新语境的顺应得到保存。他提出的话语分类体系以所涉问题的"本
质"（substance）作为基本参照，根据话题与问题"本质"的相对关
系将它们分为三大类：内在（intrinsic）话题、外在（extrinsic）话
题和中间（intermediate）话题。内在话题包括"实质"、"定义"、
"描述"、"名称解释"、"后果"、"整体/类别"、"部分/种别"、
"直接原因"、"物质"、"形式"、"目的"、"效果"、"毁灭"、"应
用"、"相关的偶有属性"等 15 种范畴。外在话题包括"判断"、"相
似性"、"大于"关系、"小于"关系、"相反"关系、"平衡"关系、
"因果转换"关系等 7 种范畴。中间话题只涉及"事例"、"同源词"、
"分类"等 3 种范畴。西塞罗先于西米斯蒂厄斯提出的话语分类体系
比较简单，只将话题分为"内在"和"外在"两大类。西塞罗划定的
"内在话题"包括"整体"、"部分"、"征象"、"同源词"、"类别"、
"种别"、"相似"、"差异"、"对立"、"关联事物"、"前因"、"后
果"、"起因"、"效果"、"比较"（大于、小于、等于）等 15 种范畴。
外在话题只有一项，即"权威"。波伊提乌对两个体系进行了详尽比
较，发现二者所确定的范畴虽然数量和名称并不吻合，然而就功能而

言，基本上互相对应。二者为话语实践者指明的寻找理由的方向大体
一致，都可以按照各个范畴的提示，就问题的本质考虑构成言说的
素材（如从"定义"、"描述"，或"部分"、"整体"、"类别"、"种
别"等角度议论问题、支持结论）。二者的基本区别在于西米斯蒂厄
斯体系所归纳的是辨证话题，而西塞罗体系归纳的则是修辞话题。

　　辨证话题和修辞话题的区别　为了说明这两类话题的区别，波
伊提乌在《话题辨析》卷四首先对两个关系密切的学科加以区分。他
指出辨证学只讨论一般问题，对跟问题相关的特殊条件或具体情况则
不予考虑；修辞学探讨的则是特殊问题，即那些包含"谁、什么、什
么地方、什么时候、为什么、如何实行、通过什么手段"等具体境况
因素的问题。如果辨证家有时也关注到这些因素的话，他们毫无例外
地都试图将具体升华到一般，也就是将特殊问题抽象为一般问题；修
辞家则相反，即便触及一般原则和本质特性，也总是将它们应用于对
具体问题的探讨和解决。辨证以问答作为其话语的基本形式，修辞的
特点则是产生连贯的话语。辨证的推理和论证具有完整结构，修辞论
证则往往使用经简化缩略的推理结构。在辨证过程中，对话伙伴同时
扮演说话者的对手和裁决者这一双重角色。修辞过程则总是在对手之
外还存在着第三者，即对言说者与对手的争论作出裁决的受众。辨证
的目的在于迫使对手承认自己这方的观点，修辞的目的则在于说服一
位不以对手自居的裁决者。（Boethius 1978: 80-81）从以上区别还可
以推导出另外一些结论。辨证话题适用于对所有问题的讨论，修辞话
题则只适用于具体问题，也就是那些涉及具体境况的问题。辨证话题
从所涉问题的"本质"发现可资利用的理由，修辞话题则从带有某一

本质属性的"事物"提取理由。例如，前者从"相似性"本身，而后者只从具体的"相似点"提取理由。有鉴于此，前者相对于后者享有逻辑上的优先地位，而辩证家也只从享有优先地位的辨证话题中提取解决问题的依据。修辞家则不仅诉诸修辞话题，还应该进一步诉诸辨证话题。这是因为从具体境况中提取的论据尚且不够有力，还应该通过诉诸带有普世性和基础性特征的辨证理据才能真正确立对问题的结论。（Boethius 1978: 94-95）

"文书"解读和话题的分类 为了进一步深入阐明辨证和修辞的区别，波伊提乌还提纲挈领地概括了有关修辞学科构成的传统说法（如修辞的三大体裁、六个结构成分、两大目的等）。他的总结虽然基本上只是复述了关于修辞的各种"常言"（commonplaces），却也不乏值得注意的新提法和新视角。例如，在谈到修辞理论中的"争议点"概念时，他将辨证理论的核心概念（即"问题"）与之等同起来，进一步凸显了修辞和辨证盘根错节、难解难分的关系。他还将"争议点"分为两大类，即事关"文书"（document）的争议点以及与文书无涉的争议点，并着重讨论了前者。波伊提乌确认了与文书相关争议点的 5 个起源：1. "当一方以作者的字面，另一方以他的本义，作为论辩的依据"；2. "当不同法律条文互相对立"；3. "当文书包含模棱两可的意义，引起争辩"；4. 当通过正确的推理和演绎从文字中导出原文不包含的意义；5. 当文书中所用某词意义含糊，除非首先明确界定其意义，否则无法确定其"力度和性质"（force and nature）。事关文书的争议点在《罗马修辞手册》和赫摩根尼的理论中当然早已经讨论过，然而波伊提乌的提法并非完全是萧规曹随。首先，在他之前的作者都是在"法律修辞"的框架内讨论阐释修辞，他对跟文本解读相关的争议点的论述明显超越了法律修辞的范围。其次，他是第一个将是否与"文书"解读相关作为争议点的首要分类标准的理论家。将所有争议点按照是否事关"文书"分为两类进行论述，表明修辞理论的重心从赫摩根尼以来一直朝着文本阐释的方向迁移，预示了修辞在中世纪的一个重要发展方向，同时也凸显了阐释学与修辞学的深厚渊源。对阐释修辞的强调显然是波伊提乌为改造传统言说理论，使之与后来发展为"经院哲学"的中世纪学术主流更加契合所作的种种努力的一个重要方面。

有关"境况"的论述　波伊提乌对修辞的再表述中尤其引人注目的一点是他有关"境况"（circumstances）这一概念的讨论。由于是否将具体"境况"因素排除于考虑之外是辨证和修辞的分水岭，波伊提乌给予这一概念它从来没有得到过的关注。他给"境况"下了一个详尽的定义："境况由决定争议性质的所有那些事物汇聚而成。之所以如此，是因为一件争议案（case）要是少了行事者、他做的事以及他做这件事的原因、时间、地点、方式和手段中的任何一项，就不能成其为案子。"接着他援引西塞罗，将"境况"涉及的所有因素分为"人"和"事"两大类。从"人"——也就是"行事者"——可以进一步分析出 11 个成分：名字、身份、生活方式、财产、学识、运气、情感、秉性、目标、行为和言论。"事"则分为"事由"、"事因"、"地点"、"时间"、"手段"等 5 个成分。这些成分还可以再进一步细分。例如关于"事由"应考虑"事件本身"以及事件"发生之前"、"发生过程中"、"发生之后"行事者都做了哪些事。又如"时间"还应该细分为事件发生的"确切时间"和"时机"。波伊提乌关于"境况"的这些讨论虽然一般认为是对西塞罗表达过的观点的综述，然而并不直接见于西塞罗的主要著作，也未曾在《话题辨析》之前有关西塞罗修辞理论的评述中被提及。波伊提乌的这些讨论，尤其是他给"境况"下的定义丰富了我们对修辞过程的认识，为当代修辞理论中有关"修辞形势"和"语境"的论述奠定了坚实的基础。

有关波伊提乌历史地位的争议　从以上讨论不难看出波伊提乌在修辞从古典时代转入中世纪时所起的作用。一方面，他从对"话题"这一核心概念的审视入手，根据重一般原理轻具体条件的价值取向，对整个话语领域重新进行了测绘和评估，确定了以哲学为顶端，其下依次为辨证学、修辞学和哲辩术的新序列，剥夺了修辞在整个古典时期一直享有的那种睥睨哲学、涵盖辨证学的崇高地位。经他改造过的辨证学迎合了中世纪大学教育和学术思辨的要求，成为后来经院派学者争论神学、法学和哲学问题的基本方法。另一方面，他在调整辨证和修辞的相对地位，突出辨证学的同时，强调了二者都是以说服为目的，都采用或然性理由，从而在新的话语秩序中维持了修辞思想内核的合法性。"话题"这一修辞发明的基础概念通过他的论述在事实上得到了发展，导致被称为"争辩"（*disputatio*）的新体裁的出现。虽然波伊提乌的理论倾向于从纯粹形式、文体和结构的角度研究这一体裁，它作为一种新修辞形式满足了中世纪哲学和神学、理性和信仰、世俗智慧和神性智慧之间的冲突对话语提出的要求，因而对修辞在新时期的生存和演变起了很大作用。（Ijsseling 1976: 50）然而，对波伊提乌在西方修辞传统延续过程中所发挥的作用持负面观点的也大有人在。人们指责他不过是一位"肤浅的模仿者"，其著作"以数量而不是质量作为自己的特色"，"完全可以称得上是学究式"的作品。更有甚者，他的批评者还认为是他率先对古典学术"采取一种折中主义态度"，通过阉割柏拉图、亚里士多德到西塞罗这一系列经典作家最具有原创性的思想，调和他们并不兼容的理论体系，达到一种折中融合的目的。此外，他遭后人诟病的另一个原因是他的学术思想过于注重刻板的逻辑性，充满一种经院式的繁琐哲学，而不是洋溢在柏拉图和西塞罗作品中的人文主义精神。(Barilli 1989: 42)

西方修辞传统在拜占庭帝国和拉丁语系西部的延续与发展 [1]

　　修辞在拜占庭帝国的境遇　　在希腊语系的原罗马帝国东部，也就是历史上被称为拜占庭帝国的那个庞大政治实体内，赫摩根尼的论著在整个 5 世纪一直是学校的主要教科书。除此之外，修辞导论、基础练习、以狄摩西尼为代表的雅典演说家的作品也是当时修辞教育内容的一部分。在部分地区，一直到 6 世纪，传统意义上的修辞仍然是学校的主要课程。古典修辞传统除了因为修辞教育的延续而薪火相传，还通过对赫摩根尼以及阿夫索尼厄斯、米南德等"第二波哲辩师"著作的不断评注和阐述得到进一步传承。查士丁尼皇帝于 565 年去世后，东部政局发生很大变化。在接下去的 200 多年间，拜占庭在文化上趋向保守，教会对世俗学术日益采取一种不宽容的态度。这一趋势在 8 世纪发展到相当极端的地步，据说当时在位的利奥三世皇帝将君

1 ___ 本小节的概览主要参照 Sloane 2001: 469—473。

士坦丁堡残留下来的"大学"里的教授和图书馆都付之一炬。不管这一西方版本的"焚书坑儒"具有多大的历史真实性，透过其传说却可以感受到那个时代对待古典世俗学术的态度，也不难想象修辞研究和教育当时陷入了何等艰难的境地。

幸运的是，这一段极端黑暗的时期并没有持续太长时间。物极必反，官方和教会的态度到9世纪已经发生了根本性的变化，重建希腊修辞传统成为上上下下都十分热衷的一时之尚。主要服务于宗教仪典的赞颂修辞在时隔两个世纪之后又在9世纪初期重新出现，为修辞传统的恢复和延续提供了一条合法途径。一些学者以研究文体为名义，重新开始对传世的希腊文修辞著作进行评注。到9世纪末叶，巴希尔一世和利奥六世皇帝组织了对包括修辞经典在内的古典作家作品的搜集和重印，进一步改善了修辞在拜占庭帝国的生存和发展条件。从那个时候起一直到1453年君士坦丁堡被土耳其军队攻陷，东罗马帝国寿终正寝为止，拜占庭文明一直按照自己的需要对传统修辞加以利用。他们在雅典希腊语的基础上创造出一种古雅矫造、令常人难以理解的文体，用以作为学术和官方交际的规范。他们还以阿夫索尼厄斯，尤其是赫摩根尼的演说为样板，刻意模仿古典后期的赞颂修辞。在理论上，拜占庭修辞未能表现出多少创意，一直是"述而不作"，将注意力主要集中于注释和评论已经发掘出来的古典修辞著作。尽管如此，拜占庭修辞学者在阐发古典修辞理论，使之顺应当代语境方面颇有建树。他们的古籍新解在11世纪和12世纪期间达到了很高的水平，甚至出现了对亚里士多德《修辞学》的早期注释。

修辞在拉丁语系西部的总体发展状况　在拉丁语系的西部，古典修辞的发展轨迹同样随着急剧变化的历史文化条件而波动。由于圣奥古斯丁等人的努力，一个被基督教化的修辞在历史大转折的初期就开始形成，并逐步为新体制所接受。5 世纪末 6 世纪初的大思想家波伊提乌则综合了亚里士多德和西塞罗有关"话题"的论述，并在此基础上对修辞进行了重新定位，强调了其辨证功能。主要出于这两方面的努力，在修辞从其世俗文化苗床中被连根拔起并移植到一个完全陌生的土壤的过程中，其生存并没有出现太大幅度的起伏跌宕。在整个中世纪，修辞继续对人们思想观念的形成和实际事务的处理施加重大影响，为当时的话语和文本生产提供了基本思路和技术规范，对古典文化的保留做出了很大贡献，并在社会互动和教育实践中继续发挥关键作用。修辞研究本身是中世纪学术研究和智力发展的一个重要方面。它成为新兴的诠释学的思想底蕴，为论辩发展为相对独立的学科奠定了基础，并且对文学创作和文学理论产生了重大影响。中世纪修辞思想的文本基础是一些古典著作和古典末期产生的著作，包括西塞罗的《论发明》、《献给赫伦尼厄斯的修辞学》以及波伊提乌的《话题辨析》。这些文本都属于西方修辞的西塞罗传统。它们以辨证研究为参照，规定了论辩的内部结构，因而成了中世纪修辞教育的主要教科书，并且一直到欧洲现代史初期都对修辞的研究、理论和实践产生重大影响。除了西塞罗理论之外，"语法"教学传统构成了中世纪修辞的另外一个主要成分。这方面的教学以贺拉斯的《诗艺》以及罗列了各种辞格的《献给赫伦尼厄斯的修辞学》第四卷为经典文本，侧重对书面作文，尤其是文章的文体和结构的研究。此外，从古典时期末叶延续下来，将符号学、《圣经》诠释学和布道研究融为一体的基督教神学传统也构成了中世纪修辞研究的另外一股势力。

在上面提及的文本中，对中世纪修辞影响最大的无疑是西塞罗青年时期的代表作《论发明》以及《献给赫伦尼厄斯的修辞学》。就理论思想的深度而言，这两本书，尤其是前者在古代修辞典籍中谈不上是脱颖而出的作品，与西塞罗成熟期的名著《论言说者》或者昆提利安的《论言说者的教育》不可相提并论。然而两本书都有一个突出特点，即它们关于修辞的论述体系完整，结构疏朗，虽然谈不上丰富深刻，却简要连贯。它们的讨论覆盖了从修辞领域的区分、关于修辞发明的话题理论和争议点理论、不同类型受众和修辞行为的特征、演说的结构成分，到修辞体裁和文体风格等经典修辞理论论述的基本部门和成分，以及修辞传统上感兴趣的其他话题，因而十分全面实用。

修辞在中世纪教育体系中的地位　修辞和语法、辨证一起构成了中世纪教育机构讲授的三大语言学科（trivium）之一。从中世纪初期开始，北欧和南欧的修道院规定的必修典籍里面一般少不了西塞罗修辞理论。这一规定使得修道院成了保存和传播修辞文本的重要机构。学术界对西塞罗《论发明》的注释和评论从来就没有停止过。到了12世纪，法国和德国的天主教学院将这本书和西塞罗讨论辨证学的另外一本著作《话题》（*Topica*）并用为教科书，作为其将修辞和辨证学结合起来研习的指导理论。此外，从11世纪开始，北欧的教会学校还开始出现对《献给赫伦尼厄斯的修辞学》（尤其是对其中讨论文体的第四卷）的评注。

从13世纪开始在西欧的巴黎、牛津以及南欧意大利的博洛尼亚、巴维亚等地出现的大学对修辞采取了不同态度。巴黎和牛津的大学更加注重逻辑的教学，将修辞仅作为辨证学的一个方面列入大纲。以博洛尼亚大学为代表的南欧大学由于侧重法律研究，以培养民事和教会的管理人员为主要方向，将西塞罗修辞理论列为核心学科。这些学校的修辞教学注重探讨修辞发明的话题理论以及有关文体风格、形式结构的基本原则，以这些原理和原则为基础构建起当时风行的尺牍学（ *ars dictaminis* ）。

　　修辞在中世纪意大利受到的重视促使布鲁内托·拉蒂尼（Brunetto Latini）等学者率先将西塞罗的拉丁文典籍翻译成当地语言。这些典籍的意大利文本的出现使修辞得以走出学术殿堂，将影响扩大到整个社会。与此同时，亚里士多德的《修辞学》也于1270年左右由穆尔贝克的威廉（William of Moerbeke）从希腊文翻译为拉丁文。这一拉丁译文马上在巴黎大学产生影响，引起13世纪末叶到14世纪中叶不少学者的研读和评注。然而拉丁版的亚里士多德《修辞学》一直到15世纪中叶才被牛津大学列为正式课程，而且很可能是作为他的《工具论》（ *Organon* ）的一个组成部分被列入教学大纲，而不是出于对他的修辞思想的重视。修读亚里士多德《修辞学》的另外一个原因可能是他在书中将修辞称为辨证学的"对应学科"，这一定位从理论上支持了12、13世纪时流行的一种看法，即在修辞学与辨证学之间存在着某种难解难分的关系。

　　在整个中世纪，贺拉斯的《诗艺》和西塞罗的文本一样受到重视并一起被研习。《诗艺》提供的是一个自成一体的文艺学体系。人们想从《诗艺》中学到的是关于写作、文风、文体规范的基本原则以及如何通过模仿现有文学作品确定自己的题材等。随着修辞教育越来越淡化对口头表达的侧重，越来越以书面文本作为研讨的出发点，贺拉斯的名篇和语法学家对辞格用法的规定等被纳入修辞范畴，和《献给赫伦尼厄斯的修辞学》等修辞经典中对文体的讨论融为一体。贺拉斯的著名论断，即文艺作品必须寓教诲于娱乐，与西塞罗修辞思想所提倡的修辞必须同时进行证明、取悦和说服异曲同工。

圣奥古斯丁与中世纪诠释修辞　圣奥古斯丁的修辞思想在其身后一千多年间成为基督教话语观念的内核，其影响不可估量。他有关文体风格的论述成为中世纪出版的修辞著作在讨论这一话题时采用的标准口径。由于西塞罗的《论言说者》从古典时代末期就遭到冷落，一直到15世纪文艺复兴初期才被重新发现，圣奥古斯丁关于风格的论述使西塞罗关于风格的基本观点在这一段时间得到传承。在这个意义上，古典修辞的薪火在中世纪没有完全熄灭在很大程度上得益于圣奥古斯丁对它的"挪用"。在圣奥古斯丁的影响下，基督教神学家对古典修辞的改造和利用蔚为风气。

例如，8世纪初叶英国著名神学家圣比德（St. Bede）就曾为修道院学生编撰过一本修辞教科书。在这本题为《论非转义和转义辞格》（*De schematibus et tropis*）的著作中，圣比德提出由于异教修辞学说中讨论过的所有辞格最早都见于《圣经》，《圣经》应该被看成一切雄辩的源泉。为了阐明《圣经》所体现的雄辩，圣比德提出了不少诠释原则，其灵感也明显来自圣奥古斯丁。圣奥古斯丁是将修辞改造为服务于《圣经》解读的诠释理论的前驱。正是他准确地把握了古典社会末期犹太教和基督教文化代表性文本的表意特征，并用经他改造的修辞概念和范畴满足了处于融合过程中的这两种文化对考证和注释提出的要求。以"发明"这一古典修辞核心概念为例。在其长期的实践中，古典修辞形成了一个极其完备、丰富的发明体系。尽管这一体系仅着眼于生产出各种文本，圣奥古斯丁却意识到对文本的解读其实不仅可以被看成文本生产的另一面，还可以被理解为借助与被解读文本的互文关系而得到实现的一种"另类"文本生产。在这一认识的指导下，圣奥古斯丁将"发明"重新表达为通过诠释手段发掘和发现蕴含在经典文本中的真理，使古典修辞的发明理论服务于一个新的目的和任务，即搜寻和发现《圣经》等基督教典籍中那些隐讳、模棱两可、藏而不露的意义。诠释修辞学在这一历史阶段所发挥的巨大影响从当时修道院的日常研习规程可见一斑。修道者一般先阅读某一宗教文本，接着对其中某个段落或意象进行默思，最后应用古典修辞提供的话题发明技巧，将默思的结果形成文字，就所悟出的道理写出一篇文章。

在宗教与修辞之间彷徨　虽然古典修辞在中世纪宗教和智力生活中发挥明显而关键的作用，当时不少作者和思想家对源于异教文化的修辞跟他们信仰的基督教世界观是否相容一直抱有十分矛盾的态度。4 世纪著名《圣经》学家圣哲罗姆（St. Jerome）在其书信集中记录了他自己在力图弃绝古典修辞时如何一直被"在光明和黑暗之间是否存在着任何共同之处，贺拉斯与赞美诗、维吉尔和福音书、西塞罗和圣保罗之间究竟有什么相关"之类问题折磨得痛苦不堪。在同一集子中，圣哲罗姆还记录了自己曾做过的一个恶梦。他梦见在末日审判时被问及身份，他回答说自己是一名基督徒。判官怒斥他是在当众撒谎，认定他事实上是西塞罗的门徒而不是上帝的信徒。他的心路历程极具代表性，它表明在中世纪宗教和源于古典世俗文化的修辞之间长期存在着一种无法完全缓解、释放和逃脱的张力。

　　不少早期基督徒为了摆脱这一张力，曾力图和"异教"修辞传统彻底划清界限，对这一传统将风格、表达方式和说服目的置于"真理"之上严加谴责。然而在实际上，基督教从来就没有，也未能抛弃古典修辞所总结的基本概念、原则和技巧。中世纪神学界的一些高层人士，如圣比德和 13 世纪意大利著名神学家和经院哲学家阿奎那，曾经对所谓"人世间的雄辩"和《圣经》体现的"神的雄辩"加以区分，认定前者由于使用了世俗修辞手段，免不了扭曲真正的意义，唯有后者才能使不管多复杂的意义都保持其单纯性和正确性。这一观点虽然明显地具有贬抑和排斥古典修辞学的意图，其实际效果却适得其反，因为他们所作的区分本身就是以肯定"雄辩"这一古典修辞核心概念作为前提的。

布道艺术

　　主题布道文　在整个中世纪欧洲，基督教不仅是享有绝对支配地位的宗教和社会文化意识，而且享有极大的政治影响力甚至权力。由于布道是教会的基本任务，布道艺术（*ars praedicandi*）在这一历史时期的极度兴盛发达是理所当然的事。单单是流传至今的中世纪文献中就有近 300 种由不同作者撰写的"布道手册"。这些手册对基督教的布道实践和传统进行了理论总结，系统地讨论了跟发明布道文和取得布道效果相关的各种结构形式和策略技巧。一直到 12 世纪，手册中提出的布道方法大抵都是西塞罗修辞理论在基督教语境中的应用，谈不上创新。这种情况随着被称为"主题布道"或"学府式布道"的一种新布道文形式的出现而发生了变化。

这个后来被接受为常规的新布道形式最早于 13 世纪出现在巴黎大学并以该校师生作为目标受众。其典型结构包括 6 个部分：1. 主题：引自《圣经》的一段话；2. 预破题（protheme）：简要讲解主题的要义并祈祷；3. 破题（antetheme）：介绍和解释布道的目的、意义；4. 分题：将主题分为三点（或三的倍数点），用权威意见证明每一个分点；5. 小分题：将部分或全部分点再进一步细分为更多小点；6. 扩展：通过详细讲解每一分点或小点，将主题扩展为完整的布道文。（Murphy 1971: xix）仅从这一结构，我们就不难看出"学府式布道"与古典修辞学迄今为止已总结出来的言说结构有明显区别，是基督教话语自己摸索出来的一种新修辞样式，也是这一宗教话语对西方修辞传统的一个贡献。其实，如果将 13 世纪之后的布道手册与古典修辞经典论著认真比较一下，则中世纪基督教修辞理论的创新之处远不止上述这一点。

《布道之形态》——典型的基督教修辞手册　以出版于 14 世纪，在基督教修辞手册中比较有代表性的《布道之形态》（*Forma Praedicandi*）一书为例。这部手册的作者（贝斯温的）罗伯特（Robert of Basevorn）开宗明义，在导言中将"布道形态"界定为"就所有题材进行布道的体系和方法"，强调由于布道和宣教是教会的根本任务，对于宣道形式进行系统研究是非做不可的要务。全书共分 50 章。在前 12 章，作者讨论了"布道"的定义、布道者的基本条

件、基督教布道的传统和典范等基础话题；余下的 38 章提出并逐一
论述布道修辞的"二十二法"。

　　罗伯特将布道界定为"在不太长的一个时间段内说服众人行善"
的举动，以"行善"作为这一定义的核心概念。任何面向公众的言
说，如果所提倡的是世俗价值，而不是跟基督教所信仰的"永恒生
活"相关的善行，就不能被认为是在布道。[2] 在这一定义的基础上，
他提出成为一名布道者必须满足三项基本条件，即"良心、知识和
权力"。布道者本人应该过一种"纯洁的生活"，不做任何"昧良心"
的事。他应该对"信条、戒律、罪与非罪的区别"等基督教话语的
基本构成成分了如指掌，否则就会出现"盲人指引盲人"的荒谬情
形。他还应该拥有教会授予的权威："不管某一非神职人员的人品多
么圣洁，知识多么丰富，他除非获得主教或教皇的批准，否则就跟妇
女一样，不得从事布道工作。"真正名副其实的布道者还应该具有纯
正的动机，除了"赞美上帝及其圣徒，或教化自己的邻人"之外，不
应该有在尘世追名逐利的念头，否则他就是一个"亵渎神言"的人。
（Murphy 1971: 120-125）在对布道者提出这些理想化要求的时候，
罗伯特继承和强化了古典修辞有关"人格感召力"（ethos）的表述，
以及西塞罗和昆提利安在讨论"修辞者"修养时分别提出的"智慧"
和"道德"条件。然而他表达的"布道必须首先得到授权"，"布道
者必须拥有教会赋予的权力"这个观点却明显地超越了古典修辞的认

---

2 ＿＿ 20 世纪西方主流修辞思想已经不再接受这一区分。美国修辞学家理查德·韦弗（Richard
　　　Weaver）提出的一个著名观点，即语言本身具有布道的本质特征，已经广为西方修辞学
　　　家所接受。

识范围，因为这里所说的"权威"或"权力"已经不是内在于修辞者的性格或者个人雄辩，而是某种外加因素。认定修辞者必须得到某种外在机构——不管这个机构是叫"教会"、"教育体系"、"学术界"，还是"文化"——的"授权"，并将获得这种"授权"确认为践行修辞行为的根本条件之一，是长期不受到重视的超前意识。一直到20世纪末叶，受后现代主义思潮影响的西方修辞学家才真正领会并重视这一重要观点。

对典范的模仿　罗伯特指出布道无定法，人们完全可以采用大不相同的方法取得同样效果。学习布道的一个值得推崇的方法是模仿基督教修辞传统中涌现出来的突出典范，包括耶稣本人、圣保罗、圣奥古斯丁、圣格列高利和圣伯尔纳。这些布道典范采用的手法各不相同，每个人采用的方法也总是因时、因地、因人制宜，并不拘泥于一个手段。例如，耶稣自己就是"或者通过承诺，或者提出威胁，或者运用范例，或者诉诸道理"进行布道，其话语"有时清楚明了，有时高深莫测"。圣保罗的特点则是说理和诉诸权威相结合。他"有时候从权威汲取理由，有时候使理由顺应权威，有时候赞扬听众，有时候使他们悲伤，对他们或褒或贬，或完全听由上帝决定自己［的说服效果］，或依赖自身的努力［争取布道的成功］"。圣奥古斯丁特别注重跟受众讲道理。他认为"在没有权威可用的情况下，应该依赖道理。如果完全不讲道理，则甚至连权威都将不再成其为权威"。出于这些认识，他"总是尽可能地通过论理来达到布道的目的"。圣格列高利的布道侧重应用《旧约圣经》中的辞格，生动具体的事例，和［对受众的直接］恳求"。而圣伯尔纳则更是出神入化，"超越了几乎所有天才所具备的能力和风格"，在布道中达到了一种"无法之法"的境界。他在自己的所有言说中都能尽可能地以《圣经》为源泉，几乎做到"无一句无来处"，句句都洋溢着取之于《圣经》或其他许多来源的权威。他从经典中提取一个主题，"将它一分为二、为三甚或细分为更多成分……然后用所有的修辞色彩一一加以润色，使得整篇布道文闪亮着尘世和天国的双重光芒"。（Murphy 1971: 128–131）《布道之形态》对典范的注重，对模仿作为获得修辞能力有效途径的肯定，对于修辞手法和风格的多元化和多样化的提倡，相对于古典修辞理论都不无突破和创新之处。

布道修辞"二十二法" 罗伯特对基督教修辞艺术本身的讨论分为 22 个话题进行，它们是：1. 发明主题；2. 赢得受众；3. 祈祷文；4. 引言；5. 内容划分；6. 陈述各部分内容；7. 证明各部分主题；8. 内容扩展；9. 转换话题；10. 在各部分之间建立对应关系；11. 对各部分之间一致性的说明；12. 在首尾之间建立迂回联系；13. 在各部分之间建立交互联系；14. 统合；15. 结语；16. 润色；17. 调声；18. 配以适当动作；19. 适时应用幽默；20. 间接用典；21. 加深印象；22. 按照主旨通盘考虑。（Murphy 1971: 132）仅从这些话题的名称，我们就不难看出中世纪布道艺术基本上是在基督教话语的大框架内对古典修辞理论的征用和调制。罗伯特的讨论大致上依然遵循发明、铺排、风格、表达这一基本顺序进行，但是这并不等于他完全萧规曹随，在理论上没有创新。恰恰相反，在他的讨论中，令人耳目一新的观点和提法不在少数。

例如，他提出修辞者在确定主题后，可以考虑采用八个手法扩展充实布道文的内容：第一，界定关键词或主要概念的意义，对主题句加以阐释；第二，将主题分为几个方面逐一讨论；第三，就争议或不明之处进行推理和论辩；第四，根据《圣经》语词索引对现有注释和评论旁征博引；第五，对关键词义的微妙区别进行辨析；第六，通过隐喻的应用进一步阐明意义；第七，从历史、寓意、道德、神妙等不同角度对主题加以阐发；第八，从所涉原因／效果关系入手加以阐发。（Murphy 1971: 180-184）这些发明手法侧重通过语言分析和文本阐释形成布道文，与古典修辞倚重超越语言和文本的"思想"或"念头"，以话题和争议点模式为代表的发明观可以说大异其趣。又如，在罗伯特的修辞模式中，如何将布道文各个组成部分编织为完全连贯一致的整体成为修辞者的关注焦点。《布道之形态》有关这一问题的讨论在 22 个法则中占了 5 个，对于如何做到各个部分的旨意一致协调，语言相互关联照应，提供了在各部分之间建立对应（或平行）、迂回、盘旋关系等一系列具体策略。"对应关系"（correspondence）指的是文章不同部分的局部结构应互相对应。假设全文分为三大主要部分，其局部结构分别为 a、b、c，d、e、f 和 g、h、i，则 a、d、g，b、e、h 和 c、f、i 必须分别对应。"迂回关系"（circuitous development）指的是刻意在第三部分的第一结构单位即 g，和第一部分的第二局部结构单位即 b（以及 h 和 c，i 和 a）之间建立某种对应，使得文章的首尾紧密交织在一起，大大提高了连贯性。"交互关系"（convolution）则是指任何一个部分的每一个结构单位都和文中其他部分的各个结构单位建立起某种契合，这种契合可以通过采用相似的语言、结构和意义等手段取得。（Murphy 1971: 188-197）通过提出这些新范畴和策略，罗伯特对文本的内在统一进行了在古典修辞理论中前所未有的强调和探讨，预示了当代语言学对衔接和连贯的重视。

书信艺术

书信艺术的兴盛和"认可格式"的出现　书信艺术（*ars dictaminis*）是一直到中世纪才发展起来的一个独立研究领域。古典修辞当然已经对书信这一特殊样式开始给予关注。公元前 1 世纪初叶希腊修辞学家德米特里在其《风格论》一书中就曾经专门讨论过书信文体。然而，在整个古典时期以及中世纪初期，一方面笔头交际仍然远远谈不上是一种和口头交际同样重要的话语形式；另一方面人们显然以为任何接受过良好修辞教育的人都可以写好信，对这一文体的特殊性认识不足，有关书信写作的研究因此一直不成气候。进入中世纪之后，各地教会和各国之间日渐频繁的交流越来越倚重彼此间的信件来往，书信也逐渐成为一种主要交流形式，并引起了当时修辞学家的兴趣。11 世纪意大利修士，蒙地卡西诺修道院修士阿尔贝里克（Alberic of Monte Cassino）被认为是第一位在西塞罗修辞思想指引下对书信艺术加以系统总结的理论家。从他以后一直到 16 世纪，尺牍手册或书信艺术成为欧洲热门出版物。尽管不同国度用不同语言创作的这类著作各有其特色，然而它们所推出的书信标准基本上都采用了一种所谓"认可格式"（approved format）。这一信函格式规范是在中世纪书信艺术的研究中心——意大利北部城市博洛尼亚形成的，包括"招呼"（salutation）、"赢取好感"（securing of good-will）、"叙事"（narration）、"诉请"（petition）、"结语"（conclusion）五个部分。下面以 12 世纪佚名作者撰写的《书信艺术原则》（*Rationes dictandi*）为例，对这五大部分逐一稍加介绍。

必须着重考虑收、发信人的社会地位　作者首先将"书信"归类为不带格律或韵律的散文，并将它界定为"通过词语的恰当铺排以表达寄信人的意思"的一种文体，或者说是"由独立而又连贯的部分构成，表达寄信人情感和思想的一种话语"。（Murphy 1971: 6-7）他接着按照这一定义对信件结构的强调，从"招呼"到"结语"逐项讨论其五大基本构成成分。信件开头的"招呼"[3] 是"以一种跟所涉双方社会地位相称的方式表达友好情感的致敬语"，例如"最亲密的朋友、最为杰出的 G，愚钝然而从不懈怠的习文者 F 谨向你致问候和敬意"。根据收信人名字在其表达中出现的位置，"招呼"有"前置"、"后置"和"散置"三种基本形式；但是不管采用哪一种形式，都是以如何更好地褒扬对方，表达自己的谦卑作为基本原则。为此，修饰收信人名字的附加语应该注意突出其"名气和人望"，修饰发信人名字的附加语则"肯定不能流露出一丝傲慢"。虽然发信人可以提及自己在"教会中的职位或行业中的地位"，然而还应该对此加上必要的修饰，以免"显得自负"。不过，从书中对"招呼"的讨论看，最关键的考虑还是双方社会地位的差别。例如，虽然一般地说，收信人应该先于发信人被提及，但是当"发信人比收信人更重要"时，就不应

---

3 ____ 中世纪信件开头的 salutation 不仅仅确认收信人身份并向他表达敬意，还涉及发信人的身份以及二者的关系，所以这里权且译为"招呼"，而不是"称呼"。

该照此办理。在那种情况下，"发信人的名字应该摆在前面，以便通过名字的排列顺序彰显发信人的地位"。(Murphy 1971: 7-9)

书信的基本结构成分 对"招呼"的规范表明这一成分发挥两个主要修辞功能，即确定交流者的相互地位，并通过善意的表达在二者之间初步建立起一种融洽的关系。实现后面这一功能成为信件第二部分，即"赢取好感"的主要目标。《书信艺术原则》提出可以考虑从发信者，收信者，收、发信者的相互关系，情境效果，书信内容等五个方面下手，达到这一目标。作者强调怎么做才能完成这一任务并没有定规，应该视具体情况制定对策，从各个方面挖掘出可以加深好感的资源。如果收信人是敌对者，写信的目的是为了打击对方，则这一部分必须达到的目标就恰恰相反，应该使用各种手段使收信人嫉恨交加、暴跳如雷。"叙事"部分介绍信件的事由，应该力求条理清楚、简洁明快，最好还要娓娓道来，一点也不显造作。"诉请"可以细分为九类：祈求、教诲、威胁、劝勉、激励、劝诫、建议、责备和指示。它事关发信人希望达到的修辞效果，也就是说发信人希望通过信件对收信人产生的影响。"结语"部分概述收信人如果满足信件要求将有什么好处，如果不这么办又将造成什么不利后果，对"诉请"的目标再次加以强调。

《书信艺术原则》虽然提出了规范格式，却反对完全循规蹈矩，提倡灵活处置。例如，虽然信件通常由上述五个部分构成，但并非所有这些部分对每一封信来说都是必不可少的。如果信件纯粹是为了向收信者通报某件事，就不必包括"诉请"这一部分。如果收信人是否遵照发信者的意思办都有哪些利弊得失在"诉请"部分已经讲得很透彻，则"结语"也可以略去。又如，这几个基本构成成分在信中的排列顺序也不必拘泥于常规，除了头尾的"招呼"和"结语"之外，其他部分可以根据实际情况调整先后次序。诸如"叙事＋赢取好感＋诉请"，"叙事＋诉请＋赢取好感"或"赢取好感＋诉请＋叙事"的结构都各有其用途。

中世纪诗艺和文学修辞的发展

从古罗马修辞进入其黄金时代开始，修辞由于在学术思想领域享有的强大影响力而逐步成为文艺学理论的观念基础。以贺拉斯和朗吉弩斯为代表的文艺学理论家以作品如何产生预期效果作为自己的核心关注。现实生活中受众对文艺作品都有哪些期待，如何作出反应，这种期待和反应对文学创作具有什么含义，成了他们的主要理论兴趣。他们所开创的研究传统在整个中世纪得到了传承，修辞一直是当时人们思考和研究文艺创作的基本范式。这一点在当时出版的文艺理论著作中表现得淋漓尽致。以中世纪名气最响的《诗艺新论》（*Poetria nova*）为例。这部由 12、13 世纪之交著名文艺学家（文索夫的）杰弗里（Geoffrey of Vinsauf）创作的作品从修辞的角度讨论了文学创作的原则，不仅在整个 13 世纪红极一时，而且一直到 15 世纪都还被奉为权威。

文学创作是一个修辞过程　杰弗里对于依仗灵感、听任兴致、信手挥洒的自然主义创作观不以为然，他将作文看作一个有规则可循的理性过程。他从构思入手，认为就跟动手盖房子之前应该先有明确的设计一样，诗人的"心灵之手必须先于身体之手"写下整个篇章。"审慎的思维"应该阻止诗人匆忙提笔或开口，让他就作品主题"先在心中慢慢计议"，并用"内心的罗盘对整个题域加以测定"。等到想表达的思想内容已经在"心灵的密室理出头绪"，才开始考虑如何"让诗歌用语言为素材着装"。诗歌在这么做的时候应该谨守"仆人"本分，小心翼翼，务必不能让"女主人"因为看上去"头发蓬乱"或"衣裳褴褛"而显得不雅。尤其要注意不能因为某一部分装饰过火而损害了其他部分的观瞻，"因为任何一部分不管是因为什么原因而成为败笔，整个篇章将会因为这么一个毛病而招致［读者的］责难"。诗篇可以分为开头、中间、结尾三个部分。开头部分应该像一位彬彬有礼的仆人那样，将主题迎将进来；中间部分应该像好客尽责的主人，热诚地接待这位来宾；结尾则必须像比武的主持人宣布赛事结束那样，对整个活动表现出应有的尊重。不管是哪一部分，其中的任何一个成分都必须为整首诗争光。他将上面用文学手法描述的那个过程概括为包含四项任务的"规划"：首先，也是最重要的，是决定这一"规划"内容的界限；其次，确定如何"在几个重点之间取得平衡，以便正确地将［相关］意义表达出来"；第三个任务是确保"所用言辞驯善听话，不会像一群野兽那样狼奔豕突"，失去控制；最后该做的事是"小心调节语音……并辅以跟语音相称的面部表情和动作"，以便使受众"听得进去，感到顺耳"。(Murphy 1971: 34-36) 在他对这四个步骤的描述中，我们清楚地看到将修辞过程区分为发明、谋篇、文采和表达的传统修辞理论在文学领域的投影。

辞格是文学发明的手段 《诗艺新论》的论述虽然就整体布局而

言完全遵循了西方修辞的传统规范，对具体问题的处理却充分意识到在文艺作品跟实用言说之间存在着巨大差别。当杰弗里以叙事诗作为代表体裁讨论文艺作品的"发明"时，就不理会古典修辞提供的"话语"和"争议点"这两个常规方法，别出心裁地提出一个以"变换顺序"、"扩展"和"收拢"为基本手段，通过辞格的创造性应用进行文学发明的理论模式。

　　"倒装"/"倒置"（hyperbaton）是一个常用辞格，它通过颠倒句子中的词序产生或强调某一意义。杰弗里将该辞格的含义加以延伸和扩大，使之成为通过改变"自然顺序"——例如事物的正常发展过程或先后次序——而产生某种艺术效果的一个超级辞格。他提出组成文学叙事的各事件既可以按照"自然"顺序，也可以按照"艺术"顺序加以组合。后者打乱了"自然"顺序，将其各组成部分加以对调，或使后面反转为前面，或将开头挪到末尾等。艺术所打乱的不仅是空间顺序，还包括时间、逻辑、认知和价值等一切常规顺序或常规秩序。它"把将来移到现在，使歪斜变得笔直，将远近对调，使粗鄙显得优雅，让陈旧和新颖、公和私、黑和白、低廉和宝贵对调位置"（Murphy 1971: 36–37）。由于单纯而忠实地拷贝"自然"顺序谈不上是艺术，一切艺术作品可以说都是通过以各种方式对"自然"或通常意义上的顺序或秩序加以变换而形成的。也就是说，艺术就其本质而言是对"自然顺序"的重组和"倒装"。当然，不同成分的对调和移位如果要称得上是"艺术"，而不是胡颠乱倒，还必须满足一个条件，即通过"变换顺序"而产生的新组合必须显得和谐自然，没有一点勉强或牵强之态，甚至比原有的"自然顺序"更显"自然"。他指出"富有技巧的艺术可以将材料颠来倒去却并不使人感到反常变态。艺术[将自然排列的各个部分]加以对调,以便使材料得到更好的组合。艺术顺序不管如何改变自然顺序,都将比后者更为精妙,因而更加可取得多"(Murphy 1971: 36-37)。不难看出,这一条件是本书前几章提到过的"精心构筑的文本应该显得毫不造作"这一古典修辞原则在文学创作语境内的体现。

《诗艺新论》提出在构筑诗文"总体结构"时,作者应考虑是采取"松"还是"紧",也就是"扩展"还是"收拢",作为自己的基本发明策略。如果已形成的文本过于干瘦,应选择前一个大策略,通过"重复"(使同一个意义"换上各种衣饰"),"铺展"("不要一语带过,将[除了该词语明确指出的特征之外的]其他特性也提出来讨论"),"比较"("可以通过或明或暗的手段进行",如"不以[比较的]本来面目出现,而是进行了伪装,看上去好像不是在比较")以及"旁诉"(apostrophe),"拟人"(prosopopoeia),"离题"(digression),"描述"等手段,达到使正被发明的文本进一步充实丰满起来的目的。(Murphy 1971: 41-57)如果已形成的文本过于冗赘,则应采用"收拢"策略,通过"聚缩"(emphasis,即通过使意义向某些起强调作用的词语汇聚而缩小篇幅),"裁缩"(articulus,将连接词等次要句法成分省略掉),"沉缩"(将部分意义连同表达这些意义的词语沉埋于字面之下)等手法以及"独立离格"等缩略结构使文字"瘦身",做到"同一件事情绝不重复叙说","说出的话表达了没有明说的意思","小句之间不用连接词","仅用一个陈述就使许多事物显现于心灵的视野之中"等等。(Murphy 1971: 57-58)这些讨论令人耳目一新；它们一改传统修辞发明理论仅注意如何从无到有、从小到大地形成文本的俗套，提出发明应该是"放"与"收"这两个相反相成过程的融合，不仅一步步"扩展"话题，同时也不断使文字更显精干。

《诗艺新论》在传统修辞框架内的创新还表现在书中有关文体风格的评论。杰弗里指出不管文字的长短繁简，作者都要运用各种辞格为它"上彩"。这一说法本身也许只不过是旧说翻新，然而他接下去就"内彩"和"外彩"提出的区分却不无新意：

> 首先应该就表达的精神加以深思，最终才考虑表达的面容，千万不要轻易认为只要面容上有佼好的色彩就够了。外在的色彩如果和内在的色彩不协调，就是对［读者］智力的一种侮辱。文字如果单单在其外表上了彩，就会像用泥浆涂抹出来的绘画，拼凑出来的物品，仅靠包装显露的美貌，用石灰水涂抹过的墙壁，假装在讲话的哑剧演员那样，使人觉得是在通过外形掩饰自己的畸形，用外在的卖弄和展示来遮盖内里的空虚。［这样的作品］远观也许不错，近看却一点都不雅。（Murphy 1971: 60）

杰弗里还在文体风格部分重点讨论了化腐朽为神奇的手段。他告诫作者应力求使陈旧表达"返老还童"，不能"让词语待在它的常驻地"，而应该使它"游荡到其他地方，在别的地点安上惬意的新居"，成为这一地方的"新来客，并且以其新奇［给人们］带来喜悦"。他将达到这一目标的基本手段称为"越位"（transsumption），即词语跳出其通常的搭配或上下文，转移到一个陌生语境。例如，将通常用于表达物品属性的词语转用于修饰人类，或反过来将通常用于表达人类属性的词语转用于修饰物品。又如，将一个名词跟一个和它的意义相冲突的动词搭配，使它们"表面上彼此仇恨，然而内部却充满相互敦睦及亲爱的意义"。虽然这些具体的策略都只不过是辞格（如隐喻、吊诡等）的运用，然而杰弗里着眼于语言表达的创新，用"越位"这个超级概念将所有这些辞格的机制都包含在内，强调词语和语境的搭配关系，并指出改变这一关系，或者说将词语迁移到它原来不熟悉的语境，是文艺修辞创新的主要途径。这一观点前所未见，是中世纪对修辞理论发展的另外一个贡献。

第七章

修辞复兴与文艺复兴

从 14 世纪到 17 世纪发生于西欧的文艺复兴是一场波澜壮阔、翻天覆地的思想文化运动。它以强调人的尊严和价值的人文主义作为自己的核心观念，通过用"人道"取代"神道"，树立起一种全新的意识形态，将欧洲从一个思想观念日益僵化教条，文化艺术领域日渐单调灰暗，社会生活严重丧失生机的宗教秩序中解脱出来，催生了多姿多彩的现代西方文明。虽然有关文艺复兴的流行表述大都将注意力集中于欧洲在科学、文学和艺术等领域取得的辉煌成就，对修辞着墨不多，然而"重新发现"古典言说艺术却是促成人文主义兴起的一个主要因素。修辞复兴是文艺复兴的最重要组成部分之一，而修辞在这段时期的发展和演变也是整个欧洲社会文化在同一时间经受的巨变的缩影。

"重新发现"古典文献和文艺复兴的起源　文艺复兴的起源是与"重新发现"古典文献密不可分的。按照普遍接受的历史叙事，从 12 世纪开始，已经失传近千年的一些古希腊和古罗马经典开始接二连三地从一些修道院的偏僻角落中被挖掘出来。这些经典所展示的文化形态和知识体系与中世纪欧洲的固有观念存在着巨大反差，因而引起了当时文化知识界的极大兴趣，触发了一股翻译、研究古代经典，了解和"复兴"经典文化的热潮。这个广为流传的起源故事虽然已经耳熟能详，却具有相当的误导性。首先，"重新发现"一说明显带有的"偶然性"含义十分可疑。这些文本其实早就被收藏在相关的修道院内。考虑到在欧洲出现印刷术之前任何通过书写保存下来的古代文献必然都具有极为特殊的价值，收藏者将这些文本当作废物随便塞在哪个地方，几百年间不闻不问的可能性几乎不存在。所以，更加可能的情况是这些文献并非长期被彻底埋没，无人知晓，而只是因为它们所承载的世俗智慧和"异教"观念不见容于教会钳制"异端"思想学说的高压话语政策，因此其进入流通领域的渠道从源头起就被层层堵塞。只是到了中世纪政教合一的体制由于内部分裂开始迅速衰落，逐渐失去对社会、政治生活各方面的极权主义控制，在维护意识形态"纯洁性"方面已经心有余而力不足的时候，这些文本才得以被"重新发现"，或者说以此名义摆脱禁锢，重见天日。

其次，对"新发现"古典文献的翻译、解读和利用跟人文主义的兴起之间并无必然联系。最先被发掘出来的古代经典是亚里士多德的大多数著作，然而"重新发现"亚里士多德的直接后果并不是人文主义的萌芽。恰恰相反，这一"发现"导致了人文主义的对立面，也就是那个以日益琐碎无聊的方式就信仰和理性的关系争得天昏地暗的经院哲学，在 13 世纪得以繁荣兴旺。一直到 11 世纪末，只有部分亚里士多德早期著作被译为拉丁文流传于世。这一状况到 12 世纪发生了变化。从 12 世纪到 13 世纪初的近百年内，亚里士多德的几乎所有作品都通过其阿拉伯文译本被转译为拉丁文，使得其思想体系首次以完整的面目呈现在西欧神学界面前。成立不久的巴黎大学很快就成了亚里士多德研究中心，组织了对以物理学、形而上学和逻辑学为主的亚氏著作的大规模研习和讨论，吸引了来自欧洲各地的众多学者。由于亚里士多德的世俗、异教身份一开始具有的敏感性，教皇于 1210 到 1215 年间曾下令禁止巴黎大学讲授他的部分著作。不过这一禁令不久就被取消，而促使教廷回心转意的原因很简单：教会发现对亚里士多德的研究有助于强化基督教的理性基础，对于巩固和坚定精英阶层，尤其是思想知识界的宗教信仰大有助益。以信仰的名义对亚里士多德思想加以改造和挪用于是乎如火如荼地在西欧各地开展起来。例如，经院哲学的中心人物托马斯·阿奎那（Thomas Aquinas，1225—1274）就一直努力将亚里士多德的方法应用于基督教神学研究，以证明理性能够将人类引导到博大的精神真理，或者说能使他们真正理解原先通过信仰已经获得的真理。在对此进行论证并否认信仰和理性之间存在着根本冲突的过程中，阿奎那实现了对亚里士多德的基督教化。中世纪的神学研究原来一向仅致力于对《圣经》和其他宗教经典的阐发和评论。它将自己改造为一门运用理性形式，通过抽象、繁琐的辨证方法论证基督教信仰的思辨哲学是 12 世纪之后的事。在这一转型过程中，被基督教化了的亚里士多德思想发挥了极大的促进作用。

古典修辞著作手稿的发现和人文思想的兴起　亚里士多德的例子说明新发现的希腊、罗马古典文献对中世纪思想的影响和冲击不能一概而论。事实上，就文艺复兴的观念基础——也就是人文思想——的萌发成长过程而言，真正起了催化作用的不是别的，而恰恰就是古典修辞著作。文艺复兴以修辞复兴作为其核心组成部分，而古典修辞的复兴则发端于一些重要古典修辞手稿的重新发现。古典修辞作品，尤其是西塞罗的著作，在中世纪虽然也广为人知，然而真正流传于世的只是西塞罗早年撰写的手册《论修辞发明》和被误认为是他作的《献给赫伦尼厄斯的修辞学》，以及昆提利安《论言说者的教育》的某些选段。这些在西方古典时期向中世纪转型的动荡过程中没有随风而逝的文本有一个共同特征，即它们所关注的主要是修辞的技术层面，不触及言说艺术作为一种社会实践、文化形态和智力领域所涉及的各种关系和问题。该特征表明这类作品之所以得以漏网偷生绝非偶然，而是处于支配地位的基督教意识形态对古典修辞加以精心筛选和过滤，剔除其中与神性中心观念不相容的人文内涵，将它改造为只研究表达手段和交流策略，可以"为我所用"的工具学科的结果。

文艺复兴初期"重新发现"的手稿则与上面提到的那几种文本大异其趣。这些手稿包括 14 世纪由意大利著名诗人、伟大的人文学者彼特拉克（Petrarch，1304—1374）等人发现的西塞罗演说稿、通信和《家书集》（*Familia Epistles*），1416 年在一所修道院发现的昆提利安《论言说者的教育》全文，以及 1421 年由一位主教发现的西塞罗《论言说者》、《布鲁特斯》、《演说家》（*Orator*）等名著的手抄本。以西塞罗演说和书信为代表的古典修辞作品所洋溢着的那种沛然莫之能御的雄辩和人类自信、自爱、自尊的情感使当时的整个知识界和文艺界，包括作家、神学家、律师、诗人等等，都为之倾倒。对修辞艺术的研究和追求继古希腊和古罗马之后再次成为一时之尚。另一方面，《论言说者》和

《论言说者的教育》这两部博大精深的皇皇巨著重见天日使早期人文学者开始意识到他们迄今所接触到的不过是经典修辞理论的一小部分，通过阅读《论修辞发明》等技术手册而形成的修辞观充其量只是对这一古老艺术的简化和片面化，是一种坐井观天式的曲解，远远谈不上窥其全貌。这一觉悟引发了一股搜罗和钻研修辞典籍的热潮，而对修辞典籍的不断深入了解反过来又增强了学者们汲取其中蕴含的丰富人文精神，改造当时的话语和文化形态的信心。

　　修辞在树立起人文主义文化意识的过程中发挥了关键作用。古罗马的言说艺术被推崇为修辞的典范和发展高峰，西塞罗也成为最受文艺复兴时期人文主义者崇拜的榜样。在人文学者的心目中，西塞罗作为古罗马共和国出类拔萃的律师和政治家，是一位尽善尽美的修辞实践者。而他作为《论言说者》等一系列无与伦比的著述的作者又是有史以来最伟大的话语理论家。在西塞罗身上，"沉思型的人生"（*vita contemplative*）和"活跃型的人生"（*vita active*）这两个互相矛盾的理想得到了完美的结合。西塞罗提出的一个重要观点，即修辞使人类社群得以形成，文明得以发展，成为文艺复兴时期人文学者的共识和基本信念。对于许多人文主义者来说，雄辩产生智慧，文化的萌发只有通过雄辩的言辞才能实现，修辞是使文化成其为文化的决定性因素，是人类独享的一种特殊天赋。这些新观念成为文艺复兴时期人文主义者对经院哲学进行批判的出发点，对古典雄辩的深入研究同时也使这一批判更加有力。例如，彼特拉克在向经院哲学发难，揭露其"伪科学"本质时就以"话题"作为切入点。他罗列了经院哲学家热衷的"自然研究"所兴起的一些话题，如"狮子头上有几根毛"，"章鱼用多少根触须攻击海难落水者"等，指出将注意力集中于调查这类"事实"使我们忽略了跟人本身，跟人的本性和生存状况息息相关的那些真正重要的话题，因而极其迂腐、浅薄和无聊。在他之后的另一位杰出的意大利人文学者洛伦佐·瓦拉（Lorenzo Valla，约 1407—1457）更进一步对受经院哲学家推崇的亚里士多德直接发起攻击，指责其理论"过度抽象，没有任何实际用途"，其研究回避跟"投身公共事务、行政管理、带兵作战、争辩事因、治病救人、从事法律事务、创作故事和诗歌"息息相关的那些问题。通过对亚氏的非难，瓦拉肯定了强调经世济用的西塞罗学术传统。（Barilli 1989: 52–53; 57）

修辞的社会威望随着人文主义的兴盛不断提高，在从 15 世纪中叶开始的一百多年间享有足以跟古典时期媲美的崇高地位。这一点从当时不少出版物对修辞的评价可以清楚看出。例如，1507 年出版了一本名为《哲学之珠》（*Margarita Philosophica*）的百科全书式文集，在当时影响极大。文集刊有一幅图解学术领域总体构成的木刻，将修辞拟人化并描绘为一位衣着典雅华丽，手持宝剑，口吐百合花的女王。她独自高踞于图像正中的王座上，而在簇拥于女王四周的群臣中则包括自然和伦理哲学家亚里士多德和塞内加（Seneca）、诗人维吉尔（Virgil）、历史学家萨卢斯特（Sallust）、法学家查士丁尼一世（Justinian）等。这幅画生动地体现了当时人们的一个普遍认识，即修辞是一门至高无上的艺术，它统领所有学科，引导着人类的整个文化、智力领域。

修辞的复兴 修辞复兴随着新发现的拉丁和希腊文本通过印刷流传到整个欧洲而进入一个新阶段。单单西塞罗的《论言说者》从 1465 到 1696 年就出现了 18 个单行版本。由于能阅读希腊原文的人文学者极少，能直接阅读拉丁文原著的一般读者也相当有限，而学术界和社会上对修辞艺术的追求又十分炽烈，一股将希腊文的修辞经典译为当时的国际通用学术语言拉丁文，再将拉丁译著或原著转译为各国本土语言的翻译热潮随即兴起。修辞经典的拉丁化，尤其是这些经典的各种本土语言译文的大量出现，进一步为修辞复兴推波助澜，使其从原有基础更上层楼，进入一个愈加兴旺发达的阶段。原来被经院哲学家冷落的亚里士多德《修辞学》于 15 世纪末 16 世纪初在法国首次被译为拉丁文。他的《修辞学》和《诗学》于 16 世纪中叶被翻译成意大利文。狄摩西尼的演说也于 16 世纪中叶之后由英国著名修辞学家托马斯·威尔逊（Thomas Wilson，1524—1581）译成英文出版。对这些文本的注释、评论和解读紧跟着翻译热出现了。西塞罗的著作吸引了最多的注意力，一时注家蜂起，评论如潮。这股诠释热将修辞复兴推向了另一个高潮。

然而，和文艺复兴作为一个整体一样，修辞复兴绝非单纯是对古典修辞思想和实践模式的复原，而是通过对古典修辞的热情推崇和有选择利用，促成中世纪文化的深刻变革，并在发挥这一关键作用的过程中将自己改造为适应现代文化条件的新学科、新艺术。在学习和解读这些古典修辞文本的基础上，人文学者开始自己动手，根据自己所处时代的要求撰写修辞学论著。这些新论著不断被推出，其总数到 17 世纪中叶已经数以千计。其中当然有不少是对古典样板的机械模仿，然而更多的是将古典修辞思想和理论推陈出新，按照当时的实际情况和需要因时、因地、因人加以改造。例如，16 世纪德国学者和宗教改革家菲利普·梅兰希顿（Philipp Melanchthon，

1497—1560）1519 年在符腾堡出版了一本修辞教科书，其架构既继承了西塞罗规定的修辞五大传统任务（或称五大艺术），即（修辞）发明（invention）、谋篇（disposition）、文采（elocution）、记忆（memory）、发表（delivery），又在这个基础上按照当时话语实践的特点淡化和弱化了后面两项。不仅如此，梅兰希顿还对古典修辞体系进行了重大革新，增加了若干章节，专门讨论阐释、评论、布道等三种古典理论家没有触及的新修辞样式，从而将修辞从单纯的言说艺术改造为研究范围包含言说和诠释的一门综合话语艺术。此外，这本教科书还一反古希腊修辞学家将修辞和辩证学对立起来的做法，反复强调二者在一个大修辞框架内的统一。梅兰希顿随后对这本书进行了修改和简缩，在此基础上又接连出版了几本讨论修辞基本要素的册子，其中一本在他生前就有 33 个不同版本问世。

· **体裁和话题的多样化** 一些人文学者继续在模仿西塞罗和昆提利安代表作的基础上，撰写覆盖了所有五大修辞艺术的系统教科书。例如，法国耶稣会教士、修辞学教授尼古劳斯·卡希努斯（Nicolaus Caussinus）于 1619 年出版的《神圣与世俗雄辩的对应》（*Eloquentiae sacrae et humanae parallela*）一书规模宏大，多达 16 卷，除了阐述古典修辞的主要概念和观点之外，还分册探讨了诸如铺陈、情感、公众修辞、说教术等专题。然而文艺复兴时期的社会组织结构毕竟比古典时期复杂得多，各个不同行业、场合和情境对于修辞艺术提出了迥然不同的要求。按照这些行业和场合的特殊需要提供合适对路的说服技巧，而不是笼统地对修辞艺术加以综述，成为各行各业读者对修辞手册编撰者的期待。于是乎，在以教育为目的的系统修辞教科书继续不断涌现的同时，以满足各界别和行业的需要为目的的分类或专门修辞手册开始大量出现。

例如，英国教师伦纳德·考克斯（Leonard Cox，约 1495—约 1549）1524 年以梅兰希顿教材为蓝本，用英语出版的《修辞技艺》（*The Arte or Crafte of Rhethoryke*）一书就只讨论如何进行修辞发明。考克斯在书中声明他出版这本书的目的是向那些从事法律、外交、布道等行业的读者传授"正确、悦耳、富有说服力的修辞艺术"，使他们明白怎样才能"以受众听起来最在理、最容易接受的方式"交谈。托马斯·威尔逊于 1553 年出版的《修辞艺术》（*The Arte of Rhetorique*）是伊丽莎白时代英国的畅销书，有多达 8 个版本在流通。在这本书中，他也探讨了如何在法律、国事、宗教仪式和许多其他不同场合应用修辞，并采用英国实例来阐述古典修辞确立的各种原则和原理（如"怎样劝说他人学习英国律法"、"[英格兰守护神] 圣乔治 [对英国人] 意味着什么"等）。

对记忆的研究逐渐从修辞原有的五大艺术中脱离出来，获得了独立地位。为满足包括传道士、哲学家、医生、律师和检察官等各色职业人士的需要，专门研究记忆的作品出现了，对记忆技巧的认识也由于目标读者和语境的变化而偏离了古典观点。例如，激进的新教改革家威廉·珀金斯（William Perkins，1558—1602）就对古典修辞提倡以幻想和情感为纽带促进记忆极为憎恶，认为这将导致对灵魂的败坏。另一方面，对发表技巧的研究兴趣在文艺复兴时期却明显淡化了。有关发表方法的单独章节只在最为系统的修辞手册中才能发现，单独讨论这一问题的出版物极为罕见。约翰·布尔维（John

Bulwer，1606—1656）1644 年出版的《手势学，或手势修辞艺术》
（*Chironomia, or the Art of Manual Rhetorique*）是这极少数的例外之一。
这本书专门研究手和手指头的各种不同姿势如何加强了说服能力，亦
即手势的交流和表现能力，在手及手指所处的某些位置或者所做的某
些动作和某些特定情感之间建立起对应关系。例如，"紧锁眉头摆动
手意味着憎恶、否认、不悦、拒绝以及不允许等"。

　　文艺复兴修辞在对古典修辞体系加以重构和改造的同时，还超越
了这一体系的传统范围，以求得自身的进一步发展。例如，这一时
期开始出现的一类被称为"仪范修辞"（formulary rhetoric）的出版
物，此前就未曾见过。这些册子收集了包括成语、格言、警句、模范
信函、美文、语录等修辞者可以模仿、效法和利用的各种修辞资料，
但是并没有就修辞的概念、原理和原则进行论述。所收入的资料通
常按照字母顺序并根据哲学概念、神学教义以及教学科目等门类组织
起来。这种方便实用的"仪范修辞"在文艺复兴时期极受欢迎，它为
一般修辞者提供一个收集有各种常言常理和范例素材的宝库，使他们
可以方便地搜索并发现各种可资引用和仿效的言说材料，从而大大方
便和促进了修辞发明。这类出版物也不无其消极后果，往往诱使平庸
的修辞者在自己的言说或写作中大量采用与语境脱节的陈言旧例，而
不是根据当时当地的具体情况，独立主动地进行修辞发明。仪范修辞
的代表作当推荷兰学者、文艺复兴时期最杰出人文主义者之一狄赛德
里乌斯·伊拉斯谟（Desiderius Erasmus，约 1469—1536）的《格言
集》（*Adagia*，1500）。此外，同样是在文艺复兴时期，修辞的影响开
始扩展到其传统领域之外，成为某些不以语言为媒介的艺术实践的观

念基础。一些主要的修辞概念和范畴，如"得当"、"发明"、"雄辩"等，被转借到绘画、音乐等领域，通过类推，成为艺术话语的基本词汇。1600 年出版的《音乐诗学》（*Musica Poetica*）就是音乐理论修辞化的一个典型表现。

布道修辞在文艺复兴时期的发展　修辞复兴作为文艺复兴的基本组成部分对中世纪的社会文化和价值观念产生了强大冲击，但这一复兴毕竟只是将诞生于古典文化土壤的一种实践和观念形态移植到中世纪末期的体制框架中所产生的效应。因此，古典修辞观念的传播更多地表现为对中世纪固有修辞实践方式的更新和改造。布道修辞受益于新观念的引进，在这一段时间有了长足的发展。伊拉斯谟于 1535 年出版了《布道者，或布道的方法》（*Ecclesiastes: sive de ratione concionandi*）一书，从传播基督教教义这一根本目的出发系统地讨论了整个修辞艺术。在伊拉斯谟之后，众多的宗教修辞学者根据自己所属教派的特点就如何有效地布道进行了深入讨论。16 世纪中叶新教神学家安德烈亚斯·格哈德·海皮里厄斯（Andreas Gerhard Hyperius，1511—1564）用拉丁文出版的两卷《论神圣布道词的创作》（*De formandis concionibus sacris*）表现出两个具有鲜明时代特色的倾向。首先，它打破了古典修辞以修辞者为中心，只从修辞文本创作的角度来思考修辞艺术的成规，不仅对布道词的创作，而且对其接受亦即解读过程也同样予以关注，从而将目光投向文本诠释过程所要求的那些特殊修辞技巧。其次，这本书拒绝承认在基督教和异教之间存在着一道不可逾越的鸿沟，从而对圣奥古斯丁开创的基督教修辞观实现了历史性的超越。圣奥古斯丁在基督教如何对待古典修辞这一问题上主张采取"宗教教义为体，异教修辞为用"的工具主义原则，提倡将古典修辞艺术当作基督教布道者可以而且必须利用的一种利器。海皮里厄斯则打破了基督教和异教的对立，将异教演说者和新教的布道家等同起来，从而使得宗教和异教这对一向被认为水火不相容的观念形态在修辞的基础上获得统一。在海皮里厄斯自己以及其他许多文艺复兴时期的基督教人文学者看来，"基督教修辞"并非一个自相矛盾的概念，而是一种自然而然的实践模式。

这一个时期研究布道艺术的另一部极富时代特色的作品是英国神学家威廉·珀金斯于 1592 年用拉丁文出版的《代神发言的艺术，或神圣而又唯一正确的布道之道》(*Prophetica, sive de sacra et vnica ratione concionandi tractatus*)。这部书的英译本不仅在英伦三岛深具影响，而且在北美的英国殖民地中也如此。虽然珀金斯宣称自己的讨论博采从圣奥古斯丁、伊拉斯谟到海皮里厄斯等大家的观点，然而他有关布道艺术的整体看法却深深地植根于加尔文派新教的神学教条，以这些教条为纲对传统修辞体系进行了改造和取舍，从而与上述作者探讨修辞艺术的基本方法大异其趣。例如，他将"记忆"及其技巧从布道艺术中剔除，据说因为记忆的关键在于联想，而联想只能通过唤起与日常生活关系密切的形象才能实现。这些形象不仅引发了各种"荒谬、狂放和缺乏节制的思想过程"，更糟糕的是它们还"对肉体产生刺激，从而煽起最为腐朽的情感"。又如，在讨论布道风格时他提倡"谦卑"，要求所有布道者都必须做到"言辞简明，既易于为一般人所理解，又体现神的尊严"。将"素朴简明"作为唯一可以接受的文字风格虽然比较极端，然而却受到新教布道家的广泛接受，并且也与稍后由弗朗西斯·培根（Francis Bacon，1561—1626）以及跟他同时代的其他许多学界人士提倡的明快准确、不事修饰的科学文风异曲同工。不过，这并不等于说珀金斯观点的影响遍及整个欧洲。以耶稣会教士为代表的罗马天主教布道学家仍然坚守"运用一切可资利用的说服手段"这一古训。他们肯定修辞效果的感官性和情感性，甚至提倡采用汪洋恣肆的巴罗克文体风格。

对书信艺术的进一步研究 中世纪学者将修辞由单纯的言说艺术改造为写作艺术，使得尺牍（*artes dictaminis*）发展成为当时最主要的一种修辞体裁。由于促成这一转化过程的是当时日益复杂的治国理教的需要，中世纪尺牍所关注和讨论的几乎完全是公务、政务信函的写作。随着西塞罗书信在文艺复兴初期被意大利人文学者重新发现并被广泛采用为学校的拉丁语教材，新出版的尺牍中普遍增加了有关私人信件（*epistola familiaris*）写作技巧和标准的章节，从而扩大了书信艺术这一概念的外延。私信成为知识界，尤其是人文学者之间彼此交流思想的普通途径。在社会上识字的中层阶级成员当中，互相寄送私人信件也明显普遍起来。这些新情况和新需求的出现导致了探讨书信艺术的修辞著作不断出现，其中的精品包括伊拉斯谟于 1522 年出版的《论写信》（*De conscribendis epistolis*）、康拉德·采尔蒂斯（*Conradus Celtes*，1459—1508）于 1537 年出版的《书信方法》（*Methodus conficiendarum epistolarum*），以及奥里利厄斯·利普斯·勃兰都林厄斯（Aurelius Lippus Brandolinus，约 1454—约 1497）于 1545 年出版的《论写作》（*De ratione scribendi*）。这些作品大都将传统修辞在言说实践的基础上发展起来的各种范畴、程序、结构等应用于对书信写作的理论描述和规范，并且运用大量事例对这些理论规则详加说明。

修辞与文艺复兴时期的教育改革　文艺复兴时期的人文学者大都不满足于仅仅将学术活动看成个人的事业，或以一种"得失寸心知"的心态将学术成果仅用于自我欣赏，而是努力将自己的感受、领会和发现传播到大众中去，以期对现实作出干预。这种干预首先体现在对当时教育制度的改造。例如，西班牙人文学者胡安·路易斯·比韦斯（Juan Luis Vives，1492—1540）一生致力于将修辞确立为学校的课程之一，以便使它成为所有受教育公民的一种基本修养。又如，伊拉斯谟和英国人文学者约翰·考勒（John Colet，1467—1519）于1510年左右分别就中等教育的改革提出方案，并在协调彼此的方案后一起将它付诸实施。他们采用的教学大纲后来成为中等教育的标准。该大纲以"流利地说、写拉丁文"作为中等教育的基本教学目标；为了达到这一目标，要求学生首先学习语法，然后进行命题作文等修辞练习。"由于雄辩是人类追求的最伟大目标，而修辞又是掌握一切文化知识的关键，学生就言说艺术的每一个步骤进行了充分的练习。通过阅读和写作，他们学会遵循修辞的总体过程（如言说的五个结构成分、三种风格、写作的仪范体系等）……并熟悉大量辞格的名称、定义和应用。"（Vickers 1988: 258）人文主义者对当时的大学教育也进行了改革，从16世纪初叶起将研究古典文献的理念引入大学教育，并且对大学的课程设置也进行了影响深远的调整。在经院哲学当道的时候，逻辑学是重点中的重点。经人文主义者改造过的课程则强调了修辞和语法的重要性，不仅给修辞更多的课时，还将它确定为一门基础学位课程。西塞罗的重要修辞论著，昆提利安的《论言说者的教育》，以及包括伊索克拉底、赫摩根尼、狄摩西尼等人的作品都是必读、必教的文本。（Vickers 1988: 265-266）修辞学不仅将逻辑学从它一向独自占据的学科中心位置挤出去，还通过阿格里科拉（Rodolphus Agricola，1443/1444—1485）等学者对逻辑的"修辞化"进一步削弱它在智力和话语实践中的影响。

修辞与文学的进一步融合　文学理论和创作的修辞化是中世纪业已长期存在的一个现象。修辞在文艺复兴时期的勃然兴起进一步推动了这一趋势的发展。具有代表性的文学作品无不呈现出一些跟修辞密切相关的特点，如广泛运用辞格和其他修辞手段修饰文字；融合不同修辞体裁和结构；注重追求情感效果；对事物的描绘力求达到"生动活泼"的境界，务必使读者产生身临其境、亲自见证事情在眼前发生的错觉。乔万尼·薄伽丘（Giovanni Boccaccio，1313—1375）在其《十日谈》（*The Decameron*）中就跟代人撰写演说词的古典修辞家一样，通过自己的生动笔触使在当时话语秩序中本来谈不上有话语权的年轻人和妇女发出他们的声音，将自己内心的"思想、忧虑、情感"充分表达出来。他在以书中人物的名义讲述故事的过程中，从古典修辞有关"叙事"的讨论和范例中获得大量灵感。就像古希腊、古罗马的庭辩修辞者那样，薄伽丘用丰富的细节构筑起一个个故事现场，通过深刻的性格分析为那些思想感情背离正统观念的人物辩护，因此他的杰作完全应该被看成"一项修辞事业的宏伟进程"（Barilli 1989: 54）。即便是在文艺复兴后期素朴文风业已兴起并成为时尚之后，上述许多修辞特点也仍然在诗歌创作中得到保留。

古典文学批评的理论基础是修辞，这一传统在文艺复兴时期得到了人文主义者的传承和发扬。意大利著名的人文主义者巴尔达萨雷·卡斯蒂利奥内（Baldassare Castiglione，1478—1529）在其传世之作《侍臣论》（*Il Cortegiano/The Book of the Courtier*）中继承了古典理论有关"修辞只有在其手段不被觉察的时候才具有完全说服力"的认识，尤其是朗吉弩斯在讨论辞格应用时总结出来的"避免显露"原则。他丰富并发展了这一理论的内涵和外延，将"自我掩饰"原则推而广之，提出包括人际交往、宫廷应对在内的一切人生艺术要想获得成功都不应该自我显露，强调将艺术的本质属性——也就是它必然蕴含的匠心、盘算、设计和技巧——不露痕迹地掩盖起来才是从事所有艺术的正道。在卡斯蒂利奥内看来，艺术的最高境界因此应该是对艺术性的成功掩盖（意大利语称为 *sprezzatura*）。这一成功将使艺术显得完全是艺术家的第二天性（*altera natura*），看上去活脱就是天然无雕饰的完全出于自然的表达。乔治·普登汉姆（George Puttenham，1529—1590）的三卷本《英诗艺术》（*The Arte of English Poesie*，1589）被誉为英国第一部全面阐述诗学批评的著作。虽然这部作品只谈诗艺而不讨论修辞，然而读者不难发现其体例与西塞罗的修辞理论体系并无二致；它基本上是将西塞罗论著中的"修辞者"和"修辞"改为"诗人"和"诗歌"，并根据 16 世纪西欧和英国的语境对前者的话题和视角作相应调整而写成的一部著作。

普登汉姆：诗歌即有韵律的修辞 正如西塞罗在其理论体系中将修辞的发展和人类文明的发展密切联系起来并将注意力聚焦于"言说者"，普登汉姆在这部有关诗艺的论著第一卷也花费大量笔墨讨论诗

歌和人类社会发展的关系并讴歌"诗人"在人类文明发展史中发挥的
巨大作用。他称诗人不仅是人类世界最早出现的"布道者、先知、立
法者和政治家",而且也是最早出现的"哲学家、天文学家、历史学
家、言说家和音乐家"。(Puttenham 1970: 22)这些说法完全是西塞罗
《论言说者》中对修辞和修辞家总体评价的翻版。《英诗艺术》罗列了诗
歌发挥的各种重要社会功能,从"赞美神祇"到谴责人类生活中一切
"邪恶和弊端",包括"王公们的邪恶和残暴行为"(Puttenham 1970:
45-48),所有这些作用也都可以在西塞罗的著述中找到明显的对应。
普登汉姆列举的上述功能表明在他看来,诗歌明白无误地就是一种有
韵律的修辞。《英诗艺术》卷二有关诗歌的形式和结构的讨论以"匀称"
(proportion)为纲,以是否达到"匀称"作为衡量诗歌创作涉及的各
个方面——从主题的确定到韵脚的安排——的基本标准。从普登汉姆
的讨论中,不难看出他所谓的"匀称"其实就是古典修辞理论早已确
认的"恰到好处"原则(to prepon/appropriateness)以及"得体性"
(taste)、"整体性"(artistic composition)和"卓越性"(distinction)
等标准的合成。《英诗艺术》卷三(即最后一卷)的主题是"修饰",
其内容则全都是有关修辞格应用的讨论。这一体例安排进一步表明,
文艺复兴时期的文学理论在很大程度上是对始于贺拉斯、朗吉弩斯并
通过中世纪"诗学"获得延续的那个古老传统的继承和发扬。以普登
汉姆为代表的文学理论家对文学创作的思考和表述基本上是在修辞提
供的观念基础和理论框架内进行的。

　　知与行的统一　　文艺复兴时期的修辞并不局限于某一领域,而是
涉及一个广阔范围内的许多理论和实践活动。它既对学者和哲人的思

维产生影响，也对政界和宗教界的事务产生影响。在学术、政治、教育、文化、科学和文学领域，修辞发挥的作用尤其重大。这一时期的修辞学家最早大都是致力于发掘古籍的人文学者。出于考证古籍真伪、比较和评价不同版本、解读文本等一系列需要，当时的修辞学家一般都涉猎甚广，具有古典文化、学术的丰富学识，并且对考据、诠释抱有极大兴趣。这些特点在他们自己随后撰写的修辞著作中都得到生动的体现。他们的另外一个突出特点是对学术研究的兴趣和对世俗事务的兴趣高度统一。早期人文主义者一个个都是杰出的学者，然而却并非埋头于故纸堆、不食人间烟火的学究。相反，他们大都积极投身于法律、政务等公共领域的工作，是理论联系实际的务实者。许多修辞家怀有进入外交界成为本国使节的抱负。不少人进入政界，利用自己的雄辩在政治上有所作为。

例如，在意大利，科卢乔·萨卢塔蒂（Coluccio Salutati，1331—1406）担任了佛罗伦萨共和国的执政官；在英国，托马斯·威尔逊被任命为国务秘书；在法国，上文提到过的耶稣会教士卡希努斯担任国王的顾问和忏悔神父。而大名鼎鼎的马基雅维利与其说是一名政治家和政治学家，不如说是一位从政的修辞学家。他在1513年出版的杰作《王公》（*Il Principe/The Prince*，又译为《君主论》）中提出的权谋理论，完全可以被看成是一种"反修辞"。该书认为王公们无需真正具备慈悲、忠诚、仁义、诚实守信等品质以及基督教信仰，但是一定要"显得"拥有所有这些美德，才能驾驭大众。这是因为"人们对你的了解是基于你看上去是个什么样的人。能感知你真正品格的人极少，而且这几个人并不敢反对多数人的意见，尤其是因为多数意见还有国家的权威作为后盾"（Machiavelli 1996: 92）。马基雅维利的这一核心观点听起来虽然因为全然不理会道德规范而令人反感，仔细想想却是将修辞所信奉的或然性逻辑和基于人格的说服手段运用到极致的产物。《王公》从出版以来一直被奉为西方的经典。这一事实从一个侧面表明不管修辞理论家如何强调这一古老艺术的积极和正面作用，如何力图将它乔装打扮，纳入主流道德规范，"修辞历来一直同时是理解和误解、正道和邪道、说服和蛊惑、道理和诡辩的孵化器"。我们所能做的也许只是在"接受这一两面性的基础上寻求最大限度地趋利避害的方略"（刘亚猛 2006：48）。

　　古典修辞观念的三大变革　被"复兴"了的古典修辞并非西塞罗和昆提利安等构筑起来的修辞模式的翻版，因为古典修辞在冲击和改造中世纪思想、教育、政治、文化形态的过程中，本身也摆脱不了被重新语境化（re-contextualization）的命运。不管人文主义者在其著作和评论中如何将西塞罗修辞思想当作超越一切具体时间和地点的人类智慧结晶加以膜拜，处于中世纪向现代欧洲转折点的文艺复兴时期毕竟不是古罗马时期，更不用说古希腊时期。出于适应一些截然不同的新历史条件的需要，刚刚被"发现"和"复活"了的修辞很快就经历了一场脱胎换骨式的自我分化和改造，呈现出三个明显的发展趋势。

　　首先，随着欧洲各民族国家及其地方性民族语言的崛起，拉丁文作为教会官方语言和文教知识界通用语言一度享有的语言霸权地位日益受到挑战，原来一直只用拉丁文出版和交流的修辞观点与著述开始了以民族语言为载体，以地方性读者为受众，以出版地独特文化和话语条件为参照的"地方化"过程。

其次，文艺复兴和"修辞复兴"掀起的思想解放运动使许多人文主义者将原来对神性和对造物主创造力的崇仰和敬畏转移到对人性和人类自身创造力的肯定和赞美。自我表达和自我塑造（self-fashioning）成为一时之尚，张扬恣肆、浓彩重墨的个人表现风格也因此备受推崇。这一时代潮流在修辞思想上突出地表现为对风格的器重，尤其是对丰满富丽、多姿多彩的风格的提倡。文艺复兴初期意大利伟大的人文主义者洛伦佐·瓦拉甚至以"上帝的庙堂如果在我们的描述下显得平淡寒酸，人们可能就不会对其至尊地位产生应有的景仰"为理由，主张连谈及神圣事物时都非用辉煌华丽的语言不可。他攻击经院学者的神学宣讲苍白枯槁，十分不当，就像穿着褴褛的衣服参加公共仪式那样，是对上帝语言的玷污。（Barilli 1989: 57）瓦拉将风格问题提升为大是大非的宗教意识形态问题，这一做法的真实动机当然不会像看上去那么简单。他完全可能只是在名义上鼓吹通过风格规范的改革为上帝添加荣耀，其真实意图却在于为人文主义思想争取更充分的表达空间和更多的合法性。然而他的说法能够堂而皇之地进入话语流通领域这一事实本身就清楚表明，不仅是人文主义者，而且连整个社会对风格的看法和评价都已经出现了深刻而重大的变化。

第三，随着以加伦的生理与解剖学著作和托勒密的地理学著作为代表的古希腊科学文献在 15 世纪下半叶被"重新发现"，受中世纪宗教秩序长期压制的科学精神也终于迎来了新的春天。对科学知识的广泛兴趣和热烈追求使得科学复兴日益成为文艺复兴的另外一个重要组成部分，以必然性和确定性作为观念基础的科学话语的影响力蒸蒸日上。一些人文主义者敏感地意识到这一新发展正开始对当时的社会观念产生冲击，尤其对以或然性作为观念基础的修辞话语将产生重大深远的影响。为了因应由于科学精神的萌发和成长而在话语领域逐步形成的新局面，这些人文主义者意识到有必要对以修辞为核心的主流话语观加以改造，并且将注意力转向与"修辞"相反相成的"辨证"。这一群学者的先驱是 15 世纪荷兰人文主义者阿格里科拉。阿格里科拉在以"晦涩难懂"、"有违常识"、"不切实际"为理由痛斥经院学派所崇尚的亚里士多德逻辑理论的同时，提倡将辨证学——而不是修辞学——树立为话语理论领域的权威学科。在其极有影响的《辨证发明》（*De inventione dialectica*）一书中，阿格里科拉强调作为发明基础的"通用话题"是由辨证学提供和阐释的，发明的艺术因而应该是辨证而非修辞。但是他同时也指出通用话题仅指明在讨论某一主题时，哪些类别的话可以说或者值得说，至于具体语境中的言说者究竟应该采用哪些具体话点，还是得倚赖修辞艺术所探讨的"特殊话题"才能确定。另外，阿格里科拉还指出辨证以对话者之间的交互"争辩"（disputation）作为话语互动的常规方式，相对于修辞所树立的那个将言说者和受众加以明确区分并以"单向"、"连续"为特征的交流常规，要来得更严肃、更较真。从这些观点，我们不难听出波伊提乌话语理论在时隔千年之后仍在产生的回音和反响，然而它们的真正历史意义是前瞻性而非回顾性的。这些观点为最终由 16 世纪法国学者拉米斯系统阐述的新话语观念提供了重要的铺垫，预示了修辞在随后的理性与科学时代采取的主要应变手段和发展轨迹。

　　本章余下的部分将分别以文艺复兴时期修辞复兴的三个代表性人物及其代表性著作为范例，对上面介绍的三个发展趋势作出进一步的阐述。

托马斯·威尔逊和古典修辞的地方化

文艺复兴时期出版的原创修辞著作虽然林林总总，种类和数量都十分可观，绝大多数却都是用当时通用的学术语言（即拉丁文）创作和出版的作品。随着教会在政治上逐步失去对欧洲长期保持的一元化控制以及欧洲各民族国家的崛起，各国通行的地方性语言的地位也得到提升，用这些语言写成的学术著作开始陆续出现，非拉丁文修辞著作的出版更是出现了一派繁荣的景象。单单是 16 世纪用英语写作和出版的重要修辞手册就包括伦纳德·考克斯于 1524 年推出的《修辞技艺》，理查德·谢里（Richard Sherry，生卒未详）于 1550 年写就的《论形式与辞格》（*A Treatise of Schemes and Tropes*），托马斯·威尔逊于 1553 年出版的《修辞艺术》，亨利·皮查姆（Henry Peacham，1546—1634）于 1577 年出版的《雄辩之园》（*The Garden of Eloquence*），以及前面已经提到过的乔治·普登汉姆的《英诗艺术》（1589）。这些英语修辞著作的密集出现不仅是英语地位迅速上升的明证，更是修辞在文艺复兴时期享有巨大、广泛影响的突出表现。在上面提及的标志性著作中，威尔逊的《修辞艺术》由于同时兼有突出的系统性和强烈的地域感及时代感而尤为修辞历史学家所称道，被认为是将欧洲大陆流行的人文主义修辞学加以英国化的最完备、最成功的作品。

继承与革新 《修辞艺术》全书除了献辞和前言，共分为三卷。就体例而言，这本书与古典修辞典籍总体十分接近。卷一首先对修辞艺术加以概述，然后根据修辞的三个主要类型分别讨论了修辞发明的方法。卷二主要讨论修辞文本的基本结构成分，也就是古典修辞称为"谋篇"的那一部门。卷三则将注意力主要集中于对文体风格的讨论。然而威尔逊并非仅将古希腊、古罗马的典籍简单地译成英文了事。在具体论述中，他往往能根据所面临的具体历史文化条件，对源于古代世界的经典修辞思想进行再思考和再表述，不乏在革新和改造旧体系的基础上推出的新视角。例如，他的整体论述架构并非完全仿照古典范式。经典修辞学家毫无例外地将庭辩（法律）或审议（政治）修辞作为最具代表性的言说体裁和理论阐述的参照点。然而威尔逊却根据中世纪以来表达性（即仪典）修辞已经成为在社会、文化、意识形态领域发挥关键作用的主导性修辞样式这一事实，将它置于审议修辞和庭辩修辞之上，予以重点论述。在讨论修辞文本结构的卷二，他别出心裁地加进了如何扩展内容和调动情感等两项内容，丰富了"组织结构"这一传统范畴的内涵。他有关文体风格的讨论不仅包括"清晰"和"确当"这两个传统标准，还提出"组合"（composition）和"异彩"（exornation）是修辞者必须予以考虑的另外两个基本因素。"组合"强调选用的词语即便单独看都很"确当"，也应该考虑它们之间的相互搭配是否"和谐"。"异彩"指的是"通过借用外来词语，增加章句的变化和花样，对言说加以美化"。通过突出"异彩"这一标准，他提倡修辞者应该在精选"确当"和"常用"词语的基础上，"大胆地加上多种悦目的色彩，引进各种赏心的［外来语］翻译"，以使言说显得更加瑰丽珍奇。

神学与古典世俗修辞观的相互改造　威尔逊对经典论述进行的这些局部调整诚然值得注意，他因时制宜，对其中体现的修辞观作出的总体改造才是《修辞艺术》最值得一提的特色。如果说以圣奥古斯丁为代表的"基督教修辞"创立者始终将修辞当成一种可以用来传播宗教之"道"的中性工具，始终坚持修辞与基督教的智慧和真理不可同日而语，坚持不让这一世俗技巧染指宗教创世神话，威尔逊则将修辞描述成上帝为了将因为原罪而陷入堕落状态的人类救赎出来而施加的恩典。在西塞罗和昆提利安的笔下，处于原始蒙昧野蛮状态的人类是因为受到雄辩的感召而建立自己的社群和城市，从而发展起自己的文明的。威尔逊继承了这一情节结构，却将它移置于传统的神学叙事框架内，提出是因为人类被剥夺了"上帝的恩典"，所以"万物变得野蛮：土地一派荒芜，社会无复存在，上帝的意旨无人知晓，人与人互相争斗，破坏秩序"。上帝"出于对其造物的爱怜，于是乎鼓舞起自己的信徒和选民，让他们用道理去说服所有人结成社会"：

他使自己委派的传道者得到有关人性的知识，还使他们获得了言说天赋，以便他们能轻易地按照自己的意愿赢取民心，用道理说动他们，将他们纳入一个良好的秩序。上帝的使者通过言说将生活在蛮荒之中的人们召集在一块儿，说服他们，使他们懂得分辨好坏，知道什么东西有益于人类。[虽然未开化者起先很难听得进这些说服，]道理内在的愉悦以及言说固有的美妙吸引了他们，使他们感到高兴。经过一段时间的感化，他们由狂野转为驯善，由残酷变为温和，由愚昧转向明智，从而实现了从野兽向人类转化的过程。虽然这一转化完全违背他们自己的意愿，然而舌头的能

力是巨大无比的，雄辩和道理的力量也是沛然莫之能御，迫使他
们不得不接受所听到的教导。（Wilson 1994: 41–42）

这一说法一方面将古典修辞有关言说与文明起源密不可分的说法
基督教化，使古典修辞更好地顺应文艺复兴时期存在的社会文化条
件，另一方面又使言说、雄辩和说服获得上帝的"神性"，从而使修
辞成为一个新基督教神学观的核心构成成分，达到威尔逊用人文主义
改造中世纪宗教的目的。从《修辞艺术》提供的这一视角，我们可以
看出修辞和宗教在当时的融合已经达到一个前所未有的程度，是中世
纪所无法想象的。

因时因地制宜的修辞观　威尔逊以 16 世纪中叶欧洲的历史文化
条件为出发点对古典修辞观念进行了再思考，提出不少具有鲜明时代
特色的新观点。他给修辞下的定义就十分独特："修辞是通过言辞的
表达阐明一切事物的艺术"，是"通过某种学而知之或者说超越自然
的方式"对"内心思想的宣达"。（Wilson 1994: 45）从这一定义，我
们很容易引申出一切理解、认知、表述、表达都要么是修辞，要么
依赖修辞的结论，并且认识到领会和掌握修辞艺术的关键环节是后
天接受的修辞教育和训练，而不是先天获得的言说禀赋。威尔逊还提
出"为什么要对修辞艺术加以总结和阐述"这个过去鲜有作者触及的
问题，并从三个方面解答这一问题。首先，有关修辞艺术的著作"使
那些原来对此道不甚了了的人也可以洞察行家［采用的修辞手法和手
段］"。其次，熟读这些著作有助于人们不管是说话还是写作都能自觉
遵照发明的一般规则和程序。最后，提高人们的修辞艺术素养将使那

些原来就有言说天赋的人进一步提高自己的口才，同时使原来不善言辞的人也能在艺术的启迪下更好地表达自己。这些观点号召整个社会致力于培养具有修辞批判能力的受众和具有理论反思能力的修辞实践者，并且通过修辞教育开发社会成员的潜智和潜能，具有明显的现代性。

威尔逊在谈及教化、愉悦、说服这三大传统修辞功能时一再强调，在言说实践中没有什么比使受众毫无障碍地理解所说的内容更为重要了。从这一大前提出发，他向那些将西塞罗时代的拉丁语奉为最高雅、最纯正用语的主流人士发难，指出当代言说者如果继续使用古罗马拉丁语就相当于在跟"两三千年前"的老祖宗说话，是故意不让眼前的"大活人"理解自己意思的一种倒行逆施，倒不如闭嘴不言来得好。威尔逊之所以疾言厉色地反对人们使用他称为"老掉牙而且彻头彻尾生分"（overold and overstrange）的言辞作为交流媒介，明显地是为了进一步提升英语的地位，使之完全取代拉丁语。（Wilson 1994: 46-47）在探讨修辞者为什么必须尽量使受众感到愉悦这一问题时，威尔逊还将矛头指向当时那种充满陈词滥调，干瘪乏味且全然是说教式的布道演说和布道文；他指出"只有使受众高兴才能赢得他们，造成受众厌烦则将永远失去他们"，并将这一点定为所有言说者都必须遵守的一条铁律。"甚至上了年纪的布道师不时都得在讲台上来一点'疯癫'，以便刺激刺激一不小心就容易走神的受众，使自己不至于是在面壁宣道。之所以必须这么做，是因为不管我们的精神和意志如何乐于领受教诲，沉滞的肉体和凝滞的体液却决定了我们只有在不时得到某些刺激的情况下才有可能长时间接受同一话题。"（Wilson 1994: 45）

伊拉斯谟与风格至上的新修辞观

　　上文多次提及的 16 世纪荷兰学者伊拉斯谟是文艺复兴时期人文主义运动的突出代表，也是修辞复兴运动的主要推动者之一。他不仅著作等身，还在教育领域有诸多建树，一生所作所为无不体现着人文主义和修辞思想密不可分的联系。伊拉斯谟信奉思想和表达的丰富多变，反对一切会导致僵化、凝固、单调的陈腐观念和繁琐规范。他在自己的名著《愚人颂》（*The Praise of Folly*）中从古希腊哲辩师那儿汲取了大量思想观念，尤其是他们有关人类知识具有内在的不确定性和可争议性这一重要原理，并采用他们的"对论"手法，对当时仍然劲道十足的经院哲学文风，尤其是对追寻普世适用的方法这一学术时尚，进行了辛辣的讽刺。他的另一部名著《对话录》（*Colloquies*）大力提倡多种多样、多姿多彩的生活，提出单独一种气味和颜色不能取悦所有的人，每个人都应该选择自己喜欢的"花草"。针对当时学术界、宗教界盛行的那种故作清高简约而实则干瘪苍白的文风，以及造成这一文风的那些枯槁贫瘠的思想，伊拉斯谟以"文起时代之衰"的历史责任感将注意力聚集于对文风的改造。他把融多样和丰腴于一体又兼顾思想和言辞的"丰裕"（*copia*）这一概念确认为最高文体价值，并在 1511 年左右出版了《论言辞和思想的丰裕》（*On Copia of Words and Ideas*）一书，对此详加阐发。《论言辞和思想的丰裕》是伊拉斯谟为约翰·考勒按照人文主义教育理念开办的新学校撰写的一部拉丁文教科书，全书分为上下两册，分别讨论如何在言辞和思想层面实现

"丰裕"。

"丰裕"概述   伊拉斯谟在全书的引言部分开宗明义，提出没有什么比洋溢着多姿多彩思想，汇集了多种多样词语的言论更加灿烂辉煌，更令人赞叹不已。这样的言论所体现的"丰裕"这一文体价值因此必须被看成一种"洋溢着神性的卓越"（Erasmus 1963: 11）。由于对丰裕的提倡意在避免刻板单调，言说者应该致力于追求表达的多样性：

> 多样性无比重要，世间一切事物如果不具备它就谈不上优美和卓越。大自然本身对多样性最为喜好，不仅使世间充满形形色色的事物，而且将存在于任何一个地方的各种事物都涂上了多样性的绚丽色彩。正如变化着的景象对眼睛总是更有吸引力，显得新颖的事物也总是更容易触动和引发思考。如果世间万事都以单调不变的形式呈现在心灵的目光之前，思想将嫌恶地把脸偏向一边不予理会，言说也就整个地失去了其价值。这将是一个重大过失。但是任何人只要仿效那个能任意改变自己外形的海神普罗特斯，将同一思想用不同形式表达出来，就可以轻而易举地避免这一过失。（Erasmus 1963: 16-17）

伊拉斯谟指出"丰裕"这一概念可以追溯到古典修辞中的"铺展"（amplification）辞格，并非全然是一个新念头。古希腊的哲辩师们和昆提利安都不仅提倡言辞的简要精练，还同时敦促修辞者从相反的方向考虑采用"铺展"作为发明的另一种方法。荷马史诗同时是简练和丰裕的典范。"雄辩之父"西塞罗对丰裕的追求也十分执着，将同一个思想用尽可能多的方法表达出来一直是他乐此不疲的写作实践。从"丰裕"这一概念，伊拉斯谟区分出言辞和思想两个层面。在言辞层面修辞者可以通过同义、故意离题（heterosis）、词形变化（enallage）、隐喻等手段实现丰裕效果。在思想层面则可以通过论点、事例、相关事物、相似事物、对照事物等的叠加、扩张和铺展实现同一目标。

在倡导通过这些手段扩展思想和丰富表达的同时，伊拉斯谟并没有忘记这么做有其严格的限制条件。他提醒读者对丰裕的追求在事实上存在很大风险，因为一不小心就将事与愿违，产生出废话连篇、胡乱堆砌起来的一大堆冗词。对丰裕的追求有一个前提，即言说者首先应该熟练掌握纯正优雅的拉丁语，做到运用起来得心应手。而为了保证语言的纯正，应该只选用经典作者用过的或者其正确性、规范性获得公认的那些词语及表达。在他看来，言辞对于思想就跟衣着对于身体一样重要。因此，首先应该做到的是保持思想"衣着"的洁净、合身和整齐。如果有谁在具备应用拉丁语的能力之前就追求丰裕，那么他就将像一个连一身像样衣服都没有的寒士，却将身上的旧衣脱掉，换上由五花八门、各色各样的破布条拼合起来的百衲衣到公共论坛去招摇过市，只能是加倍丢人现眼。伊拉斯谟强调在追求丰裕的过程中，我们应该小心翼翼地对可资利用的所有话语资源加以区别和选择，"以避免出现选用的道理不能服人，事例不够恰当，警句平淡无奇，题外话既冗长又不得要领，辞格既不顺耳又十分牵强"的尴尬局面。为此，言说者应该将材料的组织和安排当成头等大事，免得自己的言辞成为一堆夹生的原材料，使受众感到昏头昏脑，无所适从。
（Erasmus 1963: 11-18）

利用同义现象实现言辞的丰裕 伊拉斯谟在对"丰裕"进行一般性阐述之后，将注意力转向产生这一文体效果的途径。他将同义词的应用确定为使表达免于单调的首要的和最简单的方法，强调同义词虽然所表达的意义大致相同，所产生的文体效果却大不一样。一组同义词中"某些词跟其他词相比要显得更为优美、崇高、雅致、幽默、有力及悦耳等，因而更适合于作文时选用"。他指出选用同义词时还应该考虑到跟其应用相关的人、时、场合等。例如，诗人在表达某些意义时往往青睐某一些词，一般言说者在表达相同意义时则习惯选用另外一些词。又如，一些词只在某一特定时代流行，时过境迁之后再用就显得别扭。出于这些考虑，伊拉斯谟将词语分为"低俗"、"罕用"、"诗意"、"古意"、"废旧"、"刺耳"、"外异"、"下流"、"新潮"等类别，并就每一类词的具体选用原则加以说明。例如，在讨论是否选择"罕用词"时，他告诫读者应该"小心避免那些会造成矫揉造作印象的词语，不跟那些语不惊人死不休的人一般见识"。关于"废旧词"，他表示除了说笑和讲反话之外一律不得使用。"下流词"则凡基督徒不管在什么场合都用不得。他对犬儒学派的著名观点，即"如果做某事不可耻，则谈论这件事也不可耻；如果私下做某事不可耻，则公开做这件事也不可耻"，大不以为然并痛加驳斥。谈到"新潮词"，他认为只有三种可以接受：新造词语、老词新用以及新合成词。除同义词之外，伊拉斯谟还列举了利用同一单词的不同词形（enallage）、同一事物的不同名称（antonomasia）、迂回表述

（periphrasis）等同样基于同义现象的铺展手法，并一一加以说明和例证。例如，关于"迂回表述"，他指出可以通过用某一事物的起源、突出特征或定义来替换通常指称该事物的那个单词以避免表达的重复。

利用隐喻实现言辞的丰裕　隐喻是实现表达多样化的另外一个重要途径。伊拉斯谟将隐喻界定为词语从其"真正"的或"本来"的意义转移到另外一个并不属于它的意义上。按照这一定义，隐喻使人们可以用不同词语来表达同一个意义，或者将不同意义赋予同一个词语，并通过这些操作使表达更趋丰裕。他按照其实现手段将隐喻分为五大类型：形／义转移型（词语形态和意义互相转移）；理性造物／非理性造物（即人和动物）转移型（将理性造物的名称转给非理性造物或相反）；生物／非生物转移型（将生物的名称转给非生物或相反）；生物间转移型（将某一生物的名称转给另一生物）；非生物间转移型（将某一非生物的名称转给另一非生物）。隐喻还可以按照其基本成分是否固定分为单向和双向两种。双向隐喻的喻旨和喻体可以相互切换，仍不失为隐喻；单向隐喻的喻旨和喻体则是固定的，不能互相转化。伊拉斯谟还一并讨论了跟隐喻相关的讽喻（allegory）、偏喻（catachresis）、多步转喻（metalepsis）、换喻（metonymy）、提喻（synecdoche）等转义辞格。他不仅逐一阐述如何通过所有这些辞格的应用增加表达的多样性，还在讨论中顺便提出涉及修辞整体的一些不无新意的视角。例如，伊拉斯谟将讽喻看成"只不过是隐喻的延续"，指出讽喻的寓意有时虽然会像谜团一样难以一眼看穿，不过只要言说以富有学识者为目标受众，或者讽喻本身出现在书面材料而不是口头交流中，这并不应该成为一个问题。对事物的描述本来就不应该使人一览无遗，而应该迫使读者发挥主动精神，就那些涵蕴蒙眬之处深入思考，以便最终理解其含义。这一评论大大超越了对辞格，甚至是对丰裕的单纯兴趣，涉及修辞与阐释、作者与受众、书面交流与口头交流等一系列修辞领域当时面临的重大理论问题。它和书中不少与此类似的评论表明伊拉斯谟撰写本书的意图远非只是提倡一种新文体，而在于提供一本体现人文主义理念且充满时代精神的新修辞手册。（Erasmus 1963: 28-30）

利用非转义辞格实现言辞的丰裕 除了隐喻和其他转义辞格（trope）之外，非转义辞格（figure）也完全可以用于提高表达的丰裕程度。例如，"等义"（aequipollentia/equivalence）就是一个很有用的手段。人们完全可以通过增、减否定词来造成表达结构的变化，以增加可资利用的等义表达形式，如用"他不曾冒犯任何人"代替"他使所有人高兴"，"他并非无所事事"代替"他也做了一些事"，"我并不反对这一条件"代替"我接受这一条件"等等。又如，"比较项位移"是避免表达单调呆板的另外一个常用手段。将"他重名甚于重利"改为"他重利不如重名"，"他将利看得比名轻"等等，可以收表达多样化之效。再如，"关系词转换"是另外一个值得考虑的方法。通过诸如"她不想成为他的妻子"／"她不愿意他成为自己的丈夫"，"他拒绝成为那个人的岳父"／"他不喜欢那个人当他的女婿"等句子的相互替换，可以增加表达的花样。另外，还可以通过夸张（hyperbole）、缩小（diminutio）、轭联（zeugma）、连词省略（asyndeton）、连词叠用（polysyndeton）及采用不同句法结构等手段实现同样的目的。

伊拉斯谟在谈到"等义"手法的应用时似乎并没有注意到"等义"不等于"等效"。每一组"等义"表达中各个句子所传达的口气，所预设的交流关系，都有显著差别，而跟交流事件相关的具体语境条件可能只允许接受一种表达形式。其实，他知道改变表达的感情色彩同样也是实现"丰裕"的一个手法。在这一方面，他特别提到"修辞性疑问"（rhetorical question，如用"还有谁比你更加虚荣？"取代"没有人比你更虚荣"），反喻（irony，如用"毫无疑义你们一点都不在乎名利"取代"你们太注重名利了"），惊叹（admiratio，如用"天啊，他是多么热爱钱财"取代"他爱财如命"），佯疑（dubitatio，如用"我不知道他是更不敬重神明呢还是更不敬重人类"取代"他对神明和人类都不敬重"），憎恶（abominatio）等修辞格，认为它们都可以用于变更语气、口气、情调等，以使表达更趋多样。（Erasmus 1963: 33–37）

通过添加细节扩展思想　以上介绍的是在语言层面上实现丰裕的常用手法，至于如何在思想层面上达到同一目的，途径也很多。伊拉斯谟首先提到的是"铺陈"（embellishing），即对简要的或一般性的表达详细加以再表述，增加尽可能多的层次和细节。例如，"他已经完成学业"这句话可以通过详细讲述他修过的每一科课程、他的学习态度和方法、他所掌握的各种知识、他达到的水平等实现表达的丰裕。在运用这一手法时，伊拉斯谟提议应该先推出一般性陈述，然后再用"铺陈"法详细表达同样的意思。"最后，在确定该说的话都无一遗漏之后，还应该显得好像是因为相关细节太多，已经讲得口干舌燥（或写得手酸了），无法继续下去，因而再度返回开头的一般陈述"。在添加细节的时候要遵照一定顺序，不能随意堆砌。例如，要就"他是个彻头彻尾的魔鬼"这个一般命题进行铺陈,应该考虑从肉体和精神这两大部分入手。接着再根据人体和精神的构成,一部分一部分地详加描述,表明这个人在所提及的每一方面都是何等的狰狞变态。如果涉及的是一个简要的结论性陈述,则可以详细回顾该结论是通过哪些步骤的推理或以什么理由作为依据而得出,以此实现对它的铺陈。要想扩展对某一事件的事实性陈述,应考虑详细介绍这一事件的各个起因,以及事件发生的整个过程。此外,还可以通过对所涉人物、地域等相关因素的铺陈,使读者心目中出现一幅幅生动活泼、栩栩如生的画面,从而实现思想层面的丰裕。(Erasmus 1963: 43–46)

其他扩展思想内容的方法包括"离题法"(digression,即添加与主题无直接关系的描述或叙述),"表述法"(antonomasia,即将用于界定某人或某物特性的表达、称号、别名等添加到这一人或物的名称之前,以达到对其进行褒扬、攻击或说明的目的),"伴随状况法"(circumstances,就事物而言可以包括原因、地点、场合、工具、时间、方式等,就人物而言可以包括种族、国别、性别、年龄、教育程度、文化水平、外观、命运、地位等),"论据叠加法"(accumulation of proofs and arguments)。而"事例不管是对证明还是对丰裕来说都具有最大效力",因而是"实现丰裕的首要手段"。(Erasmus 1963: 67–68)我们可以从各种各样的来源获得用于证明事实或说明问题的事例,既可以从流传的历史叙事中选取,也可以根据需要自行编造。对所选定的事例,我们可以通过各种表述手段轻而易举地扩展其内容。

* * *

　　"丰裕"是一种文体价值。然而，从以上对伊拉斯谟《论言辞和思想的丰裕》的简要介绍我们可以清楚看出他在书中讨论的其实并非文体风格本身，而是货真价实的"修辞发明"。也就是说，伊拉斯谟在这部代表作品中做了一件匪夷所思的事——用对某种风格的追求来统领有关修辞发明的讨论。到他那个时代为止的所有传统修辞体系都毫无例外地以发明为中心，并总是将风格放置在一个次要、从属的地位。伊拉斯谟的处理对于传统修辞观念而言因而颇有"大逆不道"的意味。一个以风格为纲的发明理论居然如此公然和权威地得到表达，这件事的意义非同小可，绝非伊拉斯谟特立独行的个人理论行为可以解释得了。它使我们看到文艺复兴时期的修辞相对于它所"复兴"的那个古典修辞传统的差别之大，同时也使我们意识到当时蔚为风气的自我张扬、自我表现和自我表达如何将人文主义者的兴趣引向对风格的注重和追求，而这一注重和追求又如何不可避免地在话语理论中得到体现。事实上，伊拉斯谟对风格地位的提升，或者说在修辞思想体系中对风格的"中心化"所代表的是一种发展趋势。这一趋势在随后的数十年内不断壮大，终于演变为 16 世纪法国学者皮埃尔·德·拉米斯（Pierre de la Ramée，也称 Petrus Ramus，1515—1572）对修辞领域的激进改造，将"发明"从其内涵中剥离出来，使这门传统学科在事实上只负责对风格的研究。

拉米斯对修辞的改造与话语版图的重新划分

　　拉米斯是一位充满文艺复兴时期批判精神的人文主义者。他任教于当时的学术中心巴黎大学，却对其经院式学术论辩传统严加抨击，并将矛头直指这一传统的观念基础，即亚里士多德体系本身，尤其是其中的辨证学。他长期讲授修辞学，却著书立说攻击西塞罗和昆提利安的传统修辞思想。他是一位杰出的人文主义者，却不像其他人文学者那样谴责经院哲学家利用其享有的话语霸权压制对古代经典的学习和传播，而是对古典思想家也提出批评，并且反对当时的教育部门侧重古典语言，力主提升当时还登不上大雅之堂的各国民族语言（vernacular）的学术地位。他对从中世纪以来一直是基础课程的"三艺"——即语法、辨证学和修辞学——的传统分工和分野不以为然，要求重新划定这三门传统学科的界限。最后这一条主张可以说是拉米斯思想中最为激进的一部分，如果被学界广泛接受的话，将相当于对欧洲绵延了一千多年的话语版图进行大刀阔斧式的重新划分。

对古典修辞学家的批判　拉米斯在他于 16 世纪中叶出版的一系列著作中将批判的矛头直指西方话语和修辞传统的三大权威——亚里士多德、西塞罗和昆提利安，指责他们将辨证学和修辞学混为一谈。在拉米斯看来，亚里士多德有关逻辑和话题的论述漏洞百出。一个站得住脚的理论体系应该包含一个总的发明艺术，由十大通用话题构成，即原因、效果、主项、辅项、对立、比较、命名、分类、定义和证言。然而亚里士多德却没有这么做。他在论述中"对于方法完全避而不谈，却就一些毫无用处的规则大声争辩不休。他传给我们的只是有关如何将［发明］当作一种特殊艺术应用的讨论，没有一点涉及如何将它用作一种普世艺术"。西塞罗的罪过在于"将亚里士多德有关发明、篇章结构以及文体风格的那些晦涩难懂的论述几乎全部转移到修辞名下，莫名其妙地将两种艺术合并为一体，然后以同样莫名其妙的方式应用于民事案件引起的司法过程"。昆提利安则不仅对亚里士多德和西塞罗亦步亦趋，将辨证和修辞加以混杂，而且还有过之而无不及，"通过自己生造出一些东西，或者通过在教学中将自己读到和听说过的所有艺术——语法、数学、哲学、戏剧、角力、修辞等——所关注的争议都合在一起讨论"，使问题更趋严重。在昆提利安"自己生造出"来的观点中，拉米斯最不以为然的是将言说者界定为"善于言辞的好人"，并赋予他正直、勇敢、自制、审慎等品质以及有关哲学、法学和历史学的全部知识。拉米斯虽然也承认修辞是一种"美德"（virtue），但是他认为这只是一种"心智"意义上的美德，而非道德意义上的美德。修辞艺术家就跟其他艺术的实践者一样，完全有可能是"道德上一塌糊涂的人"。因此，昆提利安的定义"既一无所用又愚不可及"，因为它超越了言说艺术规则的固有范围，而"有关某一类艺术家的定义如果其覆盖内容超越了该艺术的范围就是有缺陷的定义"。（Bizzell & Herzberg 1990: 563; 565-567）

辨证与修辞的区别 拉米斯之所以对上述三大权威口诛笔伐，主要是因为他完全不赞成古典话语理论对话语领域不同学科的定位。在他看来，

自然赋予人类理性和言辞这两种人人享有的一般天赋。辨证是有关前者的理论，语法和修辞则事关后者。因此，辨证应当从人类理性中汲取力量，以便对［话语的］主题思想和材料的组织安排进行思考。语法应该从词源、句法、韵律等角度分析言辞的纯正

性，同时还应该关注正字法，以达到正确言说和正确书写的目的。修辞则应该揭示如何首先应用转义和非转义辞格，然后通过采用富有尊严的各种表达方式，对言辞加以修饰……如果将这些艺术的管辖范围清楚地加以区分，使其各司其职，那么语法在其合法领域中所讲授的内容就不会跟修辞混杂起来，而辨证也不至于侵犯其他艺术的研究范围。在实际应用过程中，这些学科应该相互协同配合，以便任何言说都能达到阐述清晰明了、表达丰富多彩、思想明智聪慧的目标。（Bizzell & Herzberg 1990: 566）

从思维和言辞是人类截然不同的两种禀赋这一大前提出发，拉米斯认定西塞罗以修辞的名义所孜孜追求的理想，即"脑和舌的统一"，是大错而特错的糊涂观念。修辞与思想的生成和意义的构筑无涉，其作用只局限于对通过非修辞途径产生的想法和念头加以修饰，以便更准确、生动、有力地表达它们。因此，有必要在将思维的艺术和言说的艺术——即辨证和修辞——严加区分的基础上，对修辞进行再认识。修辞的正当研究对象应该只包含文体和表达两项，而它一向承担的中心任务——即念头、话题、话点的发明，以及材料的组织和安排——必须划归辨证学。

经他改造后的辨证学成为统辖包括修辞构思在内的一切思维活动的艺术。它包含"发明"和"判断"这两大构成成分。"辨证发明"不同于古典修辞提出的发明模式，因为"修辞发明"所立足的争议点理论或话题理论都是"既空洞又杂乱无章"的说教，因此并无可取之处。发明的正道应该通过采用"三段论"推理，应用具有普遍适用性的"方法"，以产生正确的思想。辨证发明必须围绕着发现一个介于"主项"（subject）和"谓项"（predicate）之间的"中项"这一基本任务进行，通过这一任务的执行要么将命题的主项、谓项结合起来，要么将它们分离开来。辨证涉及的"判断"则是在通过发明产生的那些材料、观点的基础上，判定存在于它们之间的关系，并且依照已被确认的关系将它们组织起来，形成"不容置疑的言说结构"（mode of decisive speaking）（Conley 1990: 129）。

拉米斯理论的历史含义　拉米斯的话语观与古典修辞思想可以说是格格不入的。他不赞成以不确定性、具体性和综合性等概念或原则作为话语研究的前提，要求用确定性、普世性和分析性取而代之。他对于修辞诉求的全面和多元也不予认可，反对在发明过程中诉诸情感和人格，要求以理性和心智作为思想的唯一源泉和诉求的唯一对象。他将经他重新界定的辨证学称为"教导人们如何做到言说实在而且始终如一的良师"，宣称如果遵照这一学说，人们将能够克服"爱、恨、偏见、轻率、浮躁、鲁莽"等情感倾向，使心智免于受"激情"控制，始终保持"不偏不倚"的心态，信服"坚实的理由"，促成"真理"在心中扎根。拉米斯还表示他之所以主张以"三段论"作为发明的基本手段，是因为这一推理方法是使我们能得出"确定无疑"结论的唯一手段。他指责古典修辞既未能总结出可以导致具有确定性结论的系统方法，也未能提供检验所得出的结论是否真正可靠的标准。（Bizzell & Herzberg 1990: 566）

　　这些观念表明拉米斯是一位在古典修辞思想传统向现代修辞理论过渡的关键时刻发挥了桥梁作用的人物，在西方修辞思想史上享有独特的地位。他虽然并不处于随后出现的所谓"理性的时代",却以自己对理性和心智的着力强调呼唤并预示了这一时代的来临。他将"发明"从其传统学科家园割裂出来,划归一个经他改造为植根理性、专司思维的辨证学,此举完全可以看成出于一种超前的思想意识,按照即将来临的理性时代的要求,预先对话语观念进行激进的改造。就这一点而言,拉米斯上承要求以"真理"作为说服的基础和目的而反对炒作"意见"的柏拉图思想,下为17、18世纪的理性主义和经验主义对修辞的彻底否定作了铺垫。他的理论因此通常被认为标志着文艺复兴时期"修辞复兴"的转折点:随着西塞罗作品的"发现"而盛极一时的古典言说艺术从16世纪中叶开始遭到严肃挑战。甚至在人文主义者中间,对修辞的重新界定和理解也提到议事日程上来了。虽然拉米斯对修辞内涵和外延的恣意裁剪未能赢得当时的学界和公众的广泛接受,然而他毕竟使这些淘空了修辞核心内容的想法作为有影响的观点得到表达和流通,而这一事实本身就清楚地反映出修辞传统当时所处的"外强中干"境况和所面对的"大势不妙"发展趋向。

然而这一叙事框架忽略了两点重要的参照。第一,拉米斯将修辞"传统辖区"裁缩为仅包括文体风格的举动是在以伊拉斯谟为代表的人文主义主流将"文体"提升为修辞的中心观念之后做出的。对文体的着意追求到16世纪初叶已经蔚为风气,并且已经涵盖了传统上属于"发明"的那些领域。因此,拉米斯并非第一个对古典修辞范式加以改造的学者,他所推出的"新修辞"对于持"文体中心"观点的人文主义者来说,不仅未必有我们想象的那么激进,而且甚至有相互呼应、异曲同工之妙。第二，从历史的角度看，拉米斯对修辞的"肢解"和"阉割"是否如其表象所显示的那样，在事实上沉重打击了这一古老学科，使其在随后的几个世纪内一蹶不振，也很值得怀疑。

例如，柏拉图被认为是与修辞不共戴天的哲学家，然而本书第二章的相关讨论指出存在着另外一种可能性，即他对修辞的严厉批判其实是打着"反修辞"的旗号践行"双向言说"及其所体现的修辞基本原则，是古希腊修辞应用的一个特例和范例，标志着修辞批评的诞生和修辞学科的成熟。又如，在古典世俗修辞向中世纪基督教修辞转化的过程中发挥了关键作用的波伊提乌同样对辨证和修辞的相对地位加以调整，极大地突出了辨证学的重要性。他还"确定了以哲学为顶端，其下依次为辨证学、修辞学和哲辩术的新排序，剥夺了修辞在整个古典时期一直享有的睥睨哲学又包容辨证学的崇高地位"。然而，在这么做的同时他强调辨证同样也是以说服为目的，也采用或然性理由。经他改造过的辨证学迎合了中世纪大学教育和学术思辨的要求，其实践使得"或然性"这一修辞思想内核得以在不同名义下维持自己在一个新话语秩序中的合法性。

拉米斯不像波伊提乌那样，坚持认为辨证以说服为目的并以或然性作为自己的观念基础。经他改造后的辨证学是一门以"发现和判断真理"为目的，致力于追求确定性和必然性的普世发明艺术。这一新辨证艺术使得新时代的修辞学家能够解释在理性和科学精神的指引下产生的新思维、新话语，使源于修辞的"话题"、"发明"等基本范畴以及"阐述清晰明了、言说丰富多彩、思想明智聪慧"等基本目标在17世纪之后仍可以继续保持它们的相关性。经过拉米斯的移植和改造，修辞的核心——"发明"于是乎以几乎不为人觉察到的方式暗渡陈仓，被融合到紧随文艺复兴之后涌现的现代主义话语中。而传统修辞的另外一个核心构成成分，即对文体风格的研究，也可以顺顺当当地以"修辞"的名义继续得到发展。拉米斯改革的真正历史意义随着修辞在接下去几个世纪中的曲折演变，随着文艺复兴高峰期流行的传统（或称"前现代"修辞）通过一个复杂的过程将自己改造为现代乃至后现代修辞，才慢慢显露出来。

第八章

从拉米到惠特利：理性与科学时代的修辞理论

　　如果说拉米斯对传统修辞的肢解以及对话语版图的重新测绘冲击了 16 世纪的修辞思想，这一冲击更多地表现为向当时的修辞界引进一个反传统、反潮流的视角，引起修辞学家内部的思想波动和意见分歧，造成一种"风乍起，吹皱一池春水"的局面。修辞复兴的大格局在整个 16 世纪并没有发生戏剧性的发展。从 17 世纪开始席卷整个欧洲的西方现代主义思潮则使修辞研究的大环境、大气候相对于文艺复兴时期发生了质的变化，迫使修辞学不得不像在古典时代向中世纪过渡的大转折时期那样，再次实行自我改造，以便因应它安身立命的那个社会文化语境出现的新一轮剧变。这一自我改造并非一蹴而就，而且也并非完全单向。当"理性与科学"时代在欧洲开始破晓的时候，传统修辞思想已经在这一古老大陆上延续了两千余年，并且刚刚经历了自己的另一个发展高潮。凭借这一历史进程的巨大惯性，更由于它所研究的那个人类实践领域继续存在，而且重要性跟先前相比有过之而无不及，修辞在一个与其传统意识形态格格不入的智力大气候中继续顽强地表现自己。它努力顺应、吸纳和利用现代主义主流话语，根据这一新话语的要求对自己进行必要的"改头换面"，以保持传统"言说艺术"作为一门学科的相关性和正当性。与此同时，它通过继续在社会、政治、法律等话语领域发挥不可替代的指导作用，迫使主流思想对自己采取一种爱恨交集的、既打压又容纳的矛盾态度。由于这一矛盾态度，即使在对修辞的责难来势汹汹的 17 世纪，以贝尔纳·拉米（Bernard Lamy，1640—1715）的《言说艺术》（De l'art de parler/The Art of Speaking）为杰出代表的修辞论著仍然继续出现并产生广泛影响，为这门典型的古典学科在现代主义新智力秩序中赢得宝贵的生存空间。在从 18 世纪末叶到 19 世纪初叶的半个世纪中，修辞甚至以退为进，逆势上扬，在理论上出现了以乔治·坎贝尔（George Campbell，1719—1796）、休·布莱尔（Hugh Blair，1718—1800）和理查德·惠特利（Richard Whately，1787—1863）等人的著作为标志的新一轮突破，再次显示出这一研究领域无与伦比的适应性、回弹性和应变能力。

　　修辞面临的现代主义新"气候"　现代主义思潮有三个主要流派：以法国哲学家、数学家和科学家笛卡尔的思想为代表，在 17 世纪中叶盛极一时的理性主义；以英国哲学家培根和洛克的思想为代表，于 17 世纪末 18 世纪初获得长足发展的经验主义；德国哲学家康德在 18 世纪末叶融合以上两股思潮形成的独特思想体系。前两个流派都坚信就人类对世界的认识而言，存在着一个坚实可靠的观念基础。由于有了这个基础，我们完全可以获得关于这个世界的确定无疑的真知。两派之间的区别在于它们分别就"坚实可靠的认知基础究竟何在"这一根本问题提出的不同答案。理性主义者认为人类自我意识使思维有了一个不容置疑的出发点，如果我们从这一点出发并循着正确的推理途径，也就是通过人类内在理性的正确运用，就可以获取关于世界的真知。经验主义者则认为一切真正的知识都直接或间接地源于人体通过感官对世界的感知，是由不容置疑的感觉要素构筑起来的。康德与上面两派看法不同。他将外在事物分为"本体"和"现象"两个世界，认定前者，即由事物的本体或"自在之物"构成的那个世界，既不能通过理性的直觉得到理解，也无法依赖感官的反映得以感知，因而是人类所无法认识的。后者则不同，完全可以通过感官和理智的运用被感知和理解。由于所有人都被造物赋予相同的"感知形式"和"纯粹的概念或范畴"，因此具有同样的感知和理解器官，就我们通过感官可以体验到的现象世界而言，完全可以借助人类的共同禀赋（即理性）获得具有普世正确性的知识。（Lakoff & Johnson 2003: 195）这些观念一脉相承，并且与同一时期科学思想的迅猛发展互相配合，授权和促进，完全支配了从 17 世纪中叶到 20 世纪初叶近 300 年间欧洲的思想界，成为一般知识分子确定智力价值取向和形成自己的认知习惯的决定性因素。

　　传统修辞话语空间受到挤压　　在这些思潮汹涌澎湃，构成主流思想意识的情况下，不难想象修辞在文艺复兴时期享有的话语空间受到何等的挤压。在 16 世纪结束之后的大约 300 年间，"语言"、"意义"、"方法"、"知识"等现代主义范畴逐步取代了"话题"、"效果"、"手段"、"意见"等传统概念，成为流行的新关键词语；如何应用新近阐明的科学方法获取有关物质世界的新知识取代了如何通过解读和阐释经典文献使人类文化积淀和智慧结晶得到传承，成为思想知识界的最大兴趣；"客观"地研究被认为完全独立于话语的那个"现实"并对它作出准确表述取代了对以话语为中介的人际关系和社会互动的审视，成为智力活动的基本方向；运用已被确立的不容置疑的专门知识开导和启蒙那些无知、"蒙昧"的芸芸众生，取代通过挖掘和利用公共话语领域的现成资源说服有自己主见和判断的公众，成为最受推崇的话语互动模式。面对一个以颠覆传统思想自我标榜的咄咄逼人的现代主义秩序，修辞作为集古典智慧之大成的综合学科，其处境之尴尬困顿是可想而知的。"修辞"这一名称引起了跟"古人"而不是"今人"，跟"过去"而不是"现代"的联想，单是这一印象对它造成的负面影响就难以估量。它一向从事的中心工作，即"[修辞]发明"，普遍被认为只是根据语境条件和互动目的选择与组织"现有可信意见"，完全谈不上可以被用作发现"新知识"的手段，这也使得修辞作为一个学科难以继续受到知识界的器重。

　　修辞对智力"气候变化"的应对　然而，在这一兴衰存亡的转折关头，修辞再次展现自己"凤凰般浴火重生的本事"（phoenix-like quality），显示出一种"在看上去已经不被当回事的时刻借助不同装扮重新登场的能力"（its ability to reappear in new guises just when it appears to have been discounted）（Carr 1990: 3）。在修辞采用的这些"新装扮"中，有两件所起的作用特别关键：第一，它淡化甚至放弃传统意味特别浓烈的那些概念和范畴，通过打出"语言"、"交流"、"论辩"、"作文"、"阐释"，甚至"美文"等跟时代比较合拍的旗号，使自己在现代主义智力气候中顽强地生存下来，并在不少具体研究领域（如论辩学、作文理论）获得发展；第二，它不仅通过提出新概念和新范畴自保，还屈从于提倡专门化研究的科学方法，放弃自己在西塞罗"脑舌结合"理念的鼓舞下长期宣认和经营的那个广阔研究领域。17 世纪之后出现于人文领域的不少现代学科，如探讨如何通过符号的有规则应用产生意义的语言学，解释思维和行为过程的心理学，以人类的认知和事物的本质为主要研究兴趣的现代哲学，系统研究文学创作过程和文学作品阐释方法的文学批评等，都是在传统修辞研究的"废墟"上萌发成长起来的。这些学科所研究的课题，不管是语言的形态和功能，社会行为的心理基础，思想认识由不确定性向确定性的转化，还是文学的结构、功能和效果，最早都是在修辞的学科框架内首先得到关注、讨论和表述的。语言学等现代学科的出现固然可以被理解为原来将视线投向整个话语领域的大修辞由于承受不了理性精神和科学方法的重压而分崩离析，使得其原来的"属地"纷纷独立，开始在一个新的观念平台上将自己发展为自成一体的现代学科，但是这一现象也完全可以被理解为修辞本身出于应变需要而采取的一种策略性行为。也就是说，这个一直到文艺复兴时期还君临各人文研究领域的超级学科为了顺应新的时代精神，主动化整为零，分散发展，以便其构成成分能够等待有利机会，在一个经过更新的共同观念基础上重新融会与合成。20 世纪中叶之后西方学术智力领域出现的一系列新发展为后面这一个解释提供了非常有说服力的证据。本书下一章对此将加以介绍。

修辞顽强的生命力及其根源 按照一般的历史叙事，从 17 世纪到 20 世纪初叶的三百多年是修辞继中世纪早期之后经历的另外一个没落期，而且所经历的没落跟上一次相比更为单纯，也更加彻底。从

17 世纪开始，欧洲历史进入其现代阶段。由于这一新阶段的现代性是通过与传统思想观念的决裂而得到界定的，代表着传统智慧和古典学术的修辞学不管是否愿意，都只能被推向时代潮流的对立面。这一情况解释了为什么现代主义大思想家中没有人能像 5 世纪初叶的圣奥古斯丁那样挺身而出，呼吁对修辞这一古老艺术"刀下留人"，提议通过对它的彻底改造使之"现代化"。笛卡尔、洛克和康德都公开对修辞艺术提出严厉的批判，甚至将它描述为只能被用于误导公众的有百弊而无一利的奇巧淫技。然而，同样清楚的是所有这些现代主义思想家毫无例外地都在修辞问题上表现出一种"知"与"行"的脱节。他们在口诛笔伐修辞艺术的同时，却在自己的文字与论述中采用各种被他们从理论上剥夺了合法性的修辞技巧和手段。

例如，洛克对言说艺术的谴责可以说不留一点余地。他认为"如果我们试图根据事物的本来面目来谈论各种事物，则毋庸讳言……雄辩学所发明的种种矫饰语言的手法只能用于通过煽起人们的激情而误导他们的判断，使人们在不知不觉中接受各种错误观念，因而只是一种彻头彻尾的欺骗（perfect cheat）"。从这一立场出发，他进一步感叹"人类是多么喜欢自欺欺人。要不是这样的话，修辞这一推行谬误与欺诈的强大工具（that powerful instrument of error and deceit）……就不会长期享有那么大的名气。我敢肯定人们一定会认为我过于放肆，甚至十分野蛮，居然敢对修辞说了这么些坏话。修辞就跟女性一样，由于有着使人倾倒的姣好容貌而触犯不得"。（Locke 1975: 508）这段话出自洛克最为严肃和严谨的作品——同时也是现代主义理论的典籍之一——《论人类理解》。然而，仅从这段著名的评论我们就不难看出洛克自己究竟是在"根据事物的本来面目"讨论修辞，还是运用"雄辩学所发明的种种矫饰语言的手法"，"通过煽起人们的激情"来"误导他们［对修辞］的判断"。他使用了诸如"彻头彻尾的欺骗"和"谬误与欺诈"这类具有明显煽情效果的言辞，这一举措按照他自己的标准衡量就完全是恶劣的修辞手法。他"将修辞与妖艳娇贵的女人加以类比，从而将一个男性中心社会对女性在政治上和情感上抱有的一切贬抑、轻辱和歧视等态度都巧妙地转移到修辞身上来"，则更是以一种令读者难以觉察到的方式充分利用了当时的公众抱有的偏见，称得上是"彻头彻尾的欺骗"。（刘亚猛 2004：37）

　　为什么像洛克这样一位思维缜密、论证严谨的大思想家，这样一位公开宣称与修辞不共戴天的哲人，居然在自己的话语实践中也不能与修辞真正划清界限？岂止不能划清界限，他对修辞技巧的利用简直达到了"淈其泥而扬其波，哺其糟而歠其醨"的地步。反过来说，为什么修辞在现代主义哲学家的一片喊打声中不是惶惶然退出话语舞台，而居然还可以在现代主义的核心经典内赢得一席之地，继续张扬和招摇，对那些义正词严地鞭笞和讨伐修辞的人极尽嘲弄之能事？道理其实很简单。正如包括笛卡尔、培根在内的不少理性与科学时代的代表人物不久就发现并且公开承认的，修辞是言说和交流——也就是在真实社会语境中有效应用语言——的艺术。修辞使言说避免流于无人问津的空谈或陷入孤芳自赏式的"自闭"。它是任何作者接近、争取并赢得读者的唯一途径。一切言说，包括那些倡导唾弃修辞，"根据事物的本来面目来谈论各种事物"的现代主义话语理论，如果要想得到听众的理解、共鸣和认可，产生任何智力、心理、情感或社会意义上的影响，都非遵循修辞总结出来的原则和方法不可。由于 17 世纪之后欧洲逐渐形成了当代德国思想家尤尔根·哈贝马斯（Jürgen Habermas）称为"资产阶级公共领域"的一个由话语主导的现代社会结构，现代主义理论家除非能诉诸代表这一领域的"公众"和"舆论"，使自己的观点和思想体系得到他们的赞许和接受，否则就谈不上在这一新秩序中能有任何影响和作为。而要达到使"公众"确信现代主义理论的正确性这一目标，不依赖修辞是绝对行不通的。从与以修辞为代表的传统话语理论彻底决裂，到向某种不被称为"修辞"的修辞意识逐步回归，乃至在理论上开始对"言说的艺术"采取一种不完全情愿、半推半就的容纳态度，欧洲现代主义话语观从 17 世纪到 20 世纪初叶的这一演变过程为我们理解和叙述修辞在同一历史时期的演变和发展提供了一条主线索。

从笛卡尔、培根到波尔罗亚尔逻辑学家
——现代主义思想家对待修辞的矛盾态度

笛卡尔和帕斯卡的修辞观　从表面上看，作为现代主义思想主要构成成分之一的理性主义与传统修辞观念是水火不相容的。勒内·笛卡尔（René Descartes，1596—1650）在其《沉思录》（*Meditationes de prima philosophia*）、《方法论》（*Discours de la méthode*）等一系列经典名著中阐明的基本理论思想排斥一切具有或然性特征的事物，拒绝采用普遍接受的意见和观点作为论辩推理的基础，将具有确定性的真知确立为话语的出发点和归宿。他拒绝"接受所有只不过可能是正

确的观念，只信任已经被透彻理解，不可能存在任何疑义的事物，并将这一做法当作规则加以实行"（Barilli 1989: 75）。他在感官和心智、感觉和理解之间划出一条森严的界限，要求从话语中剔除一切感官和感情因素。他以从公理出发进行论证的几何学作为自己新哲学的样板，认为任何具有说服力的论辩都必须以不证自明、"清晰准确的念头"为推理的出发点，通过严密的逻辑方法一步步接近其结论。修辞传统上应用的说服手段，包括诉诸情感和人格以及应用话题和常言，按照他的理论都成了以疑释疑的欺人之谈。

　　然而笛卡尔跟早先的柏拉图和稍后的洛克一样，在本身的话语实践中并没有身体力行上述规则。一旦需要阐述和解释对普通读者来说比较抽象晦涩的内容，他往往不由自主地使用起各种诉诸感官和情感的修辞手法，如比方、类推、形象和具有感情色彩的词语等。上面提到过，之所以在笛卡尔的理论和实践之间出现这种明显的脱节，是因为他本人也逐渐意识到的那个无法克服的两难：要想让尽可能多的读者对自己反修辞的理性主义世界观产生兴趣，使他们心悦诚服地皈依这一新思想体系，就非采用各种修辞手法并对受众作出必要的顺应不可。他曾经"不加任何修饰地将［自己的新观点］呈献给公众，也就是说不采用任何能够吸引人们注意力的装饰手段"，但是这样做的后果是这些观点"只得到少许思想健全者的审视，而那些目光仅及［话语］外表的人对它们则完全感到莫名其妙"。（Carr 1990: 17）很显然，笛卡尔要是希望自己的作品能够冲出仅由少数知音构成的一个小圈子，诉诸"公众"，赢得更多的读者，就完全不能照此办理。意识到这一点使他对修辞的真实态度复杂化并对其艺术进行了一定程度的再思考。他公开肯定文体风格的重要性和"内容"对它的依赖。他对雄辩这一修辞的核心理念加以区分，以言说者对自己所表达的观点是否抱有真挚的个人信念为标准，认定存在着与"伪雄辩"截然不同的"真雄辩"。（Carr 1990: 16-18）他还公开承认自己提出的基于"自明"原则的推理方法仅应用于形而上学和科学，对事关人类行为和人生态度的讨论并不适用。要想对人类行为和人生态度发挥影响或提供指导，还是得依赖基于或然性的说服以及通过这种说服产生的一种"道义上的确信"。（Carr 1990: 31-32）

在他于 1628 年写的一封信中，笛卡尔甚至应用传统修辞范畴，对话语领域的"不正之风"提出典型的修辞批评，并在批评过程中重申了"内容和形式之间的和谐与协调"这一修辞基本原则。他的讨论围绕着语言风格和说服力这两个核心修辞问题展开。针对风格，他提出了四种"因言伤义"或"言不及义"的情况。首先，一些言说者虽然"字斟句酌、条分缕析、滔滔不绝，听起来十分悦耳"，然而他们在文体上展现的富丽却抵偿不了思想内容空虚而造成作品内在结构的松软懈怠。第二，另外一些言说者虽然"言辞充满意义，并且多有高尚思想，使善思者为之倾倒，然而却由于文风玄虚、意思蒙眬而使[一般]受众感到厌倦"。第三，还有一些思想充实的言说者在自我表达时"遵从'简单扼要'这一话语基本规则"，力图做到言简意赅，却失之于言论的简陋寒碜，为识者所不齿。最后，也是最糟糕的，是那些内容空洞无物，仅以文字游戏、怪僻词语、惹眼的诗赋意象等煞费心机的噱头来吸引读者注意力的作品。对这四种偏差的界定和批判表明笛卡尔清楚意识到内容和风格互相依赖，缺一不可；用他的话说，最重要的是达成"言辞和内容的美妙协调"，做到"话语的优雅丰裕不至于削弱道理的论辩力，更不用说喧宾夺主，完全压倒这种论辩力"。（Carr 1990: 11–13）仅从笛卡尔有关风格的这些讨论，我们就不难看出他对与自己的核心观念格格不入的修辞还是以务实的态度加以吸纳、改造和接受，并非一味排斥。

　　笛卡尔对修辞那种欲罢不能的态度在 17 世纪另外一位法国著名科学家和哲学家布莱兹·帕斯卡（Blaise Pascal，1623—1662）身上得到进一步的体现。同样坚信理性主义的帕斯卡甚至自己动手创作了《说服的艺术》（De l'art de persuader）一书，对笛卡尔提出的"确证－数学逻辑"（apodeictic-mathematical logic）公开提出保留意见，指出其局限性和不足之处，要求重新确认它的对立面，即基于"心灵、乐趣和情感"的另外那一部分话语空间。帕斯卡认为相对于理性证明，后面这一领域要"大得多而且也有趣得多"。他指出话语实践者除了用道理证明之外，还必须取悦于受众。与使人信服相比，使人愉悦"更困难，更不容易把握，更有用，因而也更令人赞叹"（Barilli 1989: 76）。他的一些广为传诵的名言，如"心灵自有其道理，这些道理是理性所完全无法理解的"（The heart has its reasons which reason knows nothing of）或"真正的雄辩并不刻意追求雄辩"（True eloquence takes no heed of eloquence），都清楚显示了他对传统修辞思想观念的深刻理解和积极继承。

　　培根的修辞观　　现代主义的另一主要流派经验主义认定人类的心智不过是一块"空白的写字板"，只有经验和感觉才是知识的唯一来源。经验主义者虽然因此和理性主义者在思想认识上存在重大分歧，他们对于修辞却表现出跟笛卡尔同样的矛盾态度。被誉为"科学方法"之父，同时也是经验主义思想先驱之一的弗朗西斯·培根在其相关论述中典型地表现出经验主义者对修辞持有的复杂立场。也许因为培根生活的时代更为接近文艺复兴时期，他对修辞的总体评价跟笛卡尔等人相比更趋正面和积极。培根在《学术的进展》(*The Advancement of Learning*) 第二册谈及修辞学时肯定这是一门对人类社会活动不可或缺的"优秀学科"，认为尽管"修辞就其真实价值而言，要比智慧来得低贱"，然而"对芸芸众生来说，它［又比智慧］更有力量 …… 因为智慧不管多么深沉都只能使人获得名声，受到崇敬，可是在充满行动的生活中，只有雄辩才能办得成事情"。他将修辞的"职责和功能"界定为"将理性施加于想象，以便更好地调动意志"。这一定义突出了"理性"、"想象"和决定一个人是否采取行动的"意志"这三个范畴，暗示只有当前两者协同配合时行动才可能发生，强调了修辞在社会和人生进程中发挥着激发意志、促成行动这一不可替代的关键作用。

培根在作出这一著名论断的同时，还详细讨论了理性本身的局限及其对包括修辞在内的各种因素的依赖。他提出理性在发挥作用的过程中会受到似是而非的论辩、冲动的热情和过度想象的影响，因此有必要诉诸逻辑、道德和修辞，以便克服这些干扰。这是因为"逻辑旨在传授一种发扬而非禁锢理性的论辩形式；道德力图使情感服从而非冒犯理智；而修辞的目的则是激发想象，使其支持而不是对抗理性"。修辞对于传播和发扬美德所能起的作用也很大。对美德的弘扬如果仅诉诸理性将会事倍功半，因为诉诸理性意味着通过推理和论辩宣扬道理，而深奥微妙的道理对意志的影响很有限。美德只有首先"生动地呈现在想象面前"才有可能得到意志的接受，也就是说，弘扬美德只能依靠修辞。（Bizzell & Herzberg 1990: 628-629）

培根在将逻辑和修辞加以对比的时候也没有厚前者而薄后者。他指出修辞固然会被滥用于"粉饰"不良的人与事，但是逻辑同样也会被滥用于得出不良结论。这是因为"对立的教义虽然可以被应用于截然相反的目的，却往往是同一道理的两个不同表面"。传统上认为逻辑严谨而修辞松散，因此可以分别用攥起来的拳头和伸展开的手掌打比方，其实它们之间的不同之处要比这多得多。逻辑运用"准确而真实"的道理，修辞使用的道理却是"植根于大众的意见和习俗"。所以，修辞既"介于逻辑和道德或公民知识之间而又同时厕身于这二者"。逻辑论证是针对一切人的，所以恒定不变。修辞的论证则只针对特定受众，因而"应该做到因受众而异"。（Bizzell & Herzberg 1990: 629-630）

如果说以上这些观点显示出传统修辞观念对培根的影响有多深，他对修辞的核心概念"发明"的新阐述却又表明他跟这一传统观念已经拉开了多大的距离。培根将"心智艺术"按目的分为四类：探索或发明、审验或判断、保存或记忆、表达风格或"传统技艺"。这一分类体系将"发明"、"记忆"和"风格"等范畴纳入"心智艺术"，并且将"传统技艺"和表达风格等同起来，足见培根已经完全从智力的角度来观察话语领域的构成。在这一框架内，他区分了两种"大不相同"的发明，即"学科和科学的发明"以及"言说和论辩的发明"。"有关言说和论辩的发明准确地说并非发明，因为从事发明是去发现那些我们尚不知道的东西，而不是重新唤起和应用已知的东西。[从事言说和论辩发明]只不过是使我们从自己已经掌握的知识中提取出跟眼下的目的可能相关的那一部分，使之在意识中浮现"。这样做不是严格意义上的"发明"，而仅仅是"记忆或提示"。（Bizzell & Herzberg 1990: 626）于是乎，不仅"言说艺术"被纳入"心智艺术"，"修辞发明"也遭到消解，与"风格"甚至"记忆"等传统言说艺术的次要部门等同起来，并因为"无助于发现人们尚不知道的东西"而在事实上被剥夺了构筑"主意"、"念头"和产生新思想意识的权力。培根对修辞的态度之复杂和模棱两可，从他对"发明"的重新阐述可见一斑。

"波尔罗亚尔逻辑学家"对待修辞的不同态度　现代主义者对待修辞的矛盾态度，在 17 世纪一个著名法国学者群体的作品中表现得最为淋漓尽致。17 世纪中叶，天主教会内部一些都具有改革思想的志同道合的詹森派学者以巴黎郊区的波尔罗亚尔修道院（Port-Royale Convent）为中心开展学术活动，被称为"波尔罗亚尔逻辑学家"。他们中间的安东·阿诺德（Antoine Arnauld，1612—1694）和克劳德·兰斯洛（Claude Lancelot，约 1615—1695）于 1660 年和 1662 年出版了两部很有影响的话语教科书，即《通用语法》（*Grammaire générale et raisonnée/General and Rational Grammar*）和《逻辑：思维的艺术》（*De l'art de penser/The Art of Thinking: the Port-Royal Logic*）。这两部书通过对两个基本观点的阐发使笛卡尔思想得到普及，并进一步加剧了修辞的边缘化：第一，不受感觉和想象影响的"纯心智"享有最高的地位；第二，思想完全独立于语言——人们只是在习惯势力的支配下才通过言辞进行思考。

　　两书的共同作者将注意力几乎完全集中于人的心智活动。他们把这类活动分为"构想"、"判断"、"推理"和"排序"（conceiving, judging, reasoning, ordering）四大步骤。其中"构想"指透过智力的应用发现"念头"，并找出正确的词语来表达这些念头；"判断"和"推理"包括应用三段论等手段，去伪存真，将念头发展为正确的命题；而"排序"则指将已经形成的思想组织起来，形成条理，以备表达。这一理论观点不仅剥夺了传统上所理解的话语"发明"对情感、感知和想象的诉求，还将它从一个牵涉到言说者、受众、语言和语境的社会互动过程简化为个体的心理和思维过程。经过他们的改造，话语发明不再服务于通过"可信意见"形成信念并进而产生说服效果这一根本目的，转而致力于通过"正确思维"获取"真知灼见"。书中也提及修辞，但是将它等同于表达方式并且强调其作用十分有限，只在于使表达更为"有力"和"生动"，以有助于触动情感和调动意志。"它在构思、选词、修饰等方面能够提供的帮助并不特别大，因为心智本身提供了充足的念头，话语习俗决定应该选择什么词语，现成的辞格和其他修饰手段已经绰绰有余"，并不劳修辞费心。修辞发明的基本手段，"如话题和常言，不仅无助于产生道理，甚至还会阻碍思想的自然发挥"。（Bizzell & Herzberg 1990: 640；Enos 1996: 545–546）

　　然而，波尔罗亚尔学派的另一位重要成员贝尔纳·拉米稍后用法语创作的《言说艺术》（1675）却与上述两部作品大异其趣，是一部以修辞为中心议题的话语理论力作。在这部作品中，拉米博采各家之长，既从西塞罗和昆提利安的作品引进有关布局和风格的论述，也吸取圣奥古斯丁有关话语目的和布道原理的观点；既向这些"古人"学习，也采用了包括笛卡尔和波尔罗亚尔学派其他成员等"现代"学者的思想，可以说是对古今修辞和话语理论"具有原创性的合成"。（Carr 1990: 133-134）传统修辞手册一般都只是不加解释地罗列出言说的规则，拉米则反其道而行之，将自己的写作目的确定为"使人们理解修辞原则的真正理据"。也就是说，他的目标是使读者对这些规则不但知其然，还要知其所以然。这一目标意味着古典修辞学家对这门艺术的归纳和总结还存在着从理论上进一步深入探讨的余地，修辞并非一门智力上不具挑战性的浮浅学科。拉米还明确宣布他这本书的目标读者"不仅是［专门意义上的］言说家，而且包括所有一般意义上的言谈或写作者，如诗人、历史家、哲学家、神学家等"。（Hartwood 1986: 178）这里所界定的读者群体表明在拉米看来，修辞为在话语所有领域和层次发生的口头及书面交流提供指导原则，因而不管对什么人都大有用处。拉米在书中对修辞表现出极大的重视和肯定，和阿诺德、兰斯洛等人对它的贬抑形成鲜明的对照，使我们对17世纪主流思想作为一个整体对言说艺术所持的那种"道是无情却有情"的复杂态度有更清楚的了解。

拉米的《言说艺术》——17世纪修辞理论的代表作

《言说艺术》的总体结构　拉米将全书分五大部分，分别讨论"语音和语法"、"辞格"、"发表"、"文体风格"和"说服艺术"。这一安排完全不同于传统上将修辞分为"发明"、"谋篇"、"文采"、"发表"、"记忆"等五个部门，以"发明"作为核心话题的做法，然而所讨论的又都是古典修辞理论家，尤其是昆提利安探讨过的话题。拉米从构词、词类等语言学的最基本问题入手，在第一部分解释了人类如何按照"自然"法则发明言辞，用以"表达思想、调动意志"。第二部分接着以辞格为单位讨论了喻意语言（figurative language）的特征和应用。拉米就这一话题提出了两个值得注意的看法。他认为"天然生成的词语"远远不足以表达人类的"所有思想"，这一匮乏是我们发明和应用辞格的基本动机。也就是说，辞格是表达意义的基本手段，不应该被看成锦上添花的装饰品。他还提出"大自然向我们揭示了一些言说的手法和技巧，使我们能在听众心中产生预期效果……这些手法与技巧我们称为［非转义］辞格"。根据后面这一看法，辞格说到底就是说服技巧的提炼和升华，其结构与功能密不可分。在第三部分，拉米着重讨论词语和句子应该如何发音、搭配和组织，才能使"话语朗朗上口，悦耳动听"。第四部分关于风格的讨论强调内容和形式的统一，要求言说者做到"话语的品质反映题材的性质"。拉米还分别以言说家、诗人、哲学家和历史家的文风为例，提醒读者文体规范因领域和话语类型而异，不能一概而论。第五部分讨论的是"说服艺术"，在很大程度上是对传统修辞理论的归纳和总结。按照拉米的解释，《言说艺术》前四部分所讨论的是"言说艺术"，它与传统"说服艺术"的功能取向不同，不能混为一谈。但是这两种艺术都是修辞属下的领域，都受到同一些修辞原则和规范的支配。（Hartwood 1986: 175–177）拉米的《言说艺术》是用法语创作的第一部修辞著作，出版之后很快就被翻译成英语及其他语言并在欧洲各地流行，对17 世纪欧洲修辞观的形成贡献甚大。

意义、符号和语用习俗　拉米在书中阐述的不少观点令人耳目一新或深有感触。例如，他在对各类词语的词汇和语法特征详加讨论之后强调"人类的意志和赞许"是语言应用的决定性因素，语用"习俗"因而"对我们的词语拥有绝对的支配权"。词语是"意义"的"符号"，形义之间的配对完全由习俗决定并通过习俗固定下来。如果语言使用者将二者随便调换，就会造成"人类会话的全面混乱"。拉米还进一步指出所谓"习俗"指的并非所有语言使用者的共同习惯，而是有其特定的阶级属性：

> 在将习俗推上王座，使之成为对所有语言都拥有主权的裁决者的同时，我们的意图并不是要将权杖交到大众手中。习俗有好有坏……良好言说者的表达习惯是那些希望说话得体的人的最好准绳。区分语言应用的良莠高下并不困难。普通百姓的粗俗用语和绅士们的高雅言谈有明显区别。后者的地位和美德使他们［在语言表达上也］高前者一等。（Hartwood 1986：204）

这一评论中不加掩饰的阶级偏见也许使人感到尴尬，但恰恰是透过这种"坦率"，拉米使我们从社会语言学的角度对"语用习俗"的真正含义有了深刻的透视。拉米还指出一般人要对语用习俗加以区分可以有三个途径："体验"、"推理"和"类推"。"体验"指通过和善言者直接接触或通过阅读他们的文字领会他们的表达方式。"推理"指掌握语言的基本原则并将这些原则用于对不同语用习惯的分析、判断和评估。"类推"指的则是将体现于范例的语用方式推广到相似的其他语例。拉米的这些观点既将语言研究纳入"言说艺术"和修辞的学科范围，又为现代语言学，尤其是社会语言学的发展提供了铺垫，意义很不寻常。（Hartwood 1986: 203–205）

鼓励读者的主动精神和批判态度 又如，谈到如何安排材料和组织思想，他一方面宣称这是思维而非言说艺术讨论的问题，另一方面却以修辞的名义总结出各种基本规则。其中一条告诫言说者要懂得"过犹不及"的道理，指出"经常发生这样的情况：我们在尽力澄清和解释一件事的时候对读者的注意力提出过分要求，使其不胜负担。[过于]详尽的说明往往使事情更难以被理解，过度解释经常造成思维一片空白"。拉米解释说之所以出现这种情况，是因为除非读者本身的思考能力被调动起来，否则他们根本就"无法理解"任何论述，而不将问题完全说清说透正是调动读者主动精神的一个基本条件。发挥主动精神的读者将能够自己"收集起跟所讨论话题相关的一切材料"，并在对这些材料加以诘问"批驳"的基础上对它们作出正确评估，实现"去粗存精"。拉米的这些论述不仅超越了"思想观点的组织"这一具体话题，也超出了传统的修辞研究范围。他在就阅读和阐释过程提出精辟见解的同时，还界定和提倡了如今我们称为"批判性阅读"的方法和态度，十分难能可贵。（Hartwood 1986: 181–182）

辞格是激情的独特字符 拉米对古典修辞，尤其是文艺复兴修辞历来当作重点详加讨论的辞格也不乏富有新意的见解。他以读者对辞格意义的理解作为着眼点，确定了影响辞格可理解性的三大原因：喻体过于生僻；喻体与喻旨之间缺乏一种"天然"联系；辞格密集出现于同一话语单位中，造成读者的解读倦怠。更加不同凡响的是他将辞格理解为"激情"的"独特字符",也就是使激情在"话语中得到表达"的形式（the peculiar characters by which [passions] represent themselves in our discourse）。拉米对"激情"的看法与其他现代主义者大不相同。他认为虽然激情对我们的观察、理解和判断造成夸张和扭曲，使我们无法获得只有通过冷静推理才能获得的真知，但它却是"意志和思想的动力"（the motions both of our will, and our thoughts），是言说和社会互动的决定性因素之一，修辞的成败得失在很大程度上取决于修辞者对激情的利用。在拉米看来，唯有激情才能触动人类，使其摆脱淡漠和不作为："激情可以被称为心智的源泉。言说者一旦懂得如何掌握这些源泉，懂得如何明智地利用这些源泉，对他们来说就没有什么克服不了的难题，就没有说服不了的人。"由于激情在话语中只有通过喻意语言才能得到表达并产生效力，拉米将辞格称为言说者"用来震撼和煽动受众思想的工具"。（Hartwood 1986: 223; 246–247）这一定义和将辞格看成修饰手段的常规见解相去甚远。

风格新解　拉米对文体风格的理解也不落俗套。他批评修辞学家讨论风格问题的老习惯，即仅在言说的典型语境内泛泛提出某些普遍适用的原则，界定某些风格品位。正确的做法应强调风格必须以具体受众、语境和体裁为转移，不可不加区别地采用同一套标准和价值。例如，受众并不总是同样聚精会神，他们的理解能力也有差别。言说者如果遇到精神比较分散且理解比较迟钝的受众，就非变着花样把话讲得"喋喋不休"、反反复复不可。"灵巧的言说者总是迁就听众的接受能力，不断重申自己的观点，直到他们真正听懂并记住为止"。在一般情况下显得啰唆重复的风格，针对上述特定受众倒是正确的选择。又如，不同类别的话语性质不同，对风格的要求也不一样。"辩护和演说的真实感与数学的真实性有质的不同。后者仅依赖少数几条确切无误的原理就可以建立起来，前者却必须通过将许许多多情况合并在一起考虑而产生——这些情况如果分开来单独考虑则既没有什么意义，也不能促使人们确信任何东西。有鉴于此，好的辩护或演说词在风格上总是以丰富细腻见长，表现出对那些似乎微不足道的细节的注重。"（Hartwood 1986: 320-321）再以不同学科或领域的话语为例。历史文本的突出文体特征应该是"清楚简略"，紧凑平实，不使用可能造成读者看了半天才知道是在讲什么事的"冗长结构和句式"，避免出现偏颇的立论和煽情式表达或者应用过多的辞格。之所以有这些要求，是因为历史的目的在于"按照其[研究]对象的本来面目如实表述，既不夸大，也不缩小"（Hartwood 1986: 323）。对于诗人的表达则不应该有明确的限制，不应该要求他们遵照习俗，而应该让他们"随心所欲地发挥"。这是因为诗歌的目的在于"通过伟大、神妙、奇特的事物使我们感到愉悦或惊讶"。诗人假如不采用"不同寻常"的表达，就无法使自己的意思也显得"卓然不俗"。（Hartwood 1986: 325-326）

说服是一种特殊的言说形式 正如上文提及的，拉米首先从语言、辞格/激情、表达方法和文体风格等四个方面系统讨论了"言说艺术"，然后将话题转向"说服艺术"，并在西方修辞学史上破天荒地对这两种艺术加以区别。他指出言说者的受众完全可能是中立、开放而合作的，无需言说者作出什么特别的努力就能接受任何言之有理的观点。如果言说者面对的是一个"意见相左"的受众，必须通过"不被觉察地影响其情感"才能将他"争取到自己这一边来"，言说者所承担的任务就不是一般的"言说",而是"说服"。这一定义表明在拉米看来,说服是一种特殊的言说样式。对于它的特殊性,拉米作了进一步说明:

> 甚至是在对一件事的真假虚实进行热烈争辩的时候,除非利害关系、执拗的性格或者激情等因素使人们[的思考和判断]陷于盲目,否则出示有力证据就足以消除对方[在认识上存在的]困难,驱散[弥漫在他们心智中的]迷雾,使他们[对得到证据支持的论点]感到信服。然而如果争议的对方既不注重求真务实,又刚愎自用,而且还完全为激情所左右,则[通过证据讲]道理的力量就不够大,人们就非采用一些诡诈的(cunning)手段不可。如果碰到这种情况,应该考虑做两件事:第一,研究对方的性情和倾向以便赢取其心;第二,由于多数人总是以意见或观点的持有者是友还是敌作为对观点作出正误判断的基本依据,必须设法使对方心中充满对自己的友好感情。(Hartwood 1986: 343–344)

按照以上说明,说服这一话语样式适用于与不完全理性、冷静和明智的受众或对话者的互动。它要求言说者在出示证据、诉诸道理不足以赢得对方信服的情况下,通过采用某些"诡诈的手段"影响和操纵对方的"情感",使他们接受自己的观点。由于完全"理性"或者完全不考虑利害关系的社会成员几乎不存在,说服的应用范围大大超越一般人联想到的"布道坛"或"法庭"这类场合,在事实上覆盖了"所有各种各样的事务和交流"(Hartwood 1986: 345)。

拉米对言说和说服艺术的界定和表述既颠覆了将修辞等同于"说服"的亚里士多德传统，也反对西塞罗传统对·"言说"和"说服"不特别加以区分的做法。他提出的修辞学科由"言说"和"说服"艺术构成这一说法含义极为深刻，既肯定修辞的学科兴趣延及一切社会互动和语言交流，包括那些不具有明显说服或论辩特征的话语样式，又强调人类话语同时具有策略性（即说服）和非策略性（即理性言说）两个层面。他关于说服手段的新提法虽然没有完全脱离传统修辞有关"道理、人格和情感"三类资源的经典论述，却突出强调了"人际关系"和"情感状态"这两个因素对说服具有的决定意义。拉米以现代主义智力秩序的名义"接收"了古典修辞思想并按照新时代的要求对其加以改造和革新。他既继承了修辞传统，又为读者提供了一个洋溢着现代意识的新视角。他的独特表述不仅对修辞在 18 世纪和 19 世纪的发展产生重大影响，而且也从不少方向预示了话语理论在 20 世纪将会采取的形态。

维科和人文主义教育思想的延续

与拉米相差不过一代的意大利学者詹巴蒂斯塔·维科（Giambattista Vico，1668—1744）是近代欧洲最杰出的思想家之一。虽然在他至今享有的那一大堆名誉头衔（如"意大利最重要的哲学家"、"现代史学第一人"）中并没有"近代伟大的修辞思想家"这一项，然而很难设想这位长期在那不勒斯大学担任修辞学（而不是哲学或历史学）教授的学者在其他思想领域取得具有开拓意义的辉煌业绩，在自己正式从事的领域却会无所建树。事实上，维科在修辞史上的地位至少可以和他在哲学、史学等领域获得的承认相媲美。他跟拉米一样，在所处的科学时代继承和坚持了修辞传统。与拉米不同的是，他侧重于对修辞思想的挖掘和阐发，尤其注重对西塞罗思想和理想的继承与发扬，注重对修辞传统承载的深刻人文主义内涵的开拓和发扬，从而为修辞思想在 20 世纪的蓬勃复兴埋下一块重要的基石。

对理性与科学时代主流思想的批判　维科在其主要著作中对笛卡尔的哲学思想提出了严厉的批判，指责它偏狭地只将数学和科学当作人类知识的来源，把其余的研究领域，例如法学、史学以及人文科学的其他学科，都看成无足轻重的雕虫小技。他认为修辞为我们研究知识提供了一个更有用的视角，因为包括科学在内的所有知识都是通过论辩和成功的说服而形成的。维科对笛卡尔忽视语言的作用很不以为然。在他看来，语言体现了道理、情感和想象过程，决定了特定历史条件下的人类社会究竟关注些什么。他在著名演说《论当代研究方法》（*On the Study Methods of Our Time*）中对培根就发展新学科、新科学与完善人类智慧提出的呼吁和设想也提出严重保留意见，认为培根所想象的是一个与"我们所处的这个世界"没有任何联系的乌托邦，"完全超越了人类奋斗所能达到的极限"，丝毫不关注"如何改正存在于当前文化的缺陷"。

严重失衡的现代主义教育及其后果　维科对 18 世纪初叶的学术、教育体制提出了严厉的批评，认为其"最大缺陷"在于"过分注重自然科学，对伦理则不够重视"。由于文理研究严重失衡，教育部门难以培养出社会需要的人才：

伦理学的研究范围包括人的性格、倾向、情感以及如何调节这些因素，使之与公共生活和雄辩相适配。我们对这一部分内容不加理会，这是教育目前存在的主要问题。我们不致力于研究美德与恶行的区别，不探讨优良和不良的行为特征，不注意不同年龄、性别、社会及经济阶级、种族、民族的人具有的典型特点，忽略了所有艺术中最难以掌握的那一个门类，即生活和行为的艺术。这些疏忽使得政治学这样一门既高尚又重要的学科几乎无人问津。由于在我们的时代，智力活动的唯一目标是获得真知，人们将所有精力都投向对物理现象的研究，因为这类现象的本质属性显然是确定的。对人性的研究却因为人的意志自由奔放、难以确定而没有什么人从事。这种将兴趣不成比例地投向自然科学的做法造成了严重问题。（Bizzell & Herzberg 1990: 720）

在讨论这种一边倒的教育造成的后果时，维科特别指出受过这种教育的年轻人"无法投身于社会生活，不能明智而审慎地行事"，其"言说体现不出对人类心理的熟练把握，缺乏热情"。由于这些缺陷，他们难以在生活中"稳健行事"，因为"人间一切事务都取决于机会和选择，而机会和选择本身又极其多变并且受到（极具欺骗性的）模拟和伪装（simulation and dissimulation）的强烈影响"。正因为如此，那些"仅关注探索抽象真理"的人不仅难以确定自己的人生目的，也难以找到实现这一目的的手段。维科的这些评论表明他所担心的与其说是社会伦理道德水准的下滑，不如说是社会成员修辞素养和雄辩能力的低下。也就是说，最使他忧心忡忡的是由于现代主义教学大纲忽略了修辞这一传统人文教育的核心学科，受教育者在其"言说"中既表现不出对受众心理的了解，也缺乏富有感染力的"热情"，对那些带"欺骗性"的"模拟和伪装"——也就是拉米所说的用于说服的"诡诈的手段"——更是没有一点识别、抵抗和化解能力。在他看来，科学教育所传授的那些"抽象而且一成不变的正确性标准"是"不可能 [使我们] 对人类事务作出正确评估"的。(Bizzell & Herzberg 1990: 720)

维科认为对人类事务的"正确判断"必须基于一个设定，即"支配着人类行为的是冲动和机缘（ whim or chance ），而不是慎思与预谋（ forethought ）"。他攻击那些信奉不变原则和固定标准的"教条主义者"，指出他们总是按照"理当如此"而非"实际如此——即或多或少总带有一些随机性"的原则来"判断人类行为"。他嘲笑这种人"唯一感到满意的是抽象真理，对常理常识却谈不上内行，也不习惯根据或然性结论行事"。他们不把"意见"当一回事，从不费心弄清楚"自己的意见是否也被普遍接受，自己认定的真理是否也被其他人当作真理"。维科所心仪的是"逻辑、物理、玄学和伦理这四大哲学学科"都以"培养雄辩能力"作为其教学目的，并以哲学和雄辩的融合作为其共同努力方向的"过去某一时代"。相形之下，"如今"这些科目采用的教学法却使得产生"令人信服的表达以及丰裕、深刻、华丽、清晰、完整、使人动心、热情洋溢的言辞"的"所有源泉"都趋于"枯竭"。(Bizzell & Herzberg 1990: 721-722)

雄辩与说服　维科重申的人文主义教育观与 18 世纪的智力秩序严重不协调，因而受到主流思想家群起围攻。这些人指责他力图将青年学生培养成"侍臣"而非"哲人"，鼓励他们追求"表象"而非真实，将兴趣投向"美德的外表"而非"道义本身"。批评者虽然对维科将"雄辩"确认为重要教育目标不持异议，却认为"现代研究方法"才最有利于培养学生的雄辩能力，因为"建筑在真理坚固基石上的道理"是产生永久性信服的途径，而"虚有其表的魅惑手段"则只像在受众心中燃起一团"言说的火焰"，虽然一时使人不能不从，一旦火焰熄灭，他们就将"故态复萌"。维科断然拒绝接受这两项指控。

　　针对第一项，他表明自己的意图在于鼓励受教育者追求那种"既有其实亦有其表"的真理，"既符合道义又受到众人赞许"的美德。这一表白显然是与"众人皆醉我独醒"式的"真理"和"举世皆浊我独清"式的"美德"划清界限。至于第二项指控，维科强调：

雄辩诉求的对象从来就不是人性中被称为理性的那一部分，而几乎全然是我们的情感。撒出一张纯粹由思维和推理编织成的网也许能将理性捕获，但是除非我们采用 [比思维和推理] 更加感性更为具体实在的手段，否则根本就无法撼动和征服人性的情感部分。雄辩的作用是说服。言说者除非能在听众心中唤起他希望看到的那种情绪，[否则] 就谈不上说服。[智者的行为是由处于心智控制下的意志决定的，所以任何人想说服智者都只消诉诸他们的责任与意志就够了。] 然而大众或一般"俗人"则完全是受骚动不安的欲望控制的。他们的心灵谈不上纯洁……不是肉体的对手，因此只有与肉体相关的事物才能促动它。这就是为什么 [在从事说服时首先] 必须采用鲜活具体的形象来诱使心灵产生爱慕。当心灵充满好感，它就易于相信。而一旦心灵处于爱慕和信任状态，应立即在其中点燃激情的火焰，用以克服其固有惰性，激发其意志。除非言说者做到这三点［即成功地在受众心中激起好感、信任感和采取行动的意志］，［否则］他根本就谈不上已经成功地取得说服效果，就不具备使人信服的力量。(Bizzell & Herzberg 1990: 722)

"灵魂与肉体"、"理智与情感"和"智者与大众"等厚前项而薄后项的"等级化二元对立"从柏拉图开始就被用于倡导和确立一个智力主义社会价值尺度，到了"理性与科学"的时代更被主流知识界视为天经地义。言说艺术的批判者一向都将这些对立用作其立论的大前提，以修辞"诉诸情感而非理智"、"取悦无知大众而非智者"为理由将它描绘成社会的祸害。维科从文艺复兴的激进人文主义观念中汲取力量，以反潮流的精神将这些对立颠倒过来。他把"肉体"跟鲜活生动的形象，"情感"跟意志与行动联系起来，强调二者对人类社会运行的绝对必要性。他还对"孤芳自赏"式的"先知先觉"痛加针砭，赋予"公众"以优先地位。通过颠覆这些构筑思想观念的基本元素，维科从根本上反驳了当时流行的种种忽视、反对修辞的理由。他理直气壮地将雄辩重新表述为"用与人类共识相适配的言辞富丽堂皇地表达出来的智慧"(Bizzell & Herzberg 1990: 726)，从观念形态上为修辞在 18 世纪下半叶和 19 世纪的蓬勃发展争取到难能可贵的空间。在他之后出现的系统修辞理论，如坎贝尔的《修辞原理》(*The Philosophy of Rhetoric*)和惠特利的《修辞基本原则》(*Elements of Rhetoric*)，无不得益于维科修辞思想对主流观点所起的平衡作用并受到其观点的鼓舞与影响。

坎贝尔与近代修辞思想的系统化

　　苏格兰神学家和修辞学家乔治·坎贝尔"二十年磨一剑"，于1776年完成的《修辞原理》是西方修辞理论承前启后的一部重要著作，也是18世纪西方修辞发展的高峰。它在拉米、维科等人的理论成就的基础上，运用理性与科学时代的基本"词汇"对修辞进行适度"改写"，保存和弘扬其精神实质，增加了言说艺术在一个现代主义文化语境内的相关性。这部杰作的出版标志着近代修辞思想体系的基本形成，同时也为20世纪中叶"新修辞"的崛起提供了丰富的灵感和观念资源。

　　《修辞原理》全书三卷，分别讨论三个题目："雄辩的性质和基础"、"公共演说的基础和基本性质"以及"公共演说的特殊性质"。按照坎贝尔自己的说明，通过创作这本书他力图达到两个目的：第一，"勾勒出人类心智的轮廓，并且借助诗人和言说家提供的指点，揭示其隐秘的活动方式，探索出感觉和行动产生的主要途径及根源"；第二，"研究如何通过语言的应用，以告知、证实、取悦、感动和说服为手段，对听者的灵魂施加影响"，在"人性科学"的指引下，"更准确地探明［言说］艺术的根本原则"。（Campbell 1988: lxvii）上述有关写作目的的宣告一方面坚持了传统修辞的自我认识，即它是一门运用语言进行说服和对"灵魂"施加影响的艺术；另一方面则顺应早已成为思想主流的现代主义观念，将修辞改造为一门在"科学"指引下探索人类"心智活动秘密"和"原则"，带有浓重应用心理学色彩的学科。用科学话语重新表述或者"重新包装"修辞学对坎贝尔而言既是目的，又是达到这一目的的基本手段。

为修辞辩护　坎贝尔强调修辞是一门极为独特的学科。"没有哪一门学科像雄辩或者言说学一样跟人类所有禀赋或心智能力都有如此密切的联系。"雄辩学不仅属于"实用"类学科，而且也属于诉诸想象的"艺文"类学科。这是因为一方面，"它的任何应用都必须得到想象的帮助，否则就不能完成。它不仅使人愉悦，而且通过取悦于人吸引他们的注意力，激起他们的热情，并且往往最终成功地征服哪怕是最顽固的态度"。另一方面，修辞教我们应该怎样使用自己的口才才最有可能获得成功。口才的用处是众所周知的，修辞的用处因而也是不言而喻的。不仅如此，修辞同时也教我们如何应用逻辑方法和伦理原则才能说服别人，使他们心服口服。它因而和逻辑与伦理一样有用。由于修辞"所传导的不仅是思想，还包括心绪、情感、意向、目的"，"在所有艺术形态中它是跟人类的一切功能和智力都有着最密切联系的一种"，它因此应该被看成一门"宏伟的交流艺术"，对它的"正确研究"将使我们能够"描绘出智力和想象的运行机制，发现潜藏在心灵中的行动的泉源"，从而"直接导致人类的自我认识"。（Campbell 1988: lxxiii–lxxiv）

雄辩的性质和目的　坎贝尔以"目的"和"效果"这两个关键词为支点，对"雄辩"这一核心概念提出比较系统的表述。他指出任何言说都服务于一定目的，而言说的目的归根结底就是言说者想在听者心中或身上产生的效果。所谓"雄辩"，因而应该被理解为"使话语适配其目的的艺术或才能"。话语旨在对人类的不同功能施加影响，产生效果，因而其目的可以根据人类心智的四大功能归结为四类：启发理解、愉悦想象、引动情感、影响意志。一般地说，任何话语都选定其中一种作为自己意欲达到的主要目的。除了主要目的之外，言说者往往还必须确定和考虑某些次要目的，作为实现主要目的的辅助，如通过愉悦想象和引动热情以达到启发理解这一总目的等。但是应注意不要让次要目的喧宾夺主。

话语的基本目的决定了它的结构和形态。例如，如果言说者意在诉诸理解，则很清楚，他所要做的是对受众进行"开导"或"教诲"，所承担的具体任务要么是向受众解释他们尚未学过或学过但是尚不清楚的某一教义，要么是通过证明促使他们接受原来不相信或有抵触的某一立场。也就是说，他的任务或者是通过"传授信息"以"消除无知"，或者是通过"确立信念"以"匡正谬误"。前者着眼于"知"，因而"清澈明晰"必须是最重要的话语品质。后者着眼于"信"，因而最突出的文体特征必须是"辨析有力"。

又如，如果言说者试图影响意志，也就是说如果他意在说服受众，使其采取某种行动，则他必须同时从两方面下手：既诉诸理解，使受众对相关判断深信不疑，又激发情感，使他们有采取行动的冲动。将强有力的论辩策略和激起浓烈情感的煽情手段融合在一起，是此类话语获得成功的根本原因："当两方面的力量汇合在一起……协同作用，就将产生一种不可抑制的感情冲动，一种充满激情的争论。这种冲动或争论最适合于说服，因此被认为是言说者的最高造诣。它能够克服任何障碍，使言说者获得影响受众思想和动机的一种不可抵御的力量。"（Campbell 1988: 1–5）

　　上面这些论述不乏值得注意的新观点。坎贝尔将"目的"和"效果"摆在有关修辞性质的讨论最显要的位置上——包括用"雄辩"这一效果概念来指代"修辞",这标志着对修辞的表述正逐步摆脱传统的形式主义和结构主义视角,向功能主义转化。他对话语和目的相适配的强调此前也从未在关于修辞的正式定义中见到过,是一个带有相当突出原创性的新理解。此外,他在讨论如何影响受众行为动机——也就是所谓"意志"——时提出的原则,即只有在同时改变受众的理解和情感状态,也就是说同时诉诸受众的理智和情感的情况下,才有可能促使其成员采取言说者希望他们采取的行动,也是一个此前虽有触及却没有得到明确表述的观点。

　　"对话雄辩"和"演说雄辩"的分野　传统修辞话语对体现在不同类别语言交流中的雄辩并没有特别加以区分,但是其预设的典型研究对象明显是严肃正规的修辞场合。坎贝尔将注意力投向"另一类言说",即那些讨论"轻松琐细话题"的话语交流。他通过对体现在后面这一类交流中的雄辩形态的审视,将原有大一统的修辞领域划分为"交谈之雄辩"和"演说之雄辩"("eloquence of conversation"and "eloquence of declamation")两大板块,并对前者进行初步的理论探讨。

　　坎贝尔认为和正规严肃的言说一样,"交谈"也是通过诉诸想象、情感和意志等人类固有功能而产生效果的。然而他在这里提及的"交谈"并非普通老百姓之间的日常交流,而指向当时正在形成的"资产阶级公共领域"(the "bourgeois public sphere")内"意见制造者"之间的话语互动。正因为如此,他提出的"交谈之雄辩"突出地体现于三大功效，即"风趣"、"幽默"和"嘲弄"，并以这些历来属于文学批评范畴的概念为中心展开对这一话题的讨论。例如，坎贝尔认为"风趣"的效果是通过对立观念，如亲与疏、同与异、高与低、贵与贱等的糅合与戏动，在受众心中唤起"相关念头的不寻常组合"的意象，造成一种"令人愉快的意外感"而产生的。触发这种"意外感"的手段有三：其一，使浮华虚夸和一本正经的事物出乖露丑、尽失脸面；其二，将卑微琐碎的事物描绘得高尚隆重；其三，将普普通通的事物放置于一个怪僻的视野之内。又如，他将幽默界定为一种"既非暴烈也谈不上持久的情感，其动机源于某种想象的而不是真实的状况，至少跟其效果完全不相称。或者可以说［幽默感是］情感以一种反常的方式表现自己，一方面阻碍而不是促进其目的的实现，另一方面其表达又显得泰然自若，违背了常情，因而使人觉得可鄙又可笑"。幽默的对象总是人性的弱点，如反复无常、缺乏节制、忧心忡忡、忌妒、虚荣、自负等。有鉴于此，喜剧是幽默的天然领域。（Campbell 1988: 8-10; 15-16）

修辞、逻辑与语法　关于修辞与逻辑和语法这两门相关学科的关系，坎贝尔也作了比较详尽的讨论。逻辑和语法对他来说构成了话语的"灵"与"肉"，分别涵盖话语的两个基本构成成分，即意义和表达。逻辑是"思维和推理的艺术"，语法是"用某种语言的词汇表达思想的艺术"。逻辑的"唯一和终极目的是揭示真知"。就雄辩而言，发现真知当然是一个重要目的，但是这并非它的唯一目的，而且往往也不是它的终极目的。纯粹的逻辑所关注的仅仅是话语的题材。雄辩考虑的不仅是题材，还包括言说者和受众，尤其是拟在受众身上产生的效果。逻辑只诉诸理解，以确证为己任。雄辩则不仅启发理解，而且负有愉悦想象、引动情感、影响意志等其他任务。由于"不管在地球上哪个区域，人们感知和论理的方法都一样，但是一个国家使用的语言另一个国家的人完全听不懂，所以逻辑学家的艺术在某种意义上说是普遍适用的，而语法学家的艺术则总是带有地域性和独特性。除非存在着一种普世语言，否则就不可能有普世语法"。修辞和语法的区别突出地表现于文体和句法的区别。"句法只关系到如何将单词结合为句子，文体除了关注这一点，还进一步考虑如何将句子结合成话语。"这并非二者之间的唯一区别。语法学家只要求语言使用者做到"纯正"，即只选用相关语言中的标准用语，而且不违背常用意义和习惯用法。修辞学家则要求话语实践者不仅要达到"纯正"这一标准，而且还必须满足"优美"和"有力"等要求。也就是说，"前者的最高目标只不过是后者的最低目标"。如果把语法比为"泥水匠的手艺"，修辞则是"建筑师的艺术"。修辞家不仅必须是一个好"建筑师"，还必须是一个好"工匠"，能根据设计图将"房子"盖起来。（Campbell 1988: 32-35）

证据及其分类 传统修辞理论虽然经历了许多演变，有各种版本，然而无不将注意力集中到源于"人格"、"情感"和"道理"的三类"说服手段"，并且将"话题"用作阐述"道理"（*logos*）的中心概念。坎贝尔顺应了他所处的理性科学时代的智力环境，在《修辞原理》一书中用对"逻辑"的关注取代了对古典概念"道理"的继承，并且以"证据"而非"话题"作为讨论逻辑性说服手段的核心概念。

他将证据分为"直观性"和"推导性"两大类。直观性证据包括源于"纯理智"的"公理"（如"整体大于部分"），源于亲身体验的"觉察"（"对自身的感觉和感情以及对所有本质上可以被感知的事物的真实性确信无疑"），源于"人同此心、心同此理"的"常识"等三个小类。坎贝尔认为这三个小类的共同特点是"它们全都是自然的、原始的、不负自证责任的"。这意味着整个"直观性"证据虽然在我们进行论理和证明时可以被用作最基本的道理，关于它们自己却是既无理可讲，又无法也无须自我证当的（self-justifying）。坎贝尔认为这种"至理不理"或者说"原始"的道理本身却讲不得道理的现象之所以存在，是因为它是推理的一个必不可少的"可能条件"（condition of possibility）。他认为"一切推理必然以我们服膺于某些终极原则为条件。这些原则自我明了，[其正确性]不依靠其他任何外源证明。如果我们不接受这些终极原则，则对真理的探求就成了一件无休止并且不可能有所获的任务。我们就将总是在求证却永远也证明不了什么东西"。三类直观性证据中的"常识"（common sense）虽然跟传统修辞中的"常言"（commonplaces）不无渊源，但是却有明显区别。"常言"一般指流行于某一特定话语社群的那些"一般道理、议论或描述，言说者一旦记忆下来就可以在各种可能的场合不断应用"（Lanham 1991: 169）。而"常识"按照坎贝尔的定义却应该是"普世知识的一种初始来源"，由诸如"有始必有因"、"自然运行亘古不变"等认定构成。这些认定在他看来是不言自明的，"人们不可能通过推理得出这些结论"。常识的积累对于心智活动的开展又是一个必不可少的先决条件，"在对（常识）还没有达到确信无疑的情况下，人们也不可能在探求知识——尤其是那些关于人类、人生和行为的知识——的道路上哪怕是前进一步"。（Campbell 1988: 38–42）

推导性证据就是由"自我明了"（discernable by their own light）的终极原则和道理通过一定的程序和步骤推导出来的证据。它由两个部分组成：以公理为原始基础的"实证性"（demonstrative）或"科学性"（scientific）证据，和以觉察以及常识为原始基础的"显然性"证据（moral evidence）[1]。后面这一部分可以再细分为"经验"、"类推"、"证词"和"概率"四种。根据坎贝尔的分析，除了推导过程的始发点不同之外，推导性证据的这两个小类之间还存在着四大差别。其一，实证性/科学性证据用于探讨"抽象、非从属性的真理或者不同观念之间恒定而必然的关系"，显然性证据则只在讨论"存在于真实事物之间那些真实的然而往往可变并带有偶然性的关系"时使用。其二，前者要么完全成立，要么完全不成立，不允许有程度上的差别，后者则允许这种差别："证据 X 比证据 Y 更加有说服力，然而不如证据 Z 那么可信"在后者的范围内完全说得通。其三，在不同的实证性/科学性证据之间容不得相互矛盾，在不同的显然性证据之间则"不仅存在这种可能，而且几乎总是这样"。最后，前者单纯而互相连贯（simple, consisting of only one coherent series），后者却在事实上是由许多彼此不相干的证据凑集而成，因而十分复杂。（Campbell 1988: 43–61）

这些区别标示出坎贝尔所处时代所理解的科学和修辞这两大领域的分野。实证性证据适用于科学话语中的推理，真正与修辞领域挂钩的在他看来只有显然性证据一种。显然性证据"建立在人们从感知和

---

1 —— "moral evidence"这一概念中的 moral 意为"基于很大的可能性或坚定的信念而不是确实的（证据）"，跟它通常所表达的"道德的"一义无关。

常识获得的各种原则之上，并通过经验得到改进"。它"遵循从过去推断出将来，从熟知的推断出尚不明确的事理这两条法则，帮助我们就具体问题作出裁决"。由于修辞以"常言"为说服的主要媒介，强调具体语境中的互动关系，显然性证据是它"可以正正当当认领的"那一类证据。

坎贝尔论受众　　受众对于修辞的重要性是不言而喻的，然而从古希腊一直到 18 世纪，修辞学家倾向于将受众视为说服技巧研究的一个不言而喻的附属概念，鲜有将它当作一个专门话题进行探讨的。坎贝尔冲破了这一惯例的束缚，在《修辞原理》中对"受众"作出有理论意义和深度的思考。他认为受众是一个具有普遍性和特殊性的双重概念。受众的普遍性指的是其成员具有由人的本性决定的一些基本素质，包括理解能力、想象力、记忆能力和情感能力。对这些素质的了解和利用将"大有助于道理赢得 [受众的] 信服"。针对有人担心如果言说者利用人性弱点操纵受众，修辞就将堕落为"欺骗的艺术"，坎贝尔指出这一看法在绝大多数情况下并不正确：

> 如果只是想揭示真知，则有充分说服力的道理就足够了。但是如果是想通过这些道理来使我信服，那么 [言说者] 就应该做到这些道理对我来说一目了然，能引起我的关注，能被我记在心中。如果是想用这些道理来说服我采取某一行动或做某一件事，则 [言说者] 还应该进一步使它们不仅引起我的兴趣，而且触动了我的情感。这里涉及的不仅仅是理解。修辞者必须调动 [我的] 所有心智功能，包括想象、记忆和情感，使它们服务于他的目的，

才能获得成功。(Campbell 1988: 71-72)

坎贝尔对于如何影响受众的情感作了特别说明，指出要做到这一点，应从七个方面强化所采用的说服手段。这七个方面是：增强这些手段的或然性、可信性和重要性，做到说服中提及的事件的发生时间尽可能接近交流时间，地点跟交流者尽可能有直接关联，人物和交流者有尽可能密切的关系，后果值得关切。

坎贝尔指出受众的特殊性意味着言说者应关注其独特的性格特征，并据此对自己的表达风格和说服手段加以调整，使之适应这一性格。受众之间的最明显区别在于他们各自的理解能力和生活方式以及这些差别对想象和记忆的影响。即便教育背景相似的人，由于生活经历和职业生涯不同，也会养成不同的癖性，倾向于针对同一件事作出不同的情感反应。国家和政体对生于斯长于斯的受众也会产生相当影响。例如，自由和独立是共和制国家民众突出的行为动机，而君主制下民众的心情则更容易为华丽和辉煌的景象所动。对来自重商主义国家的受众，利益往往是最强有力的道理。对来自具有尚武精神国度的受众，没有什么比功勋和荣耀更富有说服力。类似的差别还可见于出身于不同阶级的受众。言说者所能找到的最佳话题因人而异，对天才人物而言是名望，对生意人来说是财富，对于富贵者来说则是乐趣。(Campbell 1988: 95-96)

坎贝尔论修辞人格 坎贝尔认为修辞者能否赢得受众的好感将决定其说服的成败。两种情况将降低受众对修辞者的好感度：受众不看好修辞者的智力或道德水准。在这二者之中，对修辞者操守的负面评价尤其致命，因为"人们通常认为轻信一位作风正派然而不怎么聪明的人跟轻信一位绝顶聪明然而生活放浪不羁的人比起来危险要小得多"。有鉴于此，在修辞实践中"首先必须予以考虑的是演说者应该维持的人格……不管我们谈及的是哪一类的公共演说，演说者被受众看成一位明智而善良的人对于演说的成功有相当的影响"。从这个一般表述出发，坎贝尔将兴趣聚焦于修辞人格究竟如何在说服过程中发生效力这一古典修辞未曾特别关注的问题。他得出的结论是：虽然人格对修辞效果的影响"在某种程度上是一个普遍现象"，由于这一影响"取决于受众的意见"，其程度"在不同类别的修辞中差异极大。在每一种修辞中，该影响主要取决于两个因素：公共演说者所从事职业的本质以及他的致辞对象的特质"。

　　这一论断意味着修辞人格所起的作用因具体的演说类型、修辞者在公共话语中被指派担任的角色，尤其是修辞者和受众的关系而异。不同的修辞形势对演说者应该表现出的修辞人格，对他应当或可以发挥的作用，有着不同的要求和规定。某种修辞人格是否适合于实现某一特定修辞目的主要取决于一点，即与该目的相关的特定受众所期待的是一个什么样的修辞者。修辞者因此必须根据自己在公共话语中被分派的角色以及自己和目标受众的互动关系，决定应该如何塑造并投射出最为适当有效的修辞人格。而不管修辞人格是如何构筑的，它一定包括两个基本构成成分：修辞者作为社会和其中某一界别的成员而获得的"身份"（如议员、律师、牧师等），以及他作为个人所具有的人品性格，也就是所谓"人格"（如温良恭谦或严肃刚直）。按照这一见解，修辞人格（ethos）因而应该是一种"身份 / 人格"组合。

　　坎贝尔强调指出一定的身份要求一定的人格作为其配套。如果想获得最大的修辞效果，修辞者以某一身份致辞时只能刻意营造与之相匹配的那种人格。为了说明这一点，他比较了分别以牧师、议员和律师身份对公众致辞的三类演说者，指出前一种职业对修辞人格提出的要求与后面这两类不同，并且要严格得多。"毫无疑义，一位议员如果享有能力强、经历丰富、个人操守在公共人士中达到很高标准等声望，则他说的话必然更有分量。一位律师如果在职业技巧和办案的信实程度等方面卓有声誉，也将产生同样的效果。其实，这两类公共演说者的人望只要一般没有问题，公众在所有其他方面对他们就会给予包涵。然而，如果一个公共演说者以得到授权的 [社会道德] 规正者自居，以指出和斥责他人的过错为己任，则公众的态度就恰恰相反，必然对他本人的缺点非常计较。"

　　坎贝尔最后提及的这一类修辞者当然是牧师，尤其是那些以得到上帝授权的卫道士自命，习惯于居高临下地训斥一般教会成员的职业布道家。由于修辞人格与受众的期待密切相关，而受众对任何严于律人的公共演说者的修辞人格期盼甚高，这类布道者自己也必须维持近乎完美的个人形象和声誉，所说的话才能使人信服。这么高的标准在现实生活中是很难达到的。坎贝尔因而提出了构筑"牧师人格"必须遵循的两条原则。首先，这一人格"必须具有某种权威——也就是他通过接受布道教育而获得的那种权威"。其次，考虑到当时的宗教话语将牧师定位为"天惠的行使者，负责将神的慈爱传达给一切蒙昧、有罪、迷途的人"，牧师的职业权威还"必须辅以温和的口气、坦诚的态度和慈悲的心怀"，才能真正发挥促使受众接受其布道的作用。

其他两类公共演说者当然也必须有他们相应的身份权威。然而由于法官、议员的职业特征不同于牧师，与这一权威相匹配的性格特征也不一样。例如，具有法官身份的言说者由于在坎贝尔所处的时代和社会倾向于被看成"天宪和天怒的执行人"，他们当着受众必须是一副"怒目圆睁、宝剑高悬"的样子，和"温和"、"坦诚"、"慈悲"等人格特征绝对不能沾边。（Campbell 1988: 97–100）

　　坎贝尔的观点既继承了古典修辞学家有关"修辞人格"（*ethos*）是一种修辞构筑的表述，又在好几个重要方面突破了他们在古希腊、古罗马的特定社会、文化框架内形成的见解。他不仅从自己的独特感受出发强调修辞人格必须因具体修辞形势和受众的期待而异，必须是"身份"和"品质"的组合，而且还在西方修辞理论史上率先指出修辞人格乃至修辞作为一个整体和"权威"这一概念之间存在着极其密切的关系。在坎贝尔看来，修辞人格只能通过权威产生效力。修辞者投射出的"身份／人格组合"之所以有可能成为说服力的倍增器，是因为每一个受到承认的"身份"都具有其内在权威。这一权威是修辞者由于某种特殊的资历或经历（如经历过战场的考验或接受过某种严格的专业训练和考核），在取得某种身份和名望（如对外战争的英雄、在法庭上屡屡获胜的律师等）的同时获得的。由不同身份派生出来的权威要求不同的人格特征与之相配套。身份权威和人格特征一旦互相协调，形成一种功能性组合（如"铁嘴"律师的名望与正直、诚实的声望的组合），就足以在目标受众中产生一种对达到既定说服目的至关重要的信赖感。因此，修辞学家在"修辞人格"的名义下研究的各种问题归根结底是修辞者在受众心目中是否享有权威这一根本问题。

重新确认修辞与文学的关系　针对修辞和文学在 17、18 世纪，尤其是 18 世纪呈现的此消彼长的态势，坎贝尔力图重新确认长期存在于二者之间的关系，肯定文学对修辞的从属地位。他认为"正确地说，诗只不过是修辞某些分支中的一种形态或样式"，因为文学的直接目的，不管是"颐悦想象"还是"激发情感"，都毫无疑问只不过是言说目的的一部分。文学和修辞都以语言作为其媒介。二者不管是在叙事、描述，还是论辩，都遵循文章的一般规则。二者都应用同样一些辞格以增加文采或活跃言辞。至于诗歌特有的韵律，那只不过是一种"机械"、"非本质"的附加，并不能因用了它而使文学获得独立地位。（Campbell 1988: lxxiii-lxxiv）在这一基本观点的指引下，文学成为《修辞原理》讨论的一个重要内容。坎贝尔有关"交谈之雄辩"的讨论围绕着"风趣"、"幽默"、"情趣"等文学概念展开，明显地以 18 世纪初叶由约瑟夫·艾迪生（Joseph Addison，1672—1719）和理查德·斯梯尔（Richard Steele，1672—1729）提倡的小品和评论为文学创作和文学批评的主流，所提倡的也是被约翰逊博士夸奖为"中和风格样板"的新兴资产阶级文学情趣和标准。从这个角度观察，坎贝尔的修辞观受当时流行的美文主义运动的影响甚大。究竟坎贝尔的真实意图是维持修辞对文学的"宗主"地位还是反过来，通过将他所坚持的修辞观与当时如日中天的文学思潮挂钩，增加修辞的当代相关性，从而为这一似乎正日益失去活力的学科注入一剂强心针，是一个不容易说清楚的问题。

修辞原理在公共演说中的体现　坎贝尔对修辞原理除了进行一般性探讨，还着重讨论了这些原理在具体语境中的应用。他根据 18 世纪的社会现状，将在法庭、议院和布道坛上发表的演说确认为话语的三大体裁，并从诸多话语因素中抽象出"言说者"、"致辞对象"、"主题"、"场合"、"目的"等五项，作为理解和分析话语的基本要素。坎贝尔从实用的角度逐一对这些要素加以审视。例如，在谈到"致辞对象"时，他着重讨论了"混杂受众"（mixed audience）造成的问题，指出"听众的构成越是混杂，向他们致辞时就越难取得好效果……[听众成员]在年龄、地位、财产、教育程度、偏好等方面差别越大，在对整个群体谈话时要保持言说的得体就越加棘手"。面对一个混杂受众，言说者"一方面应避免[自己的言辞]在风格上和感情上超越低层次听者的接受范围，另一方面又不能低到令高层次听者不屑的地步"。因此，他应"尽最大力量以求[自己的言说]达到简单却不平淡，精致却不高雅，明了而不低俗"的境界。出于对受众混杂程度的考虑，他将布道演说确定为最具挑战性的修辞样式，而将历来被认为最难的庭辩演说确定为最容易的类别。（Campbell 1988: 98–103）

修辞、语言、语法　在西方古典修辞理论中，语法一向被认为是只负责识字扫盲阶段——包括掌握基本词汇，学会正确书写和造句——的入门或基础学科。在真实语境中应用语言、实现交流并产生效果是修辞这一高层次话语艺术的事。受这一观念的影响，修辞学家历来不将语言和语法当作值得密切关注的话题，修辞著作中对语言的论述在绝大多数情况下仅限于从文体风格的角度讨论如何遣词造句。这种不把语言当回事的传统观念在拉米的《言说艺术》中得到纠正，并在《修辞原理》一书中进一步被破除。坎贝尔意识到"在修辞和语言之间存在着一种特别的联系"。他将语言看成使修辞达到其根本目标——即传达思想感情，产生行为效果——的"唯一手段"。这一认识促使他在书中对语言进行深入细致的思考，得出一些具有突出现代语言思想特征，令人耳目一新的结论。在词语如何表达意义这一点上，他继承了拉米的观点并将之进一步深化。作为坚定的规约主义和唯名主义者，坎贝尔认定语言形态完全是由语用习俗决定的，甚至提出"语言纯然是一种行为方式"这一听起来十分激进的命题："在某国人民作为一个整体的默许下，一些语音被指派给某些事物，成为后者的符号，与此同时某些改变和合并这些语音的规则也得到接受"，由此形成的语言符号系统得以表达它们"所指代的那些事物之间的关系"。

他反对将语法当作超验的自然法则看待，指出语法绝非先于语言应用而存在并对语用方式加以制约的天宪，"相反，它恰恰是因为与实际语用方式相符才获得了自己享有的一切权威与价值"。任何一种语言的语法在他看来都只是"被系统融合起来的一组［关于该语言的］总体观察"，其构成包括所有"独自形成"的，用于理解该语言中"词语如何表意、派生和结合"的"方式"。至于这里所说的"方式"究竟是通过"模仿、反思、苦苦求索还是灵机一动"而被发现或发明的，坎贝尔认为一点都不重要。我们需要知道的只是这些"方式"一旦形成并且开始被应用于整个语言，它们就成了这一语言的法则。"语法学家该做的唯一正经事就是发现和收集这些通用方式，并加以系统化。"坎贝尔反对大名鼎鼎的斯威夫特等人持有的一种信念——即存在着为各具体语言立范的一种"抽象、普世的［语法］原型"。他认为所谓"理想语法"根本就是一种无从发现、子虚乌有的构想。对他来说，"言说的应用或习俗是会话的唯一原初标准"，"书面表达的习俗是文体的不二尺度"。

在将"通用"（general use）作为考虑一切语言问题的最高法则的同时，坎贝尔跟拉米一样，都意识到这一概念中的"通"并不意味着相关语言社群所有成员或者大多数成员的共同用法，而"用"则不仅意味着"流通"，更带有"时尚"的含义。所谓"通用"，其实更准确地说指的是"范俗"（reputable customs），即"受尊崇的语用习惯"。处于社会下层的绝大多数人由于教育水平、文化层次和社会地位低，其语用习惯虽然分布极为普遍，却被斥为"鄙俗"和"低劣"，因此"既无权威，又缺乏分量"。所以，所谓"通用"，其实指的仅仅是受到过良好教育，被认为"对人情事理最为通晓"的那些人的语言习惯。"身居高位和富甲一方"的极少数人的独特用语往往备受尊崇，但是坎贝尔认为这并非纯然是因为他们拥有极大的权力、地位和财富，而只是因为我们倾向于认为名流和富人比其他人更有智慧、更加见多识广。"范俗"标准的真正制订者是社会上那些"有名望的作者"。（Campbell 1988: 139–145）

人文作品是产生宏观社会效应的修辞
——休·布莱尔论美文、批评和情趣

跟坎贝尔同为苏格兰人的休·布莱尔是 18 世纪另一位著名修辞学家。他于 1783 年出版的《修辞与美文四十七讲》（*Lectures on Rhetoric and Belles Lettres*，以下简称《修辞与美文》）是一部在近代西方修辞史上曾产生重大影响的重要作品。《修辞与美文》和《修辞原理》都出于苏格兰学者之手，并且几乎在同一时间出现，这并非偶

然。它们首先跟 18 世纪勃然兴起的"苏格兰启蒙运动"[2] 有难解难分的关系，是这个以人文主义为观念基础的思想运动的产物。两部书的出版同时也标志着修辞通过长期自我调整和改造，已经成功地经受住现代主义思潮的强大冲击，不仅在新的智力环境中站稳脚跟，而且开始再试锋芒，迈向继文艺复兴之后的又一个理论发展高潮。

《修辞与美文》的讨论覆盖了从"语言史"、"语言结构"、"辞格与风格"、"言说体裁"、"篇章结构"一直到"修辞史"等几乎所有传统修辞研究课题。虽然就一般表述的系统性和深刻程度而言，布莱尔完全不及坎贝尔，然而他通过将修辞与"美文"——即那些发挥培育情趣、陶冶性灵功能的人文作品——结合起来考虑，就历史、哲学，尤其是文学等人文学科与修辞的关系，文学修辞的社会功能，文学及修辞批评对社会习俗和话语行为的匡正作用等话题进行了集中、深入的讨论，推出不少富有原创性和启发性的新视角。不难看出，布莱尔撰写这本书的主要目的是根据 18 世纪末叶英国资产阶级主流社会对话语的总体期待和要求，将历来着重研究如何说服小范围受众的传统修辞学改造为探讨如何通过对"美文"的"批评"和欣赏，在整个社会培育起某种"公共情趣"的现代交流学。为此，他将"情趣"重新理解为融认识、情感和态度于一体，通过潜移默化对人类行为进行调节的一种"能力"，并且用它取代对受众的行为意志直接产生冲击的"雄辩"，作为他所认为的理想的修辞体系的核心概念。布莱尔的这些论述对我们理解修辞产生的宏

2____ 从 18 世纪初叶到 18 世纪末，苏格兰的学术活动蓬勃发展，出现了以哲学家休谟和经济学家亚当·斯密为代表的大思想家群体，并形成了带有自己独特实用倾向的人文主义。这一段历史被称为"苏格兰启蒙运动"。

观社会效应，尤其是理解它在构筑主流意识形态和社会道德规范过程中所起的关键作用，启发甚大。

交流与理性　在传统修辞思想中，理性一向被认为是与生俱来的个体禀赋。修辞者可以通过推理、论辩等手段，诉诸受众成员的这一内在机能以产生说服效果。布莱尔在书中对人类理性提出了一个迥然不同的见解。他认为使社会成员能够相互"将自己的思想传达给别人"的那种"交流能力"要比一向被当作修辞实践基础的个人"言说能力"重要得多。之所以如此，是因为要不是有了思想之间的有效交流，"理性就将只是一个孤独而且在一定程度上不起作用的天性"。布莱尔这里所说的"'人类理性'指的并非个人的某种努力或能力，而是众人通过话语和写作互相启发而产生的那种理性"。这一非常超前的"交流理性观"[3]使他认识到思想的改进完全依赖于通过言语进行的交流，言语应该首先被看成使人们能够互惠互益的关键手段。在这个认识的基础上，他进一步强调"写作和话语是值得我们予以最大关注的研究目标"，在"文明国度"尤其如此。这是因为"社会越是进步发达，人们通过道理和话语相互施加的影响力就越大"。而这种影响力越大，人们对于使我们的思想表达更确当、更雄辩的方法就越是器重。因此，发达国家总是特别重视对"语言、风格和写作艺术的培育"（Bizzell & Herzberg 1990: 798）。

批评艺术及其修辞功用　写作和言说是某些社会成员的职业需要，修辞艺术对于这些人的重要性是不言而喻的。对所有那些想通过

---

3 ＿＿ 认为理性形成于"交流行动"的观念一直到20世纪下半叶才由德国思想家哈贝马斯从理论上作了系统阐述。

话语影响"公众"的人来说，"口头或书面表达如果能做到纯洁、优雅、有力，使受众觉得清楚而愉快"，将是一项"具有极大效果的成就"。构成"公众"的大多数人固然不以说和写为职业，但是布莱尔强调修辞艺术对这部分人也是善莫大焉。通过修辞学习掌握到的那些原则将有助于一般人"改进自己的情趣"，"发掘和欣赏体现在文章中的美"，对值得被称为"美文"的那些优秀人文作品作出正确"判断"或者"进行恰如其分的批评"。也就是说，修辞艺术和修辞话语将对所有社会成员的认识、判断和话语行为都产生影响，尤其将改变他们的"情趣"，使他们愿意并且能够从事被称为"批评"的那一种活动。

布莱尔声明他所说的"批评"并非那种"学究式"的，旨在教我们如何应用高深莫测的术语"使挑剔和责难显得文绉绉"的"挑毛病艺术"。"真正的批评是一种宽厚开放、充满人性的艺术，是良好判断和高雅情趣的产物。它以公正地识辨出作者的真正优点为目标，使我们既能充分欣赏作品的美妙之处"，又不至于陷入盲目，"将缺陷也当作长处"膜拜。简言之，批评艺术教我们怎样做到在独立思考与判断的基础上对作品作出全面评价，而不是"闭着眼睛人云亦云"。如果说逻辑学和伦理学将人看作具有智能和道德感的生命，美文和批评则主要将人看成富有情趣和想象力的生灵，并以这一认识作为大前提开拓出一个广阔的研究领域。"所有那些跟美、和谐、宏伟、高雅相关的事物，所有那些可以使心灵获得慰藉，想象得到满足，情感受到激发的事件，都属于这一领域。"

这种艺术在布莱尔所处的时代具有不可小觑的社会意义。由于文学作品和其他类别的名著以及对这些著作的评价已经"成为［公共］

话语的常见主题"，人们要是不能参加此类讨论并在交流中侃侃而谈，就很难"厕身于优雅的社会"。研究批评艺术之所以重要，部分原因就在于它为人们参与"时尚话题"的讨论"提供了谈助"，从而"使我们能维持自己恰当的社会地位"。"情趣和正当批评"的运用还是"提高理解能力的主要途径之一"。布莱尔认为如果人们"将健全的思维原则应用于作文和话语，审视其中蕴含的美及其成因，将似是而非的论调和实在可靠的观点、做作的装扮和自然的修饰加以区分"，则他们对人性的理解必将大大加深。这意味着人们不仅将提高自己的自知之明，他们对于想象究竟如何运作，对于心灵是怎样被触动，也将有更透彻的理解。（Bizzell & Herzberg 1990: 799-801）

情趣是一个修辞范畴　如上所述，布莱尔用"情趣"（taste）取代"雄辩"，作为他提出的修辞理论体系的核心概念。他将情趣界定为人人具备的一种"从自然美和艺术美中间领略到乐趣的能力"。由于美感往往产生于感性的直观和印象，而不是通过理性的理解和推导而获得，情趣在布莱尔看来并非人类行使理性功能的一个结果。但这并不等于说理性与情趣风马牛不相及。"情趣的许多应用都得到了理性的协助"，理性的参与往往增加了情趣的欣赏和判断能力。考虑到这一点，布莱尔将情趣也称为一种由"理解"和"情感"交织在一起而形成的"复合能力"。它带有"细致"和"正确"这两种相辅相成的基本性质。细致性跟情感有较深渊源，它使富有情趣者能够在别人看不出什么名堂的地方发现美并且对美有更深的感受。正确性则发端于理解，它使具有较高情趣的人能够识别真美和假美，不为美的"赝品"所欺骗。

情趣是通过和美文的亲密接触培育起来的。"诗歌、雄辩和历史"

322

使情感得到升华，并且为公众提供了"高尚的榜样"。这些话语体裁
"在我们心智中培植起包括公共精神、对荣耀的热爱、对外在财富的蔑
视、对真正意义上的杰出和伟大［等性格特征］的崇敬"等品质。"阅
读天才作者最值得称道的作品……在几乎所有人的心中都留下良好的印
象"。这些印象"使心灵更加亲近美德"。例如，情趣大有助于培育"温
雅和仁慈的情感"，削弱"暴戾和凶悍的脾气"。虽然道德的提升和情趣
的培养是两码事，不能混为一谈，但是布莱尔坚持认为"情趣的应用"
具有"净化道德"的"内在倾向"，因此在修辞产生宏观、长远社会效
果的过程中发挥关键作用。甚至在常规意义上的修辞互动过程中，它的
用处也是显而易见的。一个人只有在对美德有一种强烈亲近感的情况
下，才能够感受雄辩的特殊境界，即"崇高"。另一方面，一个人也只
有在自己的感受与所有善良人的感受一致的情况下，才谈得上能引起其
他人的兴趣，使他们深受感动。"情趣"因而还是社会成员相互影响的
一个前提条件。（Bizzell & Herzberg 1990: 802–808）

　　由于情趣产生的所有这些广义修辞效果对任何社会来说都极端重
要，情趣研究的必要性是不言而喻的。这一研究最关注的问题当然是
情趣的标准究竟如何确定，或者应该怎样确定。布莱尔指出，一方
面，情趣源于人类与生俱来的某种"内在美感"，是人性的一个组成
部分。由于所谓人同此心，心同此理，情趣的标准趋于统一和确定。
另一方面，甚至具有相同文化和时代背景的不同个人对美的判断和感
受都不一样。某一社群成员行使和发挥情趣能力的方式不可避免地会
受到国度、宗教和政制等社会文化因素的"扭曲"。所以在现实生活
中，人们只能以"大多数人的赞许"作为确定良好情趣的标准。由于

"大多数人"的意见也不尽一致并完全可以受各种影响而发生变化，情趣严格地说并没有统一固定的标准。布莱尔进一步认为共同的标准不仅无从发现，其实也并非十分必要。针对理性和哲学，人类一向存在着重大分歧，而且从来就找不到某种共同标准，使我们能一劳永逸地解决这些分歧。跟情趣判断相关的问题由于牵涉到情感和感知，只能比单纯涉及心智的理性和哲学问题更加复杂难解。另一方面，如果说准确地对个人行为是否道德作出判断对社会的正常运行是绝对必要的，"精确地判断美和雅如何体现于每个事例对人生的幸福却完全不必要。这就是为什么对于情趣人们允许不同感受并存，为商讨和辩论［与情趣相关的问题］预留了空间"。读者就自己为什么赞赏或责难某一部作品给出理由。他们"诉诸各种原则，或者说明自己的判断过程是在什么基础上实现的"。也就是说，由于情趣是一个充满弹性的多元概念，围绕着它人们得以进行各种修辞互动和发明。(Bizzell & Herzberg 1990: 809)

通过以上讨论，布莱尔从不同角度将情趣确立为一个修辞范畴。和"雄辩"一样，情趣首先是一种"复合能力"，并且这一能力的发挥也是智力、情感和感知共同作用的结果。情趣的目的并非理解或认知，而是通过观察和阅读发现、欣赏和鉴别"美"，并从中获得乐趣。然而对美的感受并非其终极目标。通过情趣的应用，倡导包括"公共精神"在内的各种主流价值观念，培育"温雅"、"仁慈"等文明品质，提高社会成员对美德的"亲近感"并促进"道德净化"——也就是说，按照社会发展的需要改变个人或公众的态度及行为——才是这一"复合能力"的根本功用。不仅如此，情趣还跟雄辩一样，完全立足于或然性领域，无法用一套普世恒定的标准加以衡量和比较。这种不确定性为践行"批评"，即通过讲道理就关于情趣的见解和分歧相互"磋商和辩论"并作出选择或决定，提供了必要的空间。在这个意义上，情趣既是一个典型修辞话题，更是一个不折不扣的修辞争议点。一旦看清了情趣的修辞本质，我们就不难理解人文作品究竟如何通过构筑意识形态，界定道德规范和调节行为方式无时不在发挥着宏观修辞功能。《修辞与美文》对修辞理论的最大贡献正是在这一点。

惠特利和近代修辞思想的逻辑化

就在《修辞原理》和《修辞与美文》相继出现后不到 50 年，又一本修辞学巨著在英国问世。这就是 19 世纪英格兰著名神学家和逻辑学家理查德·惠特利于 1828 年推出的《修辞基本原则》。该书的出版标志着近代修辞学出现的那个蔚为壮观的发展高潮达到其最后一个峰点。部分由于从英伦三岛冲出来的这辆理论"三驾马车"取得的成就极为辉煌，在现代主义智力框架内很难超越，修辞学科在惠特利之后的百年间陷入一段应用和模仿有余而原创和突破不足的相对沉寂期。这本书的出版因而也就成了将修辞研究的一个高潮和一个低潮分隔开来的分水岭。

《修辞基本原则》跟坎贝尔的《修辞原理》不无相似之处。它在深入探讨"论据的发现与组织"、"情感的激发和处理"以及"文体和表达"等三大修辞问题的基础上，既对整个修辞领域提出一个独特而系统的表述，又对修辞学科作出另一轮调整，使其进一步适应当时的历史文化条件。不过，坎贝尔的学说在引进新的术语系统和表述方式的同时尽可能保持欧洲修辞传统的内涵和外延，惠特利的理论则从密切相关的两个方面对经典修辞进行了比较激进的改造。首先，他通过对修辞传统的再叙事，描绘出一条以亚里士多德为源头和"龙头"，经由昆提利安、培根、坎贝尔和布莱尔传承下来的发展主线，将在西塞罗思想指引下形成和延续的欧洲修辞传统重新表述为以亚里士多德思想为核心的发展过程。经他重构的历史叙事对 19 世纪中叶到 20 世纪中叶一百多年间修辞的自我认识和修辞史的编撰产生了重大影响。亚里士多德的《修辞学》之所以被普遍误认为是对西方修辞思想的发展过程产生最大影响的经典文本，惠特利起了极为关键的作用。其次，惠特利比坎贝尔更加侧重修辞对理智的诉求。他将修辞说成"逻辑的一个分支"，并在很大程度上使言说艺术的视野局限于对论辩的研究。按照他的定义，修辞的任务是以论辩为手段，通过"话语构筑"（composition），使受众接受经由科学研究或上帝启示而发现或显露的真理。

　　惠特利指派给修辞的这一任务显然将发明排除于修辞实践之外。他用跟传统修辞思想中的"铺排"或"谋篇"（disposition/arrangement）概念比较接近的"论辩性话语构筑"（argumentative composition）取而代之，将在逻辑指引下的论辩确认为基本说服手段。不过，惠特利尽管再三再四地强调修辞应该以"逻辑"为纲，他在关于论辩的具体讨论中所提出的一些核心观点，如"关于任何事物都同时存在着针锋相对的设定"等，却明显地是对传统修辞思想内核的继承和弘扬，与基于确然性的现代逻辑观念完全不是一回事。也就是说，分别体现于该书一般性结论和具体论述的对待修辞的认识和态度往往并不一致。

这一现象具有两重含义：一方面，现代主义话语秩序到 19 世纪早已得到确立，作为这个时代的产物，惠特利的修辞观不可避免地也已经内化了现代主义对待这门学科的矛盾态度。另一方面，从本章此前的述评中我们可以清楚看出，修辞这门古老艺术具有顽强的生命力，它在整个理性与科学时代一直通过披上各种"与时俱进"的语言"外衣"及概念"伪装"，坚持和发展自己。惠特利在将修辞学说成不过是"逻辑的分支"或将言说艺术简缩为仅仅是对论辩方法的研究的同时，却又多处暗示自己事实上依旧"深深地依赖着"传统修辞的"理论法则"。他将修辞重新界定为逻辑下辖的一个领域的真实意图（或实际效果）究竟是用逻辑法则彻底改造修辞，消除其"或然"劣根性，还是让绝对无法屈从于这些法则的修辞在逻辑内部兴风作浪，伺机颠覆这门自命清高的"思维科学"？也就是说，他这样做究竟是一个面向笛卡尔和洛克的"向后看"姿态，还是一个面向 20 世纪后现代主义者的"向前看"姿态？纵观全书，我们有理由相信虽然惠特利的态度不无耐人寻味之处，上述问题的答案更可能是后者。他在书中所采取的不少做法都可以被看成修辞为求得自身发展而施展的"障眼策略"。

以亚里士多德的名义重新界定修辞　惠特利在论及修辞的本质属性时，对于将它看成研究人类一切话语或交流活动的一门宏大学科的观点极不赞同。他以亚里士多德的名义谴责这类定义的倡导者，认为他们这样做无非是为了拔高和夸大自己的专业领域。在他看来，修辞跟逻辑一样，都只不过是一种工具学科，虽然可以被应用于各种各样的题材，却不能反过来将这些题材看成它的构成成分。所以，在惠特利所处时代可以接受的最广泛意义上，修辞的研究范围应该被确定为"散文话语构筑"（composition in prose）。在最局限的意义上，它应该被理解为"说服性言说"的艺术。惠特利宣称他自己在这两个极端立场之间采取折中，将修辞学科的辖区确定为"通常和单纯意义上的论辩性话语构筑"（argumentative composition, *generally and exclusively*），并且"按照亚里士多德极为正确的哲理观点，将它认定为逻辑学的一个分支"[4]（Bizzell & Herzberg 1990: 831–832）。

　　惠特利除了在修辞和"论辩"及"逻辑"构成的三角关系内探讨其定义之外，还通过辨析修辞和哲学的关系进一步明确他对这一学科的定位。他认为人的理性思维服务于两大目的，即"推断"和"证明"。前者指通过研究发现真知，是哲学家的责任；后者指说服其他人，使他们心悦诚服地接受自己"推断"出来的真知，属于修辞的领域。"推断"和"证明"这两个目的往往不能截然分开。当哲学家通过书面或口语将自己的思想传达给其他人的时候，他必然已经完成了研究阶段的任务，开始承担证明自己的结论正确无误的新任务，从而开始扮演论辩者的角色。反过来，他在承担证明任务时往往并非原原本本地重温自己的原始推理过程，而是改用一些在原推理过程中没有应用过，但是更为简单明了或者与受众理解能力更相适配的新论理途径。也就是说，"证明"阶段所服务的修辞目的事实上将导致新"推

---

4 ＿＿亚里士多德认为修辞是"辨证"的"对应"艺术或学科，并没有将它说成"逻辑的一个分支"。他所理解的"辩证学"与惠特利所理解的"逻辑"的观念基础分别是或然性和确然性，并不是一回事。

断"过程的产生，也导致了修辞家和哲学家这两个不同角色的相互反串。（Bizzell & Herzberg 1990: 832-833）

惠特利还以对修辞历史的再叙事作为重新定位这一学科的另一重要手段。他的新史观以是否对修辞作出"系统"和"严谨"的理论表述作为最重要的衡量标准，一方面将亚里士多德确立为"最优秀的系统修辞作者"，另一方面指责西塞罗体系理论性不足，实践性有余，"总是不能坚持对［修辞］原则进行严谨的哲学分析"，"不把体系的规则性当一回事"，因此不足为训。通过这一重估，惠特利颠覆了西塞罗思想在修辞传统中一直享有的中心地位。谈到昆提利安，惠特利承认他确实是一位"有系统的作者"，但是对他从教育的角度讨论修辞学科却持坚决反对的态度，认定这位"修辞教授"就"思想深度和分析力度而言"，跟亚里士多德不能相比。谈到坎贝尔的《修辞原理》，惠特利认为其"大缺陷"是出于"无知"而"误解"了"逻辑的本质和对象"。由于修辞不过是逻辑的一个分支，"不熟悉逻辑体系的修辞学家［在研究自己学科时］将处于极为不利的位置"。（Bizzell & Herzberg 1990: 834-835）假如按照惠特利表达的意思办，则很清楚，修辞必须来一番脱胎换骨式的改造，割断自己作为典型"实用知识"或"实践理性"与西方教育文化传统一向保持的密切关系，使自己上升到无愧于"逻辑的组成部分"这一新称号的抽象和确然水平。

知识、推理与思维方法　出于对"逻辑"及其代表的推理和思想方法的推崇，惠特利对启蒙时期以来形成的一种根深蒂固的观念，即通过获得和传授"知识"消除"无知"是解决一切社会问题的关键，提出尖锐的批评。他认为对许多人而言，"不善于组织和应用自己掌握的知识，不善于将自己了解的事实加以综合，从中正确地推导出一般性原理并正确地运用这些原理——这一缺陷比他们对事实不够了解为害更大。想通过传授更多知识以弥补该缺陷……跟试图通过将近视者带到山顶以使他看得更远没有什么两样"。用"知识的堆叠"替代"准确无误的逻辑过程"在他看来是"当今时代的一个主要毛病"。"如果培根活到现在，我相信他的主要批评对象将是漫无条理的研究和不合逻辑的推理方法。"正确的思维同时也对"事实"或"知识"的认证过程提出了更严格的要求。"人们之所以未能得出正确的结论，并非出于无知，而是因为他们在尚未获得充分证据的情况下就匆匆认定某些资料是正确的，并以这些资料为出发点进行推理。"（Bizzell & Herzberg 1990: 835–836）

推定、责任与论辩　惠特利通过将修辞重新界定为"论辩性话语构筑"，在缩小传统修辞研究范围的同时，极大地促进了现代论辩学作为一门学科的发展。惠特利理论的一大亮点是将"推定"和"举证责任"这两个法律话语的核心概念引进论辩研究，将它们树立为这一研究领域的基本范畴，用于确定争议双方对争议点必须承担的不同责任。他指出在涉及产权纠纷的案件中，事实上占用着有争议房产的那一方尽管未必是其法定主人，却总是拥有"物权推定"，也就是说，总是先被当作拥有物权的那一方对待。同理，跟某一观点正确性相关联的"推定"并不意味着这一观点很可能是正确的，而只意味着这一观点"[在一般认识中] 占尽先机，因此除非人们能提出足够多的反对理由，否则就难以撼动其地位"（such a preoccupation of the ground, as implies that it must stand good till some sufficient reason is adduced against it）。另一方面，跟"推定"相反相成的"举证责任"则总是落在对现有"推定"提出质疑的那一方。也就是说，赞成和肯定现有"推定"的那一方按道理并不需要提出理由，证明自己的观点是正确的，反对并想推翻现有"推定"的那一方则必须这么做。

惠特利强调不管争辩的是什么事，论辩者从一开始就必须明确争议双方究竟哪一方拥有"推定"，哪一方承担着"举证责任"："确定这一点［对论辩］极为重要"。他以军事上围攻城池为例，指出守军完全可以依仗高墙深池以逸待劳，轻松地击退敌方的进攻。如果明明可以采取这一保险的策略却冒险冲到城外与进攻的军队交战，则很可能会遭到对方迎头痛击并遭受不必要的损失。同理，在论辩中，如果"推定"在你这一方，那么你只消将对方针对你方提出的所有论点驳回就是胜利。要是你放弃了这一立场，忘记自己拥有"推定"［转而向对方发起攻击］，那你可能就等于是在将自己拥有的一个强有力论据弃置不用，其结果是用一次虚弱的进攻来取代一场胜利的防御。例如，如果有人无端将一个毫无根据的罪名加到我们头上，面对这一平白无故的诬陷我们不是断然否认并要求对方出示证据，而是想方设法证明自己的清白，则这种自我辩护不仅往往谈不上能使自己的清白继续得到承认，还更容易引起别人的怀疑，完全是一种吃力不讨好的做法。

惠特利指出在许多情况下"推定"属于哪一方并不难确定。例如，所有现行体制和机构都拥有"［正当］推定"：也就是说，它们的正当性无需证明，对其正当性提出质疑倒是需要提供证据。又如，任何书籍或个人在没有相反证据的情况下，都应该享有"无害推定"，无须主动证明自己清白无辜，不会对社会造成任何损害。再如，"与流行观点相悖"的"逆反"事物都带有"错误推定"。这些事物本身未必有问题，但是其倡导者承担着所有举证责任。然而，就处于历史进程中的任何具体事物而言，相关"推定"和"举证责任"花落谁家并非总是固定不变。惠特利以基督教神学为例，指出在基督教的萌发期，耶稣在普通人眼中无非是一介农夫，他宣称自己拥有的"神性"使人听起来觉得不可思议，因此不具任何"正确推定"。那个时期的布道者肩负着跟耶稣的"神性宣认"相关的所有举证重责。一俟基督教成为既成体制，这种情况就完全颠倒过来。谁如果否认耶稣的神性，认定他其实是人而不是神，就必须承担举证责任，提出充分的证据，以说服信仰基督教的大众接受这个完全不享有"推定"优势的异端观点。（Bizzell & Herzberg 1990: 846-848）

"推定"的应用及反制　由于"推定"使其拥有者处于以逸待劳的有利地位，是论辩的一种利器，论辩者对它决不能等闲视之，轻易听任对方认领。事实上，由于真实论辩的语境从来都不是那么单纯明确，"推定"的归属如何确定也存在着争辩的空间。惠特利指出在实际语境中，对于任何推定我们往往都"可以用跟它相反的推定加以反制，以便将举证责任转移到对方头上"。假设我们提议取消眼下正被实行的某一限制，反对这么做的人一定会以"现行体制具有正当推定"为理由，想把举证责任悉数推给我们。作为应对手段，我们完全可以提出存在着另外一个"推定"，即"施加限制"本身"并非好事"，而只是出于避免更大祸害的需要不得已而为之。这一推定将举证责任踢到反对取消限制的那一方，要求他们就为什么必须保留这一限制提出充分理由。又如，对于任何一个跟某学科的知识相关的问题，通常人们总是推定该学科或领域最有声望的专家、学者的判断最正确，最值得信赖。然而，另外两个与此大相径庭的推定也同时存在着。首先，人们还倾向于认定那些执某领域牛耳的专家和学者往往在学术上趋向保守，对于新的思想观点，尤其是那些使他们自己掌握的学识成为明日黄花的新见解，往往有抵触情绪，甚至完全不予接受。其次，人们往往也推定这些功成名就的专家和学者总是以自己所下的判断是否"最大限度地应用和展示了自己掌握的专门学识"，是否"使自己相对于外行人具有最明显的优越感"，作为处理和应对问题的主要考量。后面这两个推定完全可以被用于反制上述第一个推定。（Bizzell & Herzberg 1990: 850-851）

　　论辩与策略　尽管《修辞基本原则》将修辞的任务确定为在逻辑提供的理论框架内研究"论辩性话语构筑"，惠特利的具体阐述却完全侧重对论辩策略的探讨。例如，他花费大量篇幅，对如何反驳他人或驳斥异己观点详加探讨，提出为了驳倒一个观点，可以考虑选用"内在"或"外在"等两种基本策略。"内在策略"致力于证明该观点具有不可救药的内在矛盾，"外在策略"则努力揭示支撑着该观点的原始理由本身就不成立。实行后一个策略时，既可以攻击具体的前提，也可以质疑对方用的各个前提是否相互紧密配合并形成一个完整严谨的推理结构。另一方面，还应该考虑是采用"直接反驳"还是"间接反驳"作为基本论辩手段。前者迎头痛击对方提出的观点，后者则从对方赞成的原则或采用的方法中推导出"某些非常荒谬的结论"，作为驳倒其观点的方法。"间接反驳"法由于不仅能驳倒对立观点，还能嘲弄对方，有时候比"直接反驳"法更值得采用。此外，在对立观点难以驳倒的情况下，惠特利甚至建议采用虚晃一枪暂时回避的手法，即先满口应承自己回过头来将把相关的对立观点驳得体无完肤，然后放过这一很难对付的观点，将力量集中于构筑自己的正面观点。一旦自己的观点展现出较强的说服力，受众将不再留意前面"先放到一边"的那个对立观点，当然也就不会再注意到论辩者原先作出的承诺其实还没有兑现，或者还没有完全兑现。（Bizzell & Herzberg 1990: 852-853）对这些策略的津津乐道跟惠特利的表白，即他要用逻辑来统领对修辞的再认识或者说指导对修辞的改造，显然是自相矛盾的。

修辞研究的"没落"还是自我韬晦？　惠特利虽然明确无误地要求将修辞改造为一门科学，但是他的真正态度是什么仍然不无扑朔迷离之处。针对"现代人"学习修辞的热情为什么远不如"古代人"这个问题，惠特利作出一个引人深思的解释：

如果人们怀疑［话语暗含着某种］修辞用心（rhetorical artifice），这一疑虑就会引起极大的不信任感。所以，任何急于使自己的观点为受众接受的言说者或写作者都竭力否认自己有高超的［修辞］技巧，或者尽力将这一技巧掩盖起来，以便造成一种印象，即他们的立场之所以被接受并非因为运用了某些高明而专业的论辩技巧，而只是因为自己动机高尚，观点正确。甚至那些对研究作文和演说最为用心而且取得最大成就的人都根本不鼓励他人以自己为榜样，或主张其他人也从事同样的研究。相反，他们拒不承认自己在这方面的造诣，或对它遮遮掩掩。于是乎，连对［这一领域的］理论法则依赖最深的人也都公开谴责这些法则。（Bizzell &

Herzberg 1990：835–836）

　　这一解释显得十分蹊跷。究竟"现代人"对修辞是真的缺乏热
情，还是他们遵循早在亚里士多德时代就已经得到阐发的"韬晦"原
则，将这一热情掩盖起来？更加奇怪的是，传统修辞所讨论的"韬
晦"原则一向只用于修辞实践，并不适用于对修辞实践的理论归
纳，即修辞研究，惠特利却进一步将那些"对研究作文和演说最为用
心而且取得最大成就的人"（those who have paid the greatest and
the most successful attention to the study of Composition and of
Elocution），即修辞学家，也说成"韬晦"策略的实行者，指出他们
往往既否认自己所研究的是修辞，同时也反对他人"从事同样研究"，
甚至还公开批判修辞的"理论法则"。这个见解是否意味着在他所处
的时代，甚至连从事修辞研究的学者都倾向于以其他名义探讨支配这
一领域的"理论法则"？也就是说，对"言说构筑"的研究，不管是
以文学、哲学、语言学，还是（像他那样）以逻辑学的名义进行，究
其实质都还是修辞研究？如果将修辞在接下去那个世纪的发展轨迹一
并考虑，则我们对这个问题的回答应该是肯定的。

第九章

当代西方修辞的结构特征
和理论形态（上）

　　正如上一章的讨论所指出的，从 18 世纪末到 19 世纪中叶在欧洲政治文化中心英国出现的"修辞复兴"标志着现代主义修辞理论的发展高峰。在那之后的近百年间，对坎贝尔、布莱尔和惠特利等人思想观点的应用和引申成为修辞研究和出版的主流，主要考虑书面表达的"作文手册"取代了以口头表达为主、兼顾书面表达的《言说艺术》一类作品，成为修辞创作的主要体裁。"作文"研究的代表人物包括英国学者亚历山大·贝恩（Alexander Bain，1818—1903）以及美国学者亨利·N. 戴伊（Henry N. Day，1808—1890）、亚当斯·舍曼·希尔（Adams Sherman Hill，1833—1910）和戴维·希尔（David Hill，1850—1932）等。这些新修辞手册的作者虽然不无启后之功，为 20 世纪的作文教科书提供了体例规范和论述样板，在理论上却大都采取"拿来主义"，继承有余，创新不足；他们的一些主要观点跟坎贝尔、布莱尔等人的修辞思想比起来甚至有所倒退。例如，戴维·希尔在其《修辞科学》（*The Science of Rhetoric*）一书中就将"发明"、"谋篇"、

"情趣"、"语言学"、"文学"等范畴和概念排除于考虑之外，仅致力于讨论"支配着话语效果的那些心智法则"（Bizzell & Herzberg 1990: 861）。这种将复杂而不确定的修辞互动简化为受固定法则支配的心理过程的做法，以及在随后那些一蟹不如一蟹的"作文手册"中日趋严重的机械教条倾向，使得以"作文研究"为中心的修辞主流逐渐步入一条学科发展的死胡同。到 20 世纪 30 年代，"修辞"在英国著名文学理论家 I. A. 理查兹（I. A. Richards，1893—1979）眼中已经成了"所有不幸必须修完大学一年级英语课的人所浪费的时间中最枯燥而又最无用的那一部分。它已经堕落到如此低下的景况，我们与其跟它费心，倒不如让它见鬼去"（Richards 1991: 106）。

理查兹"剪不断理还乱"的现代主义修辞观 理查兹的这一评论其实是一句恨铁不成钢的气话。他自己对修辞研究产生了浓郁的兴趣，并以 1936 年出版的《修辞原理》（*The Philosophy of Rhetoric*）为标志，担当起振兴这门"衰朽"学科的重任。在这本跻身现代修辞经典的重要著作中，理查兹提出了一系列卓有见地的观点。他谴责那种认为词语都有与其应用无涉的某种"本义"的陈旧观念。通过破除"本义迷信"（Proper Meaning Superstition），他强调语境和语用对意义的生成和确定具有极大的制约作用。他提出"语言的相互激发"（interanimation of language）这一概念，指出相互结合的词语总是对彼此的意义产生影响。他将这一概念应用于对隐喻作用方式的新理解，提出应该将隐喻看成通过喻旨（tenor）和喻体（vehicle）之间的"词语互激"而产生新意义的最典型的例子。尽管如此，理查兹对修辞的总体认识还是未能摆脱现代主义观念的束缚。他的理想是将修辞从对效果的追求改造为"对意义的研究"，使其成为一门致力于探讨"误解的形成及解决方法"的学科。这一意图表明他虽然也强调语境介入意义的产生过程并对意义的形成施加影响，却对意义及其理解因此必然带有的内在不稳定性（inherent instability）缺乏应有认识。在他的思想深处，人们不难发现将修辞赖以运作的那些社会文化变量排除于考虑之外的某种"正确理解迷信"（Correct Understanding Superstition）。正是出于诸如此类的"迷信"，他始终认为修辞应该是"一门哲学学科，其目的是掌握语言应用的基本规律，而不是掌握不时也会产生预期效果的一套技巧"（Richards 1936: 7）。也正是由于他无法冲破"法则"、"规律"、"正解"等现代主义观念的束缚，理查兹未能意识到他正经历着的与其说是修辞的又一轮"堕落"，不如说是修辞蓄势待发，为即将实现的另一场凤凰涅槃式的复兴而采取的伴动。

　　催生新的言说理论——尼采的修辞观　理查兹对即将发生的大变革在认识上严重滞后，这使得他终归未能为修辞理论最终挣脱现代主义观念的羁绊做出值得称道的贡献。他虽然生活在 20 世纪，就修辞思想而言却与惠特利等人更加类同，人们因此有理由将他看成英国 18、19 世纪现代主义"修辞复兴"的最后一抹余晖。与他形成鲜明对照的是修辞思想极度超前的 19 世纪末叶欧洲思想界怪杰弗里德里希·尼采（Friedrich Nietzsche，1844—1900）。尼采长期在德国担任古典语文学教授，因此对在古典话语中享有中心地位的修辞学有很深的造诣。他曾经专门开设过修辞讲座并有详尽提纲传世。他的修辞观跟他的哲学观一样，充满了石破天惊的观点，具有划时代意义。

尼采从根本上颠覆了现代主义思想观念长期套在修辞头上的两大枷锁，即"修辞是与自然语言对立的造作"和"修辞是与真知不相容的虚矫"。针对"自然语言"/"修辞表达"这个二元对立，尼采指出语言本身就是"修辞艺术的产物"，否认存在着一种"非修辞的'天然'语言"。他的理由干脆利落：如果说修辞是"一种力量，它使我们发现对任何事物都能产生功效、造成印象［的手段］并使之运作起来"，则这一"力量"也正是"语言的本质"。语言跟修辞一样，都不是基于"事物的本质"（即"真实性"），因为词语本身就是一种"转义辞格"（trope），它用跟发生过或存在着的真实事物毫无共同之处的某一"语音形象"来代表该事物。不仅如此，语言"对事物的表达从来都不是完整全面的，它只显示在自己看来该事物尤其突出的某一特征"。这意味着我们通过语言获得的必然只是一种"局部感知"，谈不上与事物"真相"的正确契合。从这些认识，尼采还引申出关于常规意义上的辞格的一个新观点：我们日常识别出的那些辞格"并非偶尔被添加到词汇中"的一种"特殊"表达形式，相反，它们"最恰如其分地体现了词语的本质"，因而可以说是最典型、最通常的语言表达。所以，谈论词语的"本义"，认为"辞格"是由于某词的"本义"被转移到其他词语而形成是"毫无意义"的。"无人问津的辞格成为［对语言的］误用，而被语用接受的误用则成为辞格。"（Nietzsche 1983: 106-108）

在谈到"真实"和"欺骗"这一对长期被用于贬低、打击修辞的二元对立时，尼采首先从存在主义人类学的角度对它实行釜底抽薪，强调"掩饰"是心智出于"维持个体生存"的需要而发展起来的一种"基本能力"，"真实"也只不过是群体为了避免其成员陷入一场人与人之间的大混战而"发明"出来的一个起调节作用的概念。人们"痛恨的并非欺骗本身，而是其后果令人厌恶和痛恨的那些种类的欺骗"。同理，人们之所以追求"真实"，也完全是因为它带来的那些"起着维护生命的作用、令人愉快的后果"。事实上，人类"对于不产生任何后果的纯知识所持的完全是无所谓的态度，而对那些很可能会造成损害和破坏的真理更倾向于抱有一种敌对态度"。其次，他从语言发生学的角度，指出词语只不过是"以声音为媒介，对神经所感受到的刺激加以复制"。由于神经的感受本身就"全然是一种主观刺激"，跟事物的"客观本质"绝对是两码事，词语与"真相"之间存在着不可逾越的双重隔阂。任何词语严格地说都是一个概念。由于每一个概念都必须"同时适合许许多多彼此相似的个例"，它只能通过"忽视"个体特征和实际存在状态，通过将"不同事物等同起来"而形成。因此，概念（即词语）所引起的联想甚至不是人们接触其所指称事物中任何一个的时候所经历过的那种"独特、完全个别的原始体验"。

　　在以上这些思考的基础上，尼采得出了他关于"真实"的著名定义：

　　那么，究竟什么是真实？它是由隐喻、换喻和拟人［等辞格］构成的一个可变体，或者更简单地说，是经由诗歌和修辞手段强化、转化和装饰过的各种人类关系的集合。这些关系由于日久天长而显得固定不变，权威正统，并且具有约束力。"真情实况"是一种错觉，是我们业已忘了其属性的那种错觉。它也是［因长期大量使用］已遭磨损、原有感官冲击力被耗尽的隐喻，是失去了表面压纹，只被当作金属看待了的硬币。（Bizzell & Herzberg 1990：889–891）

这一定义通过一系列隐喻的应用确立了"真实"的隐喻本质，而且进一步将"真实"贬为已经"磨损"到看不出原有特殊纹饰，因而难以被识别并且不再有"冲击力"的"死隐喻"。通过这个令与他同时代的人目瞪口呆的另类定义，尼采对"真实 / 虚矫"这一长期压在修辞头上的基本对立进行了彻底的解构，从而在观念上为修辞精神重新勃发于 20 世纪下半叶扫清了道路。仅从这一点看，尼采属于 20 世纪，而不是 19 世纪。尼采的修辞思想由于极度超前，不仅在他所处时代被多数人当作狂言呓语，甚至在理查兹所处时代的主流学者看来也是极为出格、难以接受的。一直到他谢世半个多世纪之后，这些观点才随着西方智力环境再次发生重大变化而开始受到重视。

20 世纪下半叶西方智力环境的巨变与修辞的"松绑"

现代主义智力秩序的式微　欧洲自 17 世纪开始迎来的"理性与科学"时代具有与传统修辞的观念基础大异其趣的现代主义"奠基认定"（foundational assumptions）。"理性与科学"时代的主流思想坚信作为客观存在的"现实"（reality）并以这一信念作为其出发点。

它所追求的目标是对这一现实及支配其存在与转化的恒定规律或法则作出唯一正确的表述，也就是一般所说的对"真理"的揭示。在笛卡尔、洛克和康德等启蒙思想家的推动下，人类借助自己与生俱来的理性和感知官能，通过对语言的正确使用，能够在所有领域获得"确定无疑的知识"成了被广泛接受的信条。随着试图用自然科学的标准衡量一切事物的逻辑实证主义在 20 世纪初叶的风行，对上述认定的信奉也盛极一时。人们普遍认为一切有意义的问题都可以通过科学手段得到实证检验，获得确定答案。那些无法通过科学手段或程序被证实或证伪的不具确定性的命题则毫无意义。试图在非确定状态下对事物进行推理和讨论的修辞学因而被打入冷门，不被当一回事。

然而，随着时间的推移，尤其是由于西方世界在自认为已经进入"科学"与"理性"时代之后却接连发生两次惨绝人寰的世界大战，造成亿万生灵涂炭，人们对于科学思维方法是否能被应用于解决人类面临的重大社会和道德问题逐渐发生疑问。科学虽然使人类物质文明获得史无前例的进步，却未能就解决事关人类社会的政治、精神、道德、文化等重大问题提供明确的帮助。人类作为一个整体不断进行着社会互动，通过相互施加影响以协调彼此的行为。作为个人的社会成员无时无刻不在就跟自己利益相关的各种情况作出选择和决定。社会集团和成员究竟怎样相互影响？促使他们作出选择和决定的动机、价值观、权力意识等因素又是如何形成和演变的？对于这类问题，科学思维方法和实证推理手段都无法提供明确的答案。

后现代主义思想的潮涌和认知的"修辞化"　随着思想界开始从对科学理性不加分析的盲目信仰中醒悟过来，各种"反体制"理论于 20 世纪中叶开始风起云涌，对三百多年来一直在西方保持统治地位的现代主义智力秩序发起冲击。对于这一变化过程，英国当代著名哲学家和修辞理论家斯蒂芬·图尔敏以人们的"知识"和"认知"观念为着眼点，提出了十分精辟的阐述。图尔敏指出现代主义认识论植根于 3 个被当作天经地义的基本设定：1."知识"存在于个人的"寸心"而非公众或集体意识；2. 解释"知识的本质"必须以认知者的脑及感觉神经的生理机制作为出发点；3. 用已被确证因而不容置疑的"材料"构筑起来的知识才是真知，才可以被接受。虽然对这 3 个基本设定提出质疑和批判的声音时有出现，然而一直到 20 世纪上半叶，其统治地位仍然纹丝不动，在它们的忠实信奉者中甚至包括威廉·詹姆斯（William James，1842—1910）和伯特兰·罗素（Bertrand Russell，1872—1970）这样一些现代哲学大师。一直到 20 世纪中叶，尤其是 60 年代之后，对这些信念的挑战才开始形成气候。

以后期维特根斯坦为代表的一些语言哲学家系统批驳了源于笛卡尔和洛克的心智观念，提出一切知识都存在于社会和文化形态而非个人心智这一新信念。他们以"有否意义"作为思考认识论这一问题的出发点，提出只有经由集体确认和保存的知识才是"有意义的知识"，纯粹源于个人内省和反思的"知识"则毫无意义，任何跟知识或认知相关的事物都只能在"公共领域"（the public domain）中获得其意义。在他们看来，学会一种语言其实是掌握正在其使用者社群中流行的那些"语言游戏和其他集体［语言应用］程序"。与此同时，许多以科学为研究对象的哲学家也停止了对现代归纳逻辑的顶礼膜拜，转而重视知识的历史和社会语境。科学知识不再被看成恒定、普世、超然的信息，而是跟某个"科学家集体"或者"科学范式"密切相关，具有特定"归属"的一种特殊观点或意见。因此，在一定智力和社会语境中运作的"学科或专业"究竟如何演变——例如该学科内部论辩的出发点、方式和标准的变化——对于"科学知识"的形成、认定和发展影响甚大。对交流和论辩的深入分析和研究"终于也将17世纪哲学家在逻辑和修辞之间树立起来的那些隔离带拆除掉"，使得"交流和接受的格局跟科学推理的形式结构一样，成为认识论研究的课题"。

　　对以笛卡尔和洛克为始作俑者的"现代哲学"的反叛和清算于是乎蔚为潮流，并在"后现代主义"的旗帜下汇集为新的主流意识。后现代主义思潮的构成复杂而多元。其中既有专事在现代主义思想内部开展"拆卸"工作，将现代主义基本范畴和方法深藏不露的内在矛盾暴露于光天化日之下的，也有在其外部通过对现代主义信念的语境置换揭示其历史局限性和意识形态本质的。更多的后现代主义者则采取"以退为进"策略，将目光投向"前现代人文主义者对不确定状态的宽容"。他们"重新挪用文艺复兴高峰期流行的一些中心争议点"，就"外在世界是否由人类心智可以不容置疑地加以确定的一些'事实'构成"等问题向现代主义思想发难，并以破除一切清规戒律的开放态度重新思考现代主义的核心概念。例如，就"客观性"这一概念，人们甚至开始考虑究竟应该继续循着现代主义的思路，认定"客观"意味着消除一切主观因素以便使认知与现实"契合"，还是应该转而采用前现代时期的看法，将它看成体现在人与人关系中的一种公允态度和中正立场。(Goodman & Fisher 1995: ix-xiii)

从图尔敏的上述观察和评论我们不难看出，新涌现的后现代主义主流思潮既与修辞传统有难解难分的关系，又为饱受现代主义学术秩序压制和扭曲的修辞学科提供了极为有利的恢复发展条件。对"知识"的追求是现代主义智力议程压倒一切的中心任务，也是修辞学之所以失去其原来享有的大部分合法性的主要原因。一旦"知识的社会文化意义和人类学功能"、"'公共领域'与知识的源起"、"知识生产者群体与'知识'的表述、确认和流通"、"交流方式与认知结构"等问题和关系开始得到高度重视，一旦跟"产生知识"相关的目的、效果、施事者、语境、手段、方式等被纳入认识论研究的主视野——也就是说，一旦对知识和认知的探索开始被"修辞化"，修辞就会发现过去 300 年间一直套在自己头上的枷锁不复存在了。在它面前，再度出现了广阔无垠的发展空间。

20 世纪西方历史环境和修辞实践对修辞学发展的影响

战争与冲突对 20 世纪修辞发展的催化　如果说智力形势的巨大变化为修辞学的恢复和发展"松了绑"，一个史无前例的新历史环境的出现则极大地促进了这一发展。对于西方来说，20 世纪是一个充满尖锐冲突和重大变化的多事之秋。它始于西方列强内部权力斗争和利益争夺引发的第一次世界大战，经由起因相似然而更为血腥的第二次世界大战以及二战后在欧美形成的两大政治集团之间的长期"冷战"，结束于"反恐战争"剑拔弩张、行将爆发的前夜，百年间可以说战事不断。在其内部，西方经历了大规模、有组织的意识形态对抗，各种特殊利益的全面体制化，各个利益集团对公共领域的争夺，民权运动的兴起及其带来的社会改良等历史性变革。在其对外关系中，西方也经历了非殖民化、经济全球化以及正日益由预言变为现实的"文明冲突"等具有深远影响的历史进程。如果说这些形形色色的冲突和变革有任何共同之处的话，那就是它们对一个适应当代语境的新修辞艺术都有着极为强烈的需求。

　　不管是发明战争理由，进行战前和战时动员，还是瓦解对方的民心士气，不管是各种权力机制、社团组织对自身合法性和合理性的辩解和捍卫，还是相互竞争的意识形态或利益集团为争取获得公众认可而竭力进行的自我证当（self-justification）和自我推销，也不管是外部的殖民地人民还是内部的弱势群体利用西方话语资源向西方权力体制"叫板"或者向西方公众提出诉求，修辞（或称交流、宣传、公关、"口径编织"（spinning）、"公共外交"、"心战"等等）的实践能力和水平始终都是极为关键的一个环节。在除了"热战"之外的其他非暴力对抗和冲突中，能否以整个国家、国家集团甚或全球"公众"作为目标受众，发掘、应用各种有效说服手段和正确论辩方法，更是决定相关方面成败得失的最主要因素之一。例如，从 20 世纪 60 年代开始兴起的美国黑人民权运动、反战运动和"第二波"女权主义运动之所以成效甚大，在很大程度上是因为这些运动的领导阶层同时也是具有高度修辞素养的舆论领袖。他们不仅巧妙地利用了主流文化和话语提供的论辩资源，娴熟地应用了传统言说艺术提供的策略技巧，而且还能根据所处的特定语境和所面临的特定受众有所创新，因时制宜地发明出各种激进的抗议修辞，催生了不少新的、有别于传统模式的修辞批评技巧和方法。其中的女权主义批评将当代文化研究和性别研究的视角与"保守的"精细阅读结合起来，通过重新解读已被树立为典籍的各种文本，挖掘、恢复和弘扬各种获得主流话语承认的传统内部受到压制的女性声音，从而成功地克服了巨大的阻力，实现了自己的诉求，取得了良好的修辞效果。

"宏观"修辞实践对多源性修辞思想的召唤　这些以国家、集团、政党、运动或意识形态为宣传主体，以"公众"——甚至是远在千里之外，分布于广阔地域的某些社群——为受体，在宏大的时空场景内展开的交流活动跟西方修辞传统在 20 世纪之前所理解的"言说"显然大不相同。例如，"修辞者"这一概念最容易使人联想到的不再是一个口才十分了得的个人，而是一整个"班子"。事实上，任何这样的集体——不管它是被称为"写作班子"、"交流办公室"，还是"公关部"——一般都还只不过是真正体现"当代修辞者"概念的那座"冰山"露出水面的小小尖顶。沉于水下人未识的那个庞大的"山体"则包括了具有同一意识形态取向且持有同一政治立场的各种"政策研究所"、"智囊团"、"社论部"，乃至有自己一套班子的"专栏作家"和虽然没有私人班子却往往隶属于学术机构或"非政府组织"的评论员。任何宏观意义上的修辞文本都是所有这些"共同作者"协调合作的成果。又如，"发表"这一传统范畴首先使人想到的不再是言说者的表情手势、音量音调、速度节奏等，而是将信息传递到上述宏大时空场景内每一个角落的技术手段和组织方法。20 世纪新出现的种种典型修辞形势无一不呼唤着一个其外延扩展程度此前根本无法想象的大众传播。这一强烈需求促使能够克服时空限制的新传播技术不断得到发明和发展，而通信技术从无线电广播、卫星电视一直到因特网的跃升反过来又为修辞场景、范围和语境的不断扩大提供了各种新的可能性。新时代对大众传播的迫切需求还催生了覆盖范围超越任何地方和局部的大众传媒——包括全球性传媒集团——和以广告设计、公关公司等名义运作的其他面向全球公众的跨国修辞机构。

20 世纪新兴修辞实践的典型受众和任务还产生并强化了一个重要意识，即只有在修辞主体成功地调动、组织和应用所有领域和学科提供的可资利用资源的情况下，才有可能影响和改变一个庞大而复杂的受众的认识、态度和行为，即所谓"民意"和"公众态度"。西方有史以来第一次由政府直接出面组织的旨在塑造和影响民意的大规模公共宣传机构当推美国历史上有名的"公共信息委员会"（The Committee on Public Information，一般用其缩略名 CPI）。这一于1917 年成立的官方机构的职责是全面协调和负责第一次世界大战期间美国的内外宣传，动员全体人民和全部舆论工具支持政府的战争政策。为了有效地履行这一职责，CPI

大量招募商业、新闻、学术、文学、艺术界的精英，并争取到包括瓦尔特·李普曼和约翰·杜威在内的名记者、小说家甚至哲学家的鼎力支持。它对包括整个电影界和出版、广告界在内的几乎所有媒体提供宣传"指导"，实际上利用了这些媒体所能提供的所有资源。通过广告技巧、艺术手段以及现代心理学研究成果的精心结合，CPI 的各个机构提出、试验并完善了各种调动、整合、调配

象征资源以达到说服公众，影响公共舆论，调节公共关系目的的各种技术和策略手段 [1]。（刘亚猛 2004：51—52）

CPI 取得的巨大成功使得这个为达到宏观修辞目的而统筹利用所有学科和领域的模式成为 20 世纪修辞实践的规范，并且对修辞在学术教育领域的发展也产生了重大影响，促使当代西方修辞思想的衍化呈现为一种带有多源性和弥漫型特征的跨学科智潮。

跨学科性：20 世纪西方修辞学的结构特征

修辞学发展面临的两难局面　两次世界大战触发了对现代主义观念的深刻反思，大规模战争和冲突又催生了建筑在大众交流基础上的新政治社会组织形态和运作方式，20 世纪上半叶出现的这两大变化为修辞研究创造了宽松的智力环境和巨大的社会需求，使这门古老学科获得了继文艺复兴之后又一个千载难逢的发展机遇。然而，修辞学在 20 世纪的腾飞和它在 14、15 世纪的"复兴"具有十分不同的表现形式。文艺复兴时期修辞研究的发展主要表现在传统意义上那个大一统修辞学科的重建和扩展，20 世纪修辞研究的发展则跟"修辞学科"本身的建设只具有十分有限的相关性。事实上，以"修辞学"的名义进行的学科建设始终面临一个两难局面。如果希望在现代大学的机构框架内构建一个现代修辞学科，修辞学家们就必须严格遵

---

1 ＿＿ 这些手段大部分具有操纵、误导受众的性质，如各种诉诸感情、控制信息的方法。"妖魔化"对立方也是在那个时候由 CPI 加以系统化而成为一种宣传艺术和策略的。

循专业化和可操作性原则，毫不含糊地界定出修辞独特而专门的研究目标和研究方法，将它改造为一个范围清晰明了，观念架构连贯紧凑，理论兴趣具体可行的研究领域。可是这样一来，它一方面必将与传统意义上那个涵盖整个人文领域的修辞学大异其趣；另一方面其眼界和兴趣相对于 20 世纪修辞实践现状而言又必将显得过于局促和狭隘，与当代社会文化实践对修辞研究提出的"整合所有相关领域、融合不同学科视角"这一基本要求严重脱节。如果新修辞要想焕发生机，像在古典时期那样重新享有广泛的文化影响和社会效用，它必然只能努力适应新出现的社会文化条件，突出自己的跨学科性，将自己发展为一个吸纳和融合各学科理论资源的开放式平台。可是这样一来，它又很难在现代大学和学术体制下获得常规意义上的"学科"身份。[2]

致力于学科重建的西方修辞学家曾于 20 世纪 60 年代提议将修辞的研究对象和研究方法分别确定为"象征或象征系统借以对信念、价值、态度和行为产生影响的那个过程"和包括"哲学、历史、批判、实证、创造［文学］和教育"在内的各种分析和阐释手段。（Bitzer & Black 1971: 208）按照这一定位，修辞应该将其探索的目光全方位地投向以象征为手段和中介的整个人类社会生活，从而在事实上覆盖人文社科所有部门的固有"疆域"。修辞研究在方法上因此也应该兼收并蓄，根据具体场合和需要对流通中的各种方法随意征用、予取予求，不拘泥于任何一个具体的模式和体系。这些学者正确地把握了新时代修辞实践的特征及其对修辞研究提出的要求，却未能意识到自己

2 ___ 有关这一两难局面的讨论，参见 Liu & Young (1998)。

对修辞的定位与"学科"这一概念的专业化、专门化内涵并不相容，因此实行起来势必障碍重重。不出所料，照此"蓝图"进行的学科建设在接下去的十多年内出现了举步维艰、欲振乏力的尴尬局面，造成以"修辞学"命名且专事传统意义上的修辞研究的学科或专业机构一直徘徊于学术界的边缘，未能登堂入室。随着上述内在矛盾日渐显露，一些修辞学家开始觉得当初界定的"大修辞"也许是一个历史性错误，主张收缩战线，将修辞学局限为一门"生产性艺术"，以帮助修辞实践者构思、创作和发表富有说服力的公共演说为研究方向，将除此之外其他一切大而不当的兴趣都排除在外。但是这一主张由于意味着建构一个名不副实的"修辞"学科，未能成为修辞学界的共识。

修辞意识的扩散和"研究修辞"的兴起　就在修辞学家们就"大修辞观"和"小修辞观"争论不休的时候，在哲学、文学、社会学、政治学、人类学等人文社科领域的中心学科，许多不具修辞学背景也不自我标榜为修辞学家的学者对修辞却发生了浓厚的兴趣，将它作为一种与常规的认知和思维模式大异其趣的"另类"思想方法、解读工具和理论资源引入各自的专业研究[3]。他们从修辞的角度重新审视各自的学科，意识到它所提供的知识无非是在该领域从事理论实践的学术群体通过内部交流、讨论、论辩和说服而普遍接受的意见，而且这些共识的形成受制于包括具体历史、文化和社会条件在内的各种偶然性

3 ___ 一个典型的例子是当代美国最负盛名的人类学家克利福德·格尔茨（Clifford Geertz, 1926—2006）。格尔茨公开承认自己理论创作的"最高灵感"是修辞学家肯尼思·伯克（Kenneth Burke, 1897—1993）的著作。见 Geertz 1988: vi。

（contingent）因素以及在学科内外复杂多变的条件下形成的各种权力结构，学术研究本身因此应该被重新定位为一种特殊修辞体裁，即所谓"研究修辞"（rhetoric of inquiry）。对"研究修辞"认识的深化将学者们的注意力引向各学科的构筑程序和演变过程，从而极大地提高了他们对各自领域的观念基础、研究方法和知识生产过程的反思能力。由于修辞思想历来以修辞者为中心，强调修辞者的施事能力，修辞对人文社科各领域的渗透使得"动源"（agency）、"意图"等关键词重新进入流通，使"人"的观念在被原先信奉的客观主义改造得"不具人格"（impersonal）的各个学科再次得以确立其中心地位。修辞意识的提高还凸显了"研究者 / 学科话语 / 受众"三者间的关系。对这一关系的审视使学者们看清了人文学科话语的"说服和道德本质"及其内在的"解放（emancipatory）和批判功能"。（Roberts & Good 1993: 8–10）

　　"修辞转折"及其历史意义　　修辞意识在人文科学各领域的迅速蔓延和"研究修辞"运动的蓬勃发展使得西方思想界将这一变化看成继"语言转折"、"解读转折"之后出现的又一重大智力思潮，并将其命名为"修辞转折"（Simons 1989: vii）。对于 20 世纪修辞学的发展历史来说，这一"转折"的意义是怎么评价都不过分的。它首先意味着在"理性与科学"时代脱离修辞这一"母体"，通过和传统修辞思想决裂而发展起来的那些现代研究领域对修辞的一种回归。尽管这种"回归"更多地表现为理念上和"心灵"上的感应，而不是体制上和组织结构上的认同，它同样使我们有理由将修辞在现代主义时期的变化看成"这个一直到文艺复兴时期还君临各人文研究领域的超级学科为了顺应新的时代精神，主动化整为零，分散发展，以便其构成成分能够等待有利机会，在一个经过更新的共同观念基础上重新融会与合成"[4]。

其次，跟这一"转折"相关的学术探讨和理论建设构成了 20 世纪修辞思想的主干和精华。事实上，对 20 世纪修辞思想的新发展做出最大贡献的并非以"修辞学"命名的专事"正规"修辞研究的学科或专业机构。使 20 世纪"新修辞"获得其理论形态的也几乎没有一个是具有修辞学科"正式"成员身份的学者，而是某些出身于文学批评、法学、哲学、社会学等"非修辞"学科但又具有超越某一具体学科的开阔视野的"杂家"，而他们并不以"修辞学家"自命。在描述当代西方修辞学发展状况时，如果我们仅将注意力集中于明确打着修辞旗号的领域和学者，不理会无形的"修辞思想意识"在"非修辞"学科的扩散，漠视以这些学科为基地的"非修辞"学者在当代修辞思想的发展进程中所起的主导作用或者对当代修辞理论建设做出的决定性贡献，则由此而产生的只能是一种管窥蠡测、挂一漏万甚至本末倒置的错误认识。

第三，这一"转折"还戏剧性地凸显了当代西方修辞最具代表性的特征，即它的跨学科性。修辞传统上以如何在社会互动中说服和影响他人作为自己的研究对象，因此它注定是覆盖了语言、文学、心理、社会等诸多领域的一门综合性艺术。现代学术体制的建立迫使它也走上了"专业化"的道路，为了获得"学科"身份而努力消除自己固有的多元性，使自己的研究兴趣趋于专一。对"学科身份"的这种自我割裂、伤筋断骨式的追求一直到 20 世纪中叶之后才随着"修辞转折"的出现而

4＿＿ 这是本书上一章"从拉米到惠特利：理性与科学时代的修辞理论"的一个结论。

得到扭转。修辞研究再度进入一个多学科、多视角的发展阶段，成为一门跨学科的话语研究。其跨学科性既体现在修辞意识、视角和方法在人文社科不同领域和不同学科获得学者广泛接受，也表现在它通过引进、吸收和利用所有这些不同学科提供的理论资源构建起一个 20 世纪"新修辞"这一事实。如果对修辞的跨学科性认识不足，我们就难以把握 20 世纪修辞的本质特征，尤其是其理论形态的基本特点。

　　文学批评对修辞的回归　以修辞和文学理论的关系为例，当代西方修辞研究融合了 20 世纪中叶之后西方文学思想的关键构成成分，而这些文学思潮的兴起反过来又为"新修辞"的形成推波助澜，发挥了重大作用。从新批评派的主将克林斯·布鲁克斯（Cleanth Brooks，1906—1994）和罗伯特·佩恩·沃伦（Robert Penn Warren，1905—1989），解构主义学派的中坚人物保罗·德曼（Paul de Man，1919—1983），到被誉为目前最具影响力的文学理论家特里·伊格尔顿（Terry Eagleton），当代西方文学理论界呼风唤雨的领军人物无一不是杰出的修辞思想家，并且大都毫不掩饰自己对修辞的认同。布鲁克斯和沃伦曾合作撰写了一本《现代修辞》（*Modern Rhetoric*，1949）。他们在书中用美式橄榄球打比方，将语法看成这一运动的基本游戏规则，而将修辞确定为关于其攻防策略和机动手段的知识，强调熟知"语法"固然能使球员做到不犯规，但是只有掌握后面这一知识球员才能够有效地打球并赢得胜利。德曼的"文学理论"可以说无处不弥漫着修辞精神。这仅从他的一系列名篇、名著的标题或书名，如"关于时间性的修辞"（1969）、"盲目的修辞：雅克·德里达对卢梭的解读"（1971）、"尼采的修辞理论"（1974）、"隐喻的认识论"（1978）、"符号学与修辞学"（1979）、《关于阅读的讽喻》（*Allegories of Reading*，1979）和《浪漫主义的修辞》（*The Rhetoric of Romanticism*，1984），就可以看得一清二楚。伊格尔顿则在其早已成为经典的《文学理论导言》（*Literary Theory: An Introduction*，1983）中提出对文本"社会效果"的研究应该是文学批评的"正道"。按照他的见解，文学研究应该将"各种话语究竟产生了什么效果以及它们是如何产生这些效果的"作为自己的特别关注。他号召将"文学批评"正名为"修辞批评"，因为修辞不仅是"世界上最为古老的文学批评形式"，而且"一直到 18 世纪都是进行批判性分析，审视话语如何通过一定结构而产生某种效果的公认方式"。（Eagleton 1983: 205）而当代叙事理论的创始人之一，《小说修辞》（*The Rhetoric of Fiction*，1961）和《反喻修辞》（*A Rhetoric of Irony*，1974）的作者韦恩·C. 布斯（Wayne C. Booth，1921—2005）则完完全全是一位两栖学者。在他身上，文学和修辞研究彻底融为一体，密不可分。这些理论家对当代修辞思想的贡献远高于绝大多数"专职修辞学家"。任何关于当代修辞发展史的表述如果不将这些学者及其所代表的研究兴趣和方法包括在内就谈不上具有完整性。这个事实表明跨学科性是"当代修辞思想"这一概念的重要内涵成分，其外延也因此包括了当代文学以及人文学科其他部门的主要理论思想。

哲辩思想的回潮与当代西方修辞的基本理论形态

20 世纪中叶在西方学术界发生的"修辞转折"不仅凸显了当代西方修辞的结构特征，即跨学科性，而且使它获得了其基本理论形态。这一理论形态首先突出地表现为哲辩思想（sophistic thinking）的回潮与兴盛。所谓"哲辩思想"指的是公元前 5 世纪发端于古希腊的一种观念形态，本书第一章已经介绍过。它的基本预设包括普罗塔哥拉有关"人是一切事物的尺度"和"针对一切事物都存在着两种相反［又都讲得通］的说法"的观点，以及高尔吉亚有关修辞具有不可抗拒的影响力，足以支配落入其作用范围的一切人，使他们"心甘情愿而不是迫于无奈地臣伏"等论断。从这些预设出发，哲辩师对"神是一切事物的尺度"、"传统见解和看法体现了神的意旨因而无可质疑"等正统观念和"雄辩是一种天赋或灵感"等固有看法提出严肃的挑战，动摇了被时人普遍看作天经地义的一些带根本性的认识。哲辩观念在公元前 5 世纪到前 4 世纪之间风起云涌的直接后果是解放了人们的思想，使他们有可能从完全不同的角度来思考问题、搜索话点、开展论辩或进行其他形式的观点交锋。这些匪夷所思的观念为修辞研究的萌发提供了必不可少的沃土和空间，使雄辩艺术迎来了它的第一个黄金时代。

　　从"诡辩"到"哲辩"：对古代修辞历史的拨乱反正　然而，哲辩思想对"神祇中心观"的冲击和对正统、常规认识的大胆质疑在宗教和正统观念根深蒂固的西方传统社会中毕竟是极其出格的事，因此从一开始就为自己招来了各种恶名，被指责为通过似是而非的"诡辩"亵渎神明、颠覆真理、蛊惑民众等等，后世又被贴上"相对主义"、"不可知论"等标签，遭到历代哲人们的严厉斥责。哲辩师对语言力量的高度强调在武力和其他物质手段支配着政治生活的古代社会组织结构中也显得言过其实，因而和者不多。就连普罗塔哥拉和高尔吉亚的传人，也就是西方古典修辞学家们，都小心翼翼地和哲辩思想保持适当的距离。甚至在文艺复兴这样一场伟大的思想解放运动中，拒绝受清规戒律约束的人文主义者也只是高举西塞罗、昆提利安等中规中矩的"体制内"修辞学家的旗帜，并没有激进到公然要求复兴哲辩思想的地步。这一古老的禁忌在 20 世纪下半叶终于被彻底打破了[5]。当代西方修辞学家不仅为哲辩师正式平反，推翻了从柏拉图到洛克等一代又一代的思想家加在他们头上的种种罪名，而且在"反基础主义"、"新实用主义"[6]等各种名义下继承并极大地弘扬了哲辩思想。

"宗教冲动"的"启蒙运动版"？：对现代主义思想基础的批判

以理查德·罗蒂（Richard Rorty，1931—2007）和斯坦利·费希（Stanley Fish）等为代表的当代反基础主义思想家跟公元前 5 世纪的古希腊哲辩师一样，也将矛头指向了他们认为实际上起着禁锢思想、限制话语可能性等负面作用的各种人们深信不疑的观念和预设。他们

---

5 —— 见 Consigny (1996); Schiappa (1996); Poulakos & Poulakos (1999) 等。R. L. 斯科特（R. L. Scott）1967 年出版的文章"论修辞的认知性"引领了一场对哲辩师的新兴趣。在这篇重要文章中，斯科特提出哲辩师将修辞看成一种研究或认知方式，并从修辞的角度出发，认定"真理"是人类在自己所处和必须应付的各种情况下，按照每一个历史时刻的要求创造出来的，绝非恒定不变。苏珊·贾勒特（Susan Jarratt）在 *Rereading the Sophists: Classical Rhetoric Refigured* (1991) 一书中则强调由于哲辩师将语言看成一种不受清规戒律束缚的戏动并且深刻意识到事物和人事的内在偶然性，其作品十分有助于弘扬民主精神。她还认为哲辩师的修辞理论和当代女权主义理论很相似，在强调理论和政治行动的统一性这一点上尤其如此。

6 —— "基础主义"确信人类有关世界的知识都是立足于由不容置疑的信念垒筑起来的一个坚实基础。"反基础主义"则否认存在着这样一个基础，主张一切被当作"事实"或"真理"，因而具有正确性、有效性和清晰性的事物其实都只有在具体语境、情势、范式和社群中才能被认知，才可以进行辩论，因而谈不上是普世和恒定的。传统的"实用主义"坚信在应用过程中表现出来的实际效能是确定某个陈述是否真实，行动是否正确，判断是否有价值的标准。所谓"新实用主义"则是在这一信念的基础上，通过将注意力从旧实用主义理论家信奉的"经验"转移到"语言"，强调具体语境和目的，否认"普世真理"，否认超越语言表述的"现实"而形成的一个当代思想流派。

对作为现代主义智力与话语秩序基石的"真理"、"本质"、"理性"、"人性"等概念提出质疑和挑战，对诸如"唯实主义"（realism）等现代主义思想流派的"宗教"特征加以揭露。作为现代主义的一个基本信念，唯实主义认定存在着一个"客观现实"，它与人类的需求和兴趣无涉，并且超越了以语言和其他象征符号系统为中介的人类感知和理解。罗蒂等当代哲辩思想代表人物则指出，人们只要认真审视导致我们接受唯实主义观念的那个思维过程，就不难看出其关键环节并非基于"事实"与"逻辑"的严密推理和论证，而是通过某种"信仰的跃升"（leap of faith）实现的，跟人们用以"支撑自己深信不疑的宗教观"的那种不通过推理的"顿悟"并无二致。罗蒂干脆把唯实主义者对"客观现实"的信奉称为"宗教冲动"的"启蒙运动版"，指出所谓"与人类需求和兴趣无涉的客观现实"其实就是"上帝"的另外一个名称。（Fine 1986: 116; Rorty 1999: 7-20）根据罗蒂对现代智力史的梳理，西方文化将"科学"、"理性"、"客观"和"真理"等概念捆绑在一起，构成了自己的观念基础。科学被认定为对世界的一种"理性"、"客观"的探索，为人类提供了"实实在在"的真理，真理本身则是与"现实"契合或"正确反映"了"现实"的表述。由此而形成的客观主义占据了统治地位，使整个人类认识领域遭到"非人化"（depersonalized），造成"美"以及后来甚至"善"都因为属于"主观"范畴而不具有很高的认知地位。科学家取代了祭司，承担着使人类与如今被称为"客观现实"而不是"上帝"的某种"超越人类的存在"保持接触的职能。包括哲学家、历史学家和文学批评家在内的人文学者必须为自己的言行是否"科学"而惴惴不安——担心自己精心推导出来的结论是否称得上是"真实"的。他们对自己的"认知地位"和"客观性"总是有一种不安全感。任何想在学术界立足的学科要是不能像自然科学那样提供各种预测和技术，就必须要么装出是在模仿科学方法，要么摸索出另外一个门径，可以在不发掘出新"事实"的情况下获得"认知地位"，例如宣称自己所研究的是跟"事实"对立的"价值"，或者自己是在致力于培育被称为"批判性反思"的某种思维习惯。(Nelson，et al. 1987: 38-39)

修辞就是力量　跟他们的古希腊先师一样，当代哲辩思想家对"言"和"力"难解难分的关系进行了具有震撼性的再表述。他们普遍认为虽然词语本身并没有什么内在价值和能力，但是它们一旦在具体的社会、文化、政治语境中得到应用，产生实际效用，也就是说，一旦从语言层面上升到修辞层面，就成为一种异乎寻常的力量。再以罗蒂为例，他将一部话语发展史看成人类玩不同"语言游戏"，应用不同"词汇"(vocabularies) 对事物进行各种"描述"和"再描述"(descriptions and redescriptions) 以达到各种不同目的的历史。人类有多少目的必须实现就可以发明出多少"描述"，有多少应用必须满足就能够有多少"描述"[7]。根据罗蒂的说明，通过"词汇"进行"描述"这一人类基本话语活动是不折不扣的宏观修辞行为。例如，在评估所有这些"描述"时，"我们所根据的是它们作为我们借以达到目的的工具究竟能发挥多大效力，而不是它们对相关事物作出的描

---

7 —— 参见罗蒂（1989：4）："大科学家发明关于世界的各种描述，这些描述对预测和控制发生［于现实生活中］的事件这一目的很有用处。诗人和政治思想家则出于另一些目的发明了关于世界的其他描述"。

述究竟有多么准确"（Collini 1992: 90–92）。又如，他提出"我们可以通过重新描述使事物看上去或好或坏，或重要或无足轻重，或用处很大或一无所用"（Rorty 1989: 7）。这一看法和乔治·A. 肯尼迪所说的"［古典］哲辩师对词语无穷无尽的力量表现出的醉心"（Kennedy 1980: 26）毫无二致。此外，罗蒂还认为话语（以及人类思想观念）的演变之所以发生，是因为人们"运用各种新方法，对许许多多的东西进行再描述，直至一个新的语言行为格局被创造出来，使正在成长起来的新一代动心并加以采纳"（Rorty 1989: 9）。

　　人类话语演化的根本途径是通过不同"词汇"的发明和选用，对事物进行"描述"和"再描述"，使整代人"动心"并转而接受新的话语范式——罗蒂的这个观点明显是关于修辞在整个社会运作和文化发展的广阔语境内如何发挥其作用。罗蒂在宏观层面上对修辞无与伦比的功用和力量作出的述评源于古典修辞话语的两个著名话点，一个是高尔吉亚提出的"言说是一位大权在握的王公，它能够通过最为细微精致的手段产生最为神妙的效果"，没有人抵御得了这位"王公"所拥有的控制人类情感和态度的巨大权力；另一个是西塞罗提出的"修辞实践在从人类文明的发端一直到社会公共利益的维护等不朽伟业中起着至为关键的作用"。罗蒂用当代"词汇"对这两个话点进行的"再表述"虽然激进，其中蕴含的对修辞力量的高度肯定在当代西方智力语境内却一点也不显得怪僻或离奇。事实上，当代西方致力于研究"权力"这一概念和现象的多数学者业已形成共识，认为在各类型力量中间，最为强大的是使我们不仅能够替他人确定其兴趣和愿望、侧重和优先、利害和利益等，而且还能使他们觉得这些决定是他们根据自己的利益自主作出而非外人加予的那一种。也就是说，力量或权力的极致在于能替人们构筑起他们对社会或政治现实的认识和感知，而同时又使他们觉得这些体认都是他们自主获得的。这一功效使得权力机构在无需诉诸强制或采用政治、物质手段的情况下，就能稳获支持。（Wartenberg 1992: 2）不用说，上述共识所指涉的也是修辞，是那种具有高度技巧性，能够在当代独特社会文化条件下成功地将自己的运作方式掩盖起来，使受众在不知不觉之中认同说服者的观点和态度的宏观修辞。对这些学者而言，修辞不仅是一种力量，而且还是最为强大的力量。

互动观念的发展与当代西方修辞的基本理论形态

20 世纪中叶应运而生的"修辞转折"赋予当代西方修辞的基本理论形态还突出地表现为话语互动观念的发展。西方传统修辞理论起源于用来培训雄辩人才和指导言说发明的"手册"，因而一向只从言说者的角度探讨如何调动各种资源以便成功地说服或影响处于被动地位的"被致辞者"（addressee），是一种不折不扣的"修辞者中心"理论体系。这种不同时从听者的角度观察和思考修辞过程的理论规范之所以长盛不衰，跟政治和话语权力在西方传统等级社会中的高度集中无疑密切相关 [8]。近代欧洲随着资产阶级的诞生及其地位的蹿升而出现了前文提到过的"公共领域"，在其有限的范围内允许参与者

---

8 —— 一般地说，在西方传统等级社会中，修辞者的致辞对象要么是执掌政治大权，因而"一言九鼎"的王公主教，要么是无权无势的平头百姓。前者握有最终话语权，因而自己不必多费唇舌。后者没有任何话语权，因而无所用其唇舌。难怪"平等互动"作为一种话语实践模式长期未能受到应有的理论关注。

以大致平等的身份进行话语互动。这一新社会结构改变了言说实践的语境条件，使得修辞的观念化也发生了相应的变化。坎贝尔在《修辞原理》中对"交谈之雄辩"和"演说之雄辩"加以区分，并且对"受众"观念予以前所未有的关注，显然就是这一变化的体现。然而，直到第一次世界大战之前，欧洲所谓的"公共领域"实际上都还只是由旧贵族和新兴资产阶级上层人物中少数"社会精英"把持的一个排他性言论俱乐部，远远谈不上是具有言说能力的公民可以广泛参与并且分享话语权的民主论坛。这一状况在修辞思想形态上的最突出反映就是"修辞者中心"理论范式的长期因循与苟延残喘。随着欧美传统社会结构在两次世界大战及战后民权运动的冲击下发生蜕变，同时也由于交流和传播技术手段的巨大进步，以各种传统和非传统媒体为平台的西方公共领域的准入门槛一再降低，通达条件不断改善，"游戏规则"向"平等"的目标逐步接近，公众成员的参与程度也获得相应的提高。至少从表面上看[9]，这一言论平台日趋开放、包容和多元，通过它越来越多人就社会政治生活中涉及切身利益和核心价值的各种问题发表见解，以评论、对话、讨论和争辩为手段宣传、捍卫和伸张自己的主张。与此同时，各种权力和特权的享有者要想对公共领域中发出

9 —— 西方的"公众"指的当然不是所有具有公民身份的个人，而是具有一定经济、社会、文化地位，关心国家的政治和话语进程的那些人。即便如此，"公众"成员是否真正在话语领域享有"当家作主"的权利，是一个有很大争议的问题。阿尔都塞、福柯等持批判立场的话语理论家认为"参与"、"互动"等只不过是掩盖权力真正运行方式的迷惑性手段，社会成员在话语领域享有"主体"身份是处于支配地位的权力机构制造出来的一种虚幻感觉。提出"资产阶级公共领域"概念的哈贝马斯也倾向于认为在我们这个时代，真正在这一领域享有话语权的是特殊利益集团的代表和发言人，而非具有独立身份的言说者。

的质疑、诘问或抗议继续采取不加理会、我行我素的态度也日益困难。于是乎，双向互动式的商讨一步步挤占了单向独动式的说服在西方话语实践中原来享有的独尊地位，日益成为 20 世纪修辞研究的主要兴趣和议题。这一变化突出地表现为在跟修辞和话语相关的讨论中，带有平等含义的"对话"（dialogue）和"会话"（conversation）上升为常用关键词；带交互含义的"交流"（communication）一词被许多人用于替换难免带有传统单向含义包袱的"修辞"，作为指代整个领域的名称；不无消极被动意味的"受众"也在很多情况下被强调平等地位和双向互动模式的"对谈者"（interlocutor）一词所取代。

语言学的修辞转向 互动意识在西方当代修辞思想中不断增强的一个明显迹象是发生于语言研究领域的"修辞转向"。语用和话语分析学派的语言学家将语言学的核心关注从"语言"转移到"话语"，从"语言形态"转移到"语言应用"，从而按照法国语言学家埃米尔·邦弗尼斯特（Emile Benveniste，1902—1976）的说法，使语言研究"脱离了语言被当作符号体系看待的那个领域，进入了语言被当作交流工具看待的另一个天地"。邦弗尼斯特认为后面这个新范式通过"话语"这一概念得到表达，而"话语"所表达的无非是人们说的每一句话都必然牵涉到说者和听者，而且说者不可避免地抱有"以某种方式影响［听者］的意图"（Benveniste 1971: 110; 208）。邦弗尼斯特的这些看法明显地体现着一个修辞视角。在他之后的许多语言学家则不仅继承了这一视角，还进一步突出了说者和听者之间的互动关系。例如，英国语言学家杰弗里·N. 利奇（Geoffrey N. Leech，1936—2014）和迈克尔·H. 肖特（Michael H. Short）就将"话语"界定为"发生于说者和听者之间的［信息］交换，一种其形态由社会目的决定的人际活动"（Leech & Short 1981: 209）。语言学家基利安·布朗（Gillian Brown）则认为话语分析的对象应该是"人类如何应用言语进行交流——尤其是致辞者如何以被致辞者为目标构筑语言信息，被致辞者又是如何在这一信息上面下工夫以达到解读的目的"——以及"语言用于达成什么目的和功能"。他还进一步指明语言的两大主要功能是使交流者实现彼此间的"交换"和"互动"。（Brown 1983: ix; 1）语言哲学家保罗·格赖斯（Paul Grice，1913—1988）提出的"合作原则"及其包含的"数量"、"质量"、"关系"、"方式"四大准则虽然着眼点在于"会话含义"，然而仅从他将语言哲学的注意力转向"合作"和"会话"，从他对意义产生于对谈者互动过程的强调，就不难看出互动观念对当代语言思想发展的深刻影响。

　　语言研究领域的"修辞转向"还体现于社会语言学和语用学等跨学科领域的蓬勃发展。交流者如何通过对话和交谈建立和维持社会关系，他们又是如何在言谈中表现出对受众的敏感，成为社会语言学家的主要研究兴趣。出于这些兴趣，他们将言说者与回应者之间的"会话回合"（conversational interchange）确定为言语研究的基本单位，并提出"受众设计"（audience design）这一明摆着的修辞概念，以解释言说者为什么根据面对的具体"交流事件"选择不同语言变体和言说风格。（Spolsky 1998）不少社会语言研究领域的学者不仅对现实生活中的话语活动进行常规研究，更通过自己貌似客观的描述或明或暗地倡导新的互动规范。他们因而在事实上是以学者的名分行使上文提到的"宏观修辞者"的职责，对公众开展说服工作，敦促他们通过交流建立起某种理想的人际和社会关系。例如，美国著名社会语言学家德博拉·坦嫩（Deborah Tannen）在她于上世纪末出版的《争执文化——从辩论到对话》（*The Argument Culture: Moving from Debate to Dialogue*）一书中就指出整个西方社会都弥漫着一股"战争气氛，使得大家把公共交谈以及他们需要做的其他几乎一切事情都当成争斗看待"。她追根溯源，将这一现象归咎于在西方长期占据支配地位的"论辩文化"。坦嫩严厉批判了这一"文化"，指责它造成西方社会成员在待人接物时不免抱有的一种"敌对"或"争斗"心态，提出应该用"对话"取代"辩论"，作为解决人际或公共问题的手段。（Tannen 1998: 3–4）

巴赫金的"对话观念"与"高层次修辞" 互动意识的迅速上升还突出地表现于苏联学者米哈伊尔·米哈依洛维奇·巴赫金（Mikhail Mikhailovich Bakhtin，1895—1975）的理论思想在欧美的盛行。主要出于国际政治和意识形态的原因，苏联的学术思想在西欧和美国历来不被当一回事，巴赫金却是一个难得的例外。他的著作20世纪60年代就开始被译成英语在欧美出版，这些作品引起的兴趣到20世纪80年代已经发展为一个蔚为壮观的国际巴赫金研究热潮。在这一热潮的推动下，巴赫金的影响力从欧美的俄罗斯和斯拉夫研究界迅速而强劲地扩展到文学、哲学、符号学、文化研究、人类学、女性研究、后殖民研究以及伦理学等诸多领域，他的思想也因此成了当代西方学术话语主流的重要组成部分。西方学者之所以对巴赫金这么热衷，主要是因为他提出的以"对话观念"（dialogism）为核心的语言理论。这一理论强调语言既不应该按照结构主义语言学家的主张，被当作独立于人际交流之外而自成一体的观念系统，也不应该根据心理主义语言学家的观点，被等同于个体的自我表达，而应该被视为"话语"，即在具体语境内由"交流事件"（communication events）引发的那些"活生生的言辞"（living utterances）构成的集合。巴赫金认为不管在现象层面上这些"交流事件"是否涉及对话，话语永远都是发生于至少两个社会成员之间的一种"回应性互动"。互动涉及的各方，不管是"自我"还是"他者"，在一个根本意义上都是积极主动的"言说者"，因此不能从他们中间区分出"主动的说者"和"被动的受众"。之所以如此，是因为"自我"在话语中使用的每一个言辞必将在作为接受方的"他者"身上产生某种效果，促使他者作出某种反应，包括只发生于内心、藏而不露的那种反应。这一认识已经为一切称职的言说者所内化，成为在语言应用的整个过程中发生作用的一个预设。在这一预设的引导下，率先发言的人在开口之前其实已经就接受方将会对自己的话作出哪种积极反应加以预测和估算，并按照估测的结论确定自己该怎么开口。也就是说，"回应性互动"（responsive interaction）其实从一开始就是话语生成必不可少的一个关键机制。通过想象或真实手段实现的"回应性互动"决定了言辞将呈现为什么形态。"回应性互动"这一概念还指明甚至率先发言者说出的"第一句话"也谈不上是真正的初始言辞，而是对此前其他人已经说过的所有相关话语的一种回应。也就是说，不管我们是否意识到这一点，我们只要一开口或一提笔，就总是在对过往、当前或将来的"对谈者"作出回应。在这一意义上，"对话"是人类语言的本质特征。（Morris 1994: 4–5）

　　将"互动"与"回应"确认为语言的两个本质属性表明巴赫金所采用的是一个广义的修辞视角。巴赫金本人并不讳言自己的理论体系与修辞的渊源，不过他强调自己所赞许的并非传统意义上的"修辞"，而是一种处于更高层次的修辞。他认为一般意义上的"修辞争议"着眼于"赢得胜利，而不是接近真理"。然而这种争议只是"最低级的修辞"。在"层次更高"的修辞中，人们可以就"所有在具体时空范围内能够找得到答案的问题"达成一致意见。巴赫金对他所说的低级和高级修辞详加区分，指出二者的区别其实是"论辩与对话"这两种话语方式，"压倒对方与相互理解"这两个话语目标之间的区别。低级修辞致力于将自我和他者分别树立为"绝对无辜"和"绝对有罪"一方，以此赢得自己的全胜并彻底摧毁对方。高层次修辞则意识到言辞只生存于"对话域"（dialogic sphere）之内，如果在话语互动中"摧毁"了对方也就等于摧毁了这一共同的"对话域"，从而剥夺了言辞本身的生存空间。有鉴于此，不仅不能肆意破坏对话域，而且应该小心呵护，因为它"非常脆弱，只消一点点［话语］暴力或诉诸权威［而非平等讨论］等，就足以使它毁坏"。对巴赫金而言，这一高层次修辞意识无疑应该成为一切话语互动的出发点。（Bakhtin 1986: 150–152）

　　哈贝马斯的"交流行动理论"　由于巴赫金的观点代表了当代西方智力话语主流，与他所见略同的欧美思想家不在少数。例如，当代德国大思想家尤尔根·哈贝马斯也致力于从语言、话语、交流的角度重新审视与社会、文化、伦理等相关的人类重大问题，并且在对语言应用的认识上和巴赫金心有灵犀一点通。他的"交流行动理论"

（theory of communicative action）可以被看成巴赫金所强调的"回应性互动"概念的深入开拓和系统表述。正如巴赫金的对话理论是在批判结构主义和心理主义语言观的基础上发展起来的，哈贝马斯的"交流行为"理论萌发于他对"意识哲学"所预设的"孤单的主体独自面对现存的整个事态"这一典型情境及其热衷于讨论的诸如"意图性"、"心智与肉体的关系"、"自由意志"等传统议题的严重"不满"。（Habermas 1985: 151-152）这一不满将他的注意力从"意识"引向"社会行动"。社会行动与个人行为不一样，必须通过与其他社会成员的相互协调才能实现，而这种协调又只有通过语言的中介作用——也就是说，只有通过以语言为中介的交流——才能实行，所以任何社会行动都必然预设一个"人际交流语境"作为其发生的最基本条件。

　　为了完成任何行动，人们必须首先对所面临的相关形势加以解读和界定，在此基础上制订出行动计划，再将计划付诸实施。社会行动当然不例外。社会行动者之间的相互协调具体地说就是使彼此对形势的解读以及各人独自制订的行动计划趋于一致。这意味着他们在达到将行动计划付诸实施以取得预期效果这一目的的整个过程中，始终必须进行相互交流，平等地就相关形势的性质和应对方法进行讨论协商，并且就什么是正确的判读达成一致意见或者共同理解。哈贝马斯于是乎从社会行动中分离出着眼于相互理解的"交流行动"和着眼于实际效果的"目的性行动"，并将它们分别确定为社会行动的主、次两个层面。他之所以以"交流"为主，将执行并完成行动这一"目的"放在次要地位，不仅因为行动者如果不通过交流就无法就形势和行动计划达成共识，因而也就无法有效地相互协调并完成任务，还因为社会行动中的"交流"层面事实上发挥着比行动本身重要得多的文化功能。

　　为了说明交流所起的这一作用，哈贝马斯将社会行动者必须共同加以解读的"人际交流语境"分解为"客观"、"社会"和"主观"三"界"："客观界"指的是整个相关事态；"社会界"涵盖了所有相关人际关系；"主观界"则指言说主体自己跟行动相关的所有内心活动。行动者在共同研判和商讨所处的"人际交流语境"的过程中，说出的每句话都同时包含着跟上述三"界"分别相关的三种言语行为：表达自己对事态的看法；在自己和其他社会行动者之间建立起某种人际关系；表白自己的内心意图。通过这三种言语行为，行动者事实上以共同行动者为对象提出三个"确当宣认"（validity claims）：自己提出的对事态（"客观界"）的认识和判读是正确的；自己对共同行动者的相互关系（"社会界"）所作的定位是符合规范的；自己所表白的内心意图（"主观界"）是真诚的。行动者就自己言辞的"正确"、"合适"和"真诚"提出的宣认隐含在他说的所有话中，并且是"可批判的"（criticizable），即具有不够实在的可能性。这些"可批判宣认"必须通过与共同行动者的交流加以核实、改进或"救赎"（redeeming），使其确当性（validity）获得"主体间"（intersubjective）确认。哈贝马斯将这一过程称为"通过交流救赎'可批判宣认'"（communicatively redeeming "criticizable validity claims"），并认为它是通过下列步骤完成的：和宣认者处于平等地位的共同行动者如果对他的宣认不提出异议，这些宣认的确当性就获得主体间确认。如果后者对他的任何一个宣认提出质疑、诘问甚至驳斥，宣认者应提供必要的说明、解释、论理和证明，表明自己的宣认是有依据的。如此往复来回，直到宣认者通过解释和论证消除共同行动者的所有疑问，或者在没办法做到这一点的时候对自己的话语作出必要的修正，使之在共同行动者面前站得住脚。通过轮流对彼此的"宣认"作出批评和回应，社会行动者最终达成充分的"相互理解"和一致意见。

　　哈贝马斯的上述观点可以说是巴赫金"通过对话达致相互理解"这一"高层次修辞"观的深化和具体化，是对交流互动观念的进一步肯定和发扬。然而跟巴赫金的视角相比较，哈贝马斯看得更加深远。他认为交流互动并不仅仅在"社会行动"范畴内发挥极为关键的功能，它还在构成人类文化根基的"生命世界"（lifeworld）的运行与演化过程中起着无可替代的作用。"生命世界"由所有先于意识的"前理解"（pre-understanding）构成，它存在于话语，充盈着每一种文化并使之获得其基本形态。"生命世界"发挥着两个至关重要的功能。其一，它为社会成员之间的相互交流提供一个终极语境，限定其眼光所能达到的最大"视野"，对他们在协调彼此行动的过程中可能援引的参照设置了极限范围。其二，它收容着人们"凭直观不假思索就觉得确定无疑的所有那些解读"以及"通过语言组织起来并且通过文化传承下来的一切最基本的解读格式"，使社会行动者可以从中汲取对于判读相关形势和救赎"可批判宣认"不可或缺的基本资源。"生命世界"通过向相关文化的成员提供所有这些"无可置疑的解读"和"最基本的解读格式"，通过为他们的"视野"、"语境"和"参照范围"设定无法逾越的最终界限，使同属于一个文化的交流者在审视和批判彼此提出的"确当宣认"时能做到既不会漫无边际地提出问题，所诉诸的理据又都是大家可以识别判断的，从而为他们通过讨论达成共识提供了最终的保证。

"生命世界"与"交流"的关系并非单向的。在"以交流为手段救赎'可批判宣认'"的过程中，"生命世界"所包含的那些具有直观可接受性的"解读格式"和"解读"因为被援用而不断"上浮"到意识和理解层面，受到直接而明确的审视和讨论，得到必要的调整和补充，然后随着共识的形成再度从意识层面"下沉"到由直观、直觉构成的"前理解"中去。正是这一循环往复的过程使得"生命世界"不断得到更新，一直保持其活力。在这个意义上，通过社会成员在平等而不受强制的气氛中进行旨在"相互理解"的"交流行动"是任何文化获得延续、传承和发展的基本条件。哈贝马斯的这一视角和罗蒂关于"词汇"的不断发明和"描述"的不断更新是人类进步的根本途径的认识一样，都与西塞罗将人类文明的起源和发展归功于修辞的观点一脉相承[10]。

话语伦理的兴起和当代西方修辞的基本理论形态

一旦双向互动成为 20 世纪修辞研究预设的基本言说模式，交流者之间的关系必然上升为修辞理论的基本关注。而一旦"言辞"与

10 —— 本小节对哈贝马斯"交流行动"理论的概述主要基于 Habermas (1984) 并参照了 Habermas (1979; 1985)。

"力量"或"权力"的高度相关性获得充分阐述，存在于交流者之间的权力关系又成为一个虽然极其敏感却是回避不了的话题。任何以"民主"自诩的体制如果要维持正常运行都必须有一个前提条件，即平等而又充分知情的公民通过观点、意见的有效表达和交换实现对政治进程的充分参与。然而在当代西方，话语资源在社会成员中的不均匀分布却是一个不可否认的事实。如何在这一事实的基础上使话语互动者享有真正的而非名义上的平等地位已成为当代有社会意识的修辞思想家致力于探讨的一个重大理论课题。大致上说，理论界从两方面着手寻求解决这一问题的途径。首先是通过加强修辞教育，尤其是加强对一般受教育者修辞批评能力的培育，造就一个具有较高修辞素养又了解修辞运作方式的公众，从而改变话语资源不对称分布的局面。受过良好修辞教育的公众成员在话语互动中可谓攻防兼备，既善于运用各种修辞手段说服他人，也能够洞察他人针对自己所采用的各种修辞手段。这种能力使他们能够对所接收到的各种信息保持警觉，加以分析，并根据自己就对方的动机、目的、理由等作出的判断予以回应。其次，理论家们还寻求通过某种理论"立法"，制定并促成某种适应当代现实需要的新话语伦理和互动规范。他们在这方面付出的种种努力是基于一种信念，即所提倡的伦理原则一旦为整个社会所接受并被确立为公共规范，就将对修辞者的行为加以制约，在很大程度上调节存在于交流者之间的不平等权力关系。

"批判性讨论十诫"与论辩伦理　在这一信念的促动下，修辞伦理成为热点问题，吸引了相关领域学者的大量关注。例如，论辩学界在互动观念的影响下，不仅摆脱了形式主义研究传统的束缚，将论辩与基于个人的"逻辑推理"脱钩，还着重对论辩伦理进行探讨和总结。顾名思义，论辩应该是持不同意见的双方出于说服目的而进行的一种观点和道理交锋。然而在现代主义修辞思想占统治地位的年代，论辩学却将注意力集中于个体的思维活动，在逻辑语义学的狭小框架内对推理和思维的"正确形式"进行了学究式的研究。通过语义和形式分析鉴别出超越具体语境的所谓"推理谬误"——即有缺陷的思维和推论方式——成了论辩研究的中心任务。这一状况到了 20 世纪 60 年代末才开始发生变化。从那个时候以来，越来越多的论辩学家顺应了"修辞转折"的浩荡潮流，以研究"对话逻辑"、"非形式逻辑"、"辩证"等名义一步步地将对论辩的研究引回到其"双向互动"的实践本源，实现了对论辩学的修辞改造，使之承担起研究在真实的社会文化语境中，人们如何运用"自然语言"就"政治、法律、科学和日常生活等所有方面出现的争议进行说服活动"和"批判性分析"的新任务。（Walton & Krabbe 1995: 2–6; Walton 1989: ix）

以在论辩研究新范式的形成过程中发挥过重要作用的"语用－辩证学派"为例。其创始人荷兰学者弗朗斯·H. 凡·埃墨伦（Frans H. van Eemeren）和罗布·格鲁登道斯特（Rob Grootendorst, 1944—2000）都主张应该将论辩看成以"通过讲道理造成变化"（reasoned change）为本质特征的一种话语形式，是以"一方试图使另一方确信某个立场具有可接受性"为主要标志的"交流"。更具体地说，论辩必须被理解为"旨在通过言语行为的有序交换（regular exchange of speech acts）解决意见分歧的一种互动程序（interactional procedure）"。一旦社会行动者遵循这一"互动程序"以解决他们之间针对任何事情的不同看法，论辩也就成了一种"批判性讨论"[11]。
（Eemeren & Grootendorst 1992: xiii）这一新理解的关键是如何保证
互动双方的话语行为都有利于实现"有序交换"这一目的。在传统的
"逻辑中心"论辩观中，人们考虑的只是思想/言说者个人的推理过
程，因而指望通过某些被树立为天经地义的"正确"思维/表达形式
的内化实现对这一过程的节制。在新的"互动程序"中，交流者的社
会关系成为理论建设的关键环节，对这一关系的节制只能通过某种规
定性伦理原则的确立才能实现。显然出于这一考虑，埃墨伦和格鲁登
道斯特以对"批判性讨论规则"的探讨作为"语用－辨证"论辩模式
的点睛之笔，并将这些规则总结为"十诫"。

　　通过对西方论辩传统的审视和反思提炼出来的这"十诫"可以
说既源于实践，又高于实践。它们是：1. 各方不得阻碍他方表达观点
或对［对方表达的］观点存疑；2. 如果观点存疑方提出要求，观点表
达方有义务对该观点提出辩护；3. 任何一方在批判某个观点时应该
确认该观点的确是对方提出的；4. 为捍卫某观点而提出的论点必须与
该观点相关；5. 任何一方不得将并非对方心存的某个意思当作对方略
去不表的前提强加给对方，也不得否认自己确实用了某个略去不表的
前提；6. 任何一方不得将他方尚未接受的某个前提当作［无争议］论
辩起点，也不得反对他方将普遍接受的观点作为论辩起点；7.［对有
争议观点的］辩护必须在一个正确选用的恰当论辩框架内进行，否则

11＿＿虽然两位学者并没有说明"批判性讨论"这一概念的来源，但是不难看出它跟哈贝马
　　　斯的"交流行动"理论，尤其是其中提出的"通过交流救赎'可批判宣认'"这一核心观
　　　点，有千丝万缕的联系。见上文有关哈贝马斯的讨论。

辩护就不能被认为是完整的；8. 论辩中使用的论据应该在逻辑上站得住脚，而且能够通过将其暗含前提明确表达出来加以验证；9. 观点表达方如果未能成功地捍卫该观点就应该放弃它，观点存疑方在对方成功地捍卫了该观点之后就不应该再继续坚持怀疑态度；10. 任何一方都不得使用含混不清的表达方式，都应该尽量细致准确地解读对方的表达。（Eemeren & Grootendorst 1992: 208–209）这十条规则覆盖了论辩过程的各个方面和步骤，对论辩者的话语行为提出了相当具体的规范和要求。不难看出，它们以参与论辩的各方完全平等作为基本预设，提倡不同观点在相关社会、文化、智力传统认可的"框架"内自由表达和交换——也就是实现有序而充分的互动，并且以消除分歧作为论辩的最终目标。如果这些规则得到不折不扣的执行，则一切基于不平等权力关系的话语暴力将被消除。问题是，当论辩被当作解决价值、利益或利害冲突的手段，尤其是当所涉利害关系非同小可的时候，人们是否能按照这些要求办？例如，当涉及政治利益和意识形态取向造成的意见冲突时，人们是否能以翩翩君子的风度，收回自己无法辩解的观点，或者接受对方讲得通的立场？埃墨伦和格鲁登道斯特提出的"论辩十诫"是规范性和教训性的，其中包含的理想主义成分明显大于现实主义成分。然而，理想主义的修辞伦理观毕竟与乌托邦式的空想不一样。理想化的互动规范和程序一旦深入人心，转化为公众对交流者行为方式的期待以及这种期待造成的压力，也能够影响整个社会的修辞实践，从而发挥积极的效果。

"倾听修辞"与布斯的话语伦理思想　20 世纪西方修辞伦理研究的另一位代表性人物是美国当代文学理论家和修辞学家韦恩·C. 布斯。

布斯最为人所称道的是将修辞视角引入当代文学研究领域。他是对文学作品进行"修辞批评"的主要倡导者和模范实践者。他的经典论著《小说修辞》（1961）主张将一切文学作品都看成诉诸读者的话语而不是作者的自我表达，认为批评家应该做的是审视作者如何调动一切可资利用的技巧和资源，以便使读者接受他创造出来的那个虚构世界。从这一主张出发，他应用修辞概念和范畴重新审视了文学作品的叙事结构，率先提出了有别于"真正作者"和"真正读者"的"暗含作者"和"假定读者"这两个概念，并对"可靠叙事者"和"不可靠叙事者"加以区分，使叙事的"可靠性"成为文学批评的重要议题，对 20 世纪叙事学和一般文学理论的发展产生了重大影响。在另外一本名著《反喻修辞》（1974）中，他精心梳理了作者和读者之间极其复杂的互动关系，对用以分析和解读文学作品中出现的反喻的各种原则与策略详加讨论，还在此基础上对"稳定反喻"（即作者明显是在邀请读者将之当作反喻解读的那些文字）和"不稳定反喻"（即作者的意图难以说清楚的那些"疑似反喻"）加以区分。这些成就对促成文学研究领域的"修辞转折"当然发挥了巨大作用，然而就当代西方修辞理论的发展而言，布斯的最大贡献却是他对话语伦理的深切关注和独特见解。

早在他分别于 1974 年和 1988 年出版的《现代教条和同意修辞》（*Modern Dogma and the Rhetoric of Assent*）和《我们的交流圈子——小说的伦理学》（*The Company We Keep: An Ethics of Fiction*）这两部影响深远的名著中，他已经对修辞伦理进行了深入的思考。这些思考在他谢世之前出版的最后一部作品《关于修辞的修辞：对有

效 交 流 的 追 求 》(*The Rhetoric of Rhetoric: The Quest for Effective Communication*, 2004)中得到进一步提炼和更为系统的阐发。他将修辞看成"人类共有的、可以被用于在彼此身上产生效果的一切资源"并指出修辞所产生的是"伦理上、实际事务上、情感上和智力上的效果,包括一切跟人格修养、人际关系、政治事务、美学感受、学术研究相关的效果"。修辞本身是非道德的(amoral),它"覆盖了我们应用'符号'进行交流的整个范围,不管是有效的还是笨拙的交流,也不管是符合伦理的还是不道德的交流"。它由此具有突出的两面性:"从最坏处看,修辞是人类除了暴力之外最有害的教唆者";然而如果我们对修辞加以规范,提倡"符合伦理"的交流,则"修辞可以是我们最好的朋友——它可以是使我们得以避免暴力、构建社群的主要资源"。(Booth 2004: xi-xii)

按照布斯的看法,正当和不正当修辞的最主要试金石是修辞者是否认真听取对手所讲的道理。这意味着"符合伦理"的修辞起码应该是一种"倾听修辞"(listening-rhetoric)。这种修辞模式以按照对方的本意理解其对立意见为前提,拒绝出于驳倒对方的目的而对其观点有意加以"误听"和"误解"。"倾听修辞"跟一切"拙劣的、带欺诈性的交流艺术",也就是布斯所谓的"诡辞"(rhetrickery),是水火不相容的,然而单单做到不加曲解地倾听对手的意见只不过是满足了"有道德修辞"的最低要求。真正合乎伦理的修辞在布斯看来还应该在此基础上更进一步,做到不以"倾听"作为发现和抓住对方弱点的一种策略性手段,而是着眼于探索、发掘出埋藏在双方分歧下的深层共识，达到"求同"这一根本目的 [12]。(Booth 2004: 9-11) 布斯坚信修辞伦理事关重大。他认为能否将符合伦理原则的交流方式树立为整个社群的话语规范关系到国家的兴衰存亡。美国社会之所以矛盾重重，问题丛生，其根本原因之一就是未能广为实行"倾听／求同"修辞，并听任其对立面——即一切打马虎眼、不诚实、通过误导造成误解和其他种种危害的"交流艺术"——畅行无阻。这一见解难免被福柯的信徒和罗蒂、费希等反基础主义理论家讥为天真和幼稚。然而，恰恰是由于带着强烈理想主义色彩的话语伦理观念对带着强烈现实主义色彩的话语权力观念的平衡，由于二者之间的撞击和戏动，当代修辞思想才得以呈现出其多元多面、多姿多彩的形态特征，才充满了张力和活力。

12　　布斯的这一观点与哈贝马斯对着眼于实际效果的"目的性行动"与旨在达成理解与共识的"交流行动"的区分也是异曲同工。哈贝马斯对修辞伦理研究的巨大影响力由此可见一斑。

第十章

当代西方修辞的结构特征
和理论形态（下）

"新修辞"运动的成败得失

在修辞思想的新浪潮冲破学科界限席卷整个西方学术界，蔚然形成了以哲辩思想、互动观念和话语伦理意识为基本特征的理论形态之际，致力于发展修辞研究的不少学者认为接下去该做的事显然是重建一个统一的修辞学科以及一个表现出内在凝聚性、一致性和完整性，具有清晰内涵与外延的"修辞理论"。来自哲学、典籍研究、言语交际和英文等不同学科的一些修辞研究者从比利时学者凯姆·帕尔曼（Chaim Perelman，1912—1984）及其助理 L. 奥尔布莱希特 – 泰特卡（L. Olbrechts-Tyteca，1899—1987）1958 年出版的《新修辞：关于论辩的探索》（*Traité de l'argumentation: La nouvelle rhétorique / The New Rhetoric: A Treatise on Argumentation*）一书获得灵感和鼓舞，开始有意识地将建设一个与当代历史文化条件相适应，兼具学科和理论含义的"新修辞"作为自己的奋斗目标。他们的努力在 20 世纪 60 年代末取得突破性进展。1968 年，"美洲修辞学会"正式成立并开始出版《修辞学会季刊》（*Rhetoric Society Quarterly*），为修辞学者提供一个完全属于自己的论坛。与此同时，得到官方和民间基金组织广泛赞助的"全美修辞学发展项目"正式启动。更可喜的是，以探讨、建设当代修辞理论为己任的《哲学与修辞学》（*Philosophy and Rhetoric*）季刊也于同一年创刊了。1970 年，包括帕尔曼在内的欧美权威修辞学家出席了在美国举行的两场研讨会，会上的主要发言稿和"全美修辞学发展项目"执行委员会提出的关于"修辞研究的范围及其在高等教育中的地位"等报告随后一起被收入 1971 年以《修辞学的前景》（*The Prospect of Rhetoric*）为名出版的一本论文集，成为指引西方修辞学迈进一个全新发展阶段的纲领性文件。

　　《修辞学的前景》从理论上对当代修辞在西方学术话语中的地位进行了论证，为修辞作为一门独立学科的长期发展勾勒出一幅清晰的蓝图。虽然文章的作者见仁见智，各有侧重和偏好，但他们就修辞的性质和当代修辞的研究方法这两个根本问题达成了广泛共识。这些学者同意美国当代修辞研究先驱之一理查德·麦克基恩（Richard McKeon，1900—1985）的观点，认为修辞是一门"关于基本建构的艺术"（an architectonic art），在人类社会生活中发挥关键作用：正是由于有了这门艺术，"所有跟知、行、造相关的原理和产物才获得了它们的结构形态"（McKeon 1987: 2; 11）。他们主张"新修辞"必须将自己的研究范围扩展到所有实践领域，并且在研究方法上不受传统修辞学的约束，不拘一格地吸收、融合各种可以用得上的理论资

源。他们对修辞处于一种没有明晰组织结构，与其他学科话语难解难
分地交织在一起的状态感到不满，要求将这一四处扩散的思想意识
"固定化"、机构化（institutionalizing），使之至少成为一个与哲学、
文学、社会学等现代学科并驾齐驱的显学。这一愿景通过《修辞学的
前景》首次得到雄辩而权威的表达，为当代修辞学自我意识的形成提
供了必不可少的参照点与观念基础，并且对接下来三十多年间西方修
辞学的发展和演变产生了重大影响。在"新修辞"的旗帜下，有志于
修辞研究的学者开始以一个学术共同体（scholarly community）成员
的身份自觉地为一个共同目标和理想而奋斗。这一学术共同体并不仅
仅是在《修辞学的前景》激发下油然产生的一种集体想象，而是一个
拥有自己的理论宗旨、出版阵地、专业组织和研究生培养基地的新兴
跨学科领域，看起来前途不可限量。

"新修辞"学科建设和理论建设的不协调发展　然而，如果说在
学科建设这一层面上新修辞迅速迈出了步伐，在理论建设这一层面
上，它从 1970 年以来的发展却是步履蹒跚。虽然《修辞学的前景》
似乎已经为一个理论体系的形成提供了一切必要条件——从学科的
"存在理由"（*raison d'étre*）或合法性来源、观念基础、机构框架一
直到基本途径，甚至具体行动方针，但一直到 20 世纪末，机构化的
修辞研究作为一个独立学术部门还远远谈不上按照当初的设想，将自
己扩展、提升为一门覆盖面宽广而又具有突出基础性和综合性，因而
不可或缺并广受尊重的学科。这一虎头蛇尾式的发展格局突出地表现
于"修辞学科"在这几十年间的理论生产缺乏值得称道的建树。当
谈及严格意义上的"修辞理论"时，人们至今往往只想起两个众望

所归、没有争议的名字：帕尔曼和美国学者肯尼思·伯克（Kenneth Burke，1897—1993）。伯克和帕尔曼根据他们对当代修辞实践的细致观察与深入思考，分别围绕着"论辩"和"动机"这两个中心课题构建起自己的原创理论体系，是当之无愧的当代大修辞学家。然而，他们的主要著作却都出版于20世纪60年代之前，思想的形成就更早。机构化了的"修辞学科"从那个时候以来不仅未能产生他们这一级别的修辞思想大师，而且其理论探索除少数例外，基本上都是对源于古典修辞以及文化研究、哲学、社会学、人类学、语言学、心理学等现代学科的观点与视角的应用性引申及阐释。主要出于这一原因，在"修辞学科"的框架内，"什么是当代修辞理论"，尤其是"什么是当代修辞理论体系"至今仍然是不容易回答清楚的问题。

"新修辞"特色研究的局限性 20世纪的修辞研究按道理讲应该有极为开阔的学术视野，可是体现于"新修辞"特色研究的理论兴趣往往比较狭隘，其观念基础也常常经不起推敲。一个最能说明问题的例子是著名修辞学家劳埃德·比彻（Lloyd Bitzer，1931—2016）在《哲学与修辞学》创刊号上发表的同名文章中提出的"修辞形势"（the rhetorical situation）这一新范畴。在这篇如今已成为当代修辞理论经典的文章中，比彻提出任何修辞行为都是对一个先已存在的"修辞形势"作出的反应，因而是由这一"形势"促动和造成的。根据他的定义，修辞形势有三个基本构成成分："缺失"（exigence）、"受众"和"修辞局限"（rhetorical constraints）。"缺失"指的是眼下存在着的一种迫切需要，一种急待填补的缺憾或一个必须马上处理的问题，这一问题的解决只有通过修辞手段，比如说一个口头或书面修辞文本的发布，才能实现。"受众"在比彻看来带有两个基本特征：一方面，他们具有改变所面临的形势并影响其后续发展的能力；另一方面，他们能够被修辞者的话语所打动，也就是说，具有对说服的易感性（susceptibility）或可说服性。而"修辞局限"指的则是在修辞者就构筑修辞话语作出选择以及受众就修辞者的话语作出反应时会对他们的决定过程造成影响的那些动机、信念、偏见等。这些因素之所以被称为"局限"，是因为它们对用修辞手段解决存在问题构成了有待克服的障碍。（Bitzer 1968: 1–14）比彻就"修辞形势"提出的上述分析和解说超越了对"背景"或"语境"的传统或一般理解，深化了我们对修辞过程的认识，是为数不多的具有原创性和明显修辞特色的研究成果之一。然而，即便是这样一个不落俗套并且颇具应用价值的新概念，其阐释能力事后证明也相当局限。贯穿于比彻论述的一个基本预设——即"修辞形势"是具有可验证的特定结构，完全独立于话语，因而不以修辞者意志为转移的一种"真实"或"客观"存在——在理论上难以说得通。正如其批评者指出的，"修辞形势"从来都是一种话语构筑，一种解读和表述，而不是独立于语言和修辞者意图的纯客观存在。在言说过程中，人们并非首先尽可能"准确"地摸清某一"客观"存在着的形势，然后对这一形势作出尽可能"正确"的话语反应，而总是从自己的修辞目的和自己所追求的价值或利益出发审时度势，在此基础上对"修辞形势"作出最有利于达到既定说服目的亦即最有效的表述。

"新修辞"主体性的缺失 一个以"修辞"冠名的独立学科经过几十年的发展理应树立起自己对当代整个智力领域乃至社会生活中各

种修辞实践和修辞现象的最终阐释权威，然而，正如印度裔美国修辞学家迪利普·P. 加翁卡（Dilip P. Gaonkar）指出的那样，"新修辞"仍然摆脱不了对强势学科的附骥和对古典修辞的依赖：前面这个特征将使修辞永远只能充当强势学科的"补充"；后面这一特征则由于古典修辞提供的那些概念、范畴、法则等在理论上过于"单薄"，难以使当代修辞批评家在进行表述和分析时达到应有的深度、强度、精度和信度。（Gaonkar 1990: 341–366）由于这些不足，修辞学科连提升自身的理论建设水平都有困难，遑论向其他学科提供用以解读和分析修辞现象的权威理论资源。当代西方修辞理论权威刊物《哲学与修辞学》的创刊人和资深编辑小亨利·约翰斯通（Henry Johnstone Jr., 1920—2000）曾经通过对 1970 年和 1996 年来稿所探讨课题的分析，确定 1968—1970 以及 1987—1996 期间修辞理论活动表现出的主要趋向。他分别罗列出的这两个时段的热门课题非常说明问题。在 1970 年的趋向一览表上最引人注目的课题包括"从亚里士多德确认的'通用话题'看［当代］科学和哲学论辩"、"辨证学的本质及其与修辞学的区别"、"关于法律修辞是否自成一类的论证"等古典修辞理论研究兴趣的移植，以及"维特根斯坦对待修辞的态度"、"修辞伦理学"、"修辞的本体论和现象论基础"、"从日常语言哲学的观点研究修辞"、"从通用语义学的视角看修辞"等其他学科视角的引进。在 1996 年的趋向表占据最重要地位的则包括了"修辞与解构"、"修辞与女权主义"、"认知修辞"、"修辞与阐释学"等以其他学科之"道"治修辞之"身"的热门话题。（Enos 1997: 57–64）这些研究话题凸显了修辞主体性的虚弱甚至缺失。作为致力于建设一个独立学科的修辞理论家，这些作者们感兴趣的本来应该是诸如"维特根斯坦思想体系的修辞基础"、"从修辞的角度分析日常语言哲学理论的长处和弱点"、"解构主义的修辞本质"、"女权主义理论的修辞架构"等以修辞为观察主体，旨在壮大修辞视角的分析、解读能力的课题。然而在实际理论活动中，他们关心的却是如何将维特根斯坦思想、日常语言哲学、解构主义、女权主义等强势理论的概念、范畴、设定、观点、策略的应用范围扩展到整个修辞领域。如果引进的外源性理论始终被当作在智力上、观念上和认识论上高"新修辞"一筹的审视者、描述者和解读者，则修辞本身不免总是处于被审视、被描述、被解读的地位。

"跨学科"本质属性与"学科身份"的冲突 修辞学科在其理论建设中遭遇到的这些问题引起了其成员的反思。正如上一章的讨论简要提及的，不少人开始觉得学科开创者 20 世纪 60 年代末憧憬和策划的"大修辞"是一个历史性错误，应该极大地收缩战线，使修辞回归到以帮助修辞者构思和发表富有说服力的演说为己任的老传统。这一见解不能令人信服。一方面，西方的修辞传统远非"小修辞"提倡者所理解的那样偏狭。人们只要想到昆提利安、培根、坎贝尔等历代修辞学家给这门古老艺术下的定义，就不难理解这一点。另一方面，"修辞现象和修辞活动无所不在"的观点从 20 世纪中叶以来已经成为有修辞意识的学者的共识，任何自命为"新修辞"的学科都有责任和义务将其思考范围扩展到整个话语实践领域，而不是随意画地为牢，将自己的研究视野局限于区区一隅。《修辞学的前景》对当代修辞研究的发展所作的论证和定位显然并没有错。真正的错误也许是其作者忽略或低估了"跨学科性"作为修辞的本质属性所具有的深刻含义，不是积极倡导在人文社科这一超越学科界别的宽松框架内发展广义的修辞思想和修辞研究，而是要求在一个自成一体——因而不可避免地带有排他性——的修辞学科所提供的常规机构框架内构建起严格意义上的修辞理论和修辞学科。

在为"新修辞"绘制蓝图时，其设计者显然没有意识到一个不无讽刺意味的事实：被请出来为这一新学科授权的理论权威，如帕尔曼和伯克，没有哪一位是正规修辞"科班"出身，也没有哪一位具有单一而明确的学科身份。帕尔曼以法学和哲学作为自己的主要学科背景。他的"新修辞"横跨法学、哲学、政治学以及论辩学等领域。伯克则接受过语言、文学和哲学教育，长期从事写作和文学批评。当他于 1993 年去世时，美国《纽约时报》刊登的讣闻只称他为"语言哲学家"和文学理论"新批评派的创始人之一"，通篇没有一处提到他对当代修辞学的发展所做的贡献。事实上，没有一个人能够说清楚伯克究竟"属于"哪一个理论模式或学派，更不用说学科了。他从来都是以杂家的身份，从一个跨学科的视角探讨所关心的问题。他的思想不管是被称为"文学批评"还是"修辞理论"，都是哲学、文学、社会学、人类学、语言学、历史学、新闻学、心理学等不同学科研究成果的融会和综合。正如一位伯克研究者指出的，他做学问的方法突出地表现为"撷选精华、兼容并蓄"（eclectic）和"对机构性限制的刻意回避"。（Hassett 1995: 371）伯克的思想之所以被普遍认为是当代修辞理论发展的高峰，很可能正是因为它宛如天马行空，任意越界翱翔，拒绝接受包括"修辞"在内的某一学科或学派的成员身份必然施加的"机构性限制"。以帕尔曼和伯克的修辞实践作为参照点，则很显然，"新修辞"对修辞研究机构化或者说对修辞学科身份明晰化的追求越是执着，修辞学家强加给自己的"机构性限制"就越大，修辞理论也就越加难以取得突破性发展，起码难以企及本章最后将要介绍的两位当代修辞思想大师的理论所达到的深度和高度。

催生从"逻辑"到"论辩"的范式转换——帕尔曼的修辞思想

凯姆·帕尔曼 1912 年出生于波兰华沙，1925 年全家移居比利时。他在大学和研究生阶段专修法学和哲学，获得哲学博士学位后一直在大学任教，曾担任比利时法理和逻辑研究中心主任。在他于 1984 年去世之前，帕尔曼是一位广受欧美同行尊重的哲学家和法学理论家，在这两个领域卓有建树。不过，他身后留下的最大一笔智力遗产却是他在修辞领域从事的开拓性工作和他在当代西方话语思想从"逻辑中心"到"论辩中心"的范式转换过程中所起的关键作用。帕尔曼的新修辞观有力地推进和促成了发生于 20 世纪欧美主流话语观念的三大转变，即"非形式逻辑"[1]的崛起及其对"形式逻辑"形成的挑战；"论辩"（argumentation）观念的崛起及其对逻辑长期享有的中心地位的挤占；修辞思想的扩展及其对逻辑实证主义代表的"哲学方法"的取代。用帕尔曼自己的话说，他的理论体系植根于从古希腊延伸下

---

1 —— "形式逻辑"是发端于 19 世纪中叶的一个学科，寻求在一个严谨的数学系统的框架内界定"正确的推理法则"。20 世纪中叶之后发展起来的"非形式逻辑"则将推理看成一种艺术和技巧，而不是一门科学。它所致力于探讨的是论辩在自然语言中发生作用的机制。关于二者的区别详见下文有关帕尔曼修辞思想的论述。

来的"修辞和辩证传统"，并且与"过去三个世纪西方哲学带着的印记即笛卡尔理性观和推理方法决裂"。自从 17 世纪以来，"逻辑学家和认识理论家"出于对"确定无疑的知识"的追求，一直探索和实践能够导致"确证"（demonstration）的思维方式和证明手段，"完全忽略了对用以赢得 [受众] 信奉的证明方法的研究"。帕尔曼反其道而行之，在解构现代主义推理模式的基础上，将注意力投向了他称为"论辩"或者"新修辞"的那个已被荒废了三百多年的领域，即西方修辞传统。（Perelman & Olbrechts-Tyteca 1969: 1）[2]

　　帕尔曼的新修辞观既是对西方修辞传统的继承和发扬，又具有鲜明的时代特色。这一理论首先实现了将证明和推理从规定性表述向描述性表述的转移。它不是先验地树立起一套"理当如此"的规范、程序和标准（如形式逻辑），以此作为判断修辞实践是否"正确"的依据，而是以在日常、真实语境内各领域和各行业的人们如何通过论理和商辩解决彼此间分歧作为理论构筑的基础，将注意力集中在说服的效度。帕尔曼用社群或公众所认定的"事实"和普遍接受的"意见"——而不是以哲学意义上的"事实"或"真理"——作为推理的基础。他将"受众"提升为话语理论的核心概念并且对它进行了深刻剖析和详尽阐述。他的新修辞观还充分注意到欧洲已经出现的多元、世俗社会具有的一个重要特点，即过去被人们普遍当作"理所当然"

2＿＿本章对帕尔曼总体修辞思想的介绍以他和 L.奥尔布莱希特 - 泰特卡合著的 *Traité de l'argumentation: La nouvelle rhétorique* 一书作为主要参照。西方修辞学界一般认为该书阐述的思想和理论观点来自帕尔曼，L.奥尔布莱希特 - 泰特卡仅在资料和文字上提供帮助。帕尔曼以个人名义于 1982 年出版了另一本名为 *The Realm of Rhetoric* 的著作，对 *Traité de l'argumentation: La nouvelle rhétorique* 提出的整个理论体系作了简要概括，间接肯定他自己是该理论的唯一作者。

的一种"不言而喻"或"不言自明"的真理（如《圣经》所启示的
"真理"）不复存在。这种"不言自明的真理"从主流意识中消失造成
了两个新情况。第一，推理和思维失去了明确无误、毋庸置疑的出发
点，人们完全可以对所有论据的始源提出质疑和诘问；第二，甚至连
最惯常、最基本的观念和见解都未能超然于争议之外，必须通过论辩
不断达成新的共识。不仅如此，由于在一个具有多元文化的社会中，
人们还倾向于采纳不同的价值观念，如何证明跟道德和价值相关的主
张"有道理"或"站得住脚"也成了一个棘手的问题。公共论辩成了
判定这类主张中哪些具有足够的合理性因而可以接受，哪些不具理性
价值因而不能接受的唯一手段。此外，帕尔曼还强调在日常论辩中，
价值和事实具有同等地位，那种认为在当今这个科学时代人们只能用
经得起确证的"事实"说话的观点与真实情况并不相符。

　　以修辞的名义——帕尔曼对现代主义论辩观的解构　帕尔曼的
修辞思想发端于他以西方论辩传统为参照对现代主义推理论证方式作
出的冷峻审视和反思。显然同样诚实和知情的言说者分为旗鼓相当的
两方，分别就相互冲突甚至截然相反的论点提出富有说服力的辩解和
证明——这是以法律和政治话语为代表的西方论辩传统的基本结构形
态。该传统和整个古典修辞一样，从 17 世纪以来饱受现代主义思潮
的冲击，被欧洲知识界主流当作"非理性"、"不科学"的陈旧实践
模式而弃如敝屣。在信奉笛卡尔和洛克思想的哲学家看来，不管是什
么事物或事件，我们只要方法对头，总可以在其中发现"客观"存在
着并具有唯一性的"真情实况"。甚至连处于发展过程的事态我们都
可以计算出某一情况发生的几率。所有的推理或论证过程因而都应该

遵循公认的科学方法，致力于确定与论证对象相关的"真情"、"事实"或"概率"。而像传统论辩那样授权论辩者分别"认领"不同立场并采用因时、因地、因人制宜的灵活手段，以证明各自所持观点的可接受性，则明显具有一种内在的荒谬性，毫无意义可言。由于推理者是否采用"正确方法"，也就是说是否采用了"客观"、"科学"论证手段，将决定所推导出的结论是否成立，一切"主观因素"（包括言说者的个人说服能力以及整个受众群体的好恶臧否）都要么与论证不相干，要么会对论证造成干扰，因此完全应该予以排除不计。

　　将"事实"、"真理"等概念从"认知主体"（即话语实践者）的主观意识中分离出来而形成的"客观方法"在"纯粹的形式科学"（如符号逻辑或数学）和"纯粹的实验领域"中确有其长处，并且取得了巨大成功，帕尔曼并不否认这一点。然而，就在这一成功使得当时的多数学者相信"客观方法"对所有领域都适用的时候，他却提醒大家在科学之外的其他所有领域，不仅一般人的意见难得统一，就是相关的"内行"、"专家"，也经常见解迥异，而且应该采用什么方法和程序解决分歧往往就是一个主要争议点。意见的多元性和方法的不确定性既根深蒂固，又随处可见，在帕尔曼看来完全是人类话语无法消除的一种内在属性。相对于整个人类话语，纯思维或纯科学领域不仅不具代表性，而且完全应该被看成其他领域无法进行类比和效仿的一个特例。只有在该特例严格界定的范围内，试图同时证明正、反两个命题才可以被看成不可思议的荒谬行为。在所有其他实践领域，论辩的目的总是"在［各方都接受的］标准事先并不存在的情况下，从几个可能的方案中通过审慎考量选定一个并将它付诸实施"。由于论辩并不只是涉及思想认识，而主要还是着眼于具有实际后果的行动，人们在作出抉择之前先对所有可能的方案采取一视同仁的态度，尽力证明每个方案的正确性和可行性，提出并审视它应该被接受的一切理由，全面比较和权衡各个方案的长处和短处，显然是最安全和最合理的做法。因为只有这样做我们的行为才真正是"建立在选择的基础上"，而推崇"客观方法"，使言说者和受众的独立思想或集体判断沦落为可以不予考虑的"主观"因素，等于是剥夺了"人类的自由"。（Perelman & Olbrechts-Tyteca 1969: 45–47）

现代逻辑体系的致命弱点　帕尔曼长期研究逻辑，熟悉在数理推论方法的基础上发展起来的现代逻辑思想，他对现代主义论辩观的再认识因而也以他对现代逻辑体系的批判为核心。帕尔曼指出逻辑是一种与真实语言大不相同的"人造语言"——不管是逻辑符号的意义，这些符号的转化规则，还是作为逻辑推理基础的公理都是人为确定的。逻辑还是一个超越时间、地点，以及历史、社会、文化条件，自成一体的系统。在这样一个超然、纯粹的人造推理体系内部，我们当然可以通过赋予公理以不言自明的正确性使逻辑符号与单一意义挂钩，并对这些符号的运用规则严加规定，推断出"正确性"不容置疑的结论，或者准确判定推理过程是否正确。然而，这种"正确性"是以压制自然语言必然带有的多义性和歧义性，将复杂的日常推理过程单纯化为代价而取得的。"当所考虑的是论辩，也就是通过话语影响受众对论点的信奉程度，人们就无法将心理和社会条件当作不相干的因素不加理会，因为在这些条件缺失的情况下，论辩就既谈不上有任何意义也不可能有什么结果。"由于论辩旨在影响受众的态度，论辩者和受众非进行某种"智力接触"不可，论辩者在推理和论证过程中因此不能不将受众纳入考虑。单纯着眼于推理规则的逻辑体系完全忽略了论证者和受众之间的"智力接触"这一关键环节，因而谈不上能担当起解释人类在真实社会文化条件下如何从事思维、推理、证明等智力活动的任务。能够胜任这一解释工作的理论模式必须基于自然语言，以真实语境为前提，并充分考虑言说者与受众这两个能动因素以及他们之间的互动。也就是说，这个模式应该是"论辩"。（Perelman & Olbrechts-Tyteca 1969: 13-14）

　　"智力接触"及其社会和文化含义　　论辩的最基本要求之一是论辩者与受众的心智接触和交流。要满足这一要求，二者至少应该掌握"共同的语言和交流技巧"。但是仅此而已还很不够。论辩所涉双方应进一步接受共同的"交谈规则"，遵守同样一些"社会生活规范"。这些交谈法则或社会规范决定了我们什么时候会觉得该和别人交谈，什么时候觉得交谈是"多此一举"，"不合需要"，因而"不必费心"。这些法则或规范还决定在什么情况下我们会觉得必须通过和其他人商谈处理某件事，什么情况下则只需表达自己的意见或发出指令就可以。也就是说，谈不谈，商议还是下指令，都是由复杂的社会规则决定的，因而无不带有很深的社会文化含义。"带着说服别人的意图发起论辩总是包含着论辩者的一种自谦态度——他意识到自己所说的话谈不上是'福音式的真理'，意识到他并不具备使别人毫不犹豫地信服自己的权威，因而只能采用说服手段，提出足以影响交谈对象的各种道理，表明自己对他的关心，关注其心态。"另一方面，一个人如果希望别人把自己当成"有头有脸"的人看待，或者说希望"成为一个大体上平等的社会之一员"，就必然希望"别人不再对他发号施令，而是跟他讲道理，重视他的反应"。另外，由于"倾听某人发言体现了最终接受其观点的意愿"，人们如果不抱这种意愿或者连最终被论辩者的道理打动的可能性都不愿意考虑，就将拒绝成为其受众，也就是说拒绝和论辩者进行智力接触。因此，将本来持无所谓态度的一群人吸引到论辩中来是"进行任何形式的论辩不可缺少的一个条件"。说的话有人听，写出来的文字有人读，本身就是一件了不起的事。采用论辩作为解决分歧的手段因而有两个帕尔曼没有挑明的重要含义：第一，论辩者和受众同属于一个文化和社会，具备进行"智力接触"的基本条件；第二，相互尊重、平等协商是他们共同接受的行为准则。(Perelman & Olbrechts-Tyteca 1969: 15–18)

受众与论辩　由于论辩的成败取决于论辩者能否通过与受众的接触和交流赢得其"信奉"，帕尔曼着重对"受众"这一概念的内涵，尤其是对受众与论辩者的吊诡关系，进行挖掘和开拓。一方面，他强调受众必须是论辩的核心关注，论辩者应做到自己的一切努力无不是在顺应受众，满足其要求。另一方面，他又指出在论辩话语中，受众其实总是论辩者的一种心智"构筑"。论辩者不仅根据自己对语境、目的等各种因素的考虑"虚构"了受众，还以这种"虚拟受众"为手段，对真正的受众成员施加压力，迫使他们"就范"。

帕尔曼强调论辩是"面向受众"的话语实践，论辩者的基本任务是使自己所讲的道理与受众的兴趣和愿望相适配。为了说明这一点，他援引古希腊修辞家狄摩西尼对雅典公众讲过的一段话，"不是你们的言说家将你们变成坏人或好人，而是你们按照自己的意愿改造你们的言说家。不是你们根据他们的意愿确定自己的目标，而是他们揣测出你们的愿望，并以满足这一愿望作为他们自己的目标"。对论辩者而言，重要的不是对自己的立场和好恶有清楚的认识，而是知道说话对象持什么看法，抱有哪些价值观念。受众是确定论辩品位和论辩者行为的决定性因素。不管具体受众都有什么样的基本特征，"使言说和受众相适配"是论辩的不变规则。（Perelman & Olbrechts-Tyteca 1969: 23–25）

然而所谓"受众"不能被等同于论辩者可以指名道姓并与之交谈的人，或等同于他发言时在场的人。"受众"的正确定义应该是"言说者希望通过自己的论辩加以影响的所有那些人"。这些人可以在场，也可以不在场。言说者可以直接向他们致辞，也可以通过媒介这么做。受众同时也不应该被看成独立于论辩话语之外的生理或物理意义上的人。言说者总是根据自己所能得到的有关受众成员的信息，包括其性别、年龄、职业、阶级、信仰、社会和教育背景等，以及跟这些信息相关的人物特征（如年龄特征、职业特征、宗教特征等）在心中构想出一个他认为最接近"真实状况"的"受众"，并据此确定自己的论辩策略、内容、结构和风格。在这个重要意义上，受众应该被理解为一种"或多或少被系统化的构筑"。（Perelman & Olbrechts-Tyteca 1969: 19）

在通过推想对受众进行构筑的过程中，言说者既应该考虑到心理因素（如跟年龄相关的性格特征等），又不能忽略社会因素，后者的重要性丝毫不逊于前者。"每一个社交圈子或者社会环境都有自己独特的流行意见及深信不疑的信念，也就是该圈子成员认为理所当然并且［在他们自己的话语中］毫不迟疑地用作前提的认识。这些认识是相关社群文化的固有组成部分，言说者非以它们作为说服的出发点不可。"说服对象的"社会环境，他跟什么人交往、生活在什么人中间"等因而是言说者构筑"受众"时必须着重考虑的因素。意识到这一点对于确定论辩策略影响甚大。例如，论辩者面对的经常是所谓"混成受众"（composite audience），也就是其成员在性格、信仰、职业、身份和地位等方面各不相同的一个群体。为了说服这样一个复杂受众，言说者应该针对其中分属不同类别的成员提出不同论据，采取不同论证方法。即便在受众成员之间的类别差异不是那么明显的情况下，言说者也应该考虑到每一位成员个人身份固有的复杂性，将受众"虚构"成分别属于不同类别或不同群体的一伙人，并采用说服"混成受众"的手法跟他们讲道理。（Perelman & Olbrechts-Tyteca 1969: 20-22）

反过来，论辩者也可以将成分复杂的一群说服对象想象为超越类别差异的一个"普世受众"加以说服。帕尔曼注意到西方论辩实践中的一个常见手法，即论辩者虽然面对的是由有名有姓，有自己独特经历和思想感情，属于某一特定社群的人构成的一个"特定受众"，却往往决定在论辩中将他们当作由世上一切"有理性"或"通情达理"的人构成的那个受众集合，即"普世受众"的成员看待。这样做意味着论辩者提出的道理、论据、证据和论证是普遍适用的，不仅对眼前具体、特定的受众成员，而且对过去、现在、将来的任何地方、任何语境内所有通达事理的人都成立，都具有说服性。换句话说，诉诸"普世受众"的论证至少在理论上应该"使读者确信所提理由的正确性绝对、永恒，超越了一切具有地方性和历史性的偶然事态，因而是任何人所不能不接受的"。如果论辩者通过这种普世诉求成功地造成一种印象，即自己的论证具有"基于理性的不证自明性"，则受众成员"就将由于所面对的显然是使人不得不从的真理而中断自己就是否接受论点进行的思考，论辩过程也就不再发挥效用。受众成员作为个人虽然有思考和选择的自由，却屈从于理性施加的强制性限制，听任理性剥夺了他［对论辩］可能抱有的一切疑问"。（Perelman & Olbrechts-Tyteca 1969: 31–32）

所谓的"普世受众"在现实生活中当然并不存在。帕尔曼指出这一受众的"普世性"和"一致性"从来都只是论辩者的"想象"："每个人都是根据自己对周围其他人的了解，在设法超越这些人之间可被感知的差异的前提下，构筑起他自己的普世受众。"每个人、每种文化，于是都有自己独特的"普世受众"观念。"普世受众"的想象性或虚构性决定了它的不管哪一个版本都必然有人不能或不愿意"对号入座"。对于任何一个"自外于"由"所有富有理性的人"构成的这个"普世"群体的受众成员，论辩者"总可以采用'取消桀骜不驯者的［对话］资格'（disqualifying the recalcitrant）［这一策略］，将他打成愚钝或反常的那一类人"。（Perelman & Olbrechts-Tyteca 1969: 33）这意味着"普世受众"这一虚构出来的东西如果应用得当，还可以用于逼迫真正的受众接受所涉论点。事实上，最含蓄因而最有效的向受众施压的方法是暗示自己主张的观点或做法要么具有不言而喻或不言自明的正确性，要么是一切思维正常、富有理性的人都欣然信奉的，要么是所有富有"人性"的人会不加考虑就予以接受的，等等。这种暗示使得任何受众成员在就论点表达异议之前都不能不有所顾忌，担心别人会将自己看成不明事理、思维失常或丧失人性的人。

论辩效果与表现修辞的功用　论辩的目标是产生实际效果。论辩者面向未来的事态发展，总是以促成某一行为或行动作为自己的最终目的，至少是想要通过影响受众的思想，改变他们的态度，为他们最终采取行动进行心理和情感铺垫。了解这一点使我们对古典修辞三大样式之一的"表现修辞"（epideictic speech）有了新的认识。根据传统论述，表现修辞跟庭辩修辞和审议修辞相比较具有不少独特之处。例如，它不涉及相互争辩的两方，只推出一个言说者在非对抗性语境（如仪典场合）中就非争议性话题（如社群固有的荣辱观和美丑观）发言。又如，它以取悦和娱乐受众为能事，并不要求他们就面临的某一难题作出决定或采取行动。出于对这些特征的考虑，人们长期以来一直将表现修辞视为"退化的雄辩样式"而不予重视。帕尔曼独排众议，认为从论辩是怎样取得其意想中的效果这一角度看，轻视表现修辞没有任何道理。论辩能否达到其最终目的，最关键的在于能否实现从"知"到"行"的跃升。帕尔曼是"知易行难"论的信奉者。他认为在论辩过程中，通过说服手段影响受众的"知"，改变受众对一个主张的赞许程度并不难，真正难的是将他们在认知和态度上的改变转化为毅然采取相应行动的心态和意向（disposition）。论辩提出的证明从来不是终极的。人们之所以倾向于接受某一主张并非因为它是唯一正确的，而是因为它比其他替代主张多一点说服力。在这种情况下，单单在思想上接受论辩的结论并不足以导致行动。要想促成行动，必须通过对这一行动所体现的价值加以强化，巩固和增强受众在认知方面已经受到的影响，促使他们最终形成行动意向。表现修辞恰恰是一种诉诸受众价值观念的"影响倍增器"和"行动意向发生器"，因而是对论辩产生预期效果至关重要的一个环节。

论辩与暴力　为了在意见不一致的情况下获得自己企盼的结果，人们或诉诸强制手段，或通过讲道理说服别人。应用论辩作为解决争端的手段意味着我们"放弃使用暴力"的做法，"把通过讲道理说服别人看成最高价值"。它意味着言说者不把受众成员单纯看作话语的作用对象，而是诉诸他们自己在不受强制和约束的情况下作出的判断。它还意味着履行 20 世纪意大利思想家圭多·卡洛杰罗（Guido Calogero）最先总结出来的所谓"对话义务"，即交流者彼此享有表达自己的信念并试图使别人接受这一信念的权利和义务，并且彼此都以开放的心态认真倾听和包纳对方的意见。但是帕尔曼指出在现实生活中，"对话义务"其实只是极少数人追求的一种理想，并且其信奉者往往都是些把思想看得比行动更重要的人。事实上，几乎没有什么人会允许将所有问题都付诸讨论。人类的常识从来都认定存在着某些"不受诘问和不能加以诘问的真理"，从来都认为有些规则"不容讨论"，有些主张"不值得讨论"。某些命题在社群中享有的那种"毫无例外的一致赞同"使得人们很难对它们提出质疑。由于社群成员就涉及群体根基的议题持相同看法对于"维护一个稳定的社会基础"至关重要，"所有社会都意识到'无例外的一致［看法］'具有的价值和作用，并渴望达到这一目标"。这也就是为什么对社会普遍接受的价值持反对态度往往可能导致牢狱或精神病院之灾。即便是那些原则上允许讨论的问题，人们的意见交锋也因为"必须及时采取行动，不能久拖不决"这一硬道理而总是在言犹未尽或意犹未尽的时候就被中断，谈不上自由或充分表达。

　　所有这些事实都表明人类社会总是通过建立起各种或明或暗的制

度（institutions），对论辩实践施加各种带强制性的限制或节制。将论辩理解为对强制的解脱完全是言过其实。由于论辩促成行动或行为，不是无关紧要的空谈，更由于论辩不是发生在真空，而总是萌发于由社会和心理因素决定的某一情势之中，论辩的参与者只能务实地接受上面提及的那些体制安排。一些人因此认定论辩经常甚至总是名不副实。在实际发生的"论辩"过程中，要么言说者将倾听其发言的义务强加给受众，要么受众出于对言说者或其结论的"善意"而心甘情愿地装出一副倾听并接受所讲道理的样子。不管是哪种情况，我们所经历的其实都只不过一种论辩的"样子"或者"错觉"。帕尔曼对这一看法不以为然。他认为人们之所以会得出这一结论，是因为他们对什么是"真正论辩"的理解有偏差。其实，论辩是一种充满了吊诡性的实践。它既是对强制的否定，又脱离不了对强制的依赖；既试图改变现状，又被用于巩固现有价值；既以达成共识作为自己的目标，又因为自己所提供的论证从来都不具有终极性而总是为进行新一轮的争议埋下伏笔。

论辩者应有的态度　在通过论辩解决争议的过程中，所谓"客观标准"或"超然"、"中立"的立场并不存在，否则我们只需要将这些"标准"详尽地罗列出来，就可以"使调和冲突像解数学题一样简单"。所谓"客观标准"在被实际应用的时候要么其"客观性"受到论辩所涉某一方的质疑，要么尽管双方都宣称接受这些标准，却对它们有不同解释。置身事外的所谓"超然立场"在这一方面也发挥不了作用。论辩的目的是就利益攸关各方深感关切而又看法不一致的事情作出决断，乃至采取行动。一个事不关己的旁观者又有什么权利在其中指手画脚，影响讨论的结果？同理，"中立态度"也不足道，因为论辩各方都会认为在事关正误是非的问题上保持"中立"是一种缺乏原则性的和稀泥。帕尔曼认为如果以论辩作为调解冲突的手段，则我们所追求的正确态度应该是"公正"。"公正"不同于"客观"或"超脱"。它内在于（而不是外在于）论辩所涉社群，或者说是社群的一个"内部视角"。"公正"意味着"[不同论点所具]力量的平衡"。它要求"最大限度地注意所牵涉到的一切利益或利害关系"，并且"对所有不同观点都给予同样的关注"。

　　帕尔曼告诫人们在论辩中还必须力戒"狂热主义"和"怀疑主义"。"狂热主义者"坚持有争议而又未能得到足够理由支持的立场，"拒绝考虑将[这一立场]付诸自由讨论的可能性，从而排除了就这一话题进行论辩的先决条件"。"怀疑主义者"则拒绝接受任何未能得到"确证"的结论。由于论辩过程中提出的证据都谈不上具有不容置疑的绝对真实性，接受仅得到这种证据支持的结论意味着我们对它承担了责任。狂热主义者虽然承担了这一责任，却是将结论当作"不可辩驳的绝对真理"加以坚持。怀疑主义者则以证据还谈不上完全不可辩驳为借口，拒绝对结论承担责任。"二者都未能意识到论辩的目标是就各种可能的见解作一抉择。通过提出和论证这些见解，区分出它们的高下，论辩力图使我们作出的决定尽可能合理。"（Perelman & Olbrechts-Tyteca 1969: 59–62）

　　论辩的"出发点"　帕尔曼认为就方法和技巧而言，论辩与哲学意义上的"确证"也大异其趣。论辩不是像确证那样将结论构筑在前提的基础上，"通过前提[的正确性]证明结论的正确性"，而是力求将"受众［对被用作前提的那些命题］的信奉（adherence）由前提转移到结论上去"[3]。论辩的这一运作方式决定了论辩者"只能选择那些已被受众接受的见解"，或者说在受众看来不具争议性的意见，作为自己的"出发点"（points of departure），也就是论据或前提。有条件被用作"论证出发点"的"见解"（theses）可以分为两大类："真实类"（the real）和"偏好类"（the preferable）。前者指包括受众在内的一般人确信是"真实"的那些事物或意见，可以进一步细分为"事实"、"真理"和"认定"（presumptions）三类；后者则指论辩的具体目标受众所"偏好"、喜爱或信服的各类见解，可以进一步细分为"价值"（values）、"价值阶"（value hierarchies）和"偏好域"（loci of the preferable）[4] 三类。

"真实类"中的"事实"指其存在或发生受众觉得千真万确，无可否认的那些状况。受众的这种信念一般地说并非源于他们的亲身经历，而只是从他们接触到的各种被认为是可靠的"事实表述"中获得的。同一类别中的其他两个范畴，即"真理"和"认定"，是其确定性跟"事实"相比稍有弱化的"事实表述"。例如，所谓"认定"指的是人们就"在正常情况下会发生什么事或出现什么情况"持有的十分肯定的信念。虽然帕尔曼将所有的价值观念都归入顾名思义带有特定受众主观成分的"偏爱类"，他并不否认论辩者经常在说服过程中

---

3 —— 此处引文的着重号是本书作者加上以强调二者的区别，不是帕尔曼文中原有的。

4 —— "价值阶"指在一定文化条件下，话语共同体（discourse community）对不同价值按照其受珍视程度作出的一种相对固定的排列，如"道义高于物质利益"。"偏好域"则指由某一中心价值（如"数量"）辐射出来，在论辩中具有相似诉求的那一组偏好类论据（如"多数"、"主流"、"大众"、"老百姓"、"人民"等）构成的一个语义域。

诉诸真、善、美等"普世价值"这个事实。然而，他指出人们对"普世价值"的普遍接受是以表达这些价值的概念保持语义上的"不明确性"或"含糊性"为条件的。"当人们试图将这些价值应用于某个情景，或某个具体行动，从而使其含义明确化，针对它们的异议和反对意见跟着就出现了。"也就是说，"普世价值"以保持意义的模棱两可和不尽明确作为自己的存在条件。在具体语境中，它们总是被特定受众"地方化"，成为不被普遍接受的特定价值。（Perelman 1982: 21–32）

论辩技巧　作为论辩"出发点"的所有这些"真实类"和"偏好类"前提在论辩过程中起着"信奉载体"的作用。也就是说，它们都承载着受众先已抱有的信奉、认可和喜好等态度。如何将他们的信念和偏好由前提转移到他们尚未接受的结论——也就是说，用什么手段实现"信奉转移"——是论辩理论必须探讨的另一个重大问题。帕尔曼认为促成这一转移的手段就是我们所说的论辩技巧。他将这些技巧分为"结合"（association）和"离解"（dissociation）两大类。"结合技巧"的应用能将前提和结论——或者说论辩者和受众——"黏合"起来。"离解技巧"恰恰相反，其应用使得原来被看成紧密结合的两个命题或事物分离开来，不再连为一体。根据帕尔曼给论辩下的定义，一般所说的论辩手段指的是"结合技巧"，"离解技巧"只在某些特定场合用得上。

在"结合技巧"的大标题下帕尔曼讨论了三类论辩手段——"类逻辑论辩"（quasi-logical arguments）、"基于现实结构的论辩"（arguments based on the structure of reality）和"建立现实结构的论辩"（arguments establishing the structure of reality）。"类逻辑论

辩"技巧通过在前提和结论之间建立起一种类似逻辑的关系而实现"信奉转移"。例如,"假如出卖这东西并不使你们觉得不体面,我们购买这东西又怎么会有失体面"以及"你们是朋友的朋友,所以当然也是我们的朋友"这两例就显得好像分别代表(然而事实上并非如此)"AB=BA"以及"如果 A=B,B=C,则 A=C"这两个理所当然的逻辑关系。"基于现实结构的论辩"技巧中的"现实结构"指的是一般人相信在现实生活中的确存在于不同事物间的那些关系,包括"序列关系"(如"手段与目的"、"原因和效果"等)和"共存关系"(如"符号与意旨"、"事物与特性"、"本质与表象"等)。如果论辩者成功地使受众相信自己的前提和结论存在着此类关系,从而将二者紧密结合起来,他就等于是通过对"现实结构"的调用实现了"信奉转移"。所谓"建立现实结构的论辩"指的则是引进一个受众深信不疑的范例、图解、模型、类比等,并使他们相信正被讨论的问题与所提到的范例、类比等具有同构性。这样一来,他就在自己的前提与结论之间建立起一种受众不能不信的"现实结构",并借以将受众的信奉从前提转移到结论。

破解象征行动的密码——伯克的修辞思想

肯尼思·伯克于 1897 年出生于美国宾夕法尼亚州匹兹堡市。他在俄亥俄州立大学和哥伦比亚大学接受短暂的高等教育之后辍学,开始了自己鬻文为生的写作生涯。伯克是一位兴趣广泛、多才多艺而又极其多产的作家和评论员,其作品种类繁多,包括诗歌、小说、文学艺术评论以及学术著作等。虽然在公众和一般学者的眼中，伯克跟文学和哲学的关系最为密切，他在包括《动机语法学》（*A Grammar of Motives*）、《动机修辞学》（*A Rhetoric of Motives*）和《语言是象征行动》（*Language as Symbolic Action*）等主要著作中构筑起来的却是一个博大精深的修辞理论体系。这一体系植根于对西方话语及其发展史全景式的观察和深入而独特的体悟，因而具有突出的跨学科性和原创性。伯克的理论将修辞视角引入整个西方话语，揭示了修辞的思想方法、论辩策略及成效机制如何在公共领域和智力领域的文本生产中发挥关键作用，如何支撑着始终处于进行状态而又不断变换着话题的人类"对话"。另一方面，它又将修辞置放于一个广阔的社会文化语境中重新加以认识，提出应该将"认同"——而不是传统意义上的"说服"——确立为当代修辞的中心概念。通过强调修辞实践不仅应该维持"竞争"，也应该促进"合作"，伯克表达了对修辞促进社会协同的道德期许。这些立场和观点表现出伯克对哲辩思维的娴熟掌握，对话语互动观念的深刻体认和对话语伦理问题的极大关心，使他成为最全面地体现了 20 世纪西方修辞发展格局的学者。在构建一个新理论体系的过程中，伯克将其立场、观点、方法应用于重新分析和阐释西方话语的"构件"——从基本范畴和概念（如"实质"、"形式"、"内 / 外在"、"本体"、"想象"等）到主要意识形态（如"唯心主义"、"实用主义"、"马克思主义"等），从宗教、社会、经济问题到诗歌、戏剧、小说和其他艺术样式。这些令人耳目一新的解读展示了伯克理论以及修辞这一思想体系具有的巨大解释能力，为修辞实践者树立了典范，进一步确立了他作为 20 世纪美国也是西方最伟大、最具影响力的修辞思想家的地位。

人是使用象征的动物　伯克以有关人的一个基本设定，即"人是使用象征的动物"，作为其修辞思想的本初出发点[5]。这个命题貌似平淡无奇，其实含义深远，并且带有与字面形成复杂对照的吊诡性。"象征"这一概念源于西方文学理论，泛指代表或提示其他事物（尤其是无形事物）的物件或形象，传统上只作为一种文学修辞手段受到注意。伯克极大地扩展了这一概念的外延，使它涵盖了以语言为代表的一切标记和符号[6]。他将自己重新界定过的"象征"看成人类生存的基本保证，人类赖以安身立命的根基，而绝非仅仅是一种工具。他指出虽然人们往往拒绝承认这一点，然而我们体验到的"现实"实际上只不过是"有关过去的各种象征和我们主要通过地图、杂志、报纸等获悉的那个'现状'混杂在一起"而形成的感知。要不是因为有了"语言"或"一般意义上的象征"，连我们的自我意识甚至都"几乎将荡然无存"。由象征的特定组合形成的意识形态系统对我们的影响尤其重大。人们常常提到"通过洗脑强行灌输某一意识形态"，但是"洗脑者"本身其实也经历了相似的被洗脑的过程。追本溯源，真正的"洗脑者"其实是相关的意识形态，亦即话语本身。这一事实向我们提出一个尖锐的问题："究竟是我们单纯地在使用言辞呢，还是言辞

5 —— 从这一命题伯克还引申出两个相关命题，即"人是发明象征的动物"和"人是滥用象征的动物"。

6 —— 伯克的话语实践始于文学批评，他所应用的"symbol"一词明显地源于文学理论而非语言学或符号学理论，因而在本书被译为"象征"。其实，"symbol"从古典修辞开始就是修辞的一个专门术语，其历史形成的意义在当代修辞主流话语中得到继承。将 symbol 译为"象征"，而不是带有明显现代意涵的"符号"，既恰如其分地表达了这一历史感，又便于与"sign"、"seme"等概念加以区别。

同时也在使用我们？"它使我们觉察到意识形态如何像一尊"降临凡间的神祇"或者一个"附着在人体上的精灵"那样，驱使着人们以某种方式行事[7]。（Burke 1966: 3-6）

"科学主义"和"戏剧主义"——对待象征符号的两种基本态度

对人与象征的关系的这些认识使伯克看出对待"语言的本质"存在两种截然不同的方式和态度。"科学主义"（scientistic）专注于语言的"命名或界定"功能，也就是说，致力于通过语言捕捉或确定事物的"本质"。与之相对应的"戏剧主义"（dramatistic）[8]则将注意力集中于语言的"表态或劝勉"（attitudinal or hortatory）功能。"表态"功能覆盖了"抱怨、担心、感激等［各种态度］的表达"，"劝勉"功能则包括"命令或请求"以及维持人类社会"合作与竞争进程"的其他需要。科学主义的典型表达是"'这是什么'或'这不是什么'"。戏剧主义的典型表达则是"'你应该这样做'或'你不应该这样做'"。科学主义的终极表现是跟"符号逻辑"（symbolic logic）相关联的各种思维方式，戏剧主义则在对"小说、戏剧、诗歌、以演说和广告为代表的修辞、神话、神学、哲学"等体裁的思考中获得最大的用武之地。伯克还将人类生活中发生的各种事件根据它们是否受动机驱使或者由动机促成区分为"活动"（motion）和"行动"（action）两大类，凡涉及动机的就是"行动"，与动机无涉的则是"活动"（如"生理活动"等）。由于动机的形成和变化跟象征手段的应用密切相关，一

---

7 —— 伯克的这些评论不仅使人联想到后结构主义对主体性的颠覆，还明显地可以追溯到古希腊哲辩师高尔吉亚的观点，例如他有关"言说是一位大权在握的王公"的论述。

8 —— 关于"戏剧主义"这一名称，见下文对"戏剧五元模式"的解释。

切由象征手段诱发或者通过象征手段进行的活动在他看来都必然涉及动机，因而都属于"行动"范畴。例如，语言的应用毫无例外地都应该被看成"象征行动"，即便是那些"最不带感情色彩的科学术语"的应用也是如此，因为这类术语的应用"不可避免地带有说服性"，或者说带有说服动机。（Burke 1966: 44–45）

在对"科学主义"和"戏剧主义"这两大态度以及"活动"和"行动"这两大类别加以区分的基础上，伯克将注意力导向"戏剧主义"和"行动"，凸显了"表达态度"和"劝勉行为"等象征功能的重要性，并得出一切话语都免不了带有"说服性"，亦即都具有修辞性的结论。这些步骤表明他其实是从修辞的角度观察和思考跟象征和动机相关的一切问题。在他看来，"修辞的基本功能"就是"施事者通过词语的使用促使其他施事者形成某一态度或采取某种行动"。这一功能同时也是"语言本身的一个基本功能，也就是作为一种象征手段的语言诱使对象征天生敏感的人类个体相互合作的那个功能"。因此，修辞与人类社会同时发生，是人类作为一个整体的重要生存条件，其根源"并非人类社会存在过的任何具体状况"。也就是说，将修辞看成不管哪一个具体社会历史形态（如古希腊、古罗马的特殊社会形态）的产物都是错误的。（Burke 1969b: 41–43）

"辞屏"及其两面性　伯克从摄影时使用的镜头和滤色镜获得灵感，将人们应用的各种象征系统或词语汇集称为"辞屏"（terministic screen）。摄影师依靠镜头捕捉物体的形象和色彩，没有镜头就谈不上摄影。然而如果用不同滤色镜或者不同镜头拍摄同一个物体，所获照片将大不相同。任何一个镜头因而都谈不上是原原本本地将所拍摄事物或景象记录下来再现给观众，而只是有选择地将观众的注意力引向拍摄对象的某些特征。通过突出这些特征，镜头掩盖了其他特征，从而对拍摄对象的总体外观造成这样或那样的夸张和扭曲。从这一现象伯克悟出关于语言符号的一个重要道理：每一套词语或符号无不构成一个可以被称为"辞屏"的独特"镜头"或"荧屏"。透过这一"荧屏"我们得以对世界进行观察，舍此别无其他途径。然而，在这一"荧屏"上显现的并非原原本本的"现实"，而只是所用的那一套语言符号允许我们看到的那一"相"，因而不可避免地将突出某些色彩，彰显某些特征，甚至歪曲某些形象。也就是说，一方面我们不依赖语言符号无法观察和理解，另一方面语言符号的应用必然对我们的观察和理解造成扭曲。用伯克自己的话说，"即便我们说任何词汇都是对现实的某种反射，词汇的本质决定了这一反射必然是选择性的，因此它同时也是对现实的折射"（Burke 1966: 44–45）。"辞屏"的这种两面性从认识论的角度看是人类只能无可奈何地身陷其中的一个困境，从修辞的角度看却是人类进行象征行动的一个使能条件（enabling condition）。正因为词汇具有内在的"选择性反射"或"折射"功能，其应用才必然具有"劝勉性"和"说服性"，才使得目的和动机能够在象征行动中得到体现和实现。

　　戏剧五元模式——伯克修辞理论的核心　　伯克从不同角度和出发点对人类究竟如何应用象征资源进行了深入思考。这些思考从各个方向汇聚到一个中心概念，即动机。人为什么会对某些事而不是另外一些事发生兴趣？为什么会就感兴趣的某件事作出这个而不是另外一个决定？促成这些选择和决定的都有哪些因素？这些是他毕生致力于探索的问题。对动机的研究当然不是由他开始。人们早就从生理、心理、精神、社会等角度深入探讨过这一问题。然而，伯克选择了一个与众不同的角度。他透过自己精心构筑的独特"辞屏"，将读者的注意力从传统上用以解释动机的因素和范畴，如人的各种基本生理本能和心理需求，转移到他强调的另外一个人类本质特征，即对象征的应用和敏感。伯克强调动机的形成和改变是人们相互使用象征，对象征作出反应或者说受到象征影响的结果。通过这一强调，他事实上用现代语言对"修辞"这一传统概念及其指代的实践进行了重新表述。西方修辞传统所关注的说到底无非就是言说者如何应用熟练掌握的各种话题、说法、道理、寓言、情节、叙事等，凭自己的"三寸不烂之舌"说服他人，促使他们形成或改变自己的态度和行为。用伯克的话说，就是通过应用以语言符号为主的各种象征手段，对他人动机的形成和变化施加影响。

对动机在象征的影响下发生变化的过程进行观察、理解和阐述当然少不了一个"辞屏"。伯克以戏剧及其基本元素作为理解动机和象征关系的基础，确定了由五个必不可少的关键词构成的一个基本认知框架。他将这五个关键词确定为"表演"（act）、"场景"（scene）、"演员"（agent）、"道具"（agency）以及"目的"（purpose），并将由它们构成的"辞屏"命名为"戏剧五元模式"（dramatic pentad）。这是一个用以理解和阐释人类话语和修辞活动的理论模式。以戏剧作为这一模式的"结构隐喻"（structuring metaphor）一方面体现了"世界是个大戏台"、"历史舞台"、"政治舞台"等常用观念所表达的大戏剧观，另一方面还由于伯克认定透过语言符号的中介观察和认识世界与通过戏剧舞台获得对人生的观察和认识并没有本质区别。其次，由于戏剧被用于比喻人生由来已久，其主要元素早已失去原有的隐喻特征，被"直意化"，成为通用语汇的一部分。所以，伯克选定的"戏剧五元模式"五大关键词在英语中要么有更为常用的一般意义，如 act（表演）一词更常用于表达"行动"之意，要么干脆就不是戏剧专有术语，如分别用以表达"演员"和"道具"的 agent（施事者）和 agency（手段、工具）两词从来就与戏剧不沾边。这五个核心词汇虽然被称为戏剧元素，在实际应用中却指称一切基于话语的社会互动都不可或缺的基本构成成分。"表演"泛指一切行动、行事或行为，即在一定目的驱使下已经完成或正在做的事情。"场景"涵盖了所有跟行动或事件的背景、氛围相关的概念，包括情势、语境、事态等。"演员"则用于指称一般意义上的行事者或施事者。而"道具"泛指行事者为达到目的而采用的一切手段、策略或资源。为了方便阐述伯克如何应用"戏剧五元模式"来分析话语实践，我们在下文将以具有通用意义的"行动"、"情势"、"施事者"、"手段"和"目的"来指称这一模式的五大元素。

　　伯克论"施事者"　尽管这五个概念都为人所熟知，伯克对其中的每一个都进行了重新梳理和表述，赋予它不寻常的意义。例如，五元模式中的"施事者"这个概念就与我们通常的理解相去甚远，不仅指一般意义上的"行动主体"，还包括了伯克称为"共同施事者"（co-agent）和"反施事者"（counter-agent）的另外两个语义成分。（Burke 1969a: xx）之所以这么办，是因为在伯克看来，社会性、互动性和对话性是一切象征行动最具本质性的特征。出于这一特征，所有象征行动都是互动的产物，因而都必然牵涉到不止一方或一个人。在不同语境中被称为"行事者"、"作者"、"演说者"、"发言者"的那个人即便看上去像是在"单干"或"独白"，事实上却并不可能是真正独立地在行事或发言，而总是或明或暗、或正或反地得到其他人的配合，共同建立起某种话语构筑。在这个意义上，所有那些正面影响了这个人的思想观点，为他提供论点、论据、目的、方向、对象，对其行动加以"授权"和激励的机构、文本、作者、对话伙伴，包括一般所理解的受众，都是狭义行动主体的"共同施事者"。而由于象征行动的动作主体要达到其确定的目标非克服某些障碍不可[9]，主体的对立面，包括那些其观点、影响或权威有碍于主体实现既定目标的人士、作者、机构等，也是一个必不可少的组成部分。这一对立面因而起着"反施事者"的作用，必须被包括在广义的"施事者"概念之内，成为它的一个关键层面。五元模式所设定的因而是一个广义的"施事者"，是由行动者及其合作者和反对者通过辩证统一而形成的一个"三位一体"。

转换变化是象征行动的本质——戏剧五元模式的深层意义　伯克对其他四个元素也引进了类似的新颖视角。通过重新阐释象征行动的五个关键节点，他为在话语理论层面上探讨动机的成因和演化确定了范围和方向。不过凸显这些节点并深化对它们的理解并非伯克推出五元模式的本意。他这么做的真正意图在于揭示动机是在五大元素相互联系而形成的一个复杂动态关系网络内产生的。这一网络包含由五个元素中的任何两个耦合而形成的 20 个"比配关系"（ratio），如

9 —— 否则就完全没有必要采取所涉象征行动。

"行动／情势"、"情势／行动"、"行动／施事者"、"施事者／行动"、"情势／手段"、"手段／情势"、"施事者／目的"、"目的／施事者"等。在该网络内部，一方面各元素之间互相依存、渗透和转化，每一个元素并没有自己固定或稳定的本质内核，其定义"特性"事实上由它和其他元素构成的一系列"比配关系"确定并随着这些关系的变动而变动。凸显其中某一关系而不是另一些关系将调整和改变我们对这一元素的认识。而一旦我们对这个元素的认识发生了调整和变化，我们对相关象征行动动机的认识也跟着发生变化。在伯克看来，这些相互交织关联、相辅相成、相生相克的"比配关系"因而是动机生成和调节的机制。

例如，人们做一件事要么是"形势所迫"、"见机行事"，甚或"逢场作戏"（"行动／情势"），要么出于"个人性格、兴趣、爱好或承诺"（"行动／施事者"），要么因为"万事俱备"，或者说"箭在弦上，不得不发"（"行动／手段"），要么由于受到所怀有的"抱负"、"雄心"、"理想"的驱使（"行动／目的"）。然而如果我们进一步追问何以会出现某一"迫人"的形势，造成采取某一行动的动机，则很清楚，这一形势的出现要么是因为发生了某一影响深远的事件（"情势／行动"），要么是由于某一"创造时势"的"英雄"的个人性格、品德和兴趣（"情势／施事者"），要么是因为某一改变了人类生活和工作方式的新发明创造（"情势／手段"），要么因为一个新的远景规划的制定（"情势／目的"）。也就是说，为了解释"形势"，我们只能转而求之于其他四个元素。以"时代"这一"情势词"为例。我们耳熟能详的一些流行词语，如"全球化时代"、"企业家时代"、"计算

机时代"、"民族复兴的伟大时代"事实上是"情势 / 行动"、"情势 /
施事者"、"情势 / 手段"和"情势 / 目的"等"比配关系"的具体实
现。这些关系使得我们有可能分别以某一行动（"全球化"）、施事者
（"企业家"）、手段（"计算机"）和目的（"民族复兴"）作为所面临
形势或语境的代表特征。

"比配关系"的应用使得我们可以对感兴趣的某一象征行动的动
机加以推测和确认。比如说，通过"行动 / 情势"比配关系，我们可
以将加入 WTO 这一行动置放在"全球化时代"这一语境内（也就是
以"全球化"为背景），考察和讨论其动机。不同"比配关系"的选
用还使我们构筑起不同"辞屏"，用以凸显相关事物的某些特点和色
彩，淡化甚至掩盖它的另外一些特点。例如，称我们所处的时代为
"全球化时代"（情势 / 行动）或者"因特网时代"（情势 / 手段）势
必将我们的注意力引向同一时代全然不同的两个特征。因此，对"比
配关系"的选择和描述同时也是一种话语或修辞策略，它起着影响和
说服受众，使之接受某一特定视角和观点的功能。

**"以变生效"是修辞的工作原理——伯克对"四大主词格"的
重新认识** 伯克对五大元素的看法和他对"四大主辞格"（the four
master tropes）的看法一脉相承，都着力强调灵活机动、变动不拘
这一修辞精神。在对隐喻（metaphor）、换喻（metonymy）、提
喻（synecdoche）、反喻（irony）这四个代表性辞格进行细致分析
的基础上，伯克指出"不仅喻意表达（figurative usages）和直意表
达（literal usages）的分野变动不定（shifting），而且四个主辞格之
间也互相转化。任意指定其中一个辞格让随便什么人探讨一下它的各

种可能性，如果这一探讨是足够深入彻底的话，则他一定会和余下三个辞格不期而遇"（Burke 1969a: 503）。也就是说，首先，这些辞格的活动空间并不仅仅局限于比喻性语言应用，而是跨越横亘于比喻和非比喻或喻意和直意语言这两大领域之间那条看起来不可逾越的分界线，延伸到直意语言的各个部分。其次，虽然分别以它们命名的四种不同修辞方式看起来泾渭分明，不容混淆，仔细一看却是你中有我，我中有你，难以区分得一清二楚。这样一来，伯克不仅通过推翻以隐喻、换喻、提喻、反喻为代表的喻意语言和与之相对立的直意语言之间原来森严的区别，将辞格的应用范围扩展到整个人类话语，而且通过推翻辞格之间的内部区别，揭示这些似乎分属不同类别的辞格如何在事实上相互渗透，融为一体，强调"模棱多可"是修辞格乃至整个修辞产生效力的一个基本条件。在修辞产生功效的过程中，一切都处于转换变化之中，没有什么状态或关系可以是持续固定的。

　　修辞具有十分突出的动态特征，其效果只能通过转移、置换、交动、离合、缩放、增减等机制产生和实现。由于这些不同形式的转换变化贯穿于整个修辞过程，"以变生效"完全可以被认为是修辞的基本工作原理。（刘亚猛 2004：246—247）伯克推出的修辞实践范式处处体现出对这一点的深刻认识。他认为判断修辞是否取得真正效果，最重要的是看其参与者是否经历了某一个造成"奇迹般转化"的"关键时刻"（strategic moment）或"化石为金时刻"（alchemic moment）。例如，当学术修辞者省悟到所谓"内在"性质——即"实质"（substance）——其实只能通过"外在"手段或途径才能加以把握和表达时，他就经历了这样一个豁然开朗的时刻。英语中的 substance 一词指称的毫无疑义是某种"内在"的东西，然而其词源意义却是"立于其下并提供支撑"（*sub-*/ 底下 + *stare*/ 站立）。也就是说，追本溯源，事物最为"内在"的成分其实是完全"外在"的东西。一旦我们明白了这一点，就能在话语实践中对"内"/"外"这对二元对立以及由它衍生出来的其他许许多多对立概念或观念进行我们如今所理解的解构，从而能在貌似完全对立、不可调和的两项之间灵活转换，产生具有说服力的新视角、新观点和新认识。（Burke 1969a: 24-26）又如，"逻辑"和"时间"这两个似乎完全不相干的概念在话语实践中其实也常常相互转换。用伯克的话说，在"逻辑和时间词汇之间"人们完全可以"进行双向翻译"。在人类话语实践中，对逻辑上居先的"本质"的追求经常通过对时间上居前的"过去"的回返而获得实现。（Burke 1969a: 430-431）。这方面的事例俯拾皆是。例如，我们往往通过对"传统"的描述来界定"民族性"，而对"传统"的描述又经常是以远古某一个"经典时期"或"轴心时期"作为基本参照。又如，法国作家马塞尔·普鲁斯特的伟大作品《追忆似水年华》的书名本身就清楚表明他是想通过对"过去"的追忆来领会人生的本质和世界的真谛。

　　用"认同"修辞取代"劝说"修辞　在强调"变"的巨大功用，提出修辞效果产生于"奇迹般转化"的同时，伯克还一再强调"变"的基础是"同"。他提出的一个著名论断将修辞的成败系于受众是否"认同"于修辞者，主张用"认同"（identification）取代"劝说"作为修辞的中心概念。他指出：

只有当我们能够讲另外一个人的话，在言辞、姿势、声调、语序、形象、态度、思想等方面做到和他并无二致，也就是说，只有当我们认同于这个人的言谈方式时，我们才能说得动他。通过奉承进行说服虽说只不过是一般意义上的说服的一个特例，但是我们却可以完全放心地将它当作一个范式。通过有系统地扩展它的意义，我们可以窥探到它背后隐藏着的使我们得以实现认同或达致"一体"（consubstantiality）的各个条件。通过遵从受众的"意见"，我们就能显露出和他们一体的"征象"（signs）。例如，演说者为了赢取受众的善意就必须显露出［为受众所认同的］性格征象。毋庸讳言，修辞者可能必须在某一方面改变受众的意见，然而这只有在他和受众的其他意见保持一致时才办得到。遵从他们的许多意见为修辞者提供了一个支点，使得他可以撬动受众的另外一些意见。（Burke 1969a: 55–56）

在这段评论中，伯克表明他认为成功进行说服的必要条件是修辞者必须赢得受众的善意，使受众觉得他"认同"于他们的思维、情感和表达方式，是"自己人"。但是他同时也指出修辞者之所以在尽可能多的方面认同于对方，为的是换取对方在某一有分歧的关键问题上认同于自己所持的观点。"认同"因此既是修辞的必然归宿，又是一种策略手段。修辞者要真正做到在"言辞、姿势、声调、语序、形象、态度、思想"等方面和受众"并无二致"，就必须和受众享有共同的话语规范和价值观念，属于同一个群体。但是以修辞者对受众的认同换取受众认同修辞者的做法以及"奉承"、"征象"等手段在这一认同过程中的合法应用，都表明说服本质上是一种交换（transaction），言说者对受众的"适配"或"顺应"是"将欲取之，必先予之"的一种策略手段。修辞的成功因而意味着修辞者与受众进入一种同中有异、暧昧微妙的"一体"状态。

伯克的"认同"观使我们想起了哈贝马斯提出的着眼于达成"共同理解"的"交流行动"。伯克之所以将"认同"提升为修辞的核心概念，显然因为他和哈贝马斯一样，都意识到在宏观层面上，话语交流是使同一社群成员之间达成"共同理解"并凝聚在一起的根本途径。但是他同时也深刻意识到在微观层面上，每一项具体话语交流无不是一种"交换"，而且交流者为了达成"共同理解"而使用的手段将不可避免地带有策略性，并不如哈贝马斯所提倡的"救赎"程序那么高尚纯粹。在伯克将"认同"和"策略"融为一体的新修辞观中，话语实践具有的复杂性和多面性得到了充分的表现。

参考文献

Anaximenes. *Rhetorica ad Alexandrum* (*Rhetoric to Alexander*). Trans. E. S. Forster. In *Complete Works of Aristotle*. Ed. J. Barnes. Princeton: Princeton University Press, 1984. 2270–2315.

Andrews, James R., et al. *Reading Rhetorical Texts: An Introduction to Criticism*. Boston: Houghton Mifflin, 1998.

Antczak, Frederick J., et al., eds. *Professing Rhetoric*. Mahwah: Lawrence Erlbaum Associates, 2002.

Aristotle. *On Rhetoric: A Theory of Civic Discourse*. Trans. George A. Kennedy. New York: Oxford University Press, 1991.

Augustine, Saint. *On Christian Doctrine*. Trans. D.W. Robertson, Jr. New York: Macmillan Publishing Company, 1958.

Bakhtin, Mikhail Mikhailovich. *Speech Genres & Other Late Essays*. Trans. Vern W. McGee. Austin: University of Texas Press, 1986.

Barilli, Renato. *Rhetoric*. Minneapolis: University of Minnesota Press,

1983/1989.

Benveniste, Emile. *Problems in General Linguistics*. Miami: University of Miami Press, 1971.

Bernard-Donals, Michael, and Richard R. Glejzer, eds. *Rhetoric in an Antifoundational World: Language, Culture, and Pedagogy*. New Haven: Yale University Press, 1998.

Bitzer, Lloyd. "The Rhetorical Situation." *Philosophy and Rhetoric* 1 (1968): 1–14.

Bitzer, Lloyd, and Edwin Black, eds. *The Prospect of Rhetoric*. Englewood Cliffs: Prentice-Hall, 1971.

Bizzell, Patricia, and Bruce Herzberg, eds. *The Rhetorical Tradition: Readings from Classical Times to the Present*. Boston: Bedford Books, 1990.

Boethius. *De topicis differentiis*. Trans. Eleonore Stump. Ithaca: Cornell University Press, 1978.

Booth, Wayne C. *The Rhetoric of Fiction*. Chicago: University of Chicago Press, 1961/1983.

Booth, Wayne C. *A Rhetoric of Irony*. Chicago: University of Chicago Press, 1974.

Booth, Wayne C. *Modern Dogma and the Rhetoric of Assent*. Notre Dame: University of Notre Dame Press, 1974.

Booth, Wayne C. *The Rhetoric of Rhetoric: The Quest for Effective Communication*. Oxford: Blackwell, 2004.

Bourdieu, Pierre. *Language & Symbolic Power*. Cambridge: Harvard University Press, 1991.

Brock, Bernard L., et al., eds. *Methods of Rhetorical Criticism*. Detroit: Wayne State University Press, 1990.

Brown, Gillian. *Discourse Analysis*. Cambridge: Cambridge University Press, 1983.

Burke, Kenneth. *Language as Symbolic Action*. Berkeley: University of California Press, 1966.

Burke, Kenneth. *A Grammar of Motives*. Berkeley: University of California Press, 1969a.

Burke, Kenneth. *A Rhetoric of Motives*. Berkeley: University of California Press, 1969b.

Burnyeat, M. F. "Enthymeme: Aristotle on the Logic of Persuasion." In *Aristotle's Rhetoric: Philosophical Essays*. Eds. David J. Furley and Alexander Nehamas. Princeton: Princeton University Press, 1994.

Carr, Thomas M. *Decartes and the Resilience of Rhetoric: Varieties of Cartesian Rhetorical Theory*. Carbondale: University of Southern Illinois Press, 1990.

Castiglione, Baldassare. *The Book of the Courtier*. Trans. Charles S. Singleton. New York: Doubleday, 1959.

Cicero. *De Oratore*. Bks. I–III. Trans. H. Rackham. Cambridge: Harvard University Press, 1942/1997.

Collini, Stefan, ed. *Interpretation and Overinterpretation*. Cambridge:

Cambridge University Press, 1992.

Conley, Thomas M. *Rhetoric in the European Tradition*. New York: Longman, 1990.

Consigny, Scott. "Edward Schiappa's Reading of the Sophists." *Rhetoric Review* 14.2 (1996): 253–269.

Corbett, Edward P. J., and Robert J. Connors. *Classical Rhetoric for the Modern Student*. 4th ed. New York: Oxford University Press, 1999.

Diogenes Laertius. *Lives and Opinions of Eminent Philosophers*. Trans. C. D. Yonge. London: Henry G. Bohn, 1853. http://classicpersuasion. org/pw/diogenes/dlintro.htm.

Eagleton, Terry. *Literary Theory: An Introduction*. Oxford: Blackwell, 1983.

Eemeren, Frans H. van, and Rob Grootendorst. *Argumentation, Communication, and Fallacies: A Pragma-Dialectical Perspective*. Hillsdale: Lawrence Erlbaum Associates, 1992.

Eemeren, Frans H. van, Rob Grootendorst, et al. *Fundamentals of Argumentation Theory: A Handbook of Historical Backgrounds and Contemporary Developments*. Mahwah: Lawrence Erlbaum Associates, 1996.

Enos, Theresa, ed. *Encyclopedia of Rhetoric and Composition: Communication from Ancient Times to the Information Age*. New York: Garland Publishing, 1996.

Enos, Theresa, et al., eds. *Making and Unmaking the Prospects for Rhetoric*. Mahwah: Lawrence Erlbaum Associates, 1997.

Enos, Theresa, and Stuart C. Brown, eds. *Defining the New Rhetorics*. Newbury: Sage, 1993.

Erasmus, Desiderius. *The Colloquies of Erasmus*. Chicago: University of Chicago Press, 1965.

Erasmus, Desiderius. *On Copia of Words and Ideas*. Milwaukee: Marquette University Press, 1983.

Fay, Brian, et al., eds. *History and Theory: Contemporary Readings*. Malden: Blackwell Publishers, 1998.

Fine, Arthur. *The Shaky Game: Einstein, Realism and the Quantum Theory*. Chicago: University of Chicago Press, 1986.

Foss, Sonja K. *Rhetorical Criticism: Exploration and Practice*. Prospect Heights: Waveland Press, 1996.

Furley, David J., and Alexander Nehamas, eds. *Aristotle's Rhetoric: Philosophical Essays*. Princeton: Princeton University Press, 1994.

Gadamer, Hans-Georg. "Rhetoric and Hermeneutics." In *Rhetoric and Hermeneutics in Our Time: A Reader*. Eds., Walter Jost and Michael J. Hyde. New Haven: Yale University Press, 1997.

Gale, Xin Liu. "Historical Studies and Postmodernism: Rereading Aspasia of Miletus." *College English* 62.3 (2000): 361–386.

Gaonkar, Dilip P. "Rhetoric and Its Double: Reflections on the Rhetorical Turn in the Human Sciences." In *The Rhetorical Turn*. Herbert W. Simons, ed. Chicago: University of Chicago Press, 1990: 341–366.

Geertz, Clifford. *Works and Lives: The Anthropologist as Author*. Stanford: Stanford University Press, 1988.

Ginzburg, Carlo. *History, Rhetoric, and Proof*. Hanover: University Press of New England, 1999.

Glenn, Cheryl. "Truth, Lies, and Method: Revisiting Feminist Historiography." *College English* 62.3 (2000): 387–389.

Goodman, Robert F., and Walter R. Fisher, eds. *Rethinking Knowledge*. Albany: SUNY Press, 1995.

Gorgias. "Encomium of Helen." In George A. Kennedy, ed. and trans., *Aristotle on Rhetoric*. New York: Oxford UP, 1991. 283–288.

Green, Lawrence D. "Aristotelian Rhetoric, Dialectic, and the Traditions of Αντίστροφος." *Rhetorica* 8.1 (1990): 5–27.

Habermas, Jürgen. *Communication and the Evolution of Society*. Boston: Beacon Press, 1979.

Habermas, Jürgen. *Habermas: Critical Debates*. Ed. J. Thompson and D. Held. Cambridge: Harvard University Press, 1982.

Habermas, Jürgen. *The Theory of Communicative Action*. Boston: Beacon Press, 1984.

Habermas, Jürgen. "Remarks on the Concept of Communicative Action." In *Social Action*. Eds., G. Seebaß and R. Tuomela. Boston: D. Reidel Pub. Co., 1985. 151–178.

Habermas, Jürgen. *Moral Consciousness and Communicative Action*. Cambridge: MIT Press, 1990.

Hart, Roderick P. *Modern Rhetorical Criticism*. 2nd ed. Boston: Allyn and Bacon, 1997.

Hartog, François. *The Mirror of Herodotus: The Representation of the Other in the Writing of History*. Berkeley: University of California Press, 1988.

Hartwood, John T., ed. *The Rhetorics of Thomas Hobbes and Bernard Lamy*. Carbondale: Southern Illinois University Press, 1986.

Hassett, Michael. "Sophisticated Burke: Kenneth Burke as a Neosophistic Rhetorician." *Rhetoric Review* 13.2 (Spring 1995): 371–390.

Heath, Malcolm. *Hermogenes on Issues: Strategies of Argument in Later Greek Rhetoric*. Oxford: Clarendon Press, 1995.

Herrick, James A. *The History and Theory of Rhetoric: An Introduction*. 2nd ed. Boston: Allyn and Bacon, 2001.

Hexter, J. H. "The Rhetoric of History." In Brian Fay, et al., eds, *History and Theory: Contemporary Readings*. Malden: Blackwell Publishers, 1998. 59–68.

Homer. *The Iliad*. Trans. A. T. Murray. Loeb Classical Library. Cambridge: Harvard University Press, 1924.

Hunter, Lynette, ed. *Toward a Definition of Topos: Approaches to Analogical Reasoning*. London: McMillan Education, 1991.

Ijsseling, Samuel. *Rhetoric and Philosophy in Conflict: A Historical Survey*. The Hague: Martinus Nijhoff, 1975/1976.

Isocrates. "Against the Sophists." In Patricia Bizzell and Bruce

Herzberg, eds., *The Rhetorical Tradition: Readings from Classical Times to the Present*. Boston: Bedford Books, 1990a. 46–49.

Isocrates. *Antidosis*. In Patricia Bizzell and Bruce Herzberg, eds., *The Rhetorical Tradition: Readings from Classical Times to the Present*. Boston: Bedford Books, 1990b. 50–54.

Jarratt, Susan. "Rhetoric and Feminism: Together Again." *College English* 62.3 (2000): 390–393.

Kennedy, George A. *Classical Rhetoric and Its Christian & Secular Tradition: From Ancient to Modern Times*. Chapel Hill: University of North Carolina Press, 1980.

Kennedy, George A. *A New History of Classical Rhetoric*. Princeton: Princeton University Press, 1994.

Kennedy, George A. *Comparative Rhetoric*. New York: Oxford University Press, 1998.

Klumpp, James F., ed. *Argument in a Time of Change: Definitions, Frameworks, and Critiques*. Annadale: National Communication Association, 1998.

Lakoff, George, and Mark Johnson. *Metaphors We Live By*. Chicago: University of Chicago Press, 2003.

Lanham, Richard A. *A Handlist of Rhetorical Terms: A Guide for Students of English Literature*. Berkeley: University of California Press, 1991.

Leech, Geoffrey N., and Michael H. Short. *Style in Fiction: A Linguistic*

Introduction to English Fictional Prose. New York: Longman, 1981.

Liu, Yameng, and Richard E. Young. "Disciplinary Assumptions and Institutional Imperatives: Structural Tensions in the Pedagogy of Rhetoric." *JAC* 18.3 (1998): 475–488.

Locke, John. *An Essay Concerning Human Understanding*. Oxford: Oxford University Press, 1975.

Machiavelli, Niccolo. *The Prince*. Atlantic Highlands: Humanities Press, 1996.

Martin, Thomas R. *Ancient Greece: From Prehistoric to Hellenistic Times*. New Haven: Yale University Press, 1996.

McKeon, Richard. *Thought, Action, and Passion*. Chicago: University of Chicago Press, 1954.

McKeon, Richard. *Rhetoric: Essays in Invention and Discovery*. Woodbridge: Ox Bow Press, 1987.

Meyer, Michel, ed. *From Metaphysics to Rhetoric*. Dordrecht: Kluwer Academic Publishers, 1989.

Morris, Pam, ed. *The Bakhtin Reader*. London: Arnold, 1994.

Munslow, Alun. *Deconstructing History*. London: Routledge, 1997.

Murphy, James J., ed. *Three Medieval Rhetorical Arts*. Berkeley: University of California Press, 1971.

Murphy, James J., ed. *A Short History of Writing Instruction: From Ancient Greece to Twentieth-Century America*. Davis: Hermagoras Press, 1990.

Murphy, James J., et al. *A Synoptic History of Classical Rhetoric*. 2nd
   ed. Davis: Hermagoras Press, 1994.

Nelson, John S., et al., eds. *The Rhetoric of the Human Sciences: Language
   and Argument in Scholarship and Public Affairs*. Madison: University of
   Wisconsin Press, 1987.

Nietzsche, Friedrich. "Lecture Notes on Rhetoric." *Philosophy and
   Rhetoric* 16.2 (1983): 94–129.

Norwich, John Julius. *A Short History of Byzantium*. New York: Alfred
   A. Knopf, 1997.

Perelman, Chaim, and L. Olbrechts-Tyteca. *The New Rhetoric: A
   Treatise on Argumentation*. Notre Dame: University of Notre
   Dame Press, 1969.

Perelman, Chaim. *The Realm of Rhetoric*. Notre Dame: University of
   Notre Dame Press, 1982.

Plato. *The Collected Dialogues of Plato*. Eds. Edith Hamilton and
   Huntington Cairns. Princeton: Princeton University Press, 1961.

Poulakos, John. "Interpreting Sophistical Rhetoric: A Response to
   Schiappa." *Philosophy and Rhetoric* 23.3. (1990): 218–228.

Poulakos, John, and Takis Poulakos. *Classical Rhetorical Theory*.
   Boston: Houghton Mifflin, 1999.

Puttenham, George. *The Arte of English Poesie*. Kent: Kent State
   University Press, 1970.

Quintilian, Marcus Fabius. *Institutio Oratoria*. Bks. I–XII. Trans. H. E.

Butler. Cambridge: Harvard University Press, 1920/1989.

Ranke, Leopold von. *History of Latin and Teutonic Nations from 1494 to 1514*. Trans. Phillip A. Ashworth. Whitefish: Kessinger Publishing, 2004.

Richards, I. A. *The Philosophy of Rhetoric*. New York: Oxford University Press, 1936.

Richards, I. A. *Richards on Rhetoric*. Ed. Ann E. Berthoff. New York: Oxford University Press, 1991.

Richter, David H., ed. *The Critical Tradition: Classic Texts and Contemporary Trends*. 2nd ed. Boston: Bedford Books, 1998.

Roberts, R. H., and J. M. M. Good, eds. *The Recovery of Rhetoric: Persuasive Discourse and Disciplinarity in the Human Sciences*. Charlottesville: University Press of Virginia, 1993.

Roochnik, David. *Of Art and Wisdom: Plato's Understanding of Techne*. University Park: Pennsylvania State University Press, 1996.

Rorty, Richard. *Contingency, Irony, and Solidarity*. Cambridge: Cambridge University Press, 1989.

Rorty, Richard. "Pragmatism as Anti-authoritarianism." *Revue Internationale de Philosophie* 53.207 (1999): 7–20.

Rorty, Richard, and Pascal Engel. *What's the Use of Truth?* New York: Columbia University Press, 2007.

Rose, Peter. "Cicero and the Rhetoric of Imperialism: Putting the Politics Back into Political Rhetoric." *Rhetorica* 13.4 (Autumn 1995): 359–399.

Schiappa, Edward. "Neo-Sophistic Rhetorical Criticism or the Historical Reconstruction of Sophistic Doctrines?" *Philosophy and Rhetoric* 23.3 (1990): 192–217.

Schiappa, Edward. "History and Neo-Sophistic Criticism: A Reply to Poulakos." *Philosophy and Rhetoric* 23.4 (1990): 307–315.

Schiappa, Edward. "Some of My Best Friends Are Neosophists: A Response to Scott Consigny." *Rhetoric Review* 14.2 (1996): 272–279.

Schiappa, Edward. *The Beginnings of Rhetorical Theory in Classical Greece*. New Haven: Yale University Press, 1999.

Sidney, Sir Philip. "An Apology for Poetry." In The *Critical Tradition*. 2nd ed. Ed. David H. Richter. Boston: Bedford Books, 1998.

Simons, Herbert W., ed. *The Rhetorical Turn: Invention and Persuasion in the Conduct of Inquiry*. Chicago: University of Chicago Press, 1990.

Sloane,Thomas O., ed. *Encyclopedia of Rhetoric*. Oxford: Oxford University Press, 2001.

Spolsky, Bernard. *Sociolinguistics*. Oxford: Oxford University Press, 1998.

Sprague, Rosamond Kent, ed. *The Older Sophists*. Columbia: University of South Carolina Press, 1972.

Strassler, Robert B., ed. *The Landmark Thucydides*. New York: Free Press, 1996.

Tannen Deborah. *The Argument Culture: Moving from Debate to Dialogue*. New York: Random House, 1998.

Vickers, Brian. *In Defence of Rhetoric*. Oxford: Clarendon Press, 1988.

Walton, Douglas N. *Informal Logic: A Handbook for Critical Argumentation*. Cambridge: Cambridge University Press, 1989.

Walton, Douglas N., and Erik C. W. Krabbe. *Commitment in Dialogue: Basic Concepts of Interpersonal Reasoning*. Albany: State University of New York Press, 1995.

Wartenberg, Thomas E., ed. *Rethinking Power*. Albany: SUNY Press, 1992.

Weaver, Richard M. *Language Is Sermonic*. Eds. Richard L. Johannesen, et al. Baton Rouge: Louisiana State University Press, 1970.

Whately, Richard. *Elements of Rhetoric*. Carbondale: Southern Illinois University Press, 1963.

White, Hayden. "The Historical Text as Literary Artifact." In Brian Fay, et al., eds, *History and Theory: Contemporary Readings*. Malden: Blackwell Publishers, 1998. 15–33.

Wilson, Thomas. *The Art of Rhetoric* (1560). University Park: Pennsylvania State University Press, 1994.

Winterowd, W. Ross. *Contemporary Rhetoric: A Conceptual Background with Readings*. New York: Harcourt Brace Jovanovich, Inc., 1975.

Wooten, Cecil W., ed. *The Orator in Action and Theory in Greece and Rome*. Leiden: Brill, 2001.

刘亚猛. 追求象征的力量——关于西方修辞思想的思考. 北京: 生活·读书·新知三联书店, 2004

刘亚猛. 20 世纪美国修辞的宣言. 修辞学习, 2006 (5): 47—49

后 记

　　大约 20 年前，笔者有幸参加了当代西方著名修辞史学家劳伦斯·格林教授在南加州大学开设的系列西方修辞史讨论课，并对这一领域产生了长久而浓烈的兴趣。虽然笔者最终选择跟修辞理论相关的课题做博士论文，却总是割舍不掉对历史研究的情感，一直利用教学之便跟踪和探索这一领域，并且还就其热点问题有所著述。由于觉得自己对修辞在欧美的发展过程比较熟悉，笔者于 2005 年春欣然接受北外姚小平教授代表外研社发出的盛情邀请，答应不迟于 2006 年秋交出一部用中文撰写的《西方修辞学史》稿。但是，一旦自己动手修史，笔者才发现事情并不如想象的那么容易。原来耳熟能详的叙事架构和评介意见并非都经得起审视和推敲，至少是很难不经过费心劳神的再思考、再阐释和再构筑就被转移到一个跨文化语境内。对一段历史、一个人物或一部著作的重新认识和评价往往还牵一发而动全身，引起对相关叙事和解读结构的必要调整。甚至连书稿中语不惊人的一些概述、解读、阐发或评价，笔者往往也必须在多方参照和比较的基础上考虑再三，踟蹰多时，才能最后"敲"定。在文稿比原计划推迟一年终于杀青的时候，笔者回顾整个写作过程的各种投入，不禁有"满纸血汗言，一把欢欣泪；都云作者迂，谁解其中意"之感慨。

修史难，修学科史更难，修西方修辞学史尤其难。修史之难，在于史家肩负着"准确再现过去发生的情况"这一"不可能执行的使命"，必须在主观和客观、想象和考证、文学和科学之间走钢丝，因而总是无法逃脱"知其不可为而为之"的宿命。修学科史更不容易，因为深层次思想的发展与演化、理论灵感的酝酿与迸发、新范式崛起的确切时间与标志，从来就是看不见摸不着的事，在最好的情况下也只能是仁者见仁，智者见智的推测。修西方修辞学史尤其难，因为这是一个有着两千五百多年历史，事实上覆盖整个西方人文和话语领域的超级学科，其内容之复杂丰富，范围之伸展开阔，没有其他专业可以企及。要想在本书区区的篇幅中将这样一个真正称得上源远流长、博大精深的学科发展过程梳理得一清二楚，何啻于与虎谋皮？

所以，笔者虽然自问在写作过程中一直本着对"历史"负责的态度，兢兢业业，不敢有丝毫马虎与懈怠，却自知书中勾勒出来的西方修辞发展"路线图"仍然免不了是疏漏比比的一隅之见，只能恳请海内外有识之士和学界读者不吝批评指正，以期将来如有再版，能加以改进。使笔者稍感宽慰的是本书视角虽然相当"个性化"，却是在与现有其他表述进行充分对话的基础上形成的；叙事线条虽然不够细腻，却还能紧紧把握住这一学科演变进化的基本脉络；内容取舍尽管有所偏颇，却不仅未曾漏掉最重要和最主要的修辞思想家，还对他们的代表作进行有一定原创性的新解读，并向读者提供了比欧美现有不少修辞学史更详尽的介绍和评述。

笔者在 2005 年草就的"绪论"中为本书创作确定了三大"兴趣和目的"：其一，"为我国读者深入了解和理解西方修辞实践——尤其是修辞理论实践——提供一个必不可少的历史和解读框架"；其二，"提高我国学术界和一般读者对西方智力传统，尤其是人文传统的认识"；第三，"为我国在新的历史条件下反思、重构、更新和发展自己源远流长、博大精深的修辞传统"提供一块有用的他山之石，通过熟悉"他者"深化自我认识。这三个基本目标在书中是否真正得到实现，当然是要由读者来决定的。但是笔者主观上一直以达到这些目标作为自己的奋斗方向，始终用它们来指导本书的写作，努力使体现于其中的意图和精神渗透到"最终产品"的每个部分。在整个创作过程中从未放弃对这些目标的追求是使笔者稍感宽慰的另一个原因。

最使笔者感到快慰的莫过于本书的创作在一个实实在在的意义上摒除了"拿来主义"，做到了"修史，而非编译"。任何熟悉西方版修辞学史的读者都不难看出本书从总体构思、评价体系、叙事结构到具体表述都既不脱胎于任何一个流通的文本，也不是现有各种叙事的综合。事实上，本书可以说是笔者对现有西方修辞史的种种不足，如视野狭隘、理论深度不足等，作出的批判性回应。这种回应是否恰当，笔者不能自己说了算。但是笔者之所以能在写作过程中大体上维持了独立的学术人格，跟与权威表述进行的批判性"对话"有很大关系。

本书得以问世，与笔者长期从中美两国学界的老师、同事、朋友、学生处得到的指教、激励和帮助是分不开的。我国外语界著名学者姚小平教授的热情举荐使笔者有幸承担本书的写作任务。如果不是得益于他的深情厚谊和大力支持，笔者可能至今不会动撰写此书之念，遑论在短时间内完成这一充满挑战的学术工程。外研社综合出版事业部总经理姚虹女士对学术质量重视有加，她的理解和鼓励使笔者终能按照自己的节奏从容完成写作。这一课题还引起国内汉语修辞学界专家、学者的兴趣，他们中间不少人对笔者表达了对这部书的关心和期许，使笔者备受鼓舞。我所在的福建师范大学外国语学院的领导和同事一如既往地给予我多方面的支持和鼓励。此外，我的妻子盛丽萍自始至终关心这本书的进度，不断督促我奋力向前。她的全程参与是本书顺利完成的一个重要因素。在这部《西方修辞学史》付梓之际，谨向以上各位以及这里无法一一提及的其他同事和朋友，尤其是向我的启蒙导师劳伦斯·格林教授，表达我的衷心谢忱。

刘亚猛

2007 年 11 月于福建师大花香园